你一定爱读的中国战争史

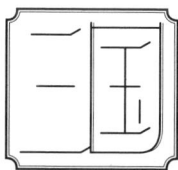

中国战争史

一定爱读的

史

三国

铁胆神侯夏侯杰 著

民主与建设出版社
·北京·

© 民主与建设出版社，2021

图书在版编目（CIP）数据

你一定爱读的中国战争史 . 三国 / 铁胆神侯夏侯杰
著 . —— 北京：民主与建设出版社，2021.6
　ISBN 978-7-5139-3524-1

　Ⅰ . ①你… Ⅱ . ①铁… Ⅲ . ①战争史 – 中国 – 三国时
代 – 通俗读物 Ⅳ . ① E291–49

中国版本图书馆 CIP 数据核字 (2021) 第 077211 号

你一定爱读的中国战争史：三国

NI YIDING AI DU DE ZHONGGUO ZHANZHENGSHI SANGUO

著　　者	铁胆神侯夏侯杰	
责任编辑	彭　现	
封面设计	王　星	
出版发行	民主与建设出版社有限责任公司	
电　　话	（010）59417747　59419778	
社　　址	北京市海淀区西三环中路 10 号望海楼 E 座 7 层	
邮　　编	100142	
印　　刷	重庆长虹印务有限公司	
版　　次	2021 年 6 月第 1 版	
印　　次	2021 年 6 月第 1 次印刷	
开　　本	787 毫米 ×1092 毫米　1/16	
印　　张	23	
字　　数	275 千字	
书　　号	ISBN 978-7-5139-3524-1	
定　　价	99.80 元	

注：如有印、装质量问题，请与出版社联系。

目录

目录

目录

第一章

烽火狼烟，天下大乱

董卓入京，汴水之战

中平六年（189年），对平民百姓来说，这只是很平凡又很辛苦的一年，但对于太子刘辩来说，却是终生难忘的一年，因为他的父亲大汉皇帝汉灵帝在当年四月就病死了，年仅十三岁的他登上帝位，由大将军何进与太后何后摄政。

汉灵帝活着的时候，朝内宦官一手遮天，搞出的第二次党锢之祸闹得朝野上下不得安宁。现在灵帝驾崩，以张让、赵忠为首的十常侍终于意识到，他们的权势不过是建立在汉灵帝存活的基础上，如今汉灵帝死了，他们也需要再换一个强力的支柱。放眼朝内，只有大将军何进才有这个实力。

何进出身卑微，原为南阳（今河南省南阳市）的一介屠夫，因妹妹受宠才得以成为皇亲国戚。现在新皇年幼，兵权落到了何进手中，他做的第一件事就是报复与自己妹妹争宠的董后家族。何进先是率军围住骠骑将军府邸，逼得董重自杀，不久，董太后也莫名暴毙。董后家族这一大隐患清除后，何进便着手处理朝中的事了。由于宦官与外戚的天然对立，何进准备对中常侍们下手，在袁绍与陈琳的建议下，他拍了拍脑袋，做出了一个影响深远的决定：召集外兵，围杀中常侍。

中常侍们得知何大将军要对他们下手，决定先下手为强，一边跑去跟何太后哭诉，一边在宫内埋伏人手。何太后只是一个久在深宫的妇道人家，见服侍内宫多年的宦官们一个个哭得可怜，忍不住想缓和他们与弟弟何进的关系，于是下了诏书让何进进宫。

何进接到太后诏书，前来长乐宫，却被埋伏于此的中常侍们斩杀。何进带来的部众意识到情况不对，强行攻破大门，放火烧宫，杀散宦官。十常侍见大势已去，只能裹挟少帝与陈留王刘协连夜逃出城外。到小平津（今河南孟津县东北）时，被追兵追上，张让等宦官投河而死，闵贡率兵扶持少帝与陈留王回城，行至北芒，遇董卓率众人护驾一起回京。

董卓巧遇被救的皇帝这件事可就说来话长了。董卓从小在北方长大，经历了一系列的战争历练之后，官至并州刺史。但他并不满足，一心想回权力中心做更大的官，这不，机会来了。何进的一纸调令，让他欣喜若狂，他率领三千军队连夜奔赴洛阳，在探知皇帝已被救回的情况下，预先在途中等候。

到达京城后，董卓耍了个小聪明，让麾下的三千兵马昼进夜出，来来回回进出洛阳城，让城内误以为自己率有数万大军。这个计策给董卓带来了丰厚的回报：以袁绍为首的士官先后逃出洛阳，何进旧部见董卓势大，也先后依附董卓。就这样，董卓在洛阳城内逐渐掌握了大权，野心也渐渐藏不住了。

中平六年九月，董卓废少帝刘辩，立陈留王刘协为皇帝，也就是献帝。董卓自己官居相国，总揽国家大权。至此董卓从一介边陲之将，依靠努力和机遇掌握了最高权力。

然而，权倾朝野的权臣，要么名垂千古，要么遗臭万年，董卓天生的残暴和凉薄从开始就暴露无遗。有一个叫扰龙宗的御史，在向董卓述职时没有解除佩剑，董卓便立刻让人将其拖出去杀了。董卓在洛阳城中做下的残暴和荒唐之事比比皆是：夜宿龙床、奸淫宫女、酒池肉林。他甚至还带兵出城，劫掠村庄，筑成"京观"。所谓"京观"，便是将人的头颅砍下来一层一层堆叠成塔状，然后用土封住，手段简直残忍至极。种种倒行逆施的做法，引得天下士民群起而攻之，曾经的屠龙少年也变成了一条恶龙。

初平元年（190 年）正月，山东各州郡正式起兵讨伐董卓。早在中平六年十二月，东郡太守桥瑁（mào）就假借朝廷三公的求救书信，向各地州郡发了一封讨伐董卓的檄文，檄文发出后，各地州郡纷纷起兵响应，成立讨董联盟，并一致推举袁绍为盟主。讨董联盟成立后，声势大噪，消息传回洛阳，董卓拍案大怒，派李儒赐鸩酒杀废帝刘辩，裹挟献帝迁都长安，并派中郎将徐荣阻击诸侯军。

徐荣是典型的东北大汉（辽东人士），董卓军中四大中郎将之一。他第一个打的便是屯兵颍川（今河南禹州市）的孔伷（zhòu），此战中颍川太守李旻被生擒。偏偏董卓就不能好好当个人，干出的事儿简直令人发指。他让徐荣将俘虏的起义军全部用白布裹了让其倒立在地上，用滚烫的膏油灌杀，可怜这些起义军活活被烫死。

随后，徐荣挥军向北，进攻屯兵河阳津（河阳县南渡口。河阳县，今河南焦作市孟州市)的河内太守王匡。徐荣先派少量部队出阵骂战，让王匡上钩；暗地却派主力渡过小平津，从王匡背后发起突袭。最后徐荣在津北大破王匡，河内军队死伤惨重。取胜之后，徐荣再次回到荥阳（今河南荥阳市东北）整顿军队。与此同时，诸侯联军还屯驻在酸枣（今河南延津县西南），按兵不动。

帐外秋风阵阵，旌旗猎猎，帐内却是觥筹交错，歌舞升平，仿佛是截然不同的两个世界，却又意外地和谐，可惜，这样的和谐被一阵突如其来的争吵声打破了。

"本初，咱们十万人马已经在这里待了一个月了，孔伷和王匡都已经被徐荣击败，为何我们还不进攻董贼？"说话的人正是曹操。

"不急，我们人多势众，董贼作恶多端，军民离心，待天气回暖，我们就能一鼓作气，趁势击败他。况且大家远道而来，尚未探清敌情，不宜冒进，何不先共饮一番？"

"董贼焚烧宫室，劫迁天子，天下震动，有识之士恨不得生吃了他的肉。如今我们盟军就列军在董贼面前，诛杀董贼乃是天意，此时不打更待何时？如果我们不主动进攻，董贼迟早会进攻酸枣，孟德愿领兵为诸位打头阵。"曹操说完便放下酒杯，愤然退出大帐。帐中诸侯唯有陈留太守张邈和济北相鲍信与曹操交好，一个派手下卫兹带兵跟随，一个带着弟弟鲍韬亲自支持。

"孟德还是一如既往地冲动。也罢，随他们去吧！来，大家继续喝酒！"袁绍眯着眼向诸侯遥举酒杯，周围的反应尽收眼底。

曹操带着自己从陈留招募的兵力与鲍信、卫兹合军，向西出发，占据成皋，逼近荥阳。行至汴水，前方突然传来敌情，看着前方徐徐出现的董卓部队，军容齐整，旗帜鲜明，军旗上明晃晃地绣着一个"徐"字。曹操心里一沉，自己的兵力远少于对方，这场遭遇战怕是难打了。

董军如潮水般冲向曹军，厮杀声瞬间震破天际。由于敌众我寡，曹军以肉眼可见的速度被董军包围蚕食。曹操见身边侍卫接连不断地倒地，心里像在滴血，而董军却像虫蚁一样遍布各地。曹操不禁红了眼，拔出宝剑准备冲入敌阵，却被身旁的卫兹一把抓住："此时敌众我寡，曹公何不先行撤退，这些可都是我陈留郡的大好男儿，不能白白折损在这……"话音未落，一支寒光闪闪的箭头穿透了卫兹的胸口，鲜血顿时染红了青色的儒衫。曹操脸色苍白，抱着卫兹的尸体，沉着下令："全军撤退！"

胜利让徐荣军士气大振，见曹军撤退，哪肯轻易放过，一直紧追不放。曹军艰难地从犬牙交错的战场中撤退，鲍韬大声喊道："曹公与兄长先退，我带人断后。"鲍信含着泪水与曹操一起上马撤退，身后的厮杀声逐渐消失。

奔跑良久，混乱中，曹操自己身中流矢，身下的马匹喘着粗气，几欲倒下，可追杀的马蹄声也越来越近。曹洪靠马过来，想把马让给曹操，曹操却坚持不肯接受，曹洪大声说道："这天下可以没有我曹洪，但是不能没有你曹孟德！"说完，飞身下马，将曹操扶上所骑之马，步行跟随。

夕阳西下，宽阔的汴水被染上一层神秘的金黄，但曹操却没有半点心情欣赏，因为只有渡过面前的汴水才能逃脱徐荣的追击，幸好曹洪沿着河岸找到了可以用的木舟，共渡而过。逃出生天的曹操清点了残兵，寥寥无几，只能与身负重伤的鲍信先行奔还谯郡（治今安徽亳州市）募兵。

江东猛虎，威震天下

荆州刺史府内，王叡（ruì）背着手来回踱步，桌上的热茶早已放凉。日前，曾被他视为武夫的长沙太守孙坚要求他一起出兵攻打董卓。虽然天下熙熙攘攘都为讨董，可荆州山高皇帝远，远离这旋涡中心，他压根儿不想蹚这趟浑水。但孙坚自称是孙武后人，忠于汉室，如果不出兵，被一介武夫羞辱，王叡心有不甘。

"不行，我得找个理由。对了，武陵（今湖南常德市武陵区与鼎城区大部）太守曹寅一直与我不和，不如借此机会让孙坚除掉曹寅。如果孙坚真的敢杀曹寅，一来让孙坚背上擅杀朝廷命官的罪名，二来也顺势除掉了曹寅这个死敌。如果孙坚不敢杀掉曹寅，我也正好有借口不出兵。"他将桌上凉掉的茶水一饮而尽，"来人，给孙坚带话，让他拿曹寅的人头来换荆州出兵。"

王叡的这句话很快便被人传了出去，胆小怕事的曹寅听到此事，心急如焚，绞尽脑汁寻找对策。他也知道，孙坚这个武夫一贯莽撞，却也有几分厉害，若是能抢先一步杀掉王叡，对，先杀掉王叡！你做初一就别怪我做十五。曹寅知道凭自己杀不了王叡，但是有一个人有能力，那就是孙坚。于是他便以使者光禄大夫温毅的名义出示了一封檄文，伪造王叡与董卓勾结的罪行，挑唆孙坚杀掉王叡。

孙坚收到檄文后，立马明白了王叡与曹寅之间的腌臜（ā zā）。但是，他的兵力严重不足，必须依靠荆州兵马补给，但王叡的态度十分暧昧，不愿出兵，他不能把出兵的希望寄托在王叡身。"看来，这封檄文才是我的机会，必须马上出发了。"他捏了一下拳头，坚定的目光望着不远处的荆州城，"否则消息传出去让王叡做好准备就麻烦了。"

王叡登上城楼，看着城楼下领兵来访的孙坚问道："文台为何带兵前来？"

孙坚回道："我的部队长时间在外征战，所得的赏赐连买衣服都不够，此次带兵前来是想请刺史大人资助一些军服，好让儿郎们放心北上讨董。"

王叡沉吟半刻："身为刺史，怎可让本州儿郎落魄至此？"于是命手下打开库藏，让孙坚自己领兵前往挑选军服。

孙坚带兵进城，到王叡楼下，从怀里抽出檄文，大声喝道："奉朝廷使者檄文，拿下王叡。"

"孙文台你这是何意？我有什么罪名？"

孙坚沉吟片刻，冷冷道："这是朝廷的旨意，或许只有朝廷才知道吧。"

王叡突然起身大笑："孙文台，原来这就是你的选择！如果今天有兵有粮的是曹寅，是不是他也会被朝廷认为有罪？"孙坚默然。

王叡整理衣冠，单身入楼，孙坚向左右点点头，左右端起一盘金屑酒，跟随进入。没过多久，荆州刺史王叡饮金屑酒自杀。

孙坚领数万人，过荆州，至南阳，军粮不足，以伐董檄文请南阳太守张咨资助。

南阳是东汉开国皇帝刘秀的龙兴之地，自然富饶非常。但张咨听闻孙坚大军求粮，心里不高兴，询问幕僚纲纪，纲纪小心翼翼地看了一下张咨的脸色，摸着胡须说道："孙坚与大人同属于邻县的两千石官员（汉官秩，两千石是俸禄，指太守级别的官员，后泛指高官），没有权力从我们这里调发军粮。"这个回答正合张咨的意，于是下令拒绝资助，也不见孙坚。

孙坚听闻张咨的回报，心中不悦，对身边的朱治说道："张咨这厮也太狡猾了！"

"张咨确实太狡猾了，他既想中立保存实力，又想赶紧让我们走。不过，依他的性格，我们数万人过南阳，他能放得下心？"朱治摸了摸自己光洁的下巴，对孙坚说道。

"那我们应当如何？咱们的粮草不多了，支撑不了多久，必须从南阳借到粮食，否则等粮草耗尽，士兵哗变就完了。"此话一出，孙坚更加坚定了要对付张咨的决心。

第二天，从孙坚驻军处传来消息，由于长途奔波劳顿，孙坚不幸染病，正四处请人救治。随后，孙坚的亲信朱治亲自带着牛酒向张咨请求派南阳知名巫医去孙坚驻军处治疗。张咨听闻孙坚生病的消息，开始还有些怀疑，但手下陆续传来的消息让他逐渐相信孙坚确实病重，尤其是朱治来南阳请巫医更是打消了他心底的那一点点怀疑。张咨开始盘算起来，孙坚一旦病逝，孙坚的儿子又还小，那他的这数万大军岂不是无人托付，如果全部收归麾下，那自身的实力自然能跃升好大一个台阶。想到这，张咨的脸上不禁露出笑容，吝啬者贪得无厌的嘴脸暴露无遗，在这乱世之中，只有兵力才是最可靠的。

张咨权衡利弊之后，决定亲自带领五百步骑到孙坚大营慰问，拉近与孙坚的关系，加深好感。果不其然，孙坚的大帐前，巫医们正围着篝火跳舞，向上天祈求为孙坚续命。张咨摆摆手，命跟随的手下们都停在大营前，自己只身前往孙坚大帐。躺在病榻之上的孙坚见张咨亲自进帐，突然掀被而起，呼喊左右，拿下张咨。张咨大惊。

帐外朱治掀帐而入，以南阳太守张咨故意阻挠义军北上伐董为名，请孙坚以军法论处。孙坚遂命左右将张咨处斩。自此，南阳大震，孙坚大军所过之处，钱粮征收，再无障碍。

行至鲁阳（今河南鲁山县），恰逢冬天，孙坚先与袁术相见，然后厉兵秣马，准备进讨董卓。由于缺少粮草，孙坚派遣长史公仇称带兵回去催促粮草，公仇称临行之际，孙坚在鲁阳城外设宴欢送，与属下官员觥筹交错，静候公仇称的佳音。

早在孙坚刚抵达鲁阳时，董卓就已经收到孙坚北伐的消息，于是派数万人先行攻打鲁阳。当董卓的数十轻骑斥候抵达鲁阳时，恰好碰到孙坚在城外聚会，看着孙坚谈笑风生，斥候们面面相觑，开始警觉起来：莫不是这孙坚故作迷阵，想引诱我等攻城，然后伏兵四出？于是小心翼翼地整顿小队，不敢妄动，想等大部队前来再做打算。

当看到董军后续骑兵部队逐渐集合的时候，孙坚才慢慢地起身，让喝酒的官吏们先行按序进城，随后自己才带亲兵入城，并对左右说道："刚才看到敌人我不立即起身，是怕这些官吏因为害怕而互相推搡践踏，反而都进不了城。"

董军大将见城里的军队十分整齐，防备严密，不敢攻城，带着部队回去了。董卓听闻大军被孙坚单人吓退，气得他差点摔了最心爱的茶壶。而此时徐荣闪过身来："相国，想孙坚刚吓退我军，此时必定毫无防备，荣愿领军前去活捉孙坚。"董卓大喜，命徐荣领军攻打孙坚。

而此时的孙坚，已经移军到梁东，他确实没料到董军的二次袭击会来得如此之快。徐荣率领大军趁夜加速赶到梁东，出其不意，果然将孙坚团团围住。孙坚长叹了一口气："没想到董军还有如此人才，虚虚实实，真是兵法之道，想我熟读孙子兵法，却也百密一疏。"

"主公，现在月黑风高，正利于突围，由我戴着主公的赤罽（jì）帻在前吸引敌军，主公乘机带着人马从另一边杀出去，等我摆脱敌军，再想办法和主公会合。"身边的黑脸汉子祖茂瓮声瓮气地说道。孙坚紫棠色的脸闪过一丝感动，他拍了拍祖茂的肩膀，低沉地说了句："兄弟，出去后会合。"说完便将头上的帻盔递给了他。

当祖茂骑上马冲出去的时候，敌军的轻骑果然将他当成了孙坚，各个争相追逐，孙坚则乘机从小路突围而出。祖茂见身后敌军追击甚紧，只能选一处下马，将头盔挂在坟地一根尚未燃尽的柱子上，自己藏身于草丛中。敌军追击于此，重重围困，上前近看才发现只是一根柱子，只能悻悻而退。孙坚逃出重围后，将残兵部全聚集到梁县的阳人（今河南汝州市西），休养生息，整顿兵力。

由于梁东大捷，董卓十分高兴，赏赐徐荣金银无数，让一旁同为大将的胡轸（zhěn）甚是嫉妒，他开口说道："现在孙坚败走阳人，正是落魄之时，徐荣虽然击败孙坚，却放虎归山，轸愿领五千人马生擒孙坚。"董卓沉吟片刻，任命胡轸为大都护，吕布为骑督，华雄为步督，率五千步骑进攻阳人。

胡轸字文才，性格非常急躁，同时与骑督吕布关系恶劣，在大军还未出发之际，开了个誓师大会，会上扬言这次出兵要斩一个"青绶"的高官整顿军纪，此话一出，帐下大将人人自危，对胡轸很是痛恨，甚至诅咒他出兵必败。大军行至广成（广成关，在今河南汝州市西），离阳人还有数十公里，刚好天黑了，人困马乏，胡轸准备安营扎寨，按原定计划上半夜养精蓄锐，下半夜进军，天亮之后再攻城。但以吕布为首的诸将厌恶胡轸，乘机传言说："阳人城敌军已经逃走，再不抓紧时间追击，连敌人的影子都看不到。"胡轸只好放弃休息，连夜拔军，行至阳人。但此时的阳人城守备严密，胡轸军队加急赶来，早已是饥肠辘辘、精疲力竭，再加上又是深夜，没有时间做防备工事，只能就地解甲休息。吕布等人又命人散播谣言，声称"孙坚率城内军队趁夜突袭"。大军刚卸甲休息，惊闻敌军突袭，跟炸了锅似的，衣不蔽体，人不识马，一片喧哗，争相逃窜。

孙坚自从有了在梁东被徐荣趁夜突袭，几乎殒命的经历之后，每次夜防必定亲自检查和巡视。胡轸大军一到，孙坚便得知了消息，带人上城楼观察敌情，结果发现敌营突然炸了锅，一片混乱。久经沙场的孙坚立马意识到机会来了，果断率领人马出城掩袭，一战击败胡轸，阵斩敌军都督华雄。

阳人一战，孙坚名声大噪，有人乘机向袁术挑拨道："孙坚这个人如此厉害，一旦他击败董卓占领洛阳，岂不是再也无法制约？如果稍有异心，那不就等于刚除掉一条狼，就招来一只虎？说不定虎比狼更可怕。"袁术一听，觉得有道理，心里警铃大作，立马下令先不给孙坚运粮。

孙坚军中没有粮食，心里焦急万分，派了两三拨人去催促，都毫无音讯。阳人城离袁术所在的鲁阳只有一百多里，孙坚决定亲自连夜骑马去鲁阳找袁术要粮。到袁术大营后，孙坚十分激动，直接在地上画敌我形势图，向袁术陈述各方的利害关系，并说："我和董卓之间并没有什么深仇大恨，只是因为国家蒙难，我才奋不顾身地讨伐董卓。而太傅袁槐、太仆袁基，以及袁家一门老幼五十余口皆丧命于董贼之手，袁家与董卓才有血海深仇。现在袁将军受小人挑拨，难道不想为家门报仇了吗？如今大战告捷，却因为粮草不济而无法乘胜追击，这不是跟吴起泪垂西河、乐毅功亏一篑一样吗？"袁术大为惭愧，立刻给孙坚调发军粮。

自从胡轸兵败阳人后，董卓就十分忌惮孙坚的勇猛，甚至派心腹大将李傕（jué）去找孙坚联姻，并许诺孙家儿郎可以在刺史、郡守之类的高官里随便挑。孙坚一脸正气地对使者说："董卓逆天行道，欺侮幼帝，行废立之事，我以孙家祖先起誓，如果不灭董贼三族，传首四海，匡扶汉室，我孙坚死不瞑目，如今又怎么可能与董贼结亲？两军对战不斩来使，今天饶你一条狗命，回去让董贼把脖子洗干净，等死吧。"赶走使者后，孙坚领大军前行，到距离洛阳九十里的地方安营扎寨。

董卓收到使者的回报，半晌无语，长叹一声，对长史刘艾说道："现在反叛的关东军队，多次败在我的手下，都害怕本相，没有什么作为。但孙坚不一样，此人作战勇猛，我们所有将领以后遇到孙坚都要多加防范。想当年讨伐边章和韩遂的时候，我和孙坚都上书请求留部分后续部队作接应，可惜都没被采纳。那时候的孙坚还只是一个小小的佐军司马，智谋已经和我旗鼓相当，此人实在是不可小觑。"刘艾说："孙坚虽然勇猛，但还是不如您麾下的李傕、郭汜。听说当年美阳（今陕西武功县西北）之战，孙坚率千人与敌作战，差点丧命，这也不算是很强吧。"董卓道："孙坚当时率领一群乌合之众，远不如敌人精锐，而且战场之上并无全胜将军，所以不能因为失败就小看孙坚。不过这次他竟然跟随袁氏小儿作乱，真是自寻死路，我要亲自会会他。"

董卓亲自率军与孙坚作战，却被孙坚轻松击败，只能留下吕布掩护，火烧洛阳，胁迫百姓迁都长安。孙坚率军进入残破的洛阳，映天的火光将这辉煌的大汉都城化为废墟，街道上空空荡荡，两边的断垣残壁依然冒着滚滚黑烟，偶尔还有刺鼻的味道，耳边充斥着无力迁徙的孤寡老人们凄凉的哭喊声，见此惨状，孙坚心里不禁戚戚然。更过分的是，城外皇室陵墓也被董卓洗劫一空，残骸就随意地扔在了地上。孙坚派军收殓枯骨，并着手修缮陵墓。

"大帅，井里有动静！"远处的斥候加快脚步跑到孙坚面前，"前方宫苑内的甄官井里发现有五色气体氤氲不散，可能有什么宝贝。"孙坚骑上马，跟着斥候过去，派人下井打捞一番后，发现一块玉玺，上面刻着"受命于天，既寿永昌"这八个字，孙坚立刻意识到这就是传国玉玺，于是迅速封锁现场，命人严守消息，并整顿部队，退出洛阳，将军队带回鲁阳。

袁氏代韩，智取冀州

讨董联盟成立后，看似强大，内部却是矛盾丛生，为了自身的利益，各方势力均是相互算计。初平元年，也就是讨董联盟刚成立的那年，发起檄文的东郡太守桥瑁由于太飘，自视甚高，惹怒了顶头上司兖州刺史刘岱，被刘岱直接派人杀死。刘岱重新任命自己的亲信王肱出任东郡太守。

初平二年（191 年），由于董卓废立皇帝，新帝年幼且被人控制，袁绍与韩馥私下商量，想推举大司马刘虞为皇帝，并让毕瑜和张岐带着刻好的金玺出使幽州劝说刘虞。刘虞虽然是皇室宗亲，却为政宽仁，在幽州刺史任上，深得幽州民心，听闻袁绍与韩馥想推举他为皇帝，他立刻拒绝了。

由于北伐战绩辉煌，孙坚被袁术上表荐为豫州刺史。但袁绍却以起义军盟主之名，委派周喁（yóng）为豫州刺史，趁孙坚收拢军队与董卓决战之际，袭击豫州，占领了大部分郡县。孙坚只能慨然而叹："大家都是为了讨伐董卓拯救社稷才联盟，现在董贼即将被击败，而盟友们却为了捞取自己的利益，相互攻伐，那我又能与谁勠力同心，恢复汉室呢？"

除了被盟友抢夺豫州，孙坚还遭遇了董卓的釜底抽薪之计，董卓举荐宗室刘表为荆州刺史，意图将孙坚的后方搅乱。刘表字景升，是汉末名士"八友"之一（余下"七友"分别为陈翔、范滂、孔昱、范康、檀敷、张俭、岑晊），名气非常大，就连自视甚高的袁术也不敢对刘表怎么样，明知刘表是董卓委任的荆州刺史，却只能放任他路过鲁阳。刘表在经过鲁阳之后，绕道从沔

(miǎn) 水单骑进入宜城（今四川双流县南十里宜城山下），结交了蒯（kuǎi）良、蒯越、蔡瑁、庞季等荆州名士。在这些名士的帮助下，刘表充分利用荆州各个宗帅的矛盾，设宴引诱宗帅们来会，以乘机当场斩杀这些宗帅，兼并他们的兵力，成功拿下荆州的实权，也让身在前方的孙坚无家可归。

经过这些龌龊的钩心斗角，反董联盟名存实亡，各个诸侯都在乘机扩张自己的势力，以争取在这个风起云涌的时代崭露头角。当然，也不是所有的诸侯都只顾自己，至少我们还看到了全力以赴的孙坚、虽败犹荣的曹操，这些才是不忘初心、真正为了汉室而起兵的人。

讨董联盟解散后，过了一把盟主瘾的袁绍越想越不是滋味。在董卓入京之前，京城谁敢不给身为四世三公之后的袁大少面子，即便是如日中天的张让，他也曾与曹操爬墙入室偷窥。可如今，他堂堂袁大少却仅仅是个小小的渤海太守，甚至连之前出兵讨董的粮草都被冀州刺史韩馥掣肘，不甘心呐！想到恼处，袁绍将桌上名贵的玉石茶具一拂而下。

"主公！"门突然被推开，逢纪迅速低头扫了一眼地上还冒着热气的茶具碎片，拱手道，"主公烦恼，是因为渤海郡贫瘠。要成就大事业，必须据守一州之地，否则必定没有立身之所。现在冀州人口殷实，粮草丰富，但韩馥却是个庸才，为人懦弱，如果能让北方的公孙瓒来攻打冀州，韩馥必定惊慌失措。那时主公再暗中派人游说韩馥让位于主公，这样冀州不用费一兵一卒即可为主公所有。"

"此计甚妙！"袁绍猛然拍向自己的大腿，"元图不愧是我的股肱之臣，我这就派人修书一封，邀请公孙瓒攻打冀州。"

逢纪的计策果然起了作用。收到袁绍的书信后，公孙瓒很爽快地答应与袁绍联手攻打冀州。公孙瓒出兵以后，袁绍又让逢纪、荀谌、高干出使冀州游说韩馥。

此时的冀州太守府内，韩馥正满面愁容地坐在椅子上，手上还捏着一封刚送到的紧急信件，喃喃道："公孙瓒突然来袭，这该如何是好？"正恍惚间，门外传来通报："车骑将军渤海郡太守袁绍使者求见！""快，快请进来。"韩馥突然眼前一亮，连忙让人请使者进来。

"太守大人，元图等人受主公吩咐，前来谢过太守大人援助粮草之德。"逢纪正了下身形，作了一揖。

"元图请起，我与本初皆为汉室忠臣，粮草之事皆为国事，何足挂齿。哦，不知这两位是何人？"韩馥起身扶起逢纪，指着旁边两人问道。

"一个是主公外甥陈留高干，一个是别驾颍川荀谌，均是河北大才，特地一起前来谢君。"

"见过太守。"高干与荀谌拱手道。

"臣等一路前来，听闻辽东公孙瓒前来犯境，不知太守大人有何打算？"逢纪突然问道。

"我也刚得知此消息，听闻公孙瓒勇猛异常，麾下精兵强将无数，打得塞外异族个个不敢吭声，想我冀州物资虽然丰富，但兵卒的战斗力却无法相比啊！"韩馥叹息一声。

荀谌突然出声道："如今公孙瓒重兵南下，沿路诸郡纷纷响应，我认为太守大人这次危险了。"

"那，那该当如何？"韩馥声音微微发颤。

"待人宽厚仁爱，招贤纳能，能容纳天下之才，您这方面与本初相比如何？"荀谌问道。

"不如也。"

"面对危险出奇制胜，智谋勇气远超常人，您这方面与本初相比如何？"荀谌再问。

"亦不如也。"

"家族显赫，世代普施恩惠，使天下均能得到好处，您这方面与本初相比如何？"荀谌继续问道。

"远远不如也。"

"渤海虽然只是一个郡，但实际却相当于一州之地，现在您各方面都自认不如本初，但实际拥有的冀州均凌驾于本初之上，这一点，想来袁公也不会久居于下。况且渤海就在冀州旁边，即使现在没有公孙瓒的进犯，难道以后就不会有别的兵祸吗？"荀谌大声说道。

"这……"韩馥欲言又止，脸上浮现惊惧之色。

"本初与太守本是旧识，又是同盟，如果太守将冀州让于本初，一来可免去冀州兵祸，二来又得了让贤的美名。以本初爱贤的性格，大人的地位岂不是稳如泰山？"一旁久未出声的高干突然说道。

"唉……"韩馥叹了一口气，无奈道，"此位本就应该让于本初，我只愿做一个富家翁。"

袁绍使者回去后不久，听到消息的冀州官员们纷纷前来劝阻，甚至连率领一万兵士驻扎孟津（今河南孟津县东、孟州市西南）的赵浮、程奂也飞速赶回，上书请求抵御袁绍。

长史耿武、别驾闵纯、骑都尉沮授进谏："冀州虽然不大，但是物资丰富，兵员共计数百万，以守城来讲，坚壁清野至少能坚持十年。就袁绍这种正处穷困的军队，只要我们切断他的粮草，打败他简直轻而易举，为何非要将冀州送给他？"

"我过去本来就是袁氏的门生属吏，更何况论能力和德行，我都不如袁绍，现在将冀州让于袁绍，即使放到古代也是一种谦让的美德，各位又有什么疑问呢？"韩馥说完，便让人将官印送与袁绍，并请袁绍前来交接工作，自己则搬出官邸，住到原来中常侍赵忠在冀州的一处旧宅子里。袁绍于是入主冀州，称冀州牧，封韩馥为奋武将军。

按现在的影视剧剧本来说，这种被迫下野的人下场都不怎么好。以前韩馥大权在握的时候，对一个叫朱汉的人比较轻慢，看不起他。正好朱汉在袁绍手下做官，见韩馥失势，乘机报复，擅自出兵围了韩馥府邸，用槌打断了韩馥大儿子的双腿。袁绍听说这件事之后，暗骂："这厮做得这么明显，这不是坏我名声么？"于是立刻派人逮捕朱汉，将其斩首，给韩馥一个交代。

但是经过这事，韩馥成了惊弓之鸟，他想设法逃走投奔张邈。有一次，袁绍派使者过来，使者与张邈耳语商议机密，被韩馥看到，以为是在合谋算计他。韩馥越想越怕，于是咬牙走进厕所，拔出小刀自杀了。

占据冀州的袁绍大喜过望，设宴款待众将。从事沮授提出了著名的《邺下对》："先取河北四州，再以此为根据地，西占司州，拥立天子，南下兖州豫州，占据中原，则天下可定。"袁绍闻言大喜："这正是我心中所想。"当下便将沮授升为奋威将军、监军。

以步克骑，界桥会战

初平二年冬，辽东易京（今河北雄县），天气阴沉，公孙瓒府邸内。公孙瓒一脸怒容："袁老贼，我与你势不两立！明面上邀请老子一起夹攻冀州，私下却借老子的势说降韩馥。还有我弟弟的事，新仇旧恨咱们一起算！"一边破口大骂，一边抽出鞭子抽向眼前的桌子。

说起公孙瓒弟弟的死，这就不得不说一说汝南袁氏的大型狗血家庭伦理剧了。

原来袁绍与袁术这哥俩一直不和。在这个东汉有名的世家大族里，大儿子袁绍是私生子，小儿子袁术是正牌夫人所生。同时，这个私生子袁绍被袁逢过继给弟弟袁成继承香火，所以袁术认为自己是嫡子，理应继承家族里的一切，可偏偏袁术性格轻浮，没人看得上。更让袁术愤愤不平的是，那些看不上他的士人纷纷投靠在他眼里地位下贱的私生子袁绍门下。两人的梁子就这样结了下来，水火不容的二人不像是兄弟，更像是仇人。

起初，袁术任命孙坚为豫州刺史，屯兵阳城（今山东莘县）。在孙坚攻打董卓时，袁绍便乘机任命周昂为豫州刺史，派兵袭取了阳城。

这私生子竟然主动挑衅，是可忍孰不可忍！袁术派公孙瓒的弟弟公孙越（当时公孙瓒和袁术是同盟，所以派弟弟跟着袁术干）协助孙坚夺回阳城。但公孙越却在作战中不幸被流矢射中死了，所以公孙瓒将弟弟的死记在了袁绍头上，准备整顿兵马，进攻冀州。

风声传出，袁绍才刚接手的冀州各郡县顿时骚乱不已，墙头草们纷纷进入骑墙观望模式。袁绍考虑到冀州刚易主，人心不稳，便将渤海郡让给了公孙瓒的从弟公孙范，希望能暂时缓和与公孙瓒的关系。可公孙瓒却是吃了秤砣铁了心，不但让公孙范接收了渤海郡，还将渤海郡的物资和兵力全掏出来进攻冀州，摆出一副不死不休的"平头哥"架势。这下袁绍傻眼了，差点被自己的"神"操作蠢哭，这怎么还助长他人威风了？身为枭雄，他很快就做出了决断，点齐兵马，准备亲自率军迎战公孙瓒。双方在界桥（今河北威县东）南二十公里处相遇。

袁绍登上箭楼看向公孙瓒阵地，只见对方三万步兵摆成方阵，铁骑分列两翼，左右各五千骑，中营附近还有千余名白旗白甲的恐怖骑兵，想必是令整个胡虏争相奔告"当避白马"的白马义从。对方严阵以待，铠甲鲜明，明晃晃的光让袁绍觉得甚是刺眼。

"麹义，你打头阵，不要堕我军气势！"袁绍按捺住心中的躁动，朝底下黑脸少髭的将领下令，随后扭头向身旁将校说道："伏强弩千张随后跟袭。"

"是，主公。"麹义黝黑的脸上甚是平静，回话也显得波澜不惊，似乎面前雄壮的公孙军在他眼里如土鸡瓦狗一般。他深吸一口气，抬起手中大刀，往前一压，缓缓说道："儿郎们，跟我冲！"身后八百重甲步兵皆身披黑甲，左手握盾，右手持刀，跟着麹义朝公孙军方向移动。

公孙瓒正在营内部署，听左右将校报告说袁营开启了，立刻转身登上箭楼，只见黑甲步兵冲出，黑压压的一片。仔细观察了一番，发现对面不过千余人，公孙瓒心中大喜："袁贼冲锋皆是步卒，儿郎们轻骑突出，不消动手便可踩死他们。"旋即下令："严纲，你率两翼骑兵五千，吃掉这支部队。"身旁一将领命，迅速下楼，点齐兵马，冲出大寨。

"麹将军，公孙军轻骑出动，看起来人不少。"身旁副将提醒道。

"全体伏下，没有我的命令，不许起身，妄动者斩！"麹义半跪着，冷峻的眼睛眯成一条缝，盯着远方飞奔而来的骑兵。

"五十步、四十步……十步！"麹义心里默数着，突然大喝："起身举盾！"

八百先登顿时高举手中巨盾，明晃晃的阳光被大盾反射到前方，尘土飞扬，身后埋伏的弓箭手们纷纷现身，箭雨纷纷落向公孙军。

严纲正率领骑军往前奔袭，手中长枪早已饥渴难耐，眼看就能饮敌人血啖敌人肉，恍惚间，前方异常明亮，马上的骑士们不由得双眼微闭。公孙军还没反应过来，便人仰马翻，或被身前的敌人砍死，或被自己人践踏而死。最可怕的是那些被天上落下的弩箭射中却未死的人，哀号声响彻整个战场，遍地是鲜血和死尸。

麹义砍倒面前的敌人，暂缓作战，环视整个战场，腰间胡乱系着一个人头，杂乱的头发和胡须早已被鲜血染红，从狰狞的面目依稀能辨认出是公孙军大将严纲。

眼看袁军气势越来越盛，公孙军纷纷退后，步骑争相奔走，度过界桥，袁军紧随其后穷追不舍。箭楼上的公孙瓒见严纲军阵大乱，连忙引中军白马义从到界桥接应。

麹义带兵赶到界桥，对面千余白袍白甲的轻骑已经摆好阵势，麹义回首："先登士，随我去会一会传说中的白马义从。"说罢便挥刀往前冲去。

公孙瓒见前方来敌气势汹汹，心中已怯三分，再加上前方败绩，军队气势低迷，只能勉强抵挡，随着过桥的先登士越来越多，公孙军逐现败迹。

"白马义从，誓死保护主公！"斜刺里冲出一员小将，面若冠玉，剑眉星目，白盔白甲白袍，胯下一匹白龙驹，手中一杆梨花枪，舞动似雪花纷飞，身旁袁军纷纷落马。这员小将杀入阵中，将被包围的公孙瓒救出，绕大营而返。

麹义眼见手下士卒已经围住了公孙瓒，不承想却被一白袍小将救走，气得他将腰间的严纲头颅扔在了地上。随着公孙瓒的逃走，公孙军一下子失去了主心骨，麹义带兵直冲公孙大营，连拔几座牙门，砍倒数面大旗，公孙大营的余军皆四散而逃。

袁军后军，袁绍让大部队先行出发接应麹义，自己率百余名亲兵大戟士随后赶往界桥。在离界桥十公里处，袁绍接到前方大捷的消息，异常高兴，遂解鞍下马，稍作休息。突然前面巡逻的一员年轻将校拨马回头："主公，前方情况不对，好像有大量马蹄声，我前军大部皆是步卒，少有铁骑，恐怕是敌军。"正说着，前方千余名骑兵突现，纷纷呼喝围住休息的袁绍部众，抽出弓箭，箭如雨下。

别驾田丰赶紧拉住袁绍往残垣下躲避，袁绍将头上的头盔往地上一甩："难道躲到断墙后面就能活下来吗？大丈夫宁可在阵前战死！"说罢，他抽剑指挥仅有的十余张强弩："强弩准备，待敌人接近再还击。"敌军稍近，弩箭乱发，死伤大片。

幸运女神终究站在了袁绍这边，这支骑兵部队并未认出被围住的就是冀州军主帅袁绍，见自家兄弟在弓弩下落马，逐渐退出弩箭范围，围而不攻，想消磨对方气势再一举拿下。良久，骑兵后方骚乱起来，只见一黑脸战将手持大砍刀，状若疯虎，麾下的先登士们紧紧跟随，硬生生将这支骑兵撕开了一道口子。"麹义追上来了，兄弟们，撤退，找主公去！"骑兵们纷纷四散而逃。

待骑兵溃散后，麹义将已经有好几道缺口的砍刀扔到一旁，大步向前，望袁绍跪下："主公恕罪，麹义来迟，请主公责罚。"

袁绍看着身前跪地的黑脸汉子，身上盔甲犹自滴着鲜血。良久，弯腰扶起麹义，大声笑道："此番大胜，斩将夺旗，麹将军首功。"

界桥之战，是一场以步克骑的经典案例。见败事已定，久在塞外养成果断性格的公孙瓒退兵了，连渤海郡等新占领的冀州郡国都不要了，直接撤回幽州蓟县（今北京市西南部大兴区）。

袁绍见公孙瓒连渤海郡都不要，意欲退兵，内心越发膨胀起来，派人掩袭公孙瓒。可不知为什么，这次袁绍并没让麹义挂帅，而是派了一个叫崔巨业的人领军。

崔巨业率数万兵马，沿着公孙瓒的撤退路线追击，围攻故安（今河北易县东南），久攻不下。公孙瓒退至蓟县，筹集三万人马，前来解围，在巨马水畔再次大战。这次公孙瓒打出了白马将军的豪情与胆气，杀敌八千，大破崔巨业。随后，公孙瓒率军进入龙凑（今山东德州市东北），向袁绍示威，双方在龙凑合战，但公孙瓒再次战败。

初平四年（193 年）初，随着天子使者赵岐带着和解书到来，袁绍与公孙瓒各自依旨罢兵，公孙瓒率兵回幽州，袁绍也引兵南还。

后院失火，袁失其鹿

初平四年上巳，薄落津（今河北广宗县西北漳河处），袁军大营。

"老王头，主公大破公孙瓒，咱都高兴坏了，这次大开庆功宴，您老可别藏私，把军营里最好的几坛酒都拿出来，让咱都尽尽兴。"一位值守的将士朝伙房里的老王喊道。

老王头，不知其名，只知姓王，以前是先登军的一员，在一次战斗中瘸了一条腿，再加上年纪大了，所以退下来做了伙夫。

"小兔崽子，我这儿的酒每一坛都是最好的。公孙瓒来势汹汹，多亏主公英明，麹义将军神勇，否则说不定咱就都埋在那了。好了，等会儿回来再说，我要给大帐内送酒了。"

老王推着一车酒坛朝着大帐走去，隔着老远，都能听到帐内传来的欢声笑语。老王不禁莞尔一笑："看来在开庆功宴了，可惜我这把老骨头不中用了，不然也能上阵杀几个敌人。"

帐内。袁绍跪坐在主台上，两手捧起酒杯："来，大家尽情喝酒，今日庆功宴酒肉管够。"

大家起身，对袁绍作了一揖："谢主公。"

袁绍再次倒满酒杯："大家请坐。这次大捷，首功在麴义将军，这杯酒，我敬将军。"

麴义赶紧起身，黑色的脸上洋溢着兴奋，高声答道："都是公孙军名不副实，末将才能一举击溃他们。"

袁绍的眼角滑过一丝不易察觉的忌惮，但很快便以高兴掩盖过去："正如麴义将军所言，公孙瓒太过夸大，也不过如此。"众人推杯换盏，酒酣肉饱，好不快意，可帐外侍卫传来的急报却让众人的笑意僵在了脸上。

黑山军趁夜突袭，邺城（今河北临漳县城西南邺镇）已经失守。座下的信使身上的甲胄混合着血迹和泥土，传达这个消息的时候还喘着粗气，显然是加急而来。

营内一片寂静，只有信使粗重的呼吸声在回荡。众人家眷都在邺城，城已失守，家人性命恐怕也没能保住。担忧，惊惶，心理承受能力弱一点的甚至已经带了哭腔，一时间，周遭叽叽喳喳遍是讨论。

"闭嘴！"主台上的袁绍瞬间正坐，脸上表情自若，风度依然，环顾四周，将各人的表现尽收眼底，"都慌什么？且听信使将情况说清楚。"

信使不敢隐瞒，遂一一道来。原来魏郡有部分郡兵谋反，通敌黑山军，约好趁夜攻城。黑山军首领于毒乘机占领邺城，擒杀魏郡郡守栗成。但是这万余黑山军有数十股，名义上的首领是于毒。其中一股的小首领叫陶升，自称"平汉将军"，以前做过内黄的小官吏，可能受过袁氏的恩惠，见邺城有袁绍的家眷，趁夜从西边翻墙而入，占领四个城门，禁止别人进入，而后解救这些家眷，亲自护送到斥丘（今河北成安县东南）。袁绍了解情况后，立马率军奔赴斥丘，对陶升大加嘉奖，并封他为建义中郎将。

恰逢斥候回报，探知黑山军于毒藏身于朝歌（今河南淇县）的鹿场山。袁绍整顿军马，征讨黑山军。整支部队气势汹汹，将士在前方拼命，就是为了家中妻儿生活幸福，可是这帮可恶的黑山军却差点断送了他们的希望和未来，这可谓是不死不休之仇。

这帮敌军躲在山里，仗着山势易守难攻，不把山下的袁绍放在眼里，于毒跨坐在石阶上看着山下隐现的袁军大旗，将口中嚼得稀烂的草根吐了出来："邺城确实肥，要不是陶升这人渣反水，老子能从袁绍手里榨出一大笔粮草！可惜，走得太急，粮食也没有带够，现在只能窝在这破山沟里吃糠咽菜。"

山势险要，袁军那边也不好办，麴义建议围山断粮，逼迫于毒自己出来。计策果然见效，不到五天，山上水粮均已见罄。人是铁，饭是钢，一顿不吃饿得慌，况且山寨粮尽已经多日，守山的黑山军个个面黄肌瘦，脸部浮肿。这可是个好机会！袁绍下令攻山，袁军像潮水一般冲向山寨，却发现黑山军连像样的抵抗都组织不起来，山寨的敌军纷纷弃械投降，袁军不费吹灰之力就活捉了山寨首领于毒。问出内应跟长安那边有关系之后，袁绍便下令将于毒就地斩杀。

"麴义，带领一彪轻骑，将长安任命的冀州牧壶寿就地斩杀！"袁绍表情坚毅，眼里闪过一丝残忍，"其余人继续循山而进，务必将这些山贼余孽彻底清掉！"整个鹿场山的黑山军部众，像左髭丈八、刘石、青牛角、黄龙、左校、郭大贤、李大目、于氐根等小头目，全部都被袁绍所部剿灭。

对于这帮黑山军，袁绍可谓是厌恶至极。为了清剿其余黑山军，袁绍联合吕布在常山攻打黑山军大统领张燕。双方打了半个月，虽然张燕的黑山军大部分都被剿杀，但袁绍军也因此兵困马乏，粮草短缺，只能收兵退回邺城。而麴义在获得一次次胜利后，自恃有功，越发骄纵，最后被袁绍诱杀。

兴平二年（195年）十月，一个令天下震动的消息迅速从京城传出：汉献帝在杨奉等人的保护下，逃出长安，行至曹阳（今河南灵宝市东北），李傕、郭汜等西凉余孽紧追不舍。袁绍迅速召集幕僚商议对策。

"主公，此乃天赐良机啊。"沮授第一个开口，显得异常兴奋，"皇帝流离失所，宗庙毁坏，而各州牧刺史纷纷起兵为己，无一救驾迎立陛下。将军生于世家大族，以忠义匡济天下，如果此刻前去迎驾，定都邺城，挟天子以令诸侯，蓄兵马以讨不臣。那时，天下还有谁是对手？"

"此言大谬！"一个阴恻恻的声音传来，只见郭图摇着羽扇，慢慢走出队列："主公，臣觉得恰恰相反，迎立皇帝反而是一种威胁。想如今，汉室积弱已久，摇摇欲坠，想恢复汉室谈何容易！况且现在各个有志之士都雄踞州郡，士卒动辄数万。正所谓'秦失其鹿，先得者王'。如果此时迎立皇帝，岂不是事事都要请示皇帝，那主公又置身何处？"

"迎立天子不仅能赢得道义上的名声，而且更符合目前的大势。现在皇帝所在的曹阳邻近我们地盘，如果我们不行动，别人一定会抢先，到时候后悔可就来不及了。"沮授见袁绍因为郭图的话而动摇，慌忙出声。

"臣与主公以前皆在西园（汉上林苑的别称）做过校尉，对皇家之事了解得很清楚。一旦迎立皇帝，耗费的钱财数不胜数，劳民伤财，得不偿失，臣认为公则说得有道理。"站立一旁默不作声的淳于琼突然发言支持郭图。

"那……"袁绍摸着自己新长出的胡须，沉吟片刻，抬头道，"按公则所言，先观望一阵。"

见袁绍已经决定，熟知其性格的沮授默默退入行列，心中暗叹："唉，机不可失，时不再来！不知最后便宜哪个军阀，只祈祷千万不要是曹孟德。"

真是怕什么来什么。建安元年（196年）八月，曹操在谋士毛玠的建议下，力排众议，亲自率领大军赶赴洛阳，以洛阳残破、粮食短缺为由将汉献帝迁到许昌（今河南许昌市东）。曹操不愧是跟袁绍从穿开裆裤玩到大的，对袁绍的脾气摸得一清二楚，把皇帝接走后不忘恶心一把袁绍。他以献帝的名义给袁绍下了一封诏书，指责袁绍地广兵多不去勤王，只知道结党营私擅自讨伐异己。

虽然是矫诏而发，但毕竟是天子诏书，袁绍不敢怠慢，赶紧上疏，放低姿态自证清白。据袁绍的贴身丫鬟回忆透露："那天老爷心情不太好，关在书房里一天都没有吃东西，甚至把最爱的西域夜光杯都摔碎了。"

幽州称雄，易京之战

"啪！"随着刺史府内一声闷响，公孙瓒标志性的大嗓门传了出来："刘虞，你身为幽州刺史，堂堂汉室宗亲，竟然对异族采取怀柔政策，妄图安抚他们。你难道忘了非我族类其心必异？难道忘了昔日高祖被围白马之耻？"

"伯圭，幽州比不得其他地方。这些异族虽然不怎么安分，但大多数是由于汉族欺压不得不反。若是强力镇压，便会像野草一样，春风拂过再次复生；若以安抚为主，岂不是一劳永逸？倒是你与袁绍之间多次争斗，劳民伤财，受伤的却是我幽州百姓。"刘虞斥责得也毫不客气。一向对外族强硬铁血的公孙瓒见与刘虞无法继续交流，拂袖而出，策马离开刺史府。

这样的戏码街上的行人早就见怪不怪了，这位对异族异常温柔的刺史大人，每次遇到公孙瓒就如干柴碰到烈火，一点就着。回想以前与公孙瓒的种种争执，刘虞不禁苦笑一下，自己这个幽州刺史做得真是失败，遇到这种刁钻却又有实力的下属，也是无可奈何。

早在界桥大战公孙瓒战败时，刘虞就想过乘机杀了公孙瓒，但在谋士魏攸的劝阻下，刘虞按捺住了这个危险的想法。论实力，公孙瓒要比他强得多，因为公孙瓒文武双全，而自己手下却没什么人才，自然不是公孙瓒的对手。随着魏攸病死，刘虞对公孙瓒的忍耐也到达了极限，恰逢公孙瓒龙凑之战败退蓟县，他便率领几万人马突袭蓟县。

公孙瓒与刘虞这种身居高位的皇亲贵族不同，他可是从边塞尸山血海里杀出来的，白马将军的威名是他用异族人的头颅换来的。虽然在与袁绍的对抗中屡屡受挫，但并不代表他连刘虞这种文弱书生都害怕。此时公孙瓒身边的部曲虽然不多，却都是白马义从的精锐。面对刘虞大军的突然袭击，他迅速穿上那套被鲜血浸得油亮发黑的铁甲，率领身边数百精骑，顺风放火，借助火势向刘虞大营袭去。

毫无准备的刘虞正在中军帐休息，突闻军营大乱，瞬间慌了神。见主帅如此，那些士卒更是六神无主，东逃西窜。天明，公孙瓒在乱军中生擒刘虞，看着这位老上司的狼狈样子，公孙瓒又气又好笑。恰逢天子派使者段训前来为刺史刘虞增加封地食邑，公孙瓒当着段训的面问刘虞："之前袁绍与韩馥是否打算立你为帝？"

刘虞默然。在讨董时期，由于董卓专权，袁绍与韩馥曾私下派使者联系刘虞，欲尊刘虞为帝，被刘虞回绝了。但这也成了刘虞心里的一根刺，这样一来，岂不是天下人都认为他想谋反当皇帝？即使自己没有这种想法，也避免不了他人的恶意揣测。就这样，公孙瓒以谋反称帝为由，胁迫段训监斩刘虞，并上书推荐段训为幽州刺史，实际自己全面接管幽州事务。讽刺的是，当公孙瓒率兵搜刘虞府邸时，却发现以简朴著称的刘虞，家中妻妾都穿着上好的绫罗绸缎，乘坐的车异常豪华，让人唏嘘不已。

自此，幽州尽数落入公孙瓒手中。此前有童谣："燕南垂，赵北际，中央不合大如砺，唯有此中可避世。"所以他做的第一件事就是将幽州治所迁移到易水旁的易京。

刘虞虽死，但多年以来的怀柔政策可不是白玩的，背后的"后援团"还挺强大，其尸首在送回京师的途中，被门生故吏尾敦劫走安葬。同时，其旧部鲜于辅、鲜于银、齐周等人推举阎柔为乌丸司马，招纳胡汉数万人，推举刘虞的儿子刘和为帅，攻击驻扎在潞北（潞县以北，今山西黎侯镇古县村）的公孙瓒部下邹丹。一战之后，斩邹丹等四千余人。之后又联合鲜卑轻骑和南方的袁绍大将麴义，一起讨伐公孙瓒。兴平二年，双方在鲍丘（今北京市通州区）会战。公孙瓒折损部下两万余人，大败而归，只能率残兵退守易京。

易京位处幽冀交界，公孙瓒依靠易京防守，开垦良田，深挖洞，广积粮，能自给自足，这才得以与麹义等联军相持年余之久。麹义大军粮尽，士卒饥饿，人困马乏，只能退走。公孙瓒乘机追击，斩获颇丰，尽获其辎重。

公孙瓒性格豪放，自认为能力出众，不体恤百姓，记过忘善，为人锱铢必较。幽州城内名气比公孙瓒高的人，必定会因为莫须有的罪名惨遭迫害。公孙瓒常说："官员都是因为职务而获得富贵，不需要感恩他人的赐予。"不仅如此，他还异常宠爱商贩庸儿等人，卜数师刘纬台、贩缯李移子和贾人乐何当甚至与公孙瓒结为兄弟，公孙瓒为伯，其他三人分别为仲、叔、季。事实证明，酒肉朋友只能在酒桌上称兄道弟，真出了事半点也指望不上。这仨哥们儿个个家产过亿，三国福布斯富豪榜榜上有名，但后来公孙瓒落败之际，却没见这些人有过任何援助。

公孙瓒的倒行逆施于终引起了公愤，代郡（治今山西阳高县西南）、上谷（治今北京市延庆县）、右北平（治今河北丰润区东南）等地的百姓纷纷杀掉公孙瓒任命的长吏，投奔阎柔、刘和等人。恰逢荒年，天灾与兵祸让公孙瓒开始忧虑起来，对易京进行了新一轮的修缮。他在易京四周挖多重深堑，到处筑起五六丈的高楼，在里面蓄了三百万斛粮谷，并放出豪言："昔日我逐叛胡于塞外，扫黄巾于孟津，以为天下唾手可定。现在看来，不如休兵种地，以救凶年。兵法有云，'百楼不攻'。现在我的营地高楼连绵千里，粮草众多，我只想安安静静坐观天下诸侯。"

南面，袁绍派长子袁谭为青州刺史，与公孙瓒所置青州刺史田楷争夺青州所属权。袁谭在青州仅有平原一地，经过长达两年的纵横捭阖，袁谭不但将田楷逐出青州，更是打败北海太守孔融，逼得孔融远走投靠许昌的曹操。至此，袁谭占领青州全境。

建安三年（198 年），袁绍给公孙瓒修书一封，意图结盟休战。公孙瓒收到书信，呵呵冷笑："袁绍这厮一肚子坏水，无事结盟，非奸即盗。"对袁绍提出的结盟一事并不理会。袁绍见公孙瓒没有回应，甚是生气，集结重兵，准备讨伐公孙瓒。

听闻冀州军即将北上，公孙瓒对长史关靖放出豪言："当今天下风起云涌，遍地兵争，没有人能在城下攻破我的易京城。就凭袁绍小儿，能奈我何？"遂传令易京守备升级。

袁军一路北上，连破多城，各城池的求援信如雪花一般飞往易京城，公孙瓒大怒："如果都像这样遇到困难就指望救援，以后岂不是没人愿意以死相拼了？"

外无援军，内无粮草，幽州南部的各城池守军纷纷献城投靠袁氏。眼看着袁军势头一天盛过一天，易京城内弥漫着慌乱的气息，公孙瓒派儿子公孙续出城向黑山渠帅张燕求救，自己率精锐骑兵出城，到西山埋伏，待黑山军到来后一起反攻冀州，切断袁军后路。

关靖听闻后劝谏："现在军中各部心思不一，都是看在家眷和将军都在城内才会坚守。如果将军现在率军离开，将士们会以为将军舍弃他们，易京城陷落是迟早的事；如果将军在易京城主持大局，坚守城池，拖延时间直到援军到来，或许能耗到袁军撤退。"公孙瓒这才打消了率军出城的意图。

建安四年（199年），袁军抵达易京城下。太阳初升，黑夜的笼罩还未完全散去，凄厉的号角声瞬间撕裂长空，沉寂数日的袁军开始发动进攻。

易京城墙上，作为指挥的将领声音急促而嘹亮，士卒们的脚步声紧张而有序。望着底下黑压压的袁军，不知是谁家年轻郎，传来喉头咕嘟吞咽唾沫的声音；而经验丰富的老兵，闭着双眼，背靠城墙，叼着一根枯草茎，摩挲着手中长枪，仿佛摸着自己最心爱的姑娘。

骤然间，袁军鼓声大作，一队队黑甲步卒迈着不可阻挡的脚步，顶盾齐出，行伍间夹杂着几队攻城木车朝城门方向冲去。离城墙越来越近，乌云般的箭矢如蝗虫过境般从天而降，鲜血伴随着惨叫声四处飞溅，一个又一个的士卒倒了下去，而活着的人没有其他杂念，眼里只有那高耸入云的城楼。

不知道过了多久，袁军终于逼近了城墙。云梯、绳索，所有能攀爬的工具都被使用起来，城墙边瞬间多了无数条由人组成的梯子。而城墙上的公孙军也没闲着，石头、金汁、檑木轮番上阵，一时间惨叫连连，鲜血、残肢断臂比比皆是，这坚固的城池下仿佛炼狱一般，然而战争仍在继续。

一名矫健的袁军几经腾挪躲闪，终于攀到城墙上，刚探出头，便有四五个公孙军蜂拥而上，他还没来得及看清，便被一刀削去了头颅，最后映入眼帘的画面是逐渐明朗的天空。天亮了，凄厉的嘶喊，疯狂的杀戮，人类最原始的野蛮血脉和兽性都被激发出来，使得两军将士越来越疯狂，越来越愤怒，越来越激烈。

"鸣金收兵！"头戴金盔的颜良平静地看着眼前的一切，似乎已经司空见惯。

太阳已经高照，袁军如潮水一般，来得快，去得也快，迅速撤离战场，只留下一地已辨认不清是谁的残肢断臂。城墙上的老兵看着下面正在撤退的袁军，草草地将脸上的血迹抹掉，低低地吐出一口气，庆幸这次自己又活了下来，至于下次，谁知道呢？

"易京城墙塌了，杀进去，活捉公孙瓒，封赏万金……"满头大汗的公孙瓒突然从梦中惊醒。沉默良久，他才拭掉脸上的汗液，穿衣起身到书房，写了一封家书，命心腹连夜快马加鞭送往儿子公孙续处，信中写道："此次袁氏大军压境，你可以向张燕请求派轻骑支援，到达后举烽火为号，我从城内杀出，前后夹击，袁军一定没有活路。否则，我死之后，这天下恐怕都找不到你的安身之所。"

深夜，袁军中营，灯火通明。

"哈哈哈，此番斥候营立了大功，这封书信可让我军损失降低六成！"袁绍爽朗的笑声从营内传来。

"是否可能为诈？"站在一旁的大将文丑瓮声瓮气地提出异议。

"不可能，昔日我军讨伐黑山军，早已与张燕结下大仇，若顺利平定北方，张燕一定寝食难安。如果我没料错，张燕的黑山军此时肯定在支援公孙瓒的路上。从这封信看，公孙瓒似乎对自己守城并无信心，但攻城始终损失太大。不如按信中所说，将计就计，引出公孙瓒。"随军出征的沮授面露微笑。

"好，就这么办，这次一定要彻底解决公孙瓒这个大患！"袁绍眯着眼，目露寒光。

三月，还稍微有些刺骨寒意，路旁的杨柳已经开始吐芽，一派开春还暖的场景。身在易京城中的公孙瓒内心却依旧冰凉，张燕的援军还未到来，城下的袁军似乎不知道疲倦，每天都进攻好几次，城内的粮草虽然充足，可士卒们却士气低迷。

"将军，北方有火光！"瞭望塔的一名斥候向公孙瓒通报。

"这是吾儿的暗号，援军到了！"公孙瓒大喜过望，"快点齐五千轻骑，随我出城包抄袁军。"

离火光处越来越近，久经沙场的公孙瓒心里犯起了嘀咕："怎么还没听到厮杀声？这援军声势未免也太小了。不好！是陷阱！"公孙瓒当机立断，立刻下令："全军撤退！"

话音未落，雨点一般的箭矢从两侧飞出，身旁的骑士们纷纷落地，整个队伍瞬间慌乱起来。敌暗我明，两侧山坡上的袁军每一次拉弓都能带走自己士卒鲜活的生命。公孙瓒也顾不了那么多，只能拨转马头，往后突围，身旁几个忠心的侍卫紧紧环绕，随着一声声闷哼，侍卫们一个接一个地倒地，但又有新的侍卫加入保护圈，这些可都是仅剩的白马义从精锐，却悄无声息地埋骨于此。总算冲出了包围圈，公孙瓒回头看着身后不到五百余人的残军，莫名心酸，咬咬牙继续往城中逃去。

"这次埋伏竟然没有留下公孙瓒，易京城易守难攻，下次不知道又得牺牲我军多少好儿郎啊！"沮授站在坡顶，望着公孙瓒逃脱的方向叹息道。

几日后，袁军中营内，袁绍与几位谋士正在商讨计策。满脸尘土、身上血迹斑斑的文丑风尘仆仆地走进来，吐了一口唾沫："这易京城就是一个大王八壳子，嚼不烂锤不碎，这几天都组织了不下十次冲锋，损失过万，还是没有拿下。"

"真有那么容易，第一天就攻下了，还轮得到你来进攻？"紧随其后的颜良也皱着眉头说道。

"真想一把火把这王八壳子烧了，看他公孙瓒还敢不敢嚣张！"文丑气呼呼地回答道。而帐中的田丰与沮授两人眼前一亮，互相看了一眼对方，仿佛瞬间领悟到了什么。

"文丑将军的这个计策不错，咱们可以火烧易京城，想不到咱们文丑将军也会动脑子想计策了。"田丰饶有兴趣地看着文丑。

"呃，军师不要打趣俺们这种粗人了，冲锋陷阵我们在行，说起动脑子的事，那都是军师们的事，俺们哪里会？"文丑憨厚地笑着挠挠头。

"元皓说得没错，易京城虽然高大，但内部高楼均是木质结构，咱们只要绕过外部城墙，就可以火烧王八壳儿了。"沮授也开始发表自己的见解。

"可是，咱们怎样才能绕过外部城墙呢？这些天咱们已经损失了不少儿郎，还是没能攻下外城。"颜良也挠挠头，百思不得其解。

"明修栈道，暗度陈仓。白天依旧冲锋攻城，消耗守军注意力，等晚上从城外挖地道进去，待地道完成后，就可以火烧易京城了。"田丰一语道破内中关键，沮授也微微颔首，表示同意。一旁的颜良、文丑脸上尽是疑惑，仿佛上帝打开了智慧之门，可只是暂时露了个门缝。

是夜，公孙军在经过白天的惨烈防守战后，精疲力竭，准备换班休息，交接的战士打着哈欠，低头咒骂道："该死的袁军，这么多天了，还是天天晚上骚扰攻击，整得老子都快神经衰弱了。"恍惚间，好像看到了一束亮光从远方升起，他揉揉双眼，似乎是想擦掉出现的幻觉。但是，亮光突然变大，是火！火舌沿着高楼肆意攀爬，他立刻打了一个激灵，扯开嗓子大喊："走水了！走水了！"随着大喊声和火光的双重刺激，沉寂的城内突然惊醒，越来越多的呼喊声此起彼伏。

很快就有守军发现了从地道攻进来的袁军，但是火势越来越大，高楼也在连绵的火势下纷纷倒塌，袁军从地道鱼贯而出，乘机四处杀戮，制造混乱，与城外的袁氏大军里应外合，发起了攻城的号角。

"将军，不好了，这些天袁军白天进攻麻痹我军，晚上乘机挖掘地道到高楼下，现在正放火烧楼，城外敌军也在趁势攻城。"前来报告的传令兵一脸血污，跪在地上向公孙瓒报道。

"知道了，你先下去吧。"公孙瓒一脸平静地让传令兵出去，自己回屋带着家眷登上最高的那栋楼，在夜色中环顾城内四周。城内火光越来越盛，喊杀声也越来越大，城门不知何时被内应的袁军打开了，城外的袁氏大军趁势攻入，公孙军中还有少部分银盔银甲的骑士在奋力抵抗，可最终还是被黑夜吞没。"想我公孙瓒一生戎马，驰骋塞外，却多次败在袁绍手下。但即使是死，也断然不会让你袁氏小儿得到本将军的尸首。"公孙瓒望着夜幕喃喃道。他拔出腰间长剑，将躲在内室的妻子儿女一一刺死，挥手把灯油打翻在地，灯火瞬间沿着流出的灯油窜起，在这木质的高楼上蔓延。

关靖回头望着公孙瓒登上的高楼起火，明白了公孙瓒的选择，他突然昂起头颅，跨上白马，大声喊道："我听说君子让人陷入危难，自己必定跟着一起。这次是我出谋让将军留守，将军既然归天，身为谋士的我誓死跟随。"说完便策马奔赴袁绍大军赴死。

此战，袁军大胜，易京城内未烧毁的粮草多不胜数。从此，袁绍在北方再无威胁，成为真正横跨青幽并冀四州的北方霸主。

第二章

枭雄崛起，曹操平中原

枭雄忆往，立足兖州

帐内，曹操满脸怒气，却又无法发作。这次讨伐董卓，带去的谯郡子弟兵几乎都牺牲在汴水，甚至连资助他募兵的商人卫兹也在他眼前遇难。最可气的是盟军屯兵酸枣，却没有一丝为国除害的意思。至于那个儿时一起爬过墙、一起嫖过娼、一起看寡妇洗过澡的小伙伴，现在的盟军盟主袁绍，也变得那么陌生，完全为了私欲而不顾国家的利益。世上之人熙熙攘攘皆为利。汉室势微，军阀四起，民不聊生。曹操暗自下定决心：他要变强大，他要像自己的偶像霍去病一样，用无上的实力支撑起这个飘摇欲坠的大汉王朝。

明确目标后，曹操带着夏侯惇去扬州募兵，以填补战损。在扬州刺史陈温与丹阳太守周昕的帮助下，成功募兵四千，但是在返回途中，士卒们在龙亢（今安徽怀远县龙亢镇）发生兵变，有人趁夜烧曹操的帅帐，曹操手握倚天，立杀数十人，才得以脱离叛军，最终成功带回千余人。

初平二年，以于毒、白绕、眭（suī）固为首的黄巾余孽率十万余人进攻东郡，东郡太守王肱无力抵抗。鲍信乘机向曹操献计："袁绍虽然是盟主，却滥用职权图谋私利，恐怕会成为第二个董卓。我们现在势弱，不宜跟袁绍正面冲突，不如趁此机会，回黄河南边发展。"曹操十分佩服，当即采用鲍信的计策，率军驰援东郡，以迅雷不及掩耳之势在濮阳（今河南濮阳市）击破白绕。为此，袁绍上书表曹操为东郡太守，治所东武阳（今山东莘县东南）。

初平三年（192年）春，白绕被曹操击败的消息传来，于毒满脸震惊："曹操？此前刺杀董丞相的曹操？如此英雄人物，难怪白绕如此轻易就被击败了。"

同为渠帅的睢固满脸凝重："现今曹操屯军顿丘（今河南清丰县西南），看来是想把我等赶尽杀绝。不行，我们得先发制人！听闻曹操新被封为东郡太守，迁治所到东武阳，我们可以趁新治所尚未坚固先行拿下。"

"好主意，曹操又怎么样，皇天在上，天公将军会保佑我们的！"于毒下定决心攻打东武阳。

顿丘，帅帐内，曹操指着沙盘上的简易地图向身旁的夏侯兄弟下令："元让，妙才，收拾兵马，我们进攻于毒的大本营。"

夏侯惇满脸疑惑，看了看同样充满疑惑的夏侯渊："孟德，不是去救东武阳吗？现在于毒大军甚众，恐怕东武阳守不了多久，届时，我们将无家可归。"

曹操笑了笑："昔日孙膑围魏救赵，耿弇（yǎn）号称走西安却进攻临淄。假若敌军听闻我军西进，自然能猜到我军要去进攻于毒本屯。若他们还军，东武阳的危机自然也就解除了；若不还军，我能很快击破于毒大本营，但他们却必然攻不下东武阳。"

"主公高明！"夏侯惇不失时机地拍自己主公的马屁。

果然如曹操所料，于毒听说曹操进攻自己的大本营，连夜放弃东武阳而还。但曹操敏锐地抓住这个时机，施展埋伏之计大破睢固，又率军在内黄（治今河南汤阴县东北故城村）击败四处流窜的于夫罗等匈奴雇佣军。

四月，青州黄巾军号称百万进入兖州，杀掉任城相国郑遂，转攻东平。兖州刺史刘岱率军迎击，随行的鲍信进谏："现在青州黄巾军号称百万，兖州百姓皆惶恐不安，士卒均无斗志，不可硬拼。看黄巾军声势浩大，并无辎重，恐怕是以四处抄掠为补给。不如现在坚壁清野，固守为主，黄巾军既不能求战，也无法得到补给，内部自然会瓦解离散。然后我军选精锐之师，攻其不备，必定会大获全胜。"

刘岱大怒："我身为兖州刺史，若坚壁清野，守城不出，任由黄巾军肆虐，岂不为天下人耻笑，那还要我这个刺史做什么？更何况黄巾军乃是乌合之众，一击即溃。来人，随我出城迎敌！"

离东平不远处，漫山遍野的人从山那头走出，他们头戴黄巾，身披粗麻，布衫褴褛，唯一的共同点是脸上的狂热。他们已经陷入了疯狂，尽管缺少武器，缺少食物，可是只要他们继续往前，就能攻下一座座城池，就能抢到一批批粮食。

刘岱带着大军冲出城后，很快就与黄巾军相遇，他这才发现这些黄巾军虽然衣衫褴褛，脸色蜡黄，却有着一股勇往直前的气势，仿佛他们才是正义的使者。他内心泛过一丝后悔，早知贼军如此气盛，那他守着城池就行，何必出城来与这些贱民厮杀。不过，现实很快将他拉回来，面对如此多的敌军，他只能稳固心神，下令让步卒先行，弓弩手在后压阵。仿佛潮水拍岸一般，黄巾军与官兵厮杀到了一起。身后涌出的黄巾军越来越多，将以刘岱为首的官兵团团包围，尽管官兵装备精良，却也敌不过人数差异太大。

"抓住那个当官的，杀进城里去分粮食！"一个领头模样的黄巾大声呼喝。

"保护刺史大人！"剩下的护卫们结成圆阵，将刘岱围在人墙内。

"今日是本刺史太过托大，不过身为一州之主，只有战死的刘岱，没有被活捉的刘岱。"刘岱看着漫山遍野的黄巾军，抽出腰间的佩剑，毅然策马冲了过去。

刺史大人刘岱阵亡的消息传回，城内一片大乱。鲍信与万潜等官吏连夜商讨对策，准备向周边郡县求救，而附近的东郡太守曹操就是最好的求救对象。而此时刘岱阵亡的消息也传到了东平，陈宫对曹操说："如今刺史死在了黄巾军的手上，兖州无主，况且现在皇命难达，而主公天资雄伟，臣自请出使兖州，为主公取州牧之职。"

陈宫到达兖州，成功说服兖州各官吏，再加上鲍信的助攻，定下了迎立曹操的基调。陈宫、鲍信和万潜连夜到东郡迎接曹操接任兖州牧一职。黄巾军势大，短时间内却也攻不下兖州城，只能在城外山地树林中扎营。

曹操率部下步骑千余人赶到兖州城，稍加整顿便领军出去侦察战场。随行的曹仁用手搭在脑门上，眯着眼看着远处树林处，良久，拨马回见曹操："主公，前方树林茂密，恐怕贼人就在其中。"

鲍信再次谏道："之前刘刺史遇难，想必此刻贼兵气势愈盛，大人小心为上。"

曹操沉吟片刻："我们只侦察，若遇到贼兵，则迅速撤退。"

眼见离树林越来越近，依稀可以看到黄巾军士卒大营，却无人巡逻，这也让曹操得以充分观察。

一个睡眼惺忪、晃晃悠悠的士卒从帐内走到密林处，扯下破裤子，准备尿尿。恍惚间，他好像看到了远处有人，揉了揉眼，发现确实有人，立刻扯着嗓子喊道："敌袭！"一支利箭破空而来，刁钻而准确地射入了士卒的喉咙，喊叫声戛然而止，只剩一串混合着血沫的咕噜声和摔倒声。此时的黄巾军营仿佛炸了锅，蝗蚁般的士卒们拿起了刀剑，往喊叫声方向追去。

曹操对放下弓箭的夏侯渊赞叹一声："妙才神箭！"并当机立断率军回撤，由于部队大都是新招募之人，不及老兵令行禁止，部分人回过神来更是被眼前的黄巾军数量所震惊，竟愣在原地不敢逃走。黄巾军瞬间就杀了过来，将停留未走的士卒团团围住，随后更是直接奔往兖州城。曹操逃进兖州城清点人马才发现损失数百人。

面对随后杀来的黄巾大军，曹操亲自披甲骑马，巡视城内守军，赏罚分明，重振军心。城外的黄巾军见守军已经摆好阵形，也知道无法强攻，只能先行撤退。曹操见黄巾军撤退，认为黄巾军此番必定会放松警惕，便点兵出城，先行前往寿张（今山东西部、黄河北岸）东埋伏。

黄巾军虽然撤退，却也被接二连三的胜利冲昏了头，丝毫未想到敌军竟然会埋伏他们。行至寿张东，听到一声鼓响，无数的乱石从山上滚落下来。黄巾士卒们瞬间乱了阵形，像无头的苍蝇一样四处乱窜。随着石头的落地，曹操抽剑出鞘，率兵从山上第一个往下冲。

黄巾军首领在杀了几个不听将令的士卒后，还是止不住士卒们的慌乱，只能先行率军撤退，在撤退过程中看到一个穿甲胄的青年从山上冲下。他取出宝弓，搭上弓箭，瞄准那人的行进路线，瞬间松开弓弦，然后扭头继续撤退，仿佛已经预料到那个人的死亡。

曹操注意力全部在山下，猛然间却听到呼啸声朝自己袭来，凭本能想要躲开，却已无处可躲。正在慌乱之间，一侧的鲍信将曹操推开替他挡了一箭。曹操回身想拉住鲍信时已经晚了，中箭的鲍信被箭矢的惯性带得从山上直接滚下，瞬间淹没在战场上。曹操大怒，命士卒全军出击。经过一番厮杀，战场逐渐平静，黄巾军大部已经撤离，而鲍信的尸身却无法找到，不知是否被黄巾乱军带走。曹操悲痛万分，只能用香木雕刻成鲍信尸身，全军哭而祭拜。

入夜，一支带着书信的箭从城墙外射了进来。曹操当众拆阅，原来是黄巾军的檄文，文中写道："你曹操昔日在济南做官，毁坏神坛，已经触犯了黄天道。现在汉室将死，黄天当立，天下大势，并不是你曹操所能逆转的。"

曹操气得撕毁了檄文。他设下奇兵，下令趁夜突袭黄巾大营，一举擒获贼首。贼军撤退，曹操率军紧追不舍，直到济北。入冬之后，青州黄巾粮草耗尽，无力再战，三十万黄巾军向曹操请降，合计男女百万余人。曹操选出其中的精锐士卒，组建了青州军。

飞将逃亡，二伐徐州

吕布在逃出长安后，经由武关（今陕西丹凤县东武关河北岸）逃到南阳，甚至将义父董卓的头颅献给了袁术，打着替袁氏报仇的旗号，期待能被收留。但袁术十分讨厌比自己更骄纵的吕布，又或者是害怕自己驾驭不了这等猛将，便拒绝了吕布的请求，因此吕布只能北上投奔同为袁氏家族的袁绍。袁绍见袁术拒绝吕布，却是反其道而行，将吕布收归麾下，并让吕布跟随自己到常山攻打黑山军张燕。

吕布带着成廉、魏越等人冲锋陷阵，突击张燕的阵地，立下了不少战功。

此时的吕布意气风发，胯下赤兔马，手持方天画戟，头戴紫金冲天冠，身披黄金锁子甲，时人皆称"人中吕布，马中赤兔"。因此吕布不免自恃功高，对袁绍手下也十分傲慢，而且吕布很少约束部下，导致其手下经常随意劫掠。在击破张燕后的庆功宴上，吕布趁醉邀功，向袁绍提出增加部众的要求，但他却忽略了袁绍眼中流露出的一丝忌惮。

随着时间的流逝，吕布终于察觉到了袁绍对自己的忌惮，心有不安，于是主动向袁绍请求离开，返回洛阳。袁绍见吕布主动请辞，内心一颤，莫名地联想到了丁原与董卓，于是假意答应吕布，让他回洛阳当司隶校尉，暗地里却派了三十名精壮死士去营中刺杀吕布。

是夜，吕布怀疑袁绍要对自己下手了，就派人在帐中弹古筝，自己提前偷偷溜走了。来刺杀的甲士们埋伏在帐外，待古筝声停后，趁夜摸进去乱刀砍向吕布休息的床被，以为吕布已经被自己砍死了，怕被闻声而来的护卫碰见，因此他们来不及确认尸首就逃走了。

第二天袁绍才得知吕布未死的消息，下令紧闭城门，却为时已晚，吕布已逃至河内，投奔了张杨。袁绍再次派兵追杀，追杀的士卒却惧于吕布的威名，皆不敢向前。而就在此时，李傕、郭汜也向张杨重金悬赏吕布，吕布听说后，向张杨摊牌说："我是您的同乡，要是您杀了我，对您来说弊大于利。不如直接将我交给他们，还能向李傕、郭汜索要好处。"这老乡见老乡，两眼泪汪汪，况且吕布都把话说到这份上了，张杨这实诚孩子也只能好好保护吕布。李傕、郭汜别无他法，只能封吕布为颍川太守，想离间吕布与张杨。

此时的中原格局也是复杂多变。袁术、公孙瓒、陶谦联合，共同对付袁绍；而袁绍、曹操、刘表结盟，制衡袁术一伙。

初平四年春，远在鲁阳的袁术被荆州刺史刘表打压，只能率军北上，趁曹操新领兖州，进攻陈留郡，并攻破数十座城池，屯兵封丘（今河南封丘县）。不仅如此，袁术更联合了一支黑山军和流亡的单于于夫罗，共同进攻兖州。而身为盟友的徐州刺史陶谦，也派人进攻兖州的泰山郡，掠夺任城（今安徽阜阳市北）。

正在兖州鄄城（今山东鄄城县北旧城镇，鄄音 juàn）驻军的曹操听到这些消息，眉毛都快拧到一起了，兖州才刚经历过黄巾军的洗劫，又要面临如此严峻的考验，他立刻派人向盟友袁绍和刘表求援。袁绍听到消息后便派了一支军队前来支援，而刘表也以行动表示支持，出兵攻占袁术的大后方南阳。

但求人不如求己，曹操也明白这个道理，他带着袁绍的援军，从鄄城出发，突袭袁术驻扎在匡亭（今河南长垣县西南）的刘详部队。袁术听闻后，率军来救，双方在匡亭大战，曹操大破袁术，袁术被迫退守封丘。曹操深知乘胜追击的要领，趁袁术尚未完成防守，率军围住封丘。

袁术不甘心失败，却得知后方南阳已经被刘表占据，他只长叹一声："此番吾后路被断，粮草危矣。"趁夜色朦胧，袁术率军突围，退至襄邑（今河南睢县），曹军在太寿决堤灌城，袁术无奈之下只得再次撤至宁陵（今河南宁陵县宁王城），可曹操却不依不饶，率军继续追击，连战连捷。

袁术一路脚不停歇，退到九江郡内，却被扬州刺史陈瑀驱赶，只能再次退到阴陵（今安徽定远县西北），整顿军队。袁术越想越气："想我堂堂袁氏嫡子，像条狗似的被曹操追了一路也就罢了，可你陈瑀可是我以前任命的扬州刺史，现在见我落难就欺负我，欺人太甚！"于是率军向扬州治所寿春（今安徽寿县）发动攻击。陈瑀见袁术动了真格，吓得连滚带爬地逃往下邳（今江苏睢宁县古邳镇东），袁术乘机占领整个扬州，自称扬州牧。

恰逢夏天，曹操赶跑了袁术，解决了兖州的危机，班师回定陶（今山东菏泽市定陶区），接下来就是去找"袁协军"陶谦的麻烦。陶谦见曹操大胜袁术，只得灰溜溜地退回徐州自保。

秋天，曹操率军入徐州，以自家人曹仁为先锋，率领骑兵大破防守的陶谦军，一连攻下十余座城池。陶谦自知理亏，连城都不敢出，只能死命防守。天气逐渐变冷，曹军见占不到多少便宜，便班师从徐州返回。

这时，队伍中的河北援军也纷纷返回河北，唯独朱灵见曹操英明神武，连战连捷，便主动对曹操说："我见过的人很多，却没有人能像曹公这样英明。

既然已经碰到了明主，我还回去干啥？"就这样，朱灵带着他的小弟们转跟了曹操，至于老主人袁绍，可能压根就不认识他们这些基层将领。

兴平元年（194 年）春，曹操躺在躺椅上享受着久违的日光浴，想着现在要地盘有地盘，要军队有军队，应该把在琅琊县（今山东临沂市附近）避难的父亲曹嵩接回来享享福，于是派泰山太守应劭到华县（今山东费县东北）去迎接。

琅琊县属于徐州，这徐州刺史陶谦刚挨了曹操一顿猛揍，心里正憋着气，探听到曹操的老子曹嵩要从徐州境内经过，心想："你敢打我，我就干你老子。"于是派手下都尉张闿（kǎi）带上数百轻骑，一路追击曹嵩车队。

曹嵩虽然是在琅琊避难，可他昔日在洛阳买官就花了百万银两，现在更是不差钱，光是金银财宝就装了百余辆马车。走走停停，终于到了华县和费县（今山东临沂市费县）的交界处，找了个农家大院歇息，等着泰山太守应劭来接应。

张闿率领骑兵追到小院，曹嵩以为是应劭到了，并没有防备，于是张闿的骑兵直接冲了进来，将准备前来迎接的曹操的弟弟曹德杀死了。听到动静不对，曹嵩这才反应过来来的不是接应的军队，拉上小妾便向后院跑去。院墙太高了，曹嵩急中生智，将后院围墙砸了一个洞，可时间仓促，洞口太小，小妾过于肥胖，无法穿过。曹嵩急得满头大汗，眼看追兵将至，只能跑进旁边的茅厕躲避。可张闿毫不手软，细细搜索，将躲避的曹氏一家包括小妾全部杀害，往淮南逃去。曹氏一家在华县遇害的消息传来，吓得泰山太守应劭瘫软在地，当场弃官逃走，投奔袁绍。

而远在兖州的曹操，听到父亲遇害的噩耗，眼前一黑，倒在地上。随军军医慌忙掐起了人中，曹操缓缓醒来，睁眼的第一句话就是："痛杀我也，陶谦老贼，我要让你整个徐州陪葬！"曹操点齐大军，全军皆着缟素，再次杀向徐州，并命荀彧、程昱镇守鄄城。

陶谦收到张闿杀死曹嵩一家并出逃淮南的消息后，脸色惨白，破口大骂，开始担心曹操的复仇，并派人时刻关注兖州方向的动静。一时间，整个徐州人心惶惶，百姓关门闭户，很多人甚至开始往南方举家迁徙，因为大家都明白，曹操肯定不会善罢甘休。

曹操裹着白巾，佩剑带甲，骑着骏马率领大军从泰山郡出发，进攻徐州，一连攻陷十余座城池，眼红的曹操直接下令屠城。随后进攻彭城（今江苏徐州市），陶谦军大败，死伤数万，曹军再次屠城，将数万人驱赶到泗水淹死，尸体让整个泗水堵塞不通。

屠城，这个命令从古至今都令人闻风丧胆。秦初白起，长平一役杀降三十余万；秦末项羽，攻城略地后肆意屠城。而在这个天下大乱、急需士大夫和百姓支持的时代，肆意屠杀无异于将自己推到士大夫和百姓的对立面。可曹操顾不了这么多，杀父之仇不共戴天，必须要他们血债血偿，徐州的百姓，你们只能怨自己有个不知好歹的州牧陶谦。

陶谦眼见曹军气势汹汹，无力抵抗，急忙向公孙瓒求救，公孙瓒派青州刺史田楷和平原令刘备等人率兵前来救援。刘备本有部曲千余人和幽州乌丸杂胡骑兵，又在路上收得饥民数千人，到达徐州后，陶谦又拨给丹阳兵四千，让刘备与曹豹一起屯兵郯城（今山东郯城县）东以防备曹军。

曹操连战连捷，回军经过郯城，驻扎在郯城东的刘备在营内观察到曹军一片缟素，尤其是领军的曹操，眼中仿佛能射出仇恨的火焰。刘备恍然间一哆嗦，这与印象中那个在洛阳谈笑风生的曹操比起来简直不是同一个人。

在曹豹的坚持下，刘备不得不率兵与之会合，伏击曹军。可曹军势大，伏兵反而被曹军击退，刘备与曹豹只能率兵撤回郯城。曹军顺势围攻郯城，却也无法攻下，于是绕过郯城，击破襄贲（今山东苍山县东南）等城池，皆屠城，所过之处鸡犬不留，整个城池附近再也没有走动的人。陶谦大为惊恐，打算率军逃回丹阳郡，可就在此时，转机来了。

曹军营内，曹操收到一封由荀彧亲手所写的火漆鸡毛信，据信使所言，十万火急，甚至一路跑死了三匹好马。曹操拿起信件，确认并无破开重封的痕迹，这才打开。"哐当"！曹操另一只手里的酒杯掉落在地上，脸色潮红："让子孝他们都进来。"

"文若从后方来信，陈宫暗中联络张邈和吕布，背叛我们，攻占了兖州，我们要马上回军支援。"曹操平复下呼吸，对陆续进来的将领们说道，"立刻撤军！"

曹军的撤退让躲在郯城中的守军舒了一口气，紧绷的身躯也放松下来，这提心吊胆的日子，终于暂时结束了。大喜过望的陶谦上表举荐刘备为豫州刺史，屯兵小沛（今江苏沛县）。

兖州叛乱，智保三县

张邈年轻时就是名士，名列"八厨"之一，与曹操、袁绍是旧识。在讨伐董卓期间，张邈派人跟随曹操作战，由于身为盟主的袁绍对讨伐董卓并不积极，张邈对此很是不满，还当众指责过袁绍。袁绍曾多次让曹操杀掉张邈，曹操都拒绝了，并对袁绍说："张邈是我们共同的好朋友，即使说得不对，也应该多多包容。现在天下大乱，自相残杀实在不是良策。"

曹操在率军讨伐陶谦之前，对家里的妻子说："如果这次出征，我回不来，你们可以去投靠张邈。"回军之后，张邈十分感动，与曹操执手相看泪眼。

吕布投靠张杨之前，与张邈相会，两人互称兄弟，立誓结好。袁绍对此十分愤怒，再次命曹操杀掉张邈。也许是袁绍势力实在太大，躲在曹操屋檐下的张邈一直安全感不足。正在此时，名士边让被曹操杀害的消息传出，士林大震。

边让是与孔融、陶丘洪齐名的大名士，擅长辩论和辞赋，被何进征辟为九江太守，后辞官避乱陈留。自党锢之祸后，士大夫们与宦官仇深似海，曹操是宦官子弟出身，自然也被士林轻视。文人的笔杆子向来是杀人不见血，边让不仅看不起曹操，还多次写文讥讽抨击曹操。曹操可是掌握实权的兖州刺史，自然无法忍受，于是下令让陈留太守杀掉了边让一家。

这下可捅了马蜂窝，整个兖州士林炸了锅，士大夫们震惊不已，开始纷纷抵制曹操，连拥立曹操为兖州刺史的陈宫也开始怀疑自己。不过，由于曹操还在兖州，这些士大夫的抵制并没有掀起多大的波澜，但平静的河面下却暗藏汹涌。

兴平元年，曹操率军出征陶谦。趁此机会，陈宫连同从事中郎将许汜、王楷，与张邈之弟张超共同商议起军叛乱，并一起游说张邈：“当今天下群雄并起，阁下拥有千里疆土，位于四方要害之地，手握佩剑，可以称得上是人中豪杰，可现在却被人掣肘。将自己的安危交到他人手中，这怎么能称得上是豪杰做的事呢？现在曹操东征徐州，府内空虚无人，吕布骁勇，能征善战，所向无敌。若迎立吕布，一起占据兖州，观察天下形势，等待时机，一定可以做出一番大事业。”缺乏安全感的张邈思索良久，决定与吕布等人一起反叛。

张邈与陈宫迎立吕布入主兖州，周边诸县县官们早就因为边让之死愤怒不已，于是纷纷改换旗帜，响应吕布。一时间，整个兖州岌岌可危。

张邈早在秘密迎立吕布后，就派他的亲信刘翊去鄄城找军政长官荀彧报告：“由于曹操出征徐州，特意找吕布前来支援，请您为吕布军提供粮饷。”

荀彧，字文若，颍川郡颍阴县（今河南许昌市）人，少年时便很有名气，曾被南阳名士何颙（yóng）认为是“王佐之才”，举孝廉后为官，因董卓废立汉帝，弃官还乡。他很早就意识到颍川处于四战之地，便号召父老乡亲迁移到冀州，却无人响应，应韩馥邀请，他只能单独带着自己的宗族迁入冀州避难。后来董卓乱政，派人掠夺颍川，留守的父老乡亲们大多死于战乱。由于冀州易主，荀彧与弟弟荀谌同为袁绍的座上客，后来荀彧认为袁绍不能成大事，转而投奔曹操，正式成为曹操的谋士，曹操称赞其是“吾之子房”，此时的荀彧年仅二十九岁。

接到张邈的报告之后，荀彧立刻判断出张邈与吕布有所勾结，想乘机反叛。由于曹操家小全在鄄城，荀彧一边派人给曹操送信，一边部署军队进行防守，并紧急通知屯兵濮阳的东郡郡长夏侯惇，请求支援。

接到求援信后，夏侯惇率轻骑奔赴鄄城，途中正好遇到赶赴濮阳的吕布轻骑，双方又是大战一场。由于双方各有心思，吕布军稍有失利，便撤出战局，继续奔赴濮阳，趁城内空虚占据了濮阳，获得大量军用物资。

夏侯惇率兵进入鄄城，趁夜诛杀叛徒数十人，鄄城暂时安定了下来。而此时的豫州刺史郭贡受吕布煽动，率领数万大军抵达鄄城城下，要求与荀彧见面。城内人心惶惶，谣言四起："郭贡与吕布勾结，定是前来攻打鄄城的。"就在荀彧准备出城相会之际，夏侯惇劝道："现在整个兖州的安危都在文若先生您的身上，此番出城太过危险，还请先生三思。"

荀彧回答道："郭贡与张邈平素并无来往，现在他行军如此之快，并邀请我见面，一定是心里还未打定主意跟随吕布叛乱。我现在就应该出去说服他，即使无法让他帮助我们，也能让他保持中立。如果现在因为怀疑他而不出去，反倒会惹怒他，光靠我们这点人，也无法守住鄄城。"于是独自出城会见郭贡。郭贡见荀彧并无一丝恐惧，认为鄄城守备充分，很难攻克，权衡利弊后，便引军撤退。

吕布占据濮阳后，让亲信将领假装向夏侯惇投降，而执行命令的将领胆子非常大，联合背叛者乘机绑架夏侯惇，并向夏侯军索要物资。

由于主帅被劫，夏侯军大乱。在这群龙无首的关键时刻，一个叫韩浩的部将站了出来，他先守在大营门口将慌乱的部队安抚下来，然后向劫持夏侯惇的叛军们喊话："你们这些叛贼，竟敢绑架将军作为人质，难道不想活了？我身负讨贼的使命，岂会因为一个将军而任由你们肆意妄为？"并向夏侯惇下跪，哭着说道："国法如此，我只能这么做了，如果您不幸死在这些叛贼手中，请千万不要怪我。"说完便召集部队攻击叛贼。

劫持的人见用夏侯惇当人质无法震慑到夏侯军，也害怕了："我只求财，不会伤害人质性命。"此时求饶完全没用，没过多久韩浩便将这些叛贼全部抓住，当场处死，而夏侯惇也并未有危险。曹操听说此事后，对韩浩连连夸赞，并颁布了一条法令：今后若有劫持人质的，连人质一起杀死，不要因为顾忌人质而畏首畏尾。自此，再也没有劫持人质的事情发生。

吕布取得濮阳后，派兵四处占领各县城和兖州其他地方。鄄城中，有吕布的降兵透露，陈宫率军取东阿（今山东阳谷县东北阿城镇），让氾嶷（fán yí）率兵取范县（今河南濮阳市东部范县）。荀彧对程昱说道："现在兖州全反，只有鄄城、范县、东阿三城保全，现在陈宫大兵压境，应该想办法让三城的人民团结起来，使民心偏向曹公。而您在三城的名望甚高，如果您回去游说，一定能成功。"

于是程昱返回东阿，在经过范县时，对县令靳允说道："我听说您的父母、兄弟和妻儿都被吕布抓去了，但身为孝子也不要违背自己的本心。现在天下大乱，群雄并起，必定有天命之人能平定天下之乱。得主者昌，失主者亡，这就是为什么有智慧的人会谨慎地选择主公。现在陈宫背叛曹公迎立吕布，很多县城响应，似乎很有作为，可是吕布这个人怎么样您自己心里没有数吗？据我了解，吕布这个人为人粗暴少有亲信，刚愎自用并且没有礼貌，现在不过是逞匹夫之勇罢了。陈宫等人没有选好主公，他们的人马虽多，但最终必定一事无成。而曹公智略超人，像上天所授。如果您能守好范县，我守住东阿，岂不是立下了田单以两城存齐国一样的不世功劳吗？您多想想，如果违背忠良，跟随吕布，最终岂不是母子皆亡？"靳允听罢，脑门上全是冷汗，连连躬身："不敢有二心。"于是假意派人会见城外的氾嶷，再暗中带领一队精锐亲兵伏击袭杀氾嶷，并牢牢固守范县。

程昱到达自己的家乡东阿时，东阿县令枣祗（zhī）正在组织吏民依城据守。程昱派一队轻骑，占据仓亭津（今河南范县东南），使陈宫军无法绕过黄河。

在荀彧、程昱等人的努力下，鄄城、范县、东阿三城牢牢地把守在曹军手里，为曹操保留了后路，不至于无家可归。而吕布正在巩固兖州攻下的地盘，也无暇分身前来。

曹操从徐州撤退后，心急如焚，不知道兖州状况究竟如何，因为以荀彧的性格，如果不是十分危急的情况，荀彧肯定不会如此急切地向他求援。很快，曹操率军回到鄄城，了解了详细情况后，他拉着程昱的手说道："多亏仲德，才不至于让我无家可归。"并上表推荐程昱为东平国相，自此，程昱也成了曹操智囊团的重要成员。

随着兖州各县逐渐安定，吕布亲自率军进攻鄄城。站在城楼上的曹操看着远方逐渐逼近的吕布大军，心中并无沮丧，反而斗志十足，迅速安排好战事准备。

吕布骑着赤兔马，慢慢往前观察，他眯着眼，嘴角一直挂着一丝无法掩饰的笑意。毕竟之前的他还寄人篱下，而现在的他不仅拥有一州之地，还带甲上万，只要将眼前这座孤城顺势击破，他就能成为真正的兖州牧。低沉的鼓声响起，吕布身后的一队队轻骑往眼前的鄄城奔去。

眼看距离越来越近，城池上的指挥者一声号令，飞箭、檑木和巨石从上面倾泻而下。前面的骑兵纷纷落马，被箭贯杀的马匹也扑通一声摔倒在地，有些甚至将身后的骑兵也带倒，迎面而来的巨石在重力的作用下，能连人带马一起砸死。但训练有素的骑兵们很快就回过神来，掏出马背上的长弓，双腿夹马，腾出双手拉弓射箭，开始还击。伴随着"扑通"的声音，被准确射中要害的守兵也不断往城下坠落。可守军毕竟有城墙可以躲避，多次交手后，城下进攻的骑兵损失大半。

吕布满脸疑惑地看着远方的鄄城：这个孤城竟然还有如此多的守军和弓箭，莫非是曹操率军回来了？想到这里，他立刻鸣金收兵，既然曹操已经回军，想必鄄城已经很难攻下了，他决定先撤回濮阳。

看着狼狈往濮阳方向离去的吕布军，曹操大笑道："吕布一下子得了一州之地，却没有迅速占据东平，切断龙亢和泰山的要道，利用险要地形来埋伏我，反而只能龟缩濮阳，从这里就可以知道他并没有什么能力。"随后整顿精兵，准备攻打濮阳。

血战吕布，收复兖州

兴平元年秋，双方在濮阳对峙。

曹操帐内灯火通明，正襟危坐的程昱摸着自己的美髯须，不紧不慢地说："先前观察发现濮阳以西四五十里处有一支敌军部队屯兵于此，我们可以趁夜突袭，干掉他们，防止他们与城内守军内外呼应。"曹操欣然同意，亲自率领三千人出发。

夜色寂静如墨，连瞭望放哨的守卫们也受不住睡意的诱惑，眼皮越来越沉，感觉随时都会合上，硕大的营盘仿佛一头在沉睡黑暗中的巨兽。一声低沉的闷哼声从瞭望楼传来，随后便是身体倒地的声音，旁边的守卫朦胧的睡意瞬间消失，瞪大双眼，看见刚才还在一起守卫的战友脖子上多了一支短箭，伤口处冒着汩汩的鲜血。

"敌袭——"惊恐的守卫近乎本能地喊了出来，声音尖锐但戛然而止，仿佛凝固了一般，却是又一支短箭从黑夜中出现，精准地从他嘴中穿过，从后脑勺透出，箭尖在黑夜的笼罩下，闪着微弱的寒光，血污从上面兀自滑落。

整个大营瞬间被尖叫声惊醒，久经战阵的魏越第一时间就判断出有人袭营，便立刻派亲兵从后营溜走去濮阳城报信。也顾不得被汗浸湿的后衣，魏越抓起床边的长枪，对慌乱的士卒们进行安抚，并组织起防御阵形。

收起弓箭的夏侯渊一脸懊恼地对曹操说："还是惊醒了敌人。"

曹操笑了笑，安抚道："妙才，我们干掉他们只是迟早的事，现在就让他们多蹦跶一会儿吧。"说完脸色一正，"全军进攻！拿下这座大营！"

"杀——"曹军纷纷往前冲去，杂乱的步伐和凄厉的喊杀声，将这片笼罩的黑纱撕得粉碎，弓箭手们点燃手中的火把，抽出弓箭，将浸染松油的箭头在火把上点燃，搭上弓，随着"咻"的一声，火箭飞向大营深处。很快，大营被点燃了，火光在黑夜的点缀下，分外显眼。

魏越皱着眉头，却也顾不得灭火了，甚至内心希望火能烧得更旺一些，这样濮阳的守军或许能更快察觉，前来支援。而现在，他要做的就是防御，尽可能地拖延时间，至少等到援军的到来。很快，双方开始短兵相接。

夏侯惇将手中的长枪准确送入了一个吕布军士卒的心窝，随后抽出横扫，将另外一名袭来的士卒拍倒。比起独自领军作战，他更喜欢跟在曹操身边冲锋陷阵，这时候的他可以什么都不用想，只需要出枪收枪，便能收割掉无数敌人的性命，肆意而畅快，这才是他要的感觉。

伴随着远方传来的雄鸡打鸣声，夜幕突然撤下，晨曦的第一缕亮光洒在战场上。曹操面露担忧：都已经天亮了，虽然占领了大营，却还有负隅顽抗的敌军，若不及时撤退，倘若濮阳城的援军到来，自己的这些人恐怕会步敌军的后尘，必须加快攻击了。想到此，便转身向传令官下了加快进攻的军令。

随着曹军的逼近，魏越手下剩余的兵力不多，无法组织有效的防御。大营已经失守，他决定突围，剩下的护卫们把魏越围在中间，用自己的性命换取将军的逃离。

见战斗已经接近尾声，曹操看着即将升起的太阳，按捺不住心中的喜悦，准备下达撤退的命令。突然，前方传来若有若无的马蹄声，曹操蹙起眉，细细听了一会，情况不对，这些骑兵一定是濮阳方向的援军。"防御！"曹操顾不得传令，直接大喊道。随行的夏侯兄弟也各自带领部队摆出防御阵形。

果然，伴随着清晨的阳光，坡下的骑兵逐渐显露，领头的正是衣甲鲜明的吕布。在吕布背后，健将们一字排开，各领一支骑兵，大旗上显露的"张""高"等字随风飘扬。

"曹贼，竟然敢孤身夜袭我别营，只怕你这次要殒身于此了。"吕布将手中的方天画戟一提，戟尖遥遥指着坡上的曹操。

"哼，只怕你没有那么大的胃口。"曹操嗤笑，对吕布的威胁毫不在意。

"全军出击！"吕布大声下令，双脚一夹，赤兔马会意，瞬间呼啸而出，朝着坡上杀去，背后的健将们也带着严阵以待的骑兵们疾驰而上。

一道寒光闪过，方天画戟由上划下，一个曹军惨号着用左手捂着被砍断的右肩，倒在地上，来回滚动，头盔早已不知滚落到哪里去了，脸上的血污配着扭曲的表情，甚是骇人。吕布头也不回，拨马越过，任由身后的骑兵们将刚才那个倒在地上的可怜虫踩成肉泥。

躲在后方的曹军弓弩手们弓弩齐发，射出的箭又准又狠，给吕布军造成了不少损伤。齐射仅仅三轮，吕布军便与曹军守军碰撞到一起，弓手们放弃了齐射，纷纷各自瞄准犬牙交错的战场，对与战友殊死搏斗的敌军进行点射。

战团中的夏侯惇将染血的头盔扔掉，露出坚毅而棱角分明的脸庞，凶悍的眼神中露出骇人的杀气。他握紧手中已经砍出缺口的大刀，顾不得抹掉流到脸上的血，吐了一口唾沫，顺手再次将迎上来的吕布军士劈倒。

战团之外，异常冷峻的高顺扭头一瞥，正好看到夏侯惇劈倒自家士兵，眉头一皱，立马挺起长枪迎战夏侯惇。这两人一个枪来似瑞雪纷纷，一个刀去如泼墨挥洒，一招一式，行云流水，攻防自若，身旁的士卒们一边厮杀一边留出大片空地。斗至三十合，夏侯惇不禁赞叹："来者何人？武艺如此高强。"高顺依旧冷冷不语，手上长枪却未停歇。正在酣斗之间，远方曹性遥遥瞧见，熟练地从马背上取出雕弓，搭弓觑去，"看箭！"话音未落，箭已射出。只听夏侯惇惨叫一声，一只铁箭正中左眼，箭羽还在兀自颤抖。

高顺皱眉回头望了曹性一眼，停下手中长枪，并未趁此机会刺向夏侯惇，看着眼前满脸鲜血的夏侯惇说道："此番是我胜之不武，希望将军回去好好养伤，下次势必取你性命。"

夏侯惇只觉得眼前一片猩红，左眼止不住地疼痛，心中蛮横劲上来，一手握住铁箭，猛然拔了出来，鲜血四溅，却是连眼球也一起带了出来，他大喝一声："此乃父母精血，不可弃！"说罢将箭上的眼球一口吞进嘴里。后方的曹军见夏侯惇负伤，连忙上前，将他抢了回去。

一场大战打到接近黄昏，激烈的战斗仍在继续。尽管已经经历了数十场决斗，曹军和吕布军双方都小觑了对方，损失惨重。而吕布军依旧在顽强作战，曹军大将夏侯惇在此战中受伤昏迷。

曹操趁战斗间隙，在剩下的军队中招募壮士，组织敢死队反击。只见人群中一个身材魁梧的壮汉上前报名，原来是夏侯惇手下的一员随军司马，姓典名韦。曹操见他健壮，便让他率领一支敢死队，阻止吕布军攻势。

典韦拿起双铁戟，腰间插满小戟，身披重铠，率军前往最危急的西边。敌军见典韦出现，弓弩齐发，箭如雨落。典韦看也不看，只向左右说道："敌军距离我十步时，告诉我。"左右紧盯战局："已经十步。"典韦再说："五步时再告诉我。"左右惶恐，快速说道："已经到了。"

典韦手持数十枝飞戟，向来敌掷去，例无虚发，敌人闻声而倒。掷完飞戟，典韦大喝而起，杀了过去，吕布军大骇，争相后退奔走。眼见日暮，曹军趁着夜色，艰难地从另一侧撤离。回到大营，曹操安顿好夏侯惇，令其养伤，又对典韦大加嘉奖，让他统率自己的警卫营，做贴身护卫。

曹操再次将目光放到了濮阳城上，正好城内豪门田家有密使前来报信，原来自从吕布进城后，对城内富豪多有欺压，屡次征收赋税，令他们非常不满。于是他们以田氏为首，密谋决定作为内应，以火为号，接应曹操夺回濮阳。以吕布的性格，的确会欺压城内富绅，曹操思考了一阵便不再怀疑，决定亲自带兵攻城，但他还是安排李典率两支援军埋伏在城外，一旦出现意外可以随时救援。

黄昏将至，天色晦暗，曹操带领伏兵一直耐心地观察城内情况，却始终没有出现该有的信号。正在曹操以为即将失败的时候，突然发现东城门出现骚乱，似乎有火焰升起，借着风势，火焰越来越大。曹操知道时机已到，下令攻击东门，随着"吱呀"一声城门一开，曹操一骑当先，冲了进去。直到州府处，并无人迹，也丝毫没有混乱的痕迹，此时曹操心知中计，拨马回头，大叫一声"撤退"！准备原路撤退。随着一声炮响，金鼓齐鸣，张辽从西巷出现，高顺从南巷出现，吕布亲自率军从北巷出现，至于东边，已被蔓延的火势阻隔，却是断了曹军的后路。

典韦大声呼喊："主公莫慌，随臣杀出去。"便返身往西巷杀去，一路状若疯魔，杀出一条血路，到达城门口吊桥，回身一看，却不见曹操踪影，心中慌了神，再次杀入城内，从东门而出，遇到前来援救的李典，双方各自询问主公下落，于是合并一起再次搜索主公。

曹操本来跟在典韦身后，可战场情况复杂，一时间被敌兵冲散了，只能独自逃走。一队吕布轻骑呼啸而过，看到落单的曹操，团团围住，抬槊而问："曹操何在？"曹操装作满脸害怕的样子指着反方向，低头回答："前面骑黄马的那个，刚从这里经过。"骑兵们害怕曹操逃脱，急忙策马扬鞭，往反方向跑去。曹操乘机离开，逃到东门，可东门火势依旧猛烈，后无退路，曹操只能双眼一闭，咬牙策马穿过火海，虽然出了城门，可左手掌被烧伤，摔下马来。恰逢曹军司马楼异赶到，将曹操扶上马，逃出了濮阳城。

先前李典派人将主公失踪的消息传回，营内众将皆惶恐不已，此刻听闻曹操回营，都暗自松了一口气，内心感到庆幸不已。曹操经过这次也做了些反思，发现要攻克濮阳，还是得从硬实力着手，于是下令让制作营加急制造攻城器械，准备对濮阳发起攻坚战。一连百余日，曹操在濮阳城下与吕布攻防相守。

九月，恰逢蝗灾四起，中原地区粮食短缺，饿殍遍野。曹军缺粮，只能先行退兵，撤回鄄城。吕布军也面临着粮食问题，待曹军退军后，率军到乘氏（今巨野县西南）征粮，却被县人李进率民兵击败。

此时远在北方的袁绍派人给曹操传信，劝他将家眷送到邺城安居。面对根据地兖州失陷和军粮将尽，曹操还真开始考虑是否就此寄人篱下。面对曹操的犹豫，程昱直接点出了关键："我一直以为曹将军是个有雄心壮志的人，现在面对困难却这么犹豫。袁绍一向有吞并群雄、统一全国的野心，可惜他的智商不够。如果将军同意将家眷迁移，岂不是任人鱼肉？像将军这样有能力的人，怎么能甘心屈居袁绍之下，步韩信、彭越的后尘呢？现在兖州虽然失陷，但是我们还有三县之力，军队万余，以我和荀公的谋略，夏侯将军以及诸将的武力，势必能助主公成就王霸之业，请主公三思！"曹操这才打消了犹豫。

十月，灾情加重，饥民相食，谷粮涨至一斛五十余万钱。徐州刺史陶谦病死，刘备接任徐州。

兴平二年春，曹操经过冬天的储备和休养，收集了部分军粮。由于无力攻取濮阳城，曹操转换思路，从鄄城南下，袭击济阴郡。济阴太守吴咨死守治所定陶，并向吕布求救。曹军尚未攻破城池，吕布援军便赶到了，双方在定陶城外交战，最终还是曹军更胜一筹，击退援军，攻下了定陶。

同年夏天，曹军袭击巨野（今山东巨野县东北），守城的是吕布的部将薛兰、李封。此前李乾带领儿子李整与侄子李典和数千食客投靠曹操，吕布叛乱之初，曹操派李乾回乘氏慰劳诸县，却被薛兰、李封诱杀。这次袭击巨野，李整与李典主动请缨，甘做先锋。巨野告急，吕布再次带轻骑救援，又被击退，曹操攻破巨野，斩杀薛兰、李封。

被曹操牵着鼻子走的吕布连败两场，怒火中烧，便将在东郡募兵的陈宫召回东缗（今山东金乡县），经过整顿，兵力达到万余人，决定回巨野找曹操决一死战。而此时的曹操刚平定巨野，粮草不足，他又将兵力调到各县募粮，因此城内仅剩千余人。听闻吕布率大军前来，曹操急中生智，下令让城中妇女守城墙，而剩余的千余名士兵在屯营里摆出防守阵形。大营西侧有一处大堤，堤南侧树木茂密，幽深可怖。

吕布率军到达城外，看到城墙上人影幢幢，大营处杀气腾腾，堤岸树林深处还依稀传来沙沙的声音，他回头对陈宫说道："曹操为人狡诈，此刻树林必定设有埋伏，我军应该先行撤退，静观其变。"说罢便引军撤退十余里驻扎，然后派出斥候前去侦察。

等到太阳快要落山时，斥候姗姗回报。此时吕布才知道树林并无伏兵，此前是被曹操的空城计摆了一道，心中愤懑不已，立刻整顿兵马，准备第二天攻城。

随着吕布军撤退，派去周边县城的部队于夜间陆续回归。曹操灵感炸裂，再生一计，将归来的部队分兵，一半在堤内埋伏，一半立于堤上摆出阵形。

第二天，清晨的第一缕阳光从东方洒出，随着隆隆的鼓声响起，一杆绣着硕大的"吕"字的大旗缓慢从远方露出，无数轻骑的身影也越来越清晰。为首的吕布斜睨一眼堤岸边的阵形，心中暗骂："该死的曹阿瞒，又想故技重施。"随即下令冲锋。曹操也丝毫不含糊，待吕布军突击后，令轻骑迎战。刹那间，两股铁流撞击到一起，激起阵阵扬尘。见两军已经交战，曹操举起手中令旗，一通响鼓，伏兵从堤下冲出，打了吕布军一个措手不及，曹军气势高昂，大破吕布军。

吕布眼见将败，心中萌发退意，率军从战场脱离，撤回营寨，曹军紧追不舍，直到吕布大营才撤退。这次大败，吕布军损失惨重，已经无力控制兖州局势，在陈宫的建议下，连夜往东撤退，投奔徐州刘备去了。

曹操随后整顿大军，逐步收复兖州全境，至此，整个兖州再次回到曹操手中。而张邈见势不妙，早早就逃走，打算到袁术处躲避，路途中被乱兵杀害，仅剩张超带着家眷驻守雍丘（今河南杞县）。八月，曹操围困雍丘。十月，朝廷正式下令任曹操为兖州牧。十二月，雍丘陷落，曹操斩杀张超，夷灭张邈、张超三族。

在这历时一年之久的兖州收复战中，曹操不仅收获了众多外姓良将，还巩固了兖州根据地，为日后统一北方奠定了牢固的基础。

迎立献帝，宛城之战

建安元年春，长安大乱，天子东迁，在曹阳（今河南灵宝市东北）被李傕、郭汜军追击，大败。

曹操见袁术与刘备在徐州相持不下，乘机进攻豫州，并亲自率军攻打陈国武平县（今河南鹿邑县庙王庄），陈相袁嗣投降。二月，豫州汝南、颍川等地的黄巾首领何仪、刘辟、龚都、黄劭、何曼等人各领数万人，以袁术的名义进行抵抗。

曹操驻军版梁（无法确认具体位置，推测位于豫州汝南郡和颍川郡交界处一带，是黄巾残余的根据地），是夜，帐内灯火通明，众谋士正聚于帐内讨论怎么以最小代价拿下豫州，忽然帐外传来急促的传令声——有人袭营。众人大惊，忙问门外侍卫，侍卫回道："刚刚有一队人马头戴黄巾，突然袭来，领头之人自称黄劭，幸好军司马于禁率领本部军马抵挡住了，双方还在厮杀中。"

曹操掀开帐帘，带领众人走了出去，外面无数的火把映红了整个夜空。大营门前，一员大将身披铠甲，坐于马上，手执铁枪，正有条不紊地发号施令，指挥部众与来袭的黄巾军作战，甚是雄伟。曹操大悦，命身后侍卫均听从于禁指挥。随着夜色渐渐退去，黄巾军渐渐不支，黄劭连忙号令撤退。突然于禁策马狂奔，朝着黄劭冲去，以迅雷不及掩耳之势将其斩落于马下，众黄巾兵士见状，吓得不敢奔跑，纷纷向于禁投降。

于禁拨马回营，跳下马，将手中的黄劭首级扔在一旁，跪在曹操面前："让主公受惊，是文则的罪过。"曹操伸手扶起于禁，大笑道："你哪里有什么罪呢？临阵不乱，击退敌军，有赏，升平虏校尉！"等到天亮之后，曹操整顿兵马，向豫州深处进军，连续攻占陈国、汝南、颍川。各地黄巾首领刘辟、何仪、何曼等人无力抵抗，只能投降。

起初，曹操为建德将军，平定豫州之后，迁镇东将军，封费亭侯。曹操站在离司隶只有一步之遥的许昌府邸，看着四周的文臣武将们，蹙着眉头，抛出了一个问题："听闻汉帝遭遇李催、郭汜之乱，已移驾到洛阳，各位认为是否应该将汉帝迎接到许昌？"

以荀彧为首的谋士先打开了话匣子："主公，文若以为必须把握住这个机会。昔日晋文公接纳周襄王而诸侯都跟从他，汉高祖为义帝之死身穿缟素而天下归心。自从天子蒙尘，将军第一个起义，远赴山东讨伐董卓。现在皇帝重返旧京，但洛阳毕竟已经荒废。若此时奉迎天子，顺应民意，是最合乎时势的行动。用大公无私的态度让天下人心悦诚服，是最正确的策略。坚守君臣大义，辅佐朝廷，招揽天下英才，是最大的德行。这样的话，即使四周仍有不遵从朝廷的叛乱分子，他们又能有什么作为呢？"毛玠等人也各自附和，纷纷说出迎立的优点和必要性。

曹操看了看一直对迎立献帝持反对意见的武将集团，撇了撇嘴，心里默想："论说服人，和这帮文人比起来，他们的战斗力只有'五'。"并以实际行动表达了迎立的决心，派曹洪率军西进，迎立献帝。

但是曹洪很快就遇到了困难，被董承和袁术将领苌奴据险堵住关口不能前进。在这个节骨眼上，董昭出现了。董昭原来是袁绍部将，后来投奔张杨。曹洪被阻拦后，董昭以曹操的名义给杨奉送了一封书信，信中半是利诱半是拉拢，让杨奉满心欢喜地以为曹操是自己坚强的后盾，于是决定投靠曹操。有了杨奉这个内应，曹操亲自率军顺利来到洛阳，见到献帝。

等觐见完献帝之后，董昭登门拜访，向曹操献计："将军兴兵诛乱，入洛阳朝见天子，辅佐王室，这是五霸之功。但是现在的洛阳诸将，人心各异，未必都会服从将军您，行事多有不便。将军不如劝皇帝移都许昌，非常之时，立非常之功，希望将军仔细考量。"

这番话正好说到曹操的心坎上。移都许昌，许昌是曹操的地盘，这样一来确实会少很多顾忌与麻烦。曹操答道："这正是我所愿意的，但是现在杨奉在梁县（今河南汝州市西南），他的兵力精锐，难道不会阻拦我吗？"

董昭笑了笑："将军应该派遣使者送重礼，以答谢杨奉举荐将军的事情，并告诉他因为洛阳缺粮，想让皇帝暂时移驾鲁阳，而鲁阳靠近许昌，粮食运输较为容易。杨奉这个人有勇无谋，他一定不会怀疑将军的真实目的，等皇帝到了鲁阳，一切就顺利了，杨奉也无法阻拦了。"

曹操大喜，按董昭所说，果然顺利让献帝移驾到鲁阳，然后迁都许昌，立宗庙社稷。因护驾有功，曹操被升为大将军，封武平侯。见皇帝移都许昌，杨奉从梁县出兵拦截，却已经来不及了。十月，曹操西征周围实力最强的杨奉，杨奉不敌，逃走投奔袁术，曹操也从杨奉这里得到一员大将徐晃。迎立献帝定都许昌后，曹操把视线投向南边的张绣。建安二年（197年）正月，曹操率军南下，攻打宛城（今湖北荆门市东南）。

宛城内，面如冠玉的张绣听到曹操大军来袭，眉头紧皱。年前，他跟随叔叔张济攻打穰城（今河南邓州市），骁勇善战，军中都盛赞他是将门虎子。可在攻城战中，叔叔被流矢所伤，当场战死。随后他被众人推举为首领，为了让兄弟们都能活下去，他向刘表投降，这才得以驻扎宛城，充当荆州的北面屏障。现在事态紧急，他只得找贾诩询问应对曹操的计策。贾诩只问了他与曹操比谁的将士数量更多，便给出了投降的对策。

曹操看着刚收到的张绣降表，笑着向底下众将说道："想我曹操南征北战，还是第一次看到有人直接投降，这手上有天子旨意就是不一样。"遂命大军在淯水畔驻扎下来。随后，张绣与贾诩亲自来到了大营，曹操设宴盛待，众人皆欢。几日后，曹操引兵屯宛城，剩下的皆屯兵城外。

一连数日，张绣皆设宴款待曹操。一天，曹操喝得醉眼蒙眬，在回大营的路上，透过马车上的窗帘在街角窥到一个美貌的女子，他双眼一亮，酒劲也似乎下去了不少，派侄子曹安民去打听这个女子的身份。曹安民经过探查发现这个美貌的女子是张济的遗孀邹氏，曹操心动不已，多次借机私会，甚至准备纳娶邹氏。

张绣得知此事，大怒："曹操这匹夫，竟敢如此羞辱我！"他连夜赶到贾诩府邸，向贾诩诉苦："文和先生，曹操先想纳我叔叔遗孀，后多次赐金给我帐下的大将胡车儿，他莫不是想加害我们？这可如何是好？"

贾诩眯着双眼："若主公想杀曹操，此时便是最好的时机。曹操在城内驻军，最大的倚仗不过就是典韦，而典韦令人生畏的地方就是他的双戟。胡车儿是主公帐下最威猛的大将，曹操也恰好企图拉拢他，如果让胡车儿盗取典韦双戟，牵制住典韦，凭主公在城内的军队，还愁杀不了曹操吗？"张绣大喜，暗中派人准备甲胄弓弩，让胡车儿邀请典韦赴宴饮酒，喝到大醉才让其回去。胡车儿乘机带心腹伪装成侍卫，随典韦回营。

当天晚上，曹操正准备与邹氏看星星看月亮讨论人生，大营四周忽然起了大火，曹操大惊，急唤典韦。典韦醉卧在床，听曹操大呼，慌忙起来，这才反应过来有兵作乱，找了半天却没能找到自己的双戟。随着喊杀声逼近，典韦随手抄起一把大刀杀了出去，一连砍死数十人，一时间，众人皆不敢近身。后方又是一队步卒持长枪而来，长枪如雨一般朝典韦刺来。典韦双拳难敌四手，接连受创，遍身鲜血，却也激发了他的凶性，索性丢弃手中大刀，空手各抓住一个敌兵，扭断脖子，当成武器和盾牌。士卒们在领头将领的命令下，再次上前，典韦的伤越来越多，动作也变得缓慢起来，浑身不知道都是谁的鲜血。随着乱军越来越多，典韦再也无力支撑，瞑目大骂而死。士卒们看着眼前凶悍至极、至死仍在大骂、死后屹立不倒的典韦，都纷纷上前想一睹壮士真容。

趁着典韦与乱军厮杀的间隙，曹操慌忙从大营后方溜走，骑上绝影，慌不择路地往城外大营跑去，一路上都是张绣军的弓弩手。在半路恰好遇到长子曹昂，两人各骑一马，飞速奔出。突然数支长箭飞来，绝影来不及躲避，身中数箭，摔倒于地，曹操右臂也中了一箭，看着跟随自己多年南征北战的伙伴躺在地上抽搐，曹操眼角也流下了泪水。曹昂见状大惊，慌忙下马，将曹操护住并扶到自己的马上，随后用力抽了马后臀一下，马儿吃痛长嘶，带着曹操撒腿就跑。曹操回头看着后面的儿子，眼中满是不舍。

曹操骑马奔往大营，经过一番治疗和打探，才知道是张绣反叛，清点人数，发现大将典韦、儿子曹昂和侄子曹安民均殁于乱军。曹操率军退回舞阴（今河南泌阳县西北，泌音 bì），整顿军马。此时，有青州兵前来报告于禁谋反，曹操大惊。

原来平虏校尉于禁见诸军大乱，发现情况不对，便约束部下，一边抵抗敌人一边撤退，在退兵过程中，见到有散兵打家劫舍，经过询问才知道是青州兵。于禁大怒，将这些违法乱纪的青州兵全部杀掉。属下劝道："此等大事应该先去向主公报备。"于禁摆手道："此刻正是危急时刻，乱军随时都会打过来，我等首先要做的是防范追击。主公是个明事理的人，事后我自然会向主公请罪。"便令部下安营扎寨，挖掘壕沟，以防追兵。果然，张绣乱军袭来，于禁以逸待劳，一举击败追兵，并整军回营。张绣战败，怕曹操再次攻击，便奔赴穰城，与刘表会合。

于禁见到曹操，跪地请罪，诉说缘由，曹操听完豁然大笑："淯水之败，我军甚为狼狈，只有将军能整顿军容，击败追兵，有不可动摇的气节，即使是古代名将也不能做到这么好。"并累计于禁前后功劳，封为益寿亭侯。

随后率大军回许昌，由于南阳多地叛乱响应张绣，曹操派曹洪去平乱，但是曹洪进攻不力，只能屯兵叶县（今河南叶县南），并多次被张绣与刘表联军袭击。与此同时，袁术终于按捺不住自己的野心，在寿春称帝，建号仲氏，置文武百官，祭祀祖庙。

九月，听闻曹操兵败淯水，袁术蠢蠢欲动，调集兵力，准备收复豫州。靠着在豫州深耕多年的基础，袁术长驱直入，很快就攻到陈国，诱杀陈王刘宠和陈国相骆俊。曹操见豫州战火又起，亲率大军奔赴豫州。听闻曹操亲自率军来豫州，袁术内心惶恐，留桥蕤、李丰、梁纲、乐就等人在蕲阳（今安徽宿州市蕲县镇）据守，自己退回后方督战。曹操迅速击破蕲阳守军，斩杀袁术守将，乘胜追击，重新占领豫州各地，收获了猛将许褚，引入宿卫营，同时乐进因先登有功，封广昌亭侯。袁术见败局已定，退回淮南。

十一月，曹操再次领兵南征，行军路过淯水，全军驻扎，祭祀年前阵亡的将士们，曹操痛哭流涕："淯水之败，我折损了儿子和侄子，但是最令我心痛的还是典韦的阵亡。"众人皆恸哭。离开淯水后，曹操进攻湖阳（今河南唐河县西南湖阳镇），生擒刘表大将邓济，又攻下舞阴。由于天寒地冻，士卒冷得受不了，曹操再次回军许昌。

建安三年三月，曹操再次起兵南下。出师前，谋士荀攸进言："张绣与刘表实则是依附关系。张绣表面上游离于刘表之外，实际上却仰仗刘表的粮草，一旦刘表切断粮草供给，这两人一定会对立起来。不如暂时缓军，等到他们二人反目成仇再打也不迟。如果着急攻打，反倒会让他们互相联合救援。"

但曹操不听，亲自率军出征，将张绣包围在穰城。五月，刘表救兵到来，屯兵安众县（今河南邓州市东北），并截断曹军后路补给线。同时，有袁绍的叛卒向曹操泄密："田丰建议袁绍偷袭许昌，夺得献帝，挟天子以令诸侯。"于是曹操主动引兵撤退，解了穰城之围，向安众县退兵，并自信满满地写了一封书信给荀彧："我撤到安众县，一定能大破张绣。"

果然如曹操所料，前有刘表，后有张绣，前后夹击。曹操趁着夜色在关隘口挖掘地道，绕过前面的刘表军，将辎重全部运了过去，其余大军全部隐藏起来。天亮之后，刘表军与张绣军会合，发现地道，以为曹操大军从地道遁逃，赶紧追击。结果只见一地辎重却不见曹操大军，便放松警惕，争抢这些辎重。不料身后曹操率步骑大军追来，联军乱作一团，大败而逃。后来荀彧问曹操："之前说到安众就能大败敌军，这是为何？"曹操自信地回答道："敌人阻断了我的归途，这正是置之死地而后生啊，所以我知道一定能胜利！"

而在张绣追击前，贾诩劝阻："不可追击，追击必败。"张绣不听，果然大败而归。贾诩登上城墙望着远去的曹军，再次劝阻："将军这次可以追击，一定能赢。"张绣满脸懊恼："之前没有听先生的话，导致我军大败，但是现在已经败了，为何还要再次追击？"贾诩满脸高深莫测："兵势有变，这次速速追击。"张绣不再询问，纠集败军，再次追击，果然胜利而归。曹军虽略有损耗，但也顺利退回许昌，而对曹操来说，最重要的事情，是他终于意识到荀攸的谋略是正确的。

穷途末路，吕布殒命

由于曹操势大，近在咫尺的吕布与袁术不得已再次结盟，而此时驻扎在小沛，却与曹操走得非常近的刘备就成了吕布的眼中钉肉中刺。吕布让高顺与张辽率军进攻小沛，刘备派人向曹操求救，曹操派夏侯惇率军救援。

已经离小沛城不远了，夏侯惇骑在马上，用手摩挲着戴着眼罩的左眼，恨恨地往地上吐了一口唾沫，但是脑海里浮现的却不是射瞎自己的曹性，而是那个主动放过自己，脸色永远冷峻平静的银甲将领，他喃喃说道："真期待咱俩的再次交手，等着吧。"

正幻想间，前方队伍突然一阵骚乱，有数十骑兵陷入马坑，夏侯惇立刻反应过来，大声呼喊："防守！"果然，随着一声鼓响，道路两侧冒出了许多伏兵，他们开始拉弓射箭，一支支利箭像是发给曹军的死亡邀请。一时间，曹军大乱，夏侯惇稳住胯下坐骑，定睛一看，前方一员银甲战将，手握长枪，冷峻异常，身后"高"字旗号随风扬起。夏侯惇的独眼中冒出强烈的战意，提起手中长刀拍马上前，直取眼前战将。

高顺远远便已瞧见，冷哼一声，却也不说话，提起手中长枪，招架起来。这一次交手更甚之前，双方似旋转马灯一般你来我往，好不激烈。良久，曹军阵营中冲出几员副将，强行围住高顺，将夏侯惇拉了回去。

"将军，我军被袭，损失惨重，望将军不要恋战，赶紧突围。"其中一员拉住夏侯惇的副将说道。夏侯惇回头一看，曹军败局已现，只能拨马回撤，临行前回头大喊："高顺，我记住这个名字了，下次希望能打尽兴。"

建安三年九月，高顺击败夏侯惇援军后，继续围城，很快击破小沛，再次俘虏刘备妻子，刘备等人突围而走。曹操得知夏侯惇败退的消息，便想亲自率军攻打吕布。众将皆劝："刘表、张绣还在后面虎视眈眈，主公现在远征吕布，太危险了。"荀攸上书："刘表和张绣刚被打败，不敢妄动。吕布骁勇，又依仗袁术，若纵横淮、泗之间，各地豪杰必定纷纷响应。现在其部众刚刚叛乱，军将的心尚未归于一体，我们只要去了，一定能击败他。"曹操大悦，亲自率军东征徐州，正在整军行进的过程中，就传来泰山屯帅臧霸、孙观等人皆依附吕布的消息。

刘备逃出小沛后，与曹军在梁县相遇，随军攻打彭城（今江苏徐州市）。

彭城守将立刻向吕布求援，陈宫也向吕布献策："我们应该去救援彭城，以逸待劳，一定能赢。"吕布摇了摇头："曹操没有那么容易对付，不如等曹军过来，凭借泗水击败他。"

十月，曹操击破彭城，俘获彭城相侯楷，对于徐州，曹操依然恨之入骨，所以下令屠城。广陵太守陈登盼星星盼月亮终于等到曹操的到来，率领郡兵为曹军做先锋，随曹操一起进攻下邳。

听说陈登是反骨仔，吕布气得破口大骂，并亲自率领骁将成廉和千余轻骑冲锋。曹操命人正面迎击吕布，一边以步卒对抗，一边在后军以弓箭压制。这场激斗持续不久，这边许褚看得兴起，持刀冲入敌阵，正遇成廉，两人厮杀起来，没打几个回合，成廉越打越惊，对面这壮汉战力不比吕布低，欲转身退走，却不防许褚一声大喝，将成廉生擒过来掷于马下。见成廉被擒，吕布大怒，欲来救援，却被弓箭射住阵脚，无法前进。随着曹军人数越来越多，吕布只能撤回下邳。随后几天，吕布率军多次冲阵，均被曹军击退。

曹操亲自给吕布写信劝降，吕布惶恐不已，准备投降。陈宫知道，如果归降曹操，自己将死无葬身之地，便大力反对："曹操远道而来，肯定不能坚持太久。将军率领步骑大军屯兵城外，我率领其他人闭守城内，若曹军攻击将军，我引兵出去袭击其背后；若曹军攻城，将军领兵袭击其背后。不到半个月，曹操的粮食就会用尽，这时候将军与我再合击曹军，一定可以大败他们。"

吕布点头同意这个策略，准备让陈宫与高顺守城，自己亲自率军去截断曹军粮道。晚上回到府邸，将这个消息告诉妻子，妻子哭道："陈宫与高顺素来不和，况且之前郝萌叛乱，陈宫也有参与。将军一旦出城，陈宫与高顺必定不会协力守城，一旦有变故，将军该如何立足？况且曹操待陈宫如儿子，陈宫依然舍弃曹操而依附将军，现在将军待陈宫应该比不过曹操吧，一旦有变，我就不能再见到将军了。昔日在长安，幸好有庞舒帮助，我才得以和夫君相见，这次恐怕就没有这么好运了。"说完，哭着扑进吕布怀里，吕布默然，回想起曾经种种，也打消了出城的计划。

被困城内的日子一天天过去，吕布派王楷、许汜偷偷出城向袁术求救。袁术看着衣衫褴褛的前来求救的二人，脑海中想的却是吕布将他派去求亲的韩胤给杀了的事，满脸不悦地说道："吕布不将女儿许配给我儿子，活该他失败，现在居然还有脸来求救？"王楷、许汜大声呼号："陛下如果不救援主公，一旦我主公失败，唇亡齿寒，陛下就要独自面对曹操了。"袁术这才同意出兵，但也只是出兵声援。

得知袁术态度，吕布认为袁术不见到自己女儿就不会真正发兵救援，便准备亲自护送女儿出城去淮南。三更时分，吕布换了一匹良马，披上黑甲，用貂皮将女儿缠在背后，让张辽、高顺派二百余人跟随自己，打开城门，吕布先行出发。还没走多远，便被曹营值守之人发现，一声哨响，数支兵马杀来，吕布背上有人，不敢厮杀，在曹军的弓弩压制下也无力冲出重围，只能在张辽和高顺的掩护下撤回城池。见吕布回城，曹营鸣金收兵，加强守卫，严守四周。吕布回到城内，心内忧愁，终日与夫人在府邸内喝酒解闷。河内太守张杨之前与吕布交好，见吕布困顿，想出兵救援但实力不足，只能出兵东市，遥相呼应。

曹操挖掘壕沟，围困下邳城，旬月以来，断断续续的攻城使得士卒们疲惫不堪，曹操想暂时班师回许昌。荀攸和郭嘉听闻此事，顾不得礼仪，直接闯入曹操大帐，联名劝说道："吕布有勇无谋，现在屡战屡败，锐气尽失。三军将士以帅为主，主衰则军队没有战意，即使陈宫有智谋也没用。现在吕布的锐气尚未恢复，陈宫的谋略也没有制定好，只要快速攻击，吕布就会被打败。"曹操这才打消撤军的想法，转而问道："下邳城高大难攻，我军将士连月以来疲惫不堪，该如何攻击？"

郭嘉蹙眉道："我有一计，计成则下邳城指日可破。"

荀攸道："莫非是引泗、沂二水，用水淹下邳城？"

郭嘉道："正是此意。"

曹操闻言大喜，命夏侯惇带领士卒与工匠去掘泗、沂二水，水淹下邳，曹操率军驻扎高处。围城月余，吕布越发困迫，借酒消愁，惶惶不可终日，忽然有一天，吕布对镜发现面如枯槁，大惊失色，遂命全城禁酒。

吕布有骑将名叫侯成，养有十五匹名马，视若珍宝。有一天，养马小吏在放牧时将马驱赶到小沛，准备投靠刘备，侯成听说后，率轻骑出城，夺回名马。诸将均送礼恭贺侯成，侯成十分高兴，猎杀十头野猪，将自己私藏酿造的五六斛酒拿出来大开酒席，宴请诸将，并亲自拿着最好的酒肉献给吕布。吕布见状怒斥："我这边刚刚下令不许饮酒，你就开始大宴诸将，如此违背将令，难道是想谋反吗？"本想将其斩首，在魏续、宋宪等人的求情下最终鞭刑三十，众将也因此事十分丧气。

回家后，侯成躺在床上感觉既惧怕又愤懑，先将酒肉都扔掉，再送还所有将领的礼物。恰逢魏续、宋宪等人前来探望，几人言语中对吕布的行为甚是不满，合计一番之后，他们决定投靠曹操。十二月，侯成与宋宪、魏续等人以向吕布请罪的名义入营拜见吕布，不料未见吕布，却见陈宫与高顺两人，箭在弦上，侯成等人索性将二人擒获，率军出城投靠曹操。

曹操收下几人，率军将吕布围在白门楼下，吕布叹息一声，回顾左右，满心唏嘘，良久，说道："你们将我的首级砍下来带去给曹操吧。"左右惶恐不安，争相大呼："我们不愿意，誓死跟随温侯！"随着曹军包围圈的缩小，左右侍卫拼死杀敌，却寡不敌众，吕布被生擒。

帐内，曹操传令将吕布带上来。吕布看着主座上的曹操，想起了当年，问道："曹公怎么变瘦了？"曹操奇怪："你什么时候见过我？"吕布回道："昔日在洛阳温氏园，见过一面。"曹操用手抚摸着太阳穴，似乎在沉思："哦，那时的事差不多都快忘了。我之所以变瘦，是因为天天想着怎么早点擒获你。"吕布说道："齐桓公差点被管仲射死，却依然让管仲当相。现在我愿意效犬马之劳，作为曹公手下骑将，这天下岂不是唾手可得？"曹操依然沉思不语。吕布见曹操没有表态，想起身，挣扎了一下却没起来，下意识脱口而出：

"绳子绑得太紧，稍微松一下。"曹操睁开双眼："绑着老虎，不得不紧。"

吕布环顾四周，见刘备也在，说道："玄德兄弟，现在你是座上客，我为阶下囚。看在辕门射戟的份上，能否美言几句？"曹操笑道："奉先啊奉先，我就在这里，为何还要找刘玄德说情？"说完，似乎在犹豫要不要让人给吕布松绑。见曹操迟疑，刘备上前进言："明公不记得当年董卓、丁原的下场吗？"另一侧，主簿王必也上前一步："吕布，虽然是俘虏，但是他的部众都在这里，一旦释放后哗变，将不可收拾。"曹操叹息一声："本想放了你，但是主簿不听，我也没有办法。"吕布脸色一变，回头望着王必与刘备，骂道："大耳贼最不可信。"

曹操不再看吕布，反而看着刚刚被带上来的陈宫，戏谑道："公台平生自认有智谋，现在为何落得如此下场？"陈宫回头看了一眼吕布："要不是他不用我的计策，也不至于如此。若是听从我的计策，此时被擒的也许就是你曹孟德了。"曹操问道："事已至此，你的母亲怎么办？"陈宫说道："我听说汉朝以孝治天下，想必曹公不会迁怒于我母亲。我母亲能否活下来得看曹公，而不是我。"曹操再问："那你的妻子怎么办？"陈宫回道："我听说以仁政治理天下的人不会绝人后嗣，我妻子能否活下来，也得看曹公，而不是我。"

曹操哑然，陈宫请求赴死，遂走出营门，头也不回，曹操为之泣涕。看着吕布身旁一言不发的高顺，曹操也没了审问的心情，摆摆手，将吕布与高顺都押出去，枭首传回许昌，然后厚葬，传令将陈宫的父母妻儿请到许昌居住，颐养终生。吕布死后，散落的部属们纷纷投降，张辽被授予中郎将，封关内侯，豪帅臧霸、孙观等人也相继被委任，镇守青州。至此，中原局势大致已定，曹操的目标逐渐指向北方的袁绍。

第三章

霸王再世，孙策定江东

潜龙出渊，初入江东

中平元年（184 年），孙坚随朱俊平定黄巾，家眷则留在寿春，长子孙策当时十余岁，喜好四处交友，声名远扬，就连远在舒城（今安徽中部，隶属六安市）与孙策同年的周瑜也慕名前来寿春访问。中平六年，孙坚北上讨董，寿春局势也逐渐混乱，周瑜劝孙策携家眷移居舒城。正是在舒县，孙策结识了很多人，甚至很多名士也来投靠他。

初平三年春，孙坚误中黄祖陷阱而死。在桓阶的建议下，刘表将孙坚的尸首归还给孙策。正值十八的孙策失去了庇护自己家族的擎天柱，他是家中长子，含泪将父亲尸首葬在曲阿（今江苏丹阳市），他要接替父亲保护好母亲和弟弟们。

孙策英俊潇洒，诙谐有趣，性格开朗，重视人才，曾多次拜访名士张纮。由于张纮正在为母亲守孝，对孙策并不是很热情，但孙策毫不气馁。最终张纮被孙策的诚意与气概所感动，为孙策谋划道："昔周道陵迟，齐、晋并兴；王室已宁，诸侯贡职。今君绍先侯之轨，有骁武之名，若投丹杨，收兵吴会，则荆、扬可一，雠敌可报。据长江，奋威德，诛除群秽，匡辅汉室，功业侔於桓、文，岂徒外藩而已哉？方今世乱多难，若功成事立，当与同好俱南济也。"

张纮的这番谋划，可谓是东吴版的"隆中对"，对于孙策来说，指明了前进的方向，剩下的只是如何努力去实现。第一步就是投奔父亲曾依附过的袁术。来到寿春以后，或许是孙策锋芒太露能力出众，又或许是袁术曾在孙坚尸骨未寒之际逼迫孙坚夫人将传国玉玺交出来的缘故，袁术对孙策充满忌惮，不但没将孙坚原来的部曲交给孙策，反而打发他去找丹阳太守吴景。

好在孙策能力出众，很快就拉起了一支数百人的队伍，但是在路过泾县（今安徽泾县西青弋江西岸）时，被山贼祖郎偷袭。新收的这些人未曾经历过战事，瞬间慌乱起来。孙策手握铁枪，手起枪落，精准地将近身的两个山贼从马上戳了下来。再看四周，像是一场屠杀，他的大声呼喝毫无作用，这些刚从农民转型的士兵似乎对山贼有一种先天性的惧怕，只恨爹娘少生了两条腿。可在骑马的山贼看来，这些都不过只是用来练手的活靶子。孙策啐了一口，带着身边的数十个亲信，朝着北方杀了出去。这一战，孙策伤痕累累，最可惜的是，好不容易拉起的数百人也尽数葬送。

无奈之下，孙策再次回到寿春，向袁术诉苦，请求袁术将他父亲的部队拨给他。袁术对孙策非常矛盾，既想重用，又害怕他会脱离自己的控制。起初，袁术许诺让孙策做九江太守，在正式任命时，却给了自己的亲信陈纪。后来，袁术攻打徐州缺粮，向庐江太守陆康索要三万斛，被无情拒绝，袁术十分生气，对孙策说："之前我错用陈纪十分后悔，如果这次你能攻下庐江，抓住陆康，我就推荐你当庐江太守。"正巧孙策与陆康也有嫌隙，便一口答应。可攻下庐江后，袁术再次任用自己亲信刘勋为庐江太守，这也让孙策彻底失望。

或许是认为孙策已经臣服，袁术决定将孙坚的部曲千余人交给孙策，包含孙坚旧将程普、黄盖、朱治等人，并向朝廷上表推荐他为怀义校尉。孙策刚领到军队时，有一部分人对新来的黄毛小子不服，尤其是从袁术军内调拨来的人。一次，在孙策点卯之时，有一骑士前一天晚上偷偷喝酒，误了时辰，酒醒后，自知罪大，逃到袁术大营，藏进了内帐中。孙策亲自带人，径直前往袁术大营找到犯错骑士，当场斩杀，并为擅自入营之事向袁术道歉。袁术听说后："士兵叛乱，就应当惩罚，何必因为这点小事而道歉。"自此，军中之人对孙策甚是敬畏，再也没人敢认为孙策只是一个黄毛小子了。

在父亲旧将朱治的建议下，孙策主动向袁术说道："父亲昔日对江东有恩，我愿带兵帮助舅舅吴景平定横江，在当地募兵。届时，我再带兵回来协助您称霸天下，成就大业。"袁术虽然知道孙策恨自己曾经许诺九江与庐江却失信，但是江东势力错综复杂，刘繇占据曲阿、王朗占据会稽，都不是好惹的主，连他也不愿意去蹚这种浑水，心想："以孙策这点人马，也讨不了什么好处，不妨让他去吃些苦头，后面自然会乖乖依附于我。"想到这里，袁术同意了孙策的建议，还主动上表朝廷任命孙策为折冲校尉。

孙策带着千余人、数十匹马和父亲留给自己的将领，向江东进发。孙家在江东甚有威名，到达历城（今山东济南市）时，队伍已经扩充到五六千人。更令孙策惊喜的是，好友周瑜率兵支援，带来了大量钱粮，可谓是雪中送炭。

兴平元年十二月，孙策进攻刘繇。早在袁术虎视眈眈之际，刘繇就安排樊能、于糜镇守横江，张英屯兵当利（今山东莱州市西南）以控制长江北岸，与吴景相持一年之久。孙策来后，身先士卒，率军接连攻破横江与当利，樊能、张英均败退撤走。占领长江北岸后，孙策驻军，四处寻觅渡船。孙坚的妹妹，徐琨的母亲在军中，对儿子徐琨说："在这里驻军，如果刘繇派水军前来攻打，局势就危险了。你可以告诉你表弟，让他砍伐附近的芦苇，做成船渡江。"徐琨将母亲的话带给孙策，孙策这才得以迅速渡江。

孙策一过江，便从陆地进攻。兴平二年春，孙策以迅雷不及掩耳之势攻占刘繇的牛渚营（后世的采石矶），获得大量钱粮和攻城器具，此时横亘在前的就只剩秣陵（今江苏南京市江宁区秣陵街道）。秣陵城内，守将薛礼与笮(zé)融接到牛渚营失守的消息，两人面面相觑，经过商量，他们决定一个在城内守城，一个在城南屯营，形成掎角之势。

孙策率军前来，先进攻城南的笮融大营。两军对垒，勇者为先，孙策亲自上马，持枪飞奔而去，身后诸将奋力前进，一下便让笮融的部下死伤数百。笮融大骇，率兵撤回大营，紧闭营门不敢出门，只是让弓弩手压住营门。孙策见难以进攻，留下程普领五百余人殿后，径直转攻秣陵城。城内人少，很快，韩当等人一马当先攀上城头，连续砍倒几个守城士卒后，牢牢控制了城头区域。随着后续士卒的攀上，韩当等人逐渐杀到城下，放下吊桥，打开城门，孙策飞马向前，后军跟上，如潮水一般冲入秣陵。薛礼见大势已去，从南侧突围逃到了笮融大营。

正在此时，后方突然传来消息，樊能、于糜等人将散兵纠集起来，攻下了牛渚营。孙策大怒，留下部分人马守秣陵，亲率大军回兵反攻，大破樊能，收复牛渚营，擒获男女万余口。安定好牛渚营后，孙策再次挥师南下，准备剪除笮融大营。而薛礼突围到笮融大营后，当着部将的面指责笮融只知道闭营自守，而不增援秣陵城，暴戾的笮融怒火中烧，抽出身边长剑，直接刺入了薛礼心窝。

再次面对孙策，吃过亏的笮融只是闭门不出，命令弓弩手守营。孙策率军多次攻营，却都被弓箭射回，仿佛一只铁拳打到棉花处，有力使不出，十分难受。晌午，孙策再次率军进攻，熟悉的弓弩声响起，孙策习以为常，继续进攻。突然从左右林中各闪出十几位弓手，搭上长箭便朝孙策射来。孙策手中铁枪格挡着前方来袭长箭，却不及提防左右袭击，身边部下纷纷倒地，孙策见势不妙，疾呼撤退，拨马便走。长箭纷纷落在身后，可还是有一支流矢射中了孙策的大腿，左右急忙将孙策背下马，乘坐轿舆退回牛渚营。

周瑜回营见孙策伤势并无大碍，便叫住军医，对孙策说道："此番正是好机会，如果派出一名死士传报主公已死的消息，想必笮融一定会主动出击。"孙策不禁拍掌大笑："公瑾如此足智多谋，平定江东还有什么好愁的呢。"

当天夜里，笮融大营内。笮融看着眼前这个自称是孙策叛军的人，他带来了一个好消息——孙策箭疮发作，已不治身亡。笮融还在怀疑消息是否准确，有斥候回报说牛渚营白旗绕营，遍地哀声，想必是孙策有所不测。笮融大喜，嘉赏报信之人，并命大将于兹作为先锋出营攻击孙策军。

见笮融军进攻，孙策在后面设下伏兵，让周泰带数百名步骑迎战。周泰刚交战便佯装溃败，于兹率兵追击，正好进了孙策的伏击圈。于兹从未想过会有伏兵，一时间方寸大乱，被反身的周泰一刀砍死，剩下的人都溃散而逃。

孙策战后清点，斩了敌方千余人。

帐内，周瑜叹息道："可惜，笮融太过狡猾，否则抓到的就不是这条小鱼了。"孙策笑声豪迈："人算不如天算，不过也是大胜。公瑾莫要叹息，想必笮融还不知道我还活着，明晚我要亲自进攻笮融，我倒想看看他的表情。"

第二天黄昏，孙策亲率大军进攻笮融，快到敌阵前，命左右大喊："孙策在此！"笮融听闻孙策亲自前来，以为是诈尸，大为惊惧，连夜率军遁走，并深沟高垒，修缮防御，仿佛铁乌龟一般。

孙策见笮融大营地势险恶，易守难攻，只能退走，但又率主力在海陵（今江苏泰州市）击破刘繇别将，转攻湖孰（今江苏南京市江宁区湖熟街道）、江乘（今江苏南京市栖霞区），均攻破，率军逼近刘繇所在的治所曲阿。

酣斗神亭，大败王朗

听闻孙策勇猛异常，所向披靡，刘繇不禁担心起来。恰逢刘繇同郡人太史慈从东莱前来探望，有人劝道："听说太史慈骁勇异常，任用太史慈为将，或许可破孙策。"刘繇摇摇头："若以太史慈为将，许劭一定会笑话我不会用人。"于是否定了这个建议，只是派太史慈出去侦察敌军动静。太史慈倒是没有任何推脱，拉了一位刚认识的骑卒，一起侦察敌情。

孙策率军在曲阿附近扎营，恰好天气晴朗，万里无云，孙策喜好打猎，突然心血来潮，率程普、韩当、黄盖、周泰、蒋钦等十三骑前往山上打猎。到了山上，孙策等人沿神亭附近溜达，却远远望见前方两骑，各自披甲挂枪，仔细一看发现是刘繇斥候。孙策心里一喜，横起手中长枪，飞奔出去，还不忘对身后诸将说道："诸将止步，待我前去擒拿那两人。"

太史慈抬头见前方十几人，尽是敌方披挂，心里一惊，只道遇袭，却又见敌方首领一骑飞出，似乎想凭单人擒拿自己。太史慈不禁咧嘴一笑，挥手让身后骑卒回撤求援，自己从马背抽出一支长戟，拍马迎上敌将。

双方很快错马而过，从枪戟交锋声便知，对方都不好惹，这也激起了两人心中的战意。两人各自回马，很快就缠斗到一起了，枪来戟去，如行云流水，似瑞雪纷纷。不一会，斗至五十回合，双方再次错马而过。太史慈心想："他那有十三个人，如果想生擒此人，怕是不太容易。不如将他引到前面，再擒获他。"想到这里，便卖了个破绽，拍马往前赶去。孙策正斗至酣处，见太史慈拍马便走，想都没想，跟着就走。如此精彩的打斗，余下的十三人看呆了，一时间竟忘记继续跟着孙策。

跑了三四里，太史慈回头一瞥，见只有孙策跟着自己，拨马回头，迎上孙策，孙策大叫："来得好！"把枪往前一戳，太史慈横戟于手，隔开大枪，反手拍击，却被孙策侧身躲过，双方再次交手三十余回合。突然，孙策反手一枪，直取太史慈胸口，太史慈俯身马上，长枪"扑哧"一声，扎中太史慈胯下坐骑。见距离太近，双方不约而同弃掉手中长武器，孙策右手张开，从太史慈背上夺得一支小戟，太史慈也不示弱，反手将孙策的头盔扯了下来。正在此时，双方援兵均至，齐齐出兵，孙策与太史慈对视一眼，双方眼里满是惺惺相惜，互报了名号，便各自拿着战利品退散了。

次日，孙策率大军到刘繇营前，甩出太史慈小戟，大声笑道："太史慈若不是走得早，早已死在我的枪下了。"刘繇营门打开，太史慈一马当先，掷出孙策头盔："孙策头已在此。"孙策不再搭话，长枪一挥，背后诸将引步卒往前冲出，刘繇营内也冲出大量士卒，双方狠狠撞击到一起，仿佛两股洪流。经过一日激斗，刘繇军渐渐支撑不住，在太史慈的保护下，刘繇杀出重围，逃往丹徒（今江苏镇江市丹徒区），余者皆散。

刘繇准备从丹徒奔往会稽，谋士许劭劝解道："会稽富裕，孙策一定会攻打，而且地处海陲，不可前往。不如前往豫章（今江西北部区域，含南昌），北连豫州，西接荆州，若整治完成，向兖州曹操贡献，虽有袁公横亘中间，也不足为惧。这样一来，主公受王命，一旦有事，曹操和刘表必定会来救援。"

于是刘繇往豫章奔去。

孙策率军进入曲阿，取出库存，慰劳将士，发布宽大的命令，告知诸县："凡是刘繇、笮融的部下，前来归降的，一概不究。百姓愿意当兵的，每家只能出一个，并免除全家的徭役负担；不想当兵的，也不勉强。"命令一出，半个月不到，来的人四面云集，收得士兵两万余名，马千余匹。自此，"孙郎"之名威震江东。随着部队人数增多，军纪逐渐成为大问题，吕范主动请缨，孙策任命他为领都督，专治军纪。经过吕范的整顿，孙策军队焕然一新，令行禁止，每到一地，士卒们奉守军令，不敢掳掠，对民众不犯秋毫，是以民心所向，争相以牛酒相送。

随后，孙策让朱治率兵从钱唐攻击吴郡，朱治在由拳（今浙江嘉兴市南）大胜吴郡太守许贡，遂占领吴郡，许贡率败兵逃走依附山贼严白虎。然而，袁术见孙策真的打败刘繇，拿下曲阿，便准备采摘胜利的果实。先是调周尚、周瑜率部回寿春，任命自己的堂弟袁胤为丹扬太守，再将吴景和孙贲均调往寿春，任命吴景为广陵太守，并上表任孙策为殄寇将军。

建安元年，孙策占领吴郡后，准备进攻会稽。吴人严白虎等各自率领数万人，处处屯聚，诸将想先平定严白虎，再攻打会稽。孙策笑道："像严白虎这些强盗山贼，没有大志，很容易就能平定。"于是引兵钱唐。

听说孙策率兵将至，会稽郡功曹虞翻顾不得为父守丧，穿着孝服连夜向太守王朗进言："孙策善于用兵，不如暂避。"王朗没有听从，他认为身为汉臣应该保疆卫土，主动发兵固陵（今河南太康县南），设置防线。

孙策率军来到固陵，发起猛攻，经过数次水战，均无法拿下。叔父孙静劝说孙策："王朗依靠城池把守，难以快速攻克。离此地南边数十里有查渎城（今浙江萧山区西南），如果能攻占，就深入敌方后防，这正是攻其不备之处。"孙策听从叔父的意见，趁着天黑，命部下举起火把作为疑兵，再暗中分兵往查渎攻去，并袭击高迁屯（今浙江萧山区东北）。

听后方来报，高迁屯失守，王朗大惊，派丹阳太守周昕等人率军前去救援。孙策在查渎埋伏，以逸待劳，待周昕经过时，全军出击。混战中，孙策一举将周昕斩杀，大破敌军。至此，王朗失去主力军队，无力再战，只能在虞翻的护送下，通过大海逃往东冶（今福建福州市）。

王朗到东冶后，侯官长商升起兵响应王朗。王朗对护送自己的虞翻说道："你刚刚父丧，母亲还在，可以回去照顾母亲，免得被牵连。"虞翻不走，王朗让亲兵将虞翻送回山阴（今浙江绍兴市）。孙策带兵乘船追到东冶，让韩晏分兵从陆路追击王朗，却被商升击败，孙策让贺齐代替韩晏，再次出兵攻打商升。贺齐在本地有一定名声，商升听说贺齐带兵，吓得赶紧派使者求援。贺齐写了一封信让使者带给商升，晓之以理，动之以情，力陈祸福。商升思考再三，决定出城投降。王朗见势不妙，企图逃往交州，可亲兵们早就仰慕"孙郎"大名，不肯背井离乡逃往交州，便一起胁迫王朗在东冶投降。

孙策将王朗当作名士对待，并没有为难他。自此，孙策入会稽郡，自称会稽太守，任命虞翻为功曹。听说孙策喜好打猎，虞翻力劝，认为作为君主喜欢单独出去打猎，既危险又会让下属担惊受怕，孙策嘴上满口答应，却依然我行我素。

建安二年，袁术正式在寿春称帝。孙策早在听闻袁术称帝传言后，就主动发信劝说袁术，却被拒绝，于是孙策主动与袁术决裂。曹操以汉帝之名拜孙策为讨逆将军，封乌程侯，领会稽太守，让孙策与吴郡太守陈瑀从南面共同讨伐袁术。行至钱唐，陈瑀准备偷袭孙策，严白虎、祖郎作为内应。孙策察觉后，派吕范、徐逸从海西（今江苏灌南县）攻打陈瑀，大破敌军，陈瑀单骑北上投奔袁绍。

建安三年，袁术以周瑜为居巢长，鲁肃为东城长。周瑜与鲁肃均知袁术终究不能成事，便一起弃官投奔孙策。孙策派张纮向曹操进献，曹操大喜，拜孙策为讨逆将军，封吴侯，并将弟弟的女儿许配给孙策的弟弟孙匡，为儿子曹彰迎娶孙贲的女儿。

刘繇战败后，太史慈逃遁到泾县，附近山越听闻太史慈勇名，纷纷前来依附。为了削弱孙策，袁术派人拿着印绶挑拨宗帅祖郎等人，并鼓动山越一起围攻孙策。孙策怎么可能像个软柿子任人揉捏，他选择主动出击，率军围攻陵阳。看到城头祖郎等人，孙策不禁想起数年前，在泾县被祖郎大败的时候，也正是那次惨败，自己才得以要回父亲的部曲。拉回思绪的孙策向城头的祖郎大喝："昔日你袭击我时，几乎砍到我的马鞍，现在我开创基业，打算摒弃仇恨。只要你愿意降服于我，发挥你的能力，就能在我手下有一席之地，不光是你，所有人都是。"孙策近几年的锋芒早已掩盖不住，出征百战百胜，军势越来越壮大，祖郎也因此一直处于担惊受怕之中，他害怕孙策前来报仇。现在既然孙策主动招降，祖郎也就顺坡下驴，打开城门，负荆于背，亲自跪倒在孙策面前谢罪。孙策并没有治他的罪，反而封他为门下贼曹。

平定祖郎后，孙策继续行军，讨伐太史慈。双方在勇里（今安徽泾县西北）再次大战，这次孙策因为虞翻的强烈反对并未单独出战，而是派了大军出战，直接生擒太史慈。大帐内，孙策看着被士卒带入的太史慈，眼中满是爱惜之意，起身松开绳索，牵着太史慈的双手，笑着问道："你还认识在神亭与你交手的人吗？若那时候你生擒我了，想怎么处置我？"太史慈眼睛都没眨一下："那可就不知道了。"孙策笑道："我听说子义有烈义，天下志士也，但都是所托非人，我和你是打出来的知己交情，希望能与我一起平定江东。"于是太史慈投降了孙策。

刘繇逃到豫章后，很快就病逝，留下万余兵马，当时部下推举豫章太守华歆为主。华歆认为自己并非朝廷任命，擅自领军不是为人臣子应该做的，坚持不肯接受，众人守在华府数月，华歆均谢绝。

孙策听说此事后，让太史慈前去豫章安抚刘繇军队，说道："昔日刘繇责怪我为了袁术攻打庐江，可是我父亲部曲数千人都在袁术手上，我志向远大，只能屈身于袁术手下谋求军队。后来袁术不遵守臣节，妄自称帝，劝谏不从，所以我才与袁术决裂。现在你的儿子在豫章，你前往探视，顺便把我招揽的意思告诉刘繇部曲，若他们想来，就一起来，如果不想来，就多安抚，再观察一下华歆这个太守当得如何。你需要多少兵力跟随，随便你说。"太史慈道："我之前对抗主公，有不赦之罪，主公洪量如同齐桓公、晋文公，我当以死效劳。现在豫章没有大乱，兵力不宜带得过多，数十人就够了。"孙策大喜："预祝子义成功而还。"

太史慈收拾妥当之后，孙策在吴城昌门为其饯别。他握住太史慈双臂："何时能还？"太史慈拉了拉身上的包袱道："算日程，不出六十日。"说罢便头也不回地离开了吴城。军中有人私下论道："太史慈此次北上一定不会再回来了。"孙策听到后却是自信满满："除了我，子义还能跟随谁？他有勇有谋，忠肝义胆，绝不是那种三心二意之人。这种人最重承诺，恨不得为知己赴死，各位不要再这样说了。"

果然，太史慈如期而返，不但带回了刘繇的部分部队，还对华歆做了全面调查，认为此人虽然德行良好，但在太守座位上仅能自守。孙策拊掌大笑，心里对豫章已有吞并之意。

沙羡大捷，将星陨落

建安四年，已平定三吴的孙策，将目光投向了西边。西边最大的势力就是以荆州刘表为首的荆州兵团，尤其是盘踞江夏（治今湖北武汉市汉口区）的黄祖，对孙策来说，杀父之仇不共戴天。

恰逢袁术病死，其弟袁胤、女婿黄猗等人放弃寿春，扶着袁术灵柩，带着袁术的妻子和一部分军队投奔庐江太守刘勋，屯于皖城（今安徽潜山县）。而以长史杨弘、大将张勋为首的部分将领带领袁术的其余部众准备渡江投奔孙策，行至中途，被刘勋袭击，尽掳其众，收其珍宝。

刘勋新收大量袁术余众，但粮草不足，无法供给，于是派弟弟刘偕去豫章，向豫章太守华歆买粮。华歆是个酸腐的读书人，虽然自己府库内空空如也，却不忍心拒绝刘偕，于是派兵陪刘偕到海昏县（今江西永修县）的粮仓上缭壁，要求各个宗帅凑出三万斛米卖给刘勋。时日艰难，刘偕在上缭待了月余，等到新米成熟，才凑到数千斛米。见新米逐渐成熟，刘偕起了坏心思，写信告诉刘勋上缭的情况，怂恿刘勋来这里抢米。

除了收到刘偕的信，刘勋同时还收到了孙策来信，信中言辞极其谦卑，上面写道："上缭宗民数次欺凌我郡，本来我想攻打，却苦于道路坎坷。正好上缭物资丰富，想请您帮忙讨伐他们。"同时还奉上了珠宝、特产等。刘勋心中一动：如此好的机会，既可以收割新米，又能卖给孙策一个人情，我得亲自带兵前去。

听闻刘勋准备亲自带兵去上缭，谋士刘晔劝道："上缭虽然很小，但是城池坚固，易守难攻，不能在很短的时间内攻下。一旦主公在外兵力疲乏，孙策趁庐江兵力空虚袭击的话，将军将进退两难，再无归路。"刘勋不听，依旧坚持亲自率军潜入海昏县。上缭宗帅们听说刘勋领军讨伐，将家里的粮仓搬空之后仓皇逃跑，刘勋费力攻下上缭才发现一无所获。

与此同时，正准备西进攻打黄祖的孙策，刚行军到石城（今江西赣州市东北部），听闻刘勋率军离开庐江，在周瑜的建议下，迅速做出了调整，派孙贲与孙辅率兵八千屯兵彭泽（今江西湖口县江桥乡柳德昭村附近），截断刘勋归路，自己与周瑜则亲率两万主力袭击皖城。庐江兵力空虚，根本无力抵抗，孙策很容易就攻下皖城，夺取了原来属于袁术的数百工匠和鼓吹，收降袁术部曲三万余人，并全部迁徙至三吴，派李术为庐江太守，留下三千人守皖城。

一无所获的刘勋从海昏县撤回，到彭泽时，被孙贲与孙辅伏击，大败，只得退走楚江。路上听闻庐江被袭，于是退走西塞，向刘表告急，向黄祖求救。黄祖深知孙策来者不善，派儿子黄射率五千水军，随江而下，营救刘勋。

孙策军正紧追刘勋，探知到黄射带着水军战船前来援助，于是指挥大军猛攻，大破黄射。黄射遁逃江夏，刘勋也率数百人北上投奔曹操。孙策此战收降两千余人，缴获战船千余艘，水军实力一跃而起，终于有了跟黄祖水军正面硬抗的实力与资本。十二月，孙策带着整顿好的战船水军，气势如虹，进攻黄祖，以陈武、董袭为首的先锋军已经抵达黄祖屯兵的沙羡县（今湖北武汉市江夏区）。

听闻孙策西进，远在荆州的刘表也派从子刘虎、大将韩晞领兵五千增援黄祖，而黄祖早已整顿好战船六千余艘，水兵两万余人，在沙羡严阵以待。很快，孙策亲自带领麾下周瑜、吕范、程普、孙权、韩当、黄盖等主力战将全部达到沙羡。看着眼前密密麻麻的黄祖大营与水上杀气腾腾的战船，孙策跨马掠阵，手击战鼓，战势惊人，麾下大将各率部曲同时杀出。

前方岸上黄祖大营与江面战船连成一片，营门洞开，以刘虎、韩晞为首的步卒率先出兵。孙策大军身处上风口，齐齐放火升烟，江边狂风席卷，浓烟往黄祖大营倒灌，一时间，整个战场浓烟滚滚，除了士卒们厮杀的惨叫声，还伴随着咒骂声和咳嗽声。周瑜看着阵前击鼓的孙策，传令让韩当率弓箭手射击，一时间，弓弩并发，流矢雨集。眼见步卒不敌，黄祖亲率水兵从战船沿木板而下，经由大营出来增援。孙策远远望见战船与大营接驳处人头攒动，手中鼓槌再次用力，气势高昂，周瑜命全军压上。

伴随着"刘虎、韩晞已死"的一声大喝，孙策军气势愈烈，朝着黄祖大营扑去。黄祖见形势不对，命护卫掩护自己撤退。看着主将退缩，黄祖军士们乱作一团，争先恐后地往战船方向拥挤，被淹死、踩死的士兵不计其数。

孙策军趁势掩杀而来，夺取黄祖大营，尽获所有战船。战后统计，斩获两万余人，溺死万余人，生擒获黄祖妻子，仅余黄祖寥寥数人坐小船逃走。此战，孙策大获全胜，水军实力再次大幅提升，夺取财物粮草不可胜数。这次大胜，也让孙策四海闻名，连远在许昌的曹操都不禁赞叹："像孙策这样勇猛的年轻人，不可与他正面交锋啊！"

一举肃清了江夏郡长江南岸的地盘，孙策又将目光投向了同在长江南岸的豫章。气势正盛的孙策军往豫章方向行进，屯兵椒丘（今江西南昌市新建区）。之前让太史慈打探到的关于豫章的消息让孙策认为可以直接劝降，便对虞翻说道："华歆的名声虽然很好，但并非我的对手。听说豫章城内没有什么作战用的战具，如果不开门投降，金鼓一震，便会有杀戮，还请您前去向华歆说明我的意思。"虞翻便作为孙策使者前往豫章，以三寸不烂之舌劝得华歆投降，主动出城迎接孙策。

见豫章轻易平定，孙策以上宾之礼盛待华歆，又妥当安葬了刘繇，对其家人也小心善待，赢得了士大夫的赞誉。随后，孙策分豫章为豫章和庐陵，留孙贲为豫章太守，孙辅为庐陵太守。至此，孙策几乎已经平定整个江东，拥有吴郡、会稽、豫章、庐陵、庐江、丹阳六郡，仅耗时四年左右。

建安五年（200 年），随着孙策强势横扫江东，广陵太守陈登与严白虎余党密谋，意图在孙策西进攻打黄祖时，从背后袭击孙策。孙策很早就收到了风声，平定豫章后便回撤吴郡，整顿军马，准备渡江北伐陈登。

先前孙策平定刘繇时击败了吴郡太守许贡和山贼严白虎，两人相继投奔了许昭。程普本欲继续追杀，孙策却认为许昭敢在这种形势下收留这两人，是个有情有义之人，便放弃了追杀。但是许贡不甘心，他一心想夺回吴郡，便暗中向曹操传信，信中写到孙策骁勇异常，若放任孙策坐大，迟早会成心腹大患，并向曹操提出可以借皇帝之名召孙策入京，将其软禁起来。没想到送信之人被孙策抓获，孙策读完信后大怒，命人将许贡绞杀。

得知陈登联合严白虎在后方作乱，孙策内心狂躁不堪，想起以前的许贡，这帮人，给了机会却还是想着法作乱，看来得狠狠敲打他们一番。四月，孙策将整顿好的军队开到丹徒，孙策长舒一口气，在他心里，江北的陈登不堪一击。

由于粮草还没有准备好，需要在丹徒多待几日。为了缓解心中愤懑，孙策多次带着人出城骑射狩猎。这一天，天气晴朗，万里无云，正适合狩猎，孙策便和之前一样，带着数人出城。很快，他们就在树林中遇到了麋鹿，孙策一马当先，骑着万中无一的良马很快便将随从远远地甩在了背后，孙策瞄着远处正在移动的麋鹿，搭弓射箭，只听扑哧一声，箭正中麋鹿背侧，麋鹿往前狂奔几步，踉跄而倒。孙策哈哈大笑，将弓收了起来，骑马到麋鹿倒下的地方，翻身下马，准备割掉鹿角。

突然，见前方有三人鬼鬼祟祟地在丛林中移动，孙策问道："你们是什么人？在这里做什么？"对面三人答道："是韩当部曲，在此为了射鹿。"孙策立刻警惕起来，疑惑地问道："部曲里的人我都认识，却从没见过你们三人。"对方突然慌乱起来，孙策心知有诈，立马搭起弓箭，迅速朝对方射去，随着一声惨叫，其中一人应声倒地。另外两人慌忙拿出手中弓箭朝孙策射来，孙策低头躲过，却不防后面还有一箭，正中面颊。孙策惨叫一声，忍住剧痛，从马背拔出佩剑，将面颊的长箭尾部砍断。

见孙策中箭，两人大喜，顾不得倒在地上的那人，提着长剑径直朝着孙策跑来。原来他们三人是已故吴郡太守许贡的门客，许贡被孙策杀了之后，他们便义结金兰，誓死刺杀孙策为许贡报仇。经过长时间的寻觅与等待，终于找到一个孙策轻装出猎的机会。

孙策忍着剧痛，奋力反击，但毕竟受伤不轻，孙策渐渐力有不逮。突然一道寒光闪过，一支长箭正好射中了其中一名刺客的胸口，原来是落在后面的侍卫们终于赶上了。见孙策遇袭，众人皆吓得不轻，赶紧狂奔过来，将余下刺客全部杀死，送孙策回营。

营中，伤势严重的孙策从昏迷中苏醒，脸色潮红，他自知伤势太重，将不久于人世，便请张昭过来，托付后事："现在中原大乱，但凭借我们吴越的兵力和三江地势险要，足以坐山观虎斗，你们要好好辅佐我弟弟。"又让孙权过来，将印绶交给他，说道："率领士卒，决战阵前，横行天下，你不如我；但举贤任能，使其各司其职，保守江东，我不如你。"当天夜里，孙策逝世，年仅二十六岁。

纵观孙策一生，英勇善战，从十八岁丧父，到二十六岁逝世，不到十年便平定江东六郡，为后世江东打下根基，只不过天妒英才，可惜，可叹！

第四章

一山二虎，北方大决战

风雨欲来，波涛暗涌

建安四年，袁绍攻破易京，公孙瓒自焚而死，灭掉吕布的曹操回军许昌。两位枭雄不约而同地将目光移向了对方。

河内太守张杨在响应吕布时，被杨丑杀害，而眭固乘机杀掉杨丑，投靠袁绍，屯兵射犬（今河南博爱县东），这样的操作简直令曹操如鲠在喉。为了抢占河内郡，曹操亲自出征，在黄河南岸扎寨，派曹仁、史涣督乐进、于禁、徐晃等人渡过黄河。眭固见势不妙，留偏将薛洪、缪（miào）尚守射犬，亲自率军北上，在犬城与曹仁、史涣相遇，一番激战之后，曹仁、史涣阵斩眭固。曹操得知消息后，渡河围攻射犬，守将开城投降。平定河内后，曹操命魏种为河内太守，掌管黄河以北所有事务，自己则率大军返回许昌。

见曹操平定了河内，势力已到达黄河北岸，袁绍的火爆脾气忍不住了，他立刻召集诸将，谋划进攻许昌。沮授心知此时并不是伐曹的最佳时机，极力反对。郭图和审配却跳了出来，一面给袁绍戴高帽，一面指责沮授别有用心。袁绍刚统一河北四州，内心膨胀得厉害，面对郭图和审配的吹捧，心里飘飘然，自然将沮授贬斥一顿，下定决心要讨伐曹操，进攻许昌。同时他还将沮授的监军权限一分为三，一份给郭图，一份给淳于琼，还有一份仍然让沮授代理，而自己总领全军。

许昌虽然是曹操的领地，却也是汉献帝所在之地，自然得找一个冠冕堂皇的理由，于是袁绍让手下主簿陈琳写了一篇檄文。陈琳不愧是后来的建安七子之一，文思敏捷，才高八斗，一篇檄文洋洋洒洒千余字，字字珠玑，从曹操的祖父开始，连续三代，揭开了阉竖的家世身份，指责曹操骄横跋扈，肆意杀戮，挖掘陵墓，全文酣畅淋漓地将曹操"宁我负人，毋人负我"的面目无情揭露。因为犯头痛病正躺在床上的曹操看到这篇檄文简直目瞪口呆，反应过来之后气得咬牙切齿，差点没跳起来，甚至连头疼也顾不上了。

面对袁绍咄咄逼人的攻势，曹操集团也感觉到风雨欲来。就在诸将均以为袁绍强大、不可匹敌之际，曹操展现出了一个优秀统帅、军事家的品格，他信心满满地对众将说道："我素知袁绍的为人，志向远大却宛如弱智，面色凌厉而胆色懦弱，忌讳部下而威名不显，兵多却划分不清，率军而政令不一，土地虽广，粮食虽丰，却也不足为惧。"

面对乐观的曹操，孔融却满脸愁容："袁绍兵多将广，手下有田丰、许攸等智士出谋划策，审配、逢纪等忠臣尽忠职守，颜良、文丑等猛将勇冠三军，实力实在是不可小觑。"此话一出，曹操座下众将脸色皆变，只有青冠儒衫的荀彧站起来大声反驳："袁绍兵虽然多，却没有法治，田丰刚正不阿容易得罪袁绍，许攸贪赃枉法，审配专权却无谋，逢纪果敢只能自用。如果逢纪、审配为主事，一定不会纵容许攸做这等犯法之事，一旦自己的利益受到损害，许攸必定会反。至于颜良、文丑之辈，匹夫之勇，一战可擒，难道诸位将军还觉得自己比不上他们？"酣畅淋漓的一席话说得众将羞愧难当，纷纷撸起袖子表示要跟袁绍硬拼到底。

八月，曹操先行出兵，攻占河北黎阳（今河南浚县东），并派臧霸等人袭扰青州和北海等地，留于禁守在黄河南岸。九月，见袁绍开始进军，曹操先行撤回许昌布局，分兵守住官渡要塞。眼见北方两位巨无霸要开始掰手腕，其余各地诸侯纷纷开始谋划。

首先就是与曹操素有积怨的张绣。宛城之战中曹操损失惨重，也正因为如此，袁绍不远万里派人来到宛城，准备与张绣结盟，袭击曹操后方。张绣本准备答应，却见贾诩突然站起来，对客座的袁绍使者说道："袁本初连亲兄弟都容不下，又怎能容纳天下国士呢？"张绣陡然惊出一身冷汗，袁术之死历历在目，他惶恐道："那该怎么办呢？"贾诩道："曹操挟天子以令天下，有献帝号令，这是其一；袁绍强盛，我等若从之，是锦上添花，而对于曹操来说，我等便是雪中送炭，这是其二；曹操有霸王之志，能放下私怨明德四海，这是其三。其中利弊还望将军三思！"没过几日，曹操也派使者前来，以丰厚的赏赐许诺张绣，张绣再三思考，决定与贾诩一同降曹。曹操大喜，不但让儿子曹均娶张绣之女，还将贾诩招来身边，智囊团又添新成员。

除了张绣，素来与袁绍联盟、同穿一条裤子的刘表也在算计其中的利益。面对分批前来的袁绍使者与曹操使者，刘表一个头两个大，他只想好好安定整个荆州。见刘表态度模棱两可，从事韩嵩与别驾刘先劝刘表："现在两雄相争，将军您才是那个不确定的因素。如果要有所作为，趁他们两败俱伤起兵即可；如果仅想保全荆州，就必须选择一个交好。不然将军带甲十万作壁上观，恐怕双方都会得罪，到头来不管谁赢谁输，荆州就是他们的下一个目标。就现在来看，曹操善于用兵，贤者俊杰多归顺，他必定会一举拿下袁绍，然后移兵南下，仅凭将军一己之力恐怕难以抵挡。如今之计，如果带着整个荆州依附曹操，曹操必定会器重将军，这才是万全之策。"就连受刘表器重的蒯越这次也支持依附曹操。

刘表心中狐疑不定，忧的是此前与袁绍为盟，曾多次攻伐曹操，现在依附，就怕会祸及子孙。十一月，刘表终于决定派韩嵩出使许昌，与曹操谈归降条件。曹操见刘表有归降之意，大喜，当即拜韩嵩为零陵太守。韩嵩也是个没脑子的，回荆州之后，不仅盛赞曹操之德，还劝刘表派儿子去许昌当官。刘表大怒，他已年迈，正担忧自己百年之后儿子能否继承荆州，而韩嵩不但没为他争取到实质性的利益，反而还让他儿子前去许昌做人质，他怀疑韩嵩已经叛变，便当众下令处死韩嵩。最后还是刘表的妻子蔡氏为这个性子过于耿直的读书人求情，这才免了韩嵩一死，改成囚禁。不过这样一来，更是坚定了刘表的中立之心。但荆州刘表本来就是袁绍盟友，如今处于中立，也算是间接打击了袁绍的实力，对曹操来说已经很好了。

同年，淮南袁术经过多次失败后，势力大衰。在寿春断粮后，袁术烧掉宫室，前往潜山（今安徽安庆市），却被曾经的部将雷薄、陈兰拒绝了。无奈之下，他只能写信给袁绍承认自己的失败，并带着玉玺投靠袁绍。探知此消息后，在刘备的建议下，曹操派刘备、朱灵、路昭等人率兵前往徐州拦截从此经过的袁术。刘备领军出发后不久，袁术就在距离寿春八十公里的江亭病死，得知消息的刘备借机将朱灵、路昭打发回曹营，杀死曹操任命的徐州刺史车胄，重新夺回了徐州的所有权。

十二月，正在部署战事的曹操看着回报的朱灵和路昭，气得暴跳如雷，也后悔自己太晚才听郭嘉、程昱的建议，没来得及追回刘备，口中大骂："刘备这该死的大耳贼，编织贩履之徒！没想到我如今被这大耳贼阴了一把！"但迫于河北战事压力，他只能先回官渡部署河北战事，派刘岱、王忠率兵讨伐徐州，最后以两人失败而还告终。

建安五年正月，"衣带诏"事件爆发。

自从曹操将皇帝从洛阳带回许昌，已经四年有余，逐渐成年的汉献帝虽然吃穿不愁，却并不甘心只做个傀儡皇帝，他有自己的理想，憧憬着能成为一个像汉武帝刘彻、汉宣帝刘询那样的有抱负的皇帝。但放眼望去，整个朝堂上都是曹操的党羽，能真正听命于自己的寥寥无几。前一阵，议郎赵彦为了自己忠言直谏，被曹操收狱赐死。再这样下去，民间可能都"不知有汉，只知有曹"，假以时日，这皇位恐怕就要挪位了。

刘协心中愤懑不已，他知道，没有曹操的手谕，自己恐怕连这座金碧辉煌的宫殿都出不去，更别说培养自己的班底和军队了。但是他不甘心，昔日祖父汉桓帝也是被权臣梁冀把控朝政，但是汉桓帝卧薪尝胆，最后依靠弱小的宦官玩伴们一举将梁冀掀翻，夺回了大权。于是刘协将目光投向了董贵妃之父——车骑将军董承。想当初在洛阳遭受李傕、郭汜之乱时，是董承忠心耿耿，一路带兵随身保护，如今他贵为外戚，想必没人比他更合适了。

与董贵妃商议之后，刘协将血书藏在衣带内，让董贵妃派心腹假借回家探亲之名，密诏车骑将军董承起兵讨伐曹操。董承虽贵为车骑将军和国舅，但在许昌也没有实际兵权，思前想后，他秘密联络了素来效忠汉室的王子服。

深夜，烛影颤晃，在幽深僻静的房间内，酒席上温着一壶酒，两人跪坐在酒席旁，董承压低声音开口说道："如今天子如笼中鸟，朝堂之上曹贼独大，子服是汉室忠臣，可为皇帝分忧。"说完便将带血的"衣带诏"从袖中取了出来。王子服看完之后又急又怒，他流着泪说道："天子蒙尘，是臣子的过错，我等世代拿的都是汉朝的俸禄，愿舍三族以报汉君。"董承叹了一口气："昔日郭氾有数百精兵，才能抵抗李傕的数万人，而现在我等手无缚鸡之力，恐怕很难撼动曹贼。"王子服整理了一下情绪："长水校尉种辑、议郎吴硕是我心腹，可一起举事。"

第二天，董承再次邀请王子服入府，同时将种辑、吴硕请来喝酒。酒宴中，董承多次试探种辑与吴硕二人，见他们都对曹操多有不满，戏谑道："你们是想杀了曹丞相吗？我要去告发你们。"种辑大怒："亏你还是天子国舅，如今天子被曹贼欺辱，你不但毫无感触，还与曹贼沆瀣一气！罢了，我二人就当错识国舅。"董承见状，起身道歉，取出"衣带诏"，说道："如今我与子服有心除贼但手无兵力，不得不向二位忠臣求助。"种辑愤愤不平："天子都这样了，我等誓死除贼。"说罢，几人歃血而誓，约定政变计划，却见董承道："如今天子皇叔刘备在许昌，他戎马半生，能征善战，麾下关羽、张飞都是万人敌，我们要不邀请他共同举事？"几人都觉得可行。

刘备在与曹操煮酒论英雄后，以为曹操识破了自己的伪装，要对自己下手，惶恐不已，面对董承的邀请，他选择了加入。此时众人均聚集在董承府上讨论行事计划，董承说道："我有一名叫徐他的心腹，因勇猛异常被曹操挑去做常从士，可以让他找机会刺杀曹操。一旦刺杀成功，许昌必定大乱，届时还需要长水校尉王子服和诸位将军率兵守住宫门，防止乱兵冲入，而左将军刘备以皇叔名义劝降城内禁卫。如此，则许昌一举可定。"众人都同意了这个计划，定好了刺杀时间，各自回去准备。

恰逢袁术率残兵北上，曹操派刘备率兵追击，而曹操自己却带着侍卫营前往官渡（今河南中牟县东北）前线。连续的变动让董承措手不及，计划有变，可是最关键的人物徐他也跟随曹操去了官渡，路途遥远，董承只能在心里祈祷徐他不要妄动。

徐他一直在许褚麾下任职，他知道许褚的威名和武勇，并且许褚还总是在曹操身边寸步不离，他不敢下手，怕万一失败影响董承的计划。眼看着离董承计划的时间节点越来越近，他内心开始急躁起来，将手中的匕首擦了又擦，小心翼翼地抹上了见血封喉的毒草汁。每天许褚有一个时辰会离开曹操回去休息，而他必须得抓住这个时机。晌午，曹操进食后，到了许褚离开的时间，徐他亲眼看到许褚离开曹操大帐，便乘机前往。一炷香时间后，他终于靠近曹操大帐，可当他掀开大帐，却看见许褚仍然侍立在曹操身旁，他脸色一变。许褚发现有人打开营帐，立刻将目光投向门口，却见徐他脸色惊恐，满脸不可思议。原本今天许褚也已经回去，但是突然心血来潮，又返回到曹操帐内。到了此时许褚已经知道情况不对，先行以身护住曹操，见后续没有别的刺客，立刻大步上前将满脸惧色的徐他摁倒在地。曹操也被这动静惊醒了，立刻呼喊侍卫入内。经过搜查，从徐他身上搜出一把抹了毒的匕首，曹操命人将徐他带下去，严刑拷打，查出背后主使和刺杀原因。

最终"衣带诏"事件泄露，许昌震动。曹操亲自带人回许昌杀掉董承以及王子服、种辑、吴硕等人，夷灭三族，并缢死了身怀六甲的董贵妃。

杀死董承等人后，曹操对名单上的刘备恨得咬牙切齿，他做了一个大胆的决定——先乘机攻下徐州，打败刘备，解决后顾之忧，再回到河北战场。见曹操如此大胆，诸将皆劝道："现在与曹公争夺天下的，是袁绍啊。现在袁绍刚南下，主公就往东攻打徐州，如果袁绍乘机袭击我们，那又该怎么办呢？"曹操说道："刘备是个人杰，现在不攻打他，必定后患无穷。"见众将均反对，郭嘉从队列中起身道："袁绍性格十分多疑，必定不会急速轻军贸然南下。刘备新占徐州，众心未附，我军现在派轻骑前往，徐州必败。"见谋士郭嘉也赞成曹操的做法，诸将才逐渐接受这个计划。

听闻曹操亲自上阵，刘备如坐针毡，连夜派使者北上向袁绍求助，希望袁绍能率轻骑袭击许昌。田丰收到刘备使者来信，立刻求见袁绍，建议袁绍趁曹操不在之际，渡过黄河，袭击许昌。但袁绍满脸忧郁："如今显甫（袁绍三子袁尚）还在生病，需要我亲自照顾，此时我实在是抽不开身。等显甫病好之后，我立马出兵。"田丰见袁绍并无心思，气得以杖击地，大呼："因为小儿疾病而错失如此难遇的机会，太可惜了。"

曹操率军迅速东进，仅仅一个月时间，就攻破徐州，生擒刘备妻子以及大将夏侯博，刘备只身逃脱，逃往青州。青州刺史袁谭亲自出城外二十里迎接刘备，并带着他一起赶赴冀州，随袁绍南下。关羽屯兵下邳，曹操派张辽进攻，经过劝降，关羽投降，随后曹操携大胜之师返回官渡。

庭柱破碎，官渡鏖战

建安五年正月，袁绍亲率十万精兵、一万骑卒、八千胡骑南下，并让三子袁尚镇守冀州，次子袁熙镇守幽州，外甥高干镇守并州，别驾王修镇守青州，军师审配与行军司马逢纪留在后方运输粮草，总督诸事。

南下的袁军声势浩大，一路连绵数十公里，袁绍突然想起之前田丰建议袭击许昌，便召集诸将商讨。田丰进言："之前曹操远在徐州，如今他已到官渡，许昌现在的兵力一定不再空虚。而且曹操善于用兵，虽然兵力少，却不能轻敌，现在不如先跟他僵持着，观望一下局势。将军占据了黄河天险，有幽州、并州、青州、冀州四州的肥沃之地，对外联合各路英雄，在内勤修农事和战具。然后从军中挑选精锐之士分设为奇兵，袭击和骚扰黄河以南，使曹操疲于奔命，民不聊生。我军不曾困乏，而曹军疲惫不堪，用不了三年，曹操自然会撑不下去。如果现在决胜负于一战，一旦失利，后果不堪设想。"

可惜这一番话袁绍没有听进去。见袁绍不听，田丰顾不得礼仪，跪在地上大声呼喊："主公！我河北数十万好儿郎，可怜捐躯不得还。"这话把袁绍给惹怒了，他以田丰出师之初便轻易言败，扰乱军心为理由，将其收于狱中。

早在出征之初，沮授便召集宗族之人，将自己的财产都分给他们，说道："这次出征，如果成功，则袁公威势无以复加。一旦失败，则河北不保，可悲可叹！"见哥哥过于悲观，沮宗上前问道："曹操地盘不如我们大，兵马也比我们弱，看起来不堪一击，为什么要这么悲观呢？"沮授抬头看向迷茫的弟弟，沉声道："曹操的智谋和能力十分出众，又有汉室天子作为政治资本。我军虽然攻克了公孙瓒，但现在已经疲惫不堪，况且主公骄傲，随行将领也盲目自信。这次出征在我看来有一成胜算都是好的。"宗族众人皆沉默不语。

二月，袁绍率军进驻黎阳。得知曹操派东郡太守刘延死守白马（今河南滑县东北），便派先锋大将颜良率军攻打东郡白马城。沮授劝谏："颜良性格孤僻，虽然骁勇善战，却不适合为统帅。"袁绍依旧没有听进去。

四月，曹操率领张辽、关羽、徐晃等将领北上援助白马。临行之际，荀攸提出建议："现在我军兵力不足，正面攻打恐怕难以取胜，可以分散地应对敌军攻势。主公到延津（渡名，宋代以前黄河流经今河南延津县西北至滑县一段的重要渡口，总称延津）之后，就假装即将渡过黄河北上，袁绍必定分兵向西堵截。这样一来，以轻骑袭击白马，趁其不备，一定可以将颜良擒获。"曹操拊掌大笑，按荀攸计策进军。袁绍接到曹操北上的情报，果然分兵向西，而曹操早已率领轻骑往白马赶去。

白马城旁，袁军先锋军大营，颜良正在帐内大发雷霆，小小的白马城早已危如累卵，却总能奇迹般地抵挡住他的攻击。他郁闷地将拳头捶向面前的桌子，来之前他可是信誓旦旦地向主公保证一定拿下白马城，现在却被困在这里，他有什么脸面向主公交代？

正在颜良焦头烂额之际，有斥候来报，后方数十公里有曹军援兵。颜良大惊，有主公大军压阵，曹操援军怎么神不知鬼不觉就绕到身后了？想必是曹军疑兵之计。颜良眼珠一转，白马正好久攻不下，不如回头将这股疑兵吃掉，以壮士气。仓促之间，颜良亲自率领部分精锐之士，回头迎战来犯曹军。

曹操见前方颜良军阵浩荡，派张辽与关羽为先锋，迎战颜良。颜良正在阵前冠盖下，见前方冲来一员绿袍大将，他还没来得及询问便被关羽斩于马下，关羽下马，削首而还。张辽见关羽立功，立即下令让先锋军进攻，掩护关羽。颜良突然战死吓得袁军魂飞魄散，丧胆而奔，无力也无法抵挡曹军的掩杀，损失过半，剩下的都四散逃走，白马之围遂解。曹操大喜过望，当即封关羽为汉寿亭侯。

关羽从袁绍乱军中得知兄长刘备踪迹，便向曹操请辞准备北上。曹操早就知道关羽必定会离开，便重赏关羽。关羽将曹操的赏赐全部封存，以书信拜别曹操，北上河北寻找兄长。心腹之人劝曹操追击关羽，曹操叹息道："关羽为人以义为先，我十分敬佩，不用追了，让他走吧。"

见大战一触即发，曹操便将白马城的百姓沿着黄河往西全部迁徙走。听闻颜良阵亡的袁绍终于回过神来，暴跳如雷的他对被曹操牵着鼻子走这件事非常气愤，于是下令渡过黄河，追击曹操。沮授劝阻道："胜败这种事本就变化无常，不能在没思考清楚的情况下做出决定。现在最适合的策略是驻扎在延津口，分一部分兵力到官渡，如果官渡能传来捷报，再以大军会合也为时不晚。如果现在大军前行失利，那我们就无路可退了。"袁绍正在气头上，完全不听沮授意见，只想给曹操点颜色看看。沮授长叹一口气："上面的人狂妄自大，下面的人贪功冒进，悠悠黄河，我还能回来吗？"遂以疾病请辞。袁绍没有同意，但对三番五次扫他兴的沮授越来越不待见，最后索性将沮授的监军权限全部收回交给郭图。

袁绍渡过黄河后，驻扎延津南，并派文丑与刘备先行率兵追击。曹操也率军扎营于南坂（南坡）下，构筑阵地，并派人站在高处观察袁绍追兵，刚开始发现追兵有五六百骑兵，过了一会儿又回复说可能有更多的骑兵，步兵不可胜数。曹操心生一计，命骑兵下马，解鞍弃马，连同辎重全部扔在路上。

诸将感到不解，议论纷纷，追兵骑兵众多，他们都认为应该先退回大营采取守势。只有荀攸打着哈欠说道："诸位将军，我们正在引诱敌军，为什么要退回大营？"曹操朝荀攸会心一笑。

文丑率五六千轻骑前行，刘备率步兵随后。见曹操辎重落了一地，文丑率领的骑兵们打趣道："曹军不堪一击，连辎重都扔了一地。"见前方曹军队伍参差不齐，文丑军越发大胆，甚至有骑兵下马对这些辎重挑挑拣拣。随着下马的人越来越多，队伍也开始乱了起来，甚至有人开始抢夺辎重。文丑也毫不在意，并未将前方的曹军放在眼里。

见文丑大军已乱，曹操大喝一声："上马，杀敌！"训练有素的曹军立刻齐整上马，以徐晃为首的六百骑兵一马当先，身后紧随着诸军步卒，全部杀向正挤作一团分辎重的文丑军。曹军突如其来的袭击令文丑军瞬间大乱，将手中正在争抢的辎重扔在一旁，撒腿就跑。曹军这场胜利来得相当轻松，就连领军的将军文丑也在此次混战中被杀。远远跟在后方的刘备见文丑大败，便龟缩不前，曹军顺利全歼文丑轻骑，擒获上千匹良马。至此，河北名将颜良、文丑尽皆陨落。

曹操整顿兵马，将擒获的千余马匹整顿成骑兵营，命乐进率领，前往获嘉（今河南新乡市）援助于禁袭击袁绍西路，自己则亲率大军，回守官渡。乐进领轻骑到获嘉，正好遇到于禁与一支袁军混战，生力军加入，前后夹击，袁军再也支撑不住，败退而去。乐进与于禁合军后，从延津西南沿河到汲县（今河南卫辉市西南汲城），连续烧毁袁军营屯三十余座，斩首、擒获数千人，收降袁绍手下大将何茂、王摩等二十余人。随后于禁回军原武（今河南原阳县），乐进回军官渡。

正面交战数次受挫，袁绍派刘备南下，邀请汝南黄巾余党龚都、刘辟等人叛乱，骚扰曹操后方，并派使者前往许昌南面，以高官厚禄引诱各地官员背叛曹操。这招釜底抽薪让远在官渡缺乏兵力的曹操心急如焚，不断咒骂该死的袁绍。由于许昌附近兵力不足，整个腹地都暴露在叛军的铁蹄之下，幸好曹仁主动请缨："南方形势多变，现在大军在官渡，势必无法兼顾。但刘备现在率领的是袁绍的部队，并没有磨合好，如果我现在率领一支部队前去，很快就能击败他们。"曹操便让曹仁率一队轻骑南下。很快，曹仁击败了刘备，攻破刘辟屯营。随后曹洪与徐晃长驱直入，击败祝臂等叛军，收复汝南诸多叛县，如期返回官渡。

袁绍进军阳武（今河南原阳县东南），摩拳擦掌准备报仇，称病的沮授再次求见："我军人数虽然多，但战斗力不如曹军。曹操缺乏粮草，我军粮草充盈。曹操急于作战，我们最大的优势就是时间，只要长期打下去，消耗对方，曹军必定溃败。"袁绍依然不听，他认为有刘备南下袭扰曹操后方，自己率军强攻官渡，前后夹击，曹操一定会败。

八月，袁军向南进发，在官渡前方安营扎寨，东西连绵数十里。曹操也展开两翼，构筑防守阵地，双方遥遥相望。在分兵曹仁后，镇守官渡的曹军只有一万余人，见势不妙，曹操召回镇守原武的于禁部下数千人。

九月，见袁军热火朝天地构筑进攻工事，曹操按捺不住，趁着袁军还没站稳脚跟，试探性地向袁军发动了进攻，却被轻易击败，曹军只能退回大营，以防守为主。袁绍将挖掘战壕产生的泥土聚集到一起，筑成土山，建立高楼，让弓箭手从高楼上向曹军射箭。由于双方距离不远，曹军大营正好在弓箭的射程之内，士卒们在营内行走都需要举着盾牌作为掩护，这是那些倒在箭下的兄弟们用命换来的经验，整个曹营苦不堪言。谋士刘晔向焦头烂额的曹操献计："以前我画过一种发石机的图纸，因发石声轰隆作响，好似天上打雷一般，所以唤作'霹雳车'，可以用来破解袁军高楼箭雨。"曹操大喜，命能工巧匠按刘晔提供的图纸造霹雳车。数日，霹雳车完成，曹操让刘晔教士卒操作，只听轰隆一声，一发巨石裹挟风雷之声向袁军箭楼飞去。强大的冲撞力让箭楼应声而倒，正在箭楼上以射箭取乐的袁军乱作一团，被突如其来的攻击吓蒙了。见霹雳车如此有效，曹操喜形于色，命剩下的几十架一起开火，霹雳声此起彼伏，袁军箭楼一个接一个倒塌，巨石落地后随着惯性继续滚动了数十米，将底下的袁军砸得血肉模糊。

袁军只恨爹娘少生了两条腿，纷纷躲避在壕沟之下不敢露头。袁绍见高楼被破，无法压制曹军，眉毛都快拧在一起了，郭图献计："此刻曹军士气正旺，我们不如趁着夜色沿壕沟挖掘地道，袭击曹营。"于是袁绍下令让士卒白天挖壕沟，麻痹曹军，夜晚挖地道，准备袭击。曹操可是地道战的行家，他见袁军白天只是一味地挖壕沟，心生疑窦，命数十名听力出众的人夜晚在营边探听地底的动静，果然听到地底下传来挖掘的声音。曹操让人在营边挖出一道深深的堑沟，并派人守护，防止袁军挖掘地道直通大营。袁军挖到曹军堑沟时才发现进不去，计划由此宣告失败。

两军陷入了相持阶段。曹军营中，曹操左手扶额，满脸疲惫地坐在桌前，右手捏着毛笔，桌上压住的信纸上隐约露出"许昌"二字。部队粮草已经不足，这个绝密消息还是刚才粮草官单独呈报的，每天的供餐已经是稀得不能再稀的汤粥，已经有因为吃不饱而闹腾的士兵，甚至有人偷偷跑出大营投降袁军。但这些都不怪他们，粮食乃人之根本，吃不饱怎么打仗。所以他在思考要不要退军回许昌，这封信正是给留在许昌的荀彧写的。

数日后，一封加急信件从许昌传来，曹操赶紧打开阅览，正是荀彧回信："袁绍将所有部队都驻扎在官渡，就是准备与主公一决胜负。主公现在以弱御强，袁军一旦南下，我军将会一败涂地。况且袁绍只是布衣之雄，招揽了人才却不能将他们的才能发挥出来。以主公的英明才智，一定能所向披靡。现在虽然缺少粮食，却不如昔日楚、汉在荥阳、彭城所受之苦，项羽与刘邦都不肯先退，认为先退者必定势屈。现在主公以十分之一的部众画地而守，掣肘袁军已经半年了，一旦军势衰弱，一定会有变数，这正是兵行险招之时，不能失去这次机会。"曹操醒悟，于是咬牙继续坚持。

为了稳住军心，曹操对分发粮饷的人说："我军将在十五日之内大破袁军，那时就不再让你们劳累了。"正逢此时，曹军斥候探知到袁军的数千辆运粮车正前往官渡，曹操大喜，派徐晃与史涣袭击袁军运粮车。袁军运粮官韩猛措手不及，被徐晃、史涣军轻易击败，袁军四散而逃，只留下散落一地的粮草。苦于没有足够的时间将这些粮草运回，徐晃只能下令将其全部烧毁。

火烧乌巢，袁绍病逝

十月，得知粮草被烧毁的袁绍这次十分慎重，将运粮的重任交给大将淳于琼，并分兵一万护送至离袁军大营仅四十里的乌巢（今河南封丘县西北）。许攸进言："曹操将全部兵力用来抵御我军，许昌兵力空虚，实力肯定也微弱。我们不如派一支轻军，趁着夜色突袭，一定可以攻破许昌。一旦攻破许昌，则可以迎天子以讨伐曹操，曹操可擒也。如果许昌没被攻破，也能让曹操疲于奔命，我军一举可破也。"袁绍没有接受这个意见。恰逢冀州传来消息，许攸家人贪赃犯法，被审配收监入狱，许攸怒不可遏，于是收拾细软逃往曹营。

曹营之中，这些日子过于疲惫的曹操正在床上小憩，门外侍卫报告袁军许攸前来投奔。曹操被惊醒，细细品味刚才的报告，大喜，连鞋子都顾不得穿，慌忙一路小跑着出去，见许攸正站在大帐内，曹操拊掌大笑："子远远道而来，上天都在保佑我曹家可成大事。"连忙招呼许攸入座，奉上酒肉。许攸举起手中酒杯，斜眼望向曹操："袁氏强盛，曹公打算如何抵抗？现在军中粮草还剩多少？"曹操脸上却是满脸笑意："还够支撑一年的时间。"许攸摇摇头："不是，曹公可以说实话。"曹操睁开双眼："还能支撑半年。"许攸闭上眼，满饮一杯："曹公不想击败袁绍了？为什么还不说实话？"曹操左右望了望，面朝许攸故做秘密之状："实不相瞒，只剩下一个月的粮食了。"许攸放下空酒杯，大声说道："曹公孤军独守，外无救援，粮草已尽，情况已经十分危急了。袁绍粮草辎重万乘，存于乌巢，驻守的士兵管理松懈，若以轻兵袭击，烧掉粮草，不过三天，袁军自败。"曹操大喜，向许攸深鞠一躬："多谢先生救我。"

是夜，曹操按许攸计划，破釜沉舟，留曹洪、荀攸守营，亲自率领步骑兵五千余名，举着袁军的旗帜，用布匹缚住马嘴，每个人都抱着一捆柴火，趁夜从小路前往乌巢。曹操一马当先，到路口时，有值夜人询问，曹操冷哼一声："主公有令，为了防止乌巢被曹贼突袭，特地派我等前来支援，你们在这里阻拦，莫非和曹贼是一伙的？"值夜人一激灵："属下不敢，属下这就开路，让将军前去。"曹操神情倨傲，带着身后的"袁军"大摇大摆地离开。

乌巢营内，淳于琼醉眼蒙眬，营内诸将早已倒地大半。突然，帐门掀开，一名侍卫风尘仆仆地进来报告："将军，曹军来袭！"淳于琼的醉意瞬间消失大半，他踢翻酒桌，奔出帐门，营内大火四起，夜幕中不知有多少曹军，一片混乱，他急忙安抚四散的袁军。

天快亮时，淳于琼召集了数千人，他这才看清原来曹军人数并不多，于是陈兵营门，依靠栅栏与曹军周旋。曹操见淳于琼军队已经回过神，便派乐进担任先锋，全力进攻大营。双方激战多时，淳于琼抵抗不住，只能退回大营。

与此同时，相隔不远的袁绍大营也收到了淳于琼的求救信，袁绍对儿子袁谭说："曹操袭击乌巢，势必会倾巢而出，我们只需要袭击曹操大营，就能把他的后路给断了。"于是派大将张郃、高览领兵攻打曹操大营。张郃劝道："曹操率精兵前往乌巢，必定会击破淳于琼。如果淳于琼败亡，乌巢粮仓失陷，那么我军就大势已去了，还请主公先救乌巢。"然而郭图也附和袁绍计策，认为直接切断曹操后路更为精妙。张郃再次说道："曹操大营防御十分稳固，短时间内难以攻下，如果淳于琼败亡之后曹操回军，我们会被一网打尽啊。"袁绍沉吟，依然固执己见，派张郃领重兵攻曹营，仅派轻骑数千救援乌巢。

曹操正在进攻淳于琼大营，突然接到袁军援军已到背后的消息，手下有人进言："袁军后援已至，请主公分兵抵抗。"曹操大怒："我军背后就是袁绍大军，诸位将军，向淳于琼大营进攻，不成功便成仁。"诸将肃然，纷纷身先士卒，各自死战，乌巢大营很快就被攻破，淳于琼等人死于战乱之中。曹操命士卒将所带柴火点燃，全部扔进乌巢粮仓内，刹那间，浓烟滚滚，整个乌巢火光冲天，曹操命人割去袁军俘虏的鼻子和耳朵，然后放回袁绍大营。

袁绍援军见乌巢起了火，知道乌巢已经失守，只能将这些失去鼻子和耳朵的俘兵带回袁绍大营，袁军将士惊惧不已。郭图拍了拍自己的胸脯，掩饰内心的惊惧，也开始害怕袁绍会因为此前的献计问责自己失策，他忽然灵机一动，向袁绍说道："张郃率重兵攻打曹操空营，却迟迟没有攻下，导致乌巢失守，此次败绩主要责任在他。"袁绍眼中寒芒一闪，也没说什么，只是摆摆手让郭图下去。

张郃的亲信快马加鞭，将郭图说的话告诉了他，张郃愤懑不已，但熟知主公心性的他也知道主公是要找替罪羊了，而他和高览就是那两只被绑在行刑架上的羊。无奈之下，他与高览焚烧攻城器械，率军向曹操投降。由于曹操远在乌巢，守卫曹营的曹洪将信将疑，害怕张郃诈降攻营，却见荀攸淡然一笑："张郃被袁绍怀疑，内心愤怒转而投奔我们，你在害怕什么？"曹洪这才大开营门，迎接张郃等人。

如果说乌巢粮草被烧是一个天大的坏消息，让袁军各营惶惶不可终日，那张郃率重兵投降曹操就是一个深水炸弹，让袁军紧绷的神经终于绷断，各营士卒纷纷出逃，溃不成军。见大军溃散，袁绍与袁谭等人头戴幅巾，骑着马率领心腹八百轻骑渡过黄河北上而归。

等曹操在乌巢整军完毕，已来不及追击了，只能将袁军大营内散落一地的辎重、图书、珍宝等物品全部收缴，其余降者，全部坑杀，前后所杀共计七万余人。沮授来不及渡河，被曹军擒获，曹操与他有旧情，又怜惜其才能，便赦免厚待沮授。没想到沮授半夜盗马，想北上回归袁绍，被抓住之后曹操只好含着眼泪将他杀了。

曹操清点战利品，发现了很多官吏与袁氏来往的书信，有人请曹操以通敌之罪处置，曹操长叹道："当时袁绍实力如此强劲，连我都无法自保，更何况这些人呢。"便命人将这些书信全部焚烧，既往不咎，以安众心。

听闻前方败绩，冀州骚动不堪，治下许多县城都归降了曹操。袁绍走至黎阳北岸，进了将军蒋义渠的大营，握着他的手说道："我把我的首级交付给你，你如果想归降曹操，就尽管拿去吧！"为了打消袁绍的疑虑，蒋义渠直接将帅印递给了袁绍，让他发号施令，自己则不再多问。溃散的袁军听闻袁绍健在，都前往黎阳聚集。

有守狱士卒将袁绍战败的消息告知了狱内的田丰，并恭喜道："大人一定会被重用。"田丰长叹一声："主公貌宽而内忌，不明白我的忠心，我之前多次顶撞主公，如果主公胜利而归，可能还会赦免我，现在战败而回，一定会忌恨于我，我已经没有活下去的可能了。"

袁绍黎阳大营内，有士卒垂泪泣涕："如果田丰在此，我们就不会这样惨败了。"袁绍听手下报告后对逢纪说道："冀州的人都说我军大败，是因为我没有听从田丰说的话，你怎么想？"逢纪轻瞟一眼："田丰听说主公大败，可能正拍着掌大笑，认为他的计策才是对的。"于是袁绍命人回冀州赐死田丰。

袁绍出征之前，将审配留下镇守冀州邺城，却带着审配的两个儿子随军出征，官渡之战，审配两个儿子都被曹军俘获了。将军孟岱与审配有仇，乘机向袁绍进言："审配在邺城，位高权重，族大兵强，如今他的两个儿子都归降了曹操，想必审配也心怀反意。"郭图与辛评也附和此话，袁绍准备让孟岱回邺城废除审配权力。谁知道素来与审配关系恶劣的逢纪却劝道："审配天性忠烈，平日里便羡慕古人节气，一定不会为了两个儿子而陷自己于不义，希望主公不要轻易怀疑他。"袁绍这才放下心，只是率军将冀州反叛的诸多县城一一平定，冀州再次安定下来。袁绍又整顿冀、青、幽、并四州，集结人马，准备再次与曹操决一死战。

建安六年（201 年）四月，曹操自官渡出军，主动进攻袁绍，率轻骑将袁绍主力诱至仓亭，再次大败袁绍。九月，曹操挟胜利之军南下在汝南攻打刘备，刘备败走荆州依附刘表。

建安七年（202 年）正月，曹操再次北上，屯兵官渡。屡次失败的袁绍忧愤不堪，呕血病倒，五月，袁绍病死。

二子相争，曹操获利

袁绍虽然病死，但他却犯了一个比官渡之战失败更为严重的错误，那就是他生前并未明确指定继承人。这就导致偌大的河北四州，竟然没有一个能完全服众的人。

长子袁谭长期掌管青州，得到了很多人的支持；幼子袁尚却深得袁绍喜爱，多次留守冀州，也得到了很多人的支持。于是这些人就分成了两派，以辛评、郭图为首的人支持袁谭，以逢纪、审配为首的人支持袁尚。冀州诸人商议袁谭年长，应该由他子承父业，但逢纪、审配等人害怕袁谭报复，声称袁绍素来中意袁尚，矫诏奉袁尚为正统继承人。

袁谭曾任青州刺史，独当一面，北击田楷，东逐孔融，荡平整个青州，由于性格忠厚，宽厚待人，深得青州士民拥戴。当袁谭风尘仆仆地赶往邺城奔丧时，众人已推举袁尚为继承人。久经战场的袁谭显然不愿让乳臭未干的弟弟领导自己，愤然离开，在辛评、郭图等人的拥戴下，自号车骑将军，屯兵黎阳，与立足邺城的袁尚分庭抗礼。

九月，曹操出兵黎阳。黎阳为河北门户，只要黎阳失守，整个河北门户洞开。虽然袁尚少不更事，但逢纪和审配还是很清楚其中的利害关系，他们劝说袁尚派兵增援袁谭抵御曹操。袁尚深恨兄长自立黎阳，不情不愿地派了很少一部分兵力前去增援。为了防止这些兵力被袁谭所用，袁尚让逢纪亲自领兵前往。

见逢纪亲自率领仅数百兵力前来，袁谭勃然大怒，再派人前往邺城要兵，却被拒绝，袁谭一怒之下下令杀掉逢纪。曹操来势汹汹，袁谭自知不敌，派人向邺城告急，声称若再不支援自己只能弃城而逃。袁尚看情况不对，虽然袁谭十分可恶，但黎阳不能不救，于是下令让审配镇守邺城，自己亲率大军救援黎阳，与曹操相持。几次大战之后，两袁联军连连失败，只能退守黎阳，曹军逐渐往前推进。

为了策应黎阳的防守，袁尚派河东太守郭援与高干联合匈奴南单于与关中马腾一起进攻河东。郭援一马当先，围攻河东绛县（今山西绛县南），绛县即将被攻破之时，父老乡亲们以举城投降为条件向郭援请求不要伤害郡吏贾逵。郭援答应后，绛县遂降，郭援见贾逵才华横溢，想招降为将，被拒绝。左右之人拉着贾逵叩头，贾逵怒斥："哪里有国家长吏向贼叩首的道理？"郭援大怒，令人将其拉出去斩了，父老乡亲们皆伏地求情，相互奔走相告："郭援违背约定杀我贤君，我们宁愿一起死。"郭援见群情激愤，只得将贾逵囚禁在壶关（今山西长治市黎城县东北）的一个土窖中，用车轮盖住出口。

有一个叫祝公道的游侠偶然间游历至此，一天晚上，听见土窖传来呼声："难道此地没有行侠仗义的勇士吗？就这么让身为义士的我困死在这里吗？"询问后才知道被囚禁在这里的是贾逵。祝公道怜其守正危厄，凭自身艺高人胆大，趁夜只身前往，击败守窖人，救出贾逵，事了拂衣去，不留只言片语。贾逵直到收复河东才得知其姓名，可惜祝公道后来犯事被连坐，贾逵努力营救却无力回天，只能为他守孝服丧。

为了应对河东战场，曹操派司隶校尉钟繇围攻匈奴南单于所在的平阳（今山西临汾市尧都区），结果平阳还没攻下，郭援、马腾率领的援军已经到了。面对这两支生力军，钟繇知道自己无法抵抗，便派手下张既前往马腾大营游说。张既独自前往，力陈其中利害。马腾在这场袁曹之战中本想作壁上观，顺便捞点好处，听张既一说，心中犹豫不定。

属下傅干劝说马腾："顺德者昌，逆德者亡。曹公奉天子诛暴乱，法制清明，可谓顺命。袁氏恃其强大，背弃王命，驱胡虏以拢中国，可谓逆德。现在将军既然依附袁氏，却只想着捞好处，打算作壁上观。依我看来，袁曹之战一旦结束，将军恐怕是第一个被清算的人。"

马腾大为惊惧，连连询问对策。傅干说道："有智慧的人能转祸为福，现在高干、郭援合兵围攻河东，曹公即使有万全之计，也无法解决河东的危机。若将军能里应外合，乘机解决河东之危，一定能够折断袁氏的一条臂膀，解决曹公的后顾之忧，这对曹公来说是雪中送炭啊，他一定会重谢将军。"马腾大喜，回应张既，并派儿子马超率军万余人与钟繇合兵。

有了马超的加入，曹军实力大增，见郭援援军渡过汾河，钟繇派马超率军狙击。马超正值青年，面如傅粉，白甲银枪，一马当先冲进郭援阵内，所过之处袁军如麦子一般连连倒下。见马超先行冲入，部将庞德大呼："休伤吾主！"率军随后，一齐冲向袁军。混战中，马超脚踝被流矢击中，但他丝毫不退缩，只是用白巾裹紧，继续率军厮杀。庞德面如锅底，手持环首大刀，于乱军中见一领兵之人尤其出众，策马向前，以迅雷不及掩耳之势将其斩落马下，砍下来的首级就系在马脖子上，又继续冲击敌阵。半晌，袁军大败。

战后，钟繇统计战果，看见了郭援的尸身，却没看见头，于是命人四处找寻。等庞德回来时，马脖子上系的赫然就是郭援首级，钟繇抱着郭援的首级大哭。庞德才知道郭援是钟繇的外甥，惶恐不已，向钟繇请罪。钟繇摇头道："郭援虽是我的外甥，却也是国贼，令明无须谢罪。"郭援战死之后，盘踞于平阳的南单于也独木难支，只能出城投降，河东遂定。

建安八年（203年）二月，曹军对围困已久的黎阳发起总攻，袁谭、袁尚不愿龟缩城内，率军于城下与曹军决一死战，激战良久，依然以失败告终，二袁只得率败军退回邺城。曹操拿下黎阳之后，终于在黄河以北站稳了脚跟。四月，曹操追击二袁，围困邺城，将城外的大麦全部收割。诸将都劝曹操乘胜攻击邺城，只有郭嘉劝道："袁绍喜欢这两个儿子，不知道该立谁为继承人，如今权力相争，各有党羽。如果我军着急攻击他们，那他们会互相保护；如果缓兵，他们必定互相攻伐。况且邺城坚固，难以攻打，不如先南下荆州，静观其变，等他们相互斗争时再回头攻击，可以一举而定。"曹操赞叹不已，五月时回军许昌，留下贾信屯兵黎阳。

见曹操离去，袁谭对袁尚说道："我军铠甲兵器不精良，因此才被曹操击败，现在曹军后撤，均怀归心，可以趁其渡黄河之际，出兵袭击，一定能大败曹军。"袁尚将信将疑，怀疑袁谭别有所图，便既不给兵，也不给甲。袁谭大怒，郭图、辛评也在一旁乘机上眼药："先君袁公让将军出任，导致公子晚回邺城没有得到继承权，这都是审配的权谋。"于是袁谭引兵攻打袁尚，让他交出审配。袁尚自然不可能答应，况且邺城是他的大本营，自然很轻松就击败了袁谭，袁谭只能引兵退往南皮（今河北南皮县东北）。

青州别驾王修率青州军马前来援救，袁谭打算重整兵马再次攻打邺城，王修劝道："兄弟就如同左右手，如果在出去找人打架之前将自己的右手砍断，这还可能打赢吗？况且如果连兄弟都不亲近，天下还有谁能亲近呢？"可惜王修的这番话被袁谭当成了耳旁风。

袁尚多次被兄长攻伐，心里自然不爽，便从邺城起兵，攻打南皮，大破袁谭。袁谭弃城逃往平原（治今山东平原县西南）筑城固守，袁尚不依不饶，紧随而至，围住平原，企图像父亲一样先统一北方。袁谭见形势危急，派辛评的弟弟辛毗向曹操求救。辛毗到了西平（治今青海西宁市）见到曹操，申明自己的来意，请求曹操起兵救援。屯兵西平佯装进攻荆州的曹操本来就在等待这个机会，在郭嘉与荀攸的劝说下，半推半就地向辛毗许诺北上援助袁谭。

十月，曹操到达黎阳。听闻曹操再次北上渡过黄河，袁尚放弃围攻平原，退守邺城，袁尚手下吕旷、吕翔叛降曹操。袁谭私下把印绶给了吕旷，想招揽二人到自己麾下，可吕旷却将印绶交给了曹操，曹操笑道："我早就知道袁谭有小心思，想让我进攻袁尚，他再来捡便宜。"尽管明白袁谭的阴谋，曹操依然做出相信袁谭的姿态，让儿子曹整娶了袁谭的女儿，双方结成了姻亲关系。

建安九年（204 年）正月，曹操率军从淇水渡过。见曹操准备行动，袁尚大惊，更加坚定了"攘外必先安内"的决心。二月，袁尚再次率领大军进攻平原，意图在曹操进攻之前击败袁谭，并留下大将苏由与谋士审配镇守邺城。

得知袁尚率军出城攻打平原，曹操北上进军到洹水，留守邺城的苏由准备为曹军内应，却被人识破，于是连夜逃出邺城投降曹操。曹操行至邺城前，看着眼前高耸入云的邺城城墙，不由得生出感叹之情，一声令下，攻城队缓缓出列，开始进攻，仅半天，丢在城下的尸体就有三千具。可是邺城坚固，除了强攻，暂时没有别的好办法，曹操不得不效仿昔日袁绍修筑土山设立箭楼，但见效甚微。到了夜里，曹操让人组织挖掘地道，想从城墙底下攻入，挖到城墙底才发现城墙太厚，并且都是巨石组成，无法挖掘。

见多种手段均无效果，曹操只能日夜攻城，企图以剧烈的消耗战来耗尽城内粮草。但是不久之后，曹操就发现不断有粮草运往城内。四月，曹操命曹洪留守大营，自己亲自率军肃清邺城四周，先是攻破毛城（今河北武安市西）守将尹楷，又击败留守邯郸（今河北邯郸市）的沮鹄。消息传出之后，邺城附近的县城人人自危，易阳县（今邯郸市永年区洺关镇东南）韩范、涉县（今邯郸市涉县西北）梁岐都举城投降。在徐晃的建议下，曹操封韩范、梁岐为关内侯，给其他县城作为表率，一时间，邺城附近的反曹势力被横扫一空。

五月，曹操回到邺城外大营，审配部将冯礼打开城门投降，曹军一连拥入三百余人，却被审配及时发现，命人从城上抛下巨石，堵住城门，将突入的曹军全部射死。曹操见邺城难以攻下，便拆掉土山、地道等设施，重新挖掘了四十多里长的壕沟将邺城团团围住，引漳水灌入，使得邺城与外隔绝。从五月到七月，城内粮食消耗殆尽，军民饿死过半。

七月，得知邺城危急的袁尚回军救援，为了让审配知道救兵已至，袁尚派李孚突围而出。李孚在黄昏前往邺城，自称都督，绕着围场巡视了一番，一路对守围士卒随意呵斥，众人都以为他是监察官，因此对他十分恭敬。等到了南围，李孚突然扣下守围士卒，呼唤城上抛下绳索，将自己吊上了城。见到审配，李孚将袁尚救兵已至的消息告知，并请他与袁尚一起袭击曹军，还建议审配将城中老弱送去曹营，以节省粮食。随后故技重施，从另外一处突围而出。

得知袁尚回军，曹军部分将领认为这是一支归心似箭的军队，战斗力一定很强，不如暂避其锋芒。但曹操的判断非常敏锐："如果袁尚从大路上来，我们就暂避锋芒；但如果他们从西边小路出来，那么此战我们的胜算非常大！"结果果然如曹操所料，袁尚虽然手握大军，却没有胆量和曹军硬碰硬，只是小心翼翼地从西边小路过来，行至阳平亭（今河北临漳县西南），离邺城十七里，临滏水为营。夜里，袁尚军举火为号，向城内示意。城中审配见火起，也令人烧起篝火，作为回应，同时令人点齐大军打开城北门，与袁尚一起进攻守围的曹军。

曹操被两军夹击，却丝毫不见慌乱，一转逆势击溃两军联军。袁尚败走，依曲漳为营，曹操率一支轻骑将其围住，袁尚惧怕，派阴夔、陈琳入曹营投降，被曹操拒绝，袁尚趁夜易服逃奔中山（治所今河北定州市）。曹操攻破袁尚大营之后，袁军部将马延、张顗（yǐ）等投降，袁军溃散，曹操尽收其辎重、印绶等物。

曹操将搜集到的袁尚随身衣物出示给邺城，城内惊惧不已，以为袁尚已经遇害，但审配强打精神，向士卒们下令："小主公身死，我等与曹贼仇深似海，请各位坚持死战，曹军已经疲惫不堪，幽州的救兵就快到了，还怕袁氏没有继承人吗？"在曹操亲自来到邺城下巡游劝降时，审配设下弓弩伏击，差点射中曹操。

审配的侄子审荣是东门校尉，由于粮草不足，城内饿殍遍地，连审荣的部下都活生生饿死了好几个。为了生存，审荣趁夜打开东门，放曹军入城，曹军蜂拥而至，争相杀向负隅顽抗的审配。见无力回天，审配率仅剩的亲卫冲入监狱，将早先囚禁在这里的辛评家人全部杀死，以泄郭图和辛评、辛毗等人破坏河北之恨。随后，审配被曹军生擒。

曹操虽然十分敬佩审配，但因为身旁哭作一团的辛毗等人，只能下令将审配处斩。临刑之际，审配高呼道："我的君主在北方！"并挣扎着朝北而跪，笑而受刑。曹操闻言，泣涕不已，命人将审配安葬在袁绍旁边，并四时祭祀。

在曹操进攻邺城之际，袁谭乘机大肆攻取冀州诸地，并将退守中山的袁尚击败。曹操以书信告知辛评此事，斥责袁谭背盟毁约，并宣布与袁谭断绝姻亲关系，退回袁谭女儿，然后亲自率兵攻击袁谭。十二月，曹操进占平原。

　　建安十年（205 年）正月，曹操亲自率军进攻南皮，部将争相进攻，乐进先攻入东门，诸军蜂拥而上，擒斩郭图等人，袁谭逃走，曹军追而斩之。四月，曾在中山被袁谭击败的袁尚，在逃往幽州投奔袁熙后，却被袁氏旧将焦触、张南击败，不得不西奔辽西乌桓。黑山军张燕率十万黑山军投降曹操，同时赵犊、霍奴等人袭杀幽州刺史和涿郡太守，与三郡乌桓围攻鲜于辅。八月，曹操亲自率军北上。

　　并州刺史高干之前投降曹操，在曹操北征涿郡之时复叛，曹操派乐进、李典等人率军平叛。建安十一年（206 年）正月，平定涿郡的曹操亲自率军进攻并州，花了三个月时间攻下了壶关，高干只身南遁，投奔荆州刘表，途经上洛（今陕西商洛市），被守关都尉王琰查获，斩首送往许昌。

　　建安十二年（207 年）二月，北方乌桓拥立袁尚、袁熙扰乱幽州。曹操决定北征乌桓，众人都觉得袁尚、乌桓皆是癣疥之疾，况且北方遥远，不可远征。唯独郭嘉出言劝道："曹公虽然威震天下，但乌桓恃其遥远，必不设防，可一战而擒也。袁绍对河北有恩，如果袁尚兄弟起兵，再伙同匈奴、乌桓，北方四州恐怕永无安宁之日。刘表仅是一个座谈客，无须过多关心。"曹操当机立断，听从了郭嘉的建议。到易县（今河北雄县古贤村）时，郭嘉认为："兵贵神速，现在千里奔袭，辎重甚多，难以行动，不如留下辎重，轻兵出击，打他们个措手不及。"曹操深以为然。

　　七月，大水塞道，曹操寻得向导田畴，根据他的计谋，从卢龙（卢龙塞，今河北迁西县北喜峰口一带）出发，登上徐无山（今河北遵化市玉田县），经过平岗，进至白狼堆（今辽宁喀喇沁左翼蒙古自治县大阳山）。当曹军离柳城不足两百里时，敌人这才发现曹军入侵，慌忙集结骑兵防御。曹操登高而望，发现胡骑阵容不整，命张辽为先锋，率轻骑攻击。刚一接触，胡骑便阵脚大乱，张辽阵斩乌桓王蹋顿，胡骑溃败，胡汉降者二十余万，袁尚、袁熙及乌桓诸多酋长都逃往辽东，投奔辽东太守公孙康。有人劝曹操乘胜追击，曹操神秘一笑："我现在正等待公孙康将他们送来。"

九月，公孙康果然将袁尚、袁熙生擒送来，众将满脸疑问，曹操笑道："公孙康本来就怕袁氏屯兵辽东，如果我乘胜追击，他们必定联合，若我不出兵，公孙康为了自己的安稳，一定会擒获袁氏二子。"随后将袁氏二子斩首。

在回军途中，曹操带着彻底平定河北的意气风发，写下了千古名句"东临碣石，以观沧海"。由于行军途中气候恶劣，再加上身体操劳过度，军师郭嘉不幸病亡，曹操悲痛不已。至此，整个河北全部落入曹操手中。

第五章

屡战屡败，刘备逃亡路

起于浮萍，徐州风云

刘备，字玄德，涿郡涿县人（今河北涿州），中山靖王刘胜之后。父亲早亡，刘备少年时家庭贫困，靠与母亲贩履织席为生。他家东南角篱笆旁有一棵大桑树，高五丈有余，远远看去树冠宛如一个车盖，来往的行人无不赞叹这棵树高大繁茂，涿郡人李定云见到此树说道："挨着这树的这家必定会出贵人。"刘备小时候与小朋友们一起在树下玩游戏时，曾声称："我以后一定会乘坐像这样的羽葆（bǎo）盖车。"叔父刘子敬听说后吓得赶紧教训他："小孩子不要乱说话，容易招致灭门之祸。"

十五岁时，刘备与同宗刘得然、辽西公孙瓒一起拜卢植为师，刘得然的父亲刘元起常常资助刘备，刘元起的妻子就不乐意了："咱们虽然是同宗，但毕竟不是一家人，也不能经常资助吧。"刘元起说："我们宗族的这个孩子可不是普通人呀，以后一定富贵异常。"

刘备不爱读书，喜狗马、音乐、美衣服，身长七尺五寸，双手下垂能够到膝盖，能看到自己的耳朵，不爱说话，对下人很友善，喜怒不形于色，喜欢结交豪杰。中山大商人张世平与苏双贩马路过涿郡时与刘备交好，经常资助金银给他结交游侠，培养部属。

中平元年，黄巾起义后，刘备率领部属跟随邹靖平乱。恰逢张纯叛乱，朝廷的讨贼兵马正好路过平原，而平原刘子平素知刘备有武勇，便将他举荐给了朝廷军。在半路上，他们遇到贼兵的抢劫，刘备在反抗中不幸受伤。由于贼兵众多，刘备便假装受伤死亡，等贼兵撤离后，有认识他的人用推车将他救回，他才得以存活。后来朝廷以两功并赏，刘备升为中山国安喜县（今河北定州市）县尉。

好景不长，朝廷为了精简官员，要淘汰一批因为军功上任的底层官员，便派人一一考察短名单上的基层官员，而派来安喜县考察的是一位督邮。刘备得知短名单的消息后，怀疑自己也在被淘汰者之列，主动到督邮落脚的驿站求见，督邮称病拒绝相见。刘备火冒三丈，他返回县衙，召集衙役，冲入驿站，假借上级命令，将督邮拖到县界边，绑在树上，取出鞭子抽了几百下之后还想将其杀掉，但在督邮的苦苦哀求下作罢。之后刘备把自己的县尉印绶取下挂到督邮颈上，带着兄弟关羽、张飞弃官逃走。

随着董卓叛乱，刘备趁乱北上投奔师兄公孙瓒，由于屡次跟随田楷阻挡袁绍，立下了不少战功，被封为平原令。平原郡郡民刘平一直不服刘备的管理，以居于刘备之下为耻，便结交刺客行刺刘备。刺客以客人的身份拜访刘备，刘备并不知情，依旧像平时招待客人一样，待其极为礼貌。刺客被刘备的真诚打动，下不去手，袒陈实情后离去。刘备有枭雄之姿，与关羽、张飞感情深厚，同席而坐，同榻而眠，平常对手下也很亲厚，很多人都愿意跟从他。公孙瓒的部将赵云也与刘备交好，为他掌管骑兵一起出征，抵抗袁绍。后来赵云因兄长逝世，向公孙瓒请辞，刘备深感遗憾，拉着赵云的手依依不舍。

兴平元年，曹操讨伐陶谦，陶谦向公孙瓒求救，公孙瓒便派田楷与刘备率军救援。由于刘备宽厚谨慎，深得陶谦喜爱，陶谦不但额外拨了四千名丹阳兵给刘备，在曹操因为后院失火退兵后，还举荐刘备为豫州刺史，而刘备也选择留在徐州，屯兵小沛，把守徐州的西北大门。十二月，随着年老体衰，再加上被曹操的军势吓到了，陶谦病得越来越重，弥留之际对糜竺说："除了刘备，没人能保住徐州。"陶谦病故后，糜竺按照他的遗嘱，率领徐州士民去小沛迎接刘备担任徐州刺史。

刘备面对从天而降的徐州，心里忐忑不已。陈登看着眼前踌躇的刘备，笑道："如今汉室微弱，海内倾覆，不管是立功还是立事，都在今日。现在徐州殷实富饶，户口数百万，想让刘使君屈就来管理徐州。"刘备回道："袁术就在寿春，世代官居高位，为何不把徐州献给袁术？"陈登脸色一正："袁术骄纵，并非治理乱世的人。现在如果给刘使君十万步骑，上可匡扶明主救济饥民，成就五霸之业，下能割地据守，在史书上留名。徐州还是得由刘使君来接管啊！"正在徐州做客的北海太守孔融也劝道："袁术哪里是忧国忧民的人，不过是冢中枯骨而已，又何必介意。现在让你去管理徐州，是徐州人民选择贤能，这是上天的赏赐，如果拒绝，以后必定会后悔。"刘备这才答应担任徐州刺史。没想到屁股还没坐热，麻烦事就接二连三地来了。

兴平二年秋，与曹操激斗的吕布战败，逃往徐州。由于徐州就在兖州旁边，并且上任刺史与曹操有杀父之仇，刘备思虑再三，本着敌人的敌人就是朋友的原则，收留了吕布这头猛虎，并将其安顿到小沛，防范曹操。

建安元年春，刘备才刚安顿好吕布，又传来一个坏消息：淮南袁术起兵进攻徐州。原来，袁术得知刘备接受徐州后勃然大怒，大骂："他刘备算什么东西，一个从没听说过的织席贩履之辈，何德何能就这么轻易获得徐州？"于是率军进攻徐州。

刘备得知袁术进攻的消息之后，派陈登北上游说袁绍。也许是陈登以三寸不烂之舌说动了袁绍，又或许是袁绍乐于见到刘备与袁术的交锋，总之，刘备的这次外交十分成功，使徐州免去了曹操方向的威胁。不光如此，曹操还上表以刘备为镇东将军，封宜城亭侯。外交的成功，让刘备信心十足，下令让张飞与徐州旧将曹豹屯兵下邳，自己则亲率大军迎战，双方在淮阴石亭一带对峙了一个月之久，交锋数次，互有胜负。

可刘备真是倒霉到家了，关键时刻，徐州又发生了内乱——吕布袭击下邳，占领了徐州。这大概就是所谓的"水逆"吧。

要说徐州内乱，还跟刘备那不靠谱的弟弟张飞有关。留守下邳的张飞与徐州旧将曹豹素来不对付，张飞看不惯曹豹仗着是吕布的亲家整天狐假虎威，而自诩是徐州旧将的曹豹本就对鸠占鹊巢的刘备不满，对依靠刘备上位的张飞就更加不齿了。

一次，曹豹和张飞发生了争执，张飞一怒之下直接杀了曹豹。事发之后，城中大乱，有曹豹亲信乘机逃出前往丹阳兵营报信。丹阳兵中郎将许耽见事态严重，连夜派司马章诳出城向吕布求救，然后关闭营门全军戒严。

章诳骑马狂奔，正好遇到带兵出来的吕布。得知下邳大乱的消息，吕布却是大喜过望。原来在袁术与刘备僵持之际，恢复元气的曹操也乘机进攻豫州。为了防止大本营被曹操攻占，袁术派人与吕布合作，并提供二十万斛粮食，只想尽快击败刘备。吕布连夜率兵前进，与丹阳军团许耽里应外合，轻松打败张飞守军，占领下邳并俘虏了刘备的妻室。

而城内的张飞此时也清醒过来，得知下邳被吕布攻占的消息后，第一反应就是大骂吕布是养不熟的白眼狼，旋即回过神，意识到是自己闯下的祸事之后，脸色难看起来，喃喃道："大哥的亲眷都在下邳城内，这可怎么向大哥交代啊？"

见到跪在地上的张飞，得知下邳失守后，刘备难以置信，好半天没回过神。侍立一旁的关羽见刘备面色失常，面露不悦："三弟也太胡闹了，大哥放心把下邳交给你，你却这么容易就失手了，大哥的家眷你也没护住，你还有什么脸面来见大哥！"跪在地上的张飞羞愧难当，脸色潮红，突然起身拔出佩剑就要朝脖子抹去。

刚刚回神的刘备眼见情况紧急，连忙上前抱住张飞，夺下佩剑，说道："古人云，兄弟如手足，妻子如衣服。衣服破了还可以缝，手足断了可怎么接呢？徐州本就是意外之喜，即使失去，也不算太可惜。况且我此前接纳了吕布，对他有恩，想他断然不会为难我家眷，我们还能想办法援救；但如果因为这件事导致兄弟丧命，对我而言才是天大的损失。"听完刘备的话，关羽、张飞感动得无以复加，三人抱在一起痛哭不已。

三人情绪稳定下来之后，刘备决定回兵徐州。刘备手下的士卒大都是徐州人士，听闻徐州被吕布占领了，他们的内心动摇起来，随着离下邳越来越近，士卒们纷纷逃走。刘备只能收拢残兵，朝着广陵（今江苏扬州市西北蜀冈）方向行军，本想占领广陵作为栖息地，却被袁术击败，因此只能暂居海西县（今江苏灌云县）。由于连战连败，刘备军队严重缺乏粮食，后方也没什么补给，人困马乏，无奈之下，刘备决定向吕布求和。吕布在陈宫的建议下，接受了刘备的求和，按以前刘备安置他的方式，让刘备屯兵小沛，并将刘备的家眷送回。安顿好刘备后，吕布自称徐州刺史。

袁术得知消息后勃然大怒："想我袁公路鏖战刘备，损失颇多，却让这个三姓家奴得了天大的便宜，简直欺人太甚！"于是派人策反吕布手下众将。

建安元年六月，是夜，子时已过，月明星稀，下邳城内一片静谧，连看家护院的狗子们也都陷入了沉睡。忽然下邳府外传来兵器碰撞声和战士的惨叫声。正搂着侍妾睡得香甜的吕布骤然惊醒，久经战阵的经验告诉他：有兵变！虽然不知道是谁作乱，但他知道麾下高顺一定不会背叛，此时他也顾不得形象了，慌忙拉着侍妾从后门厕所顺着墙壁相继爬出，到高顺大营时却看见高顺已经穿着战甲坐在大营中。原来高顺警觉性非常高，平时睡觉都不脱战甲，听到城内嘈杂声，便起身让营内警戒。见吕布前来，高顺表情严肃，问道："将军可知是谁作乱？"吕布沉吟片刻："隐约听见河内口音。"高顺略一思索："这是郝萌作乱。"便率领陷阵营入下邳府，用弓弩射杀叛军。

见陷阵营前来，叛军大乱，四散奔走，天色逐渐明朗，叛军纷纷逃回郝萌大营。郝萌部下曹性见大势已去，决定刺杀郝萌。两人交手不到三十合，郝萌逮到一个机会，手中枪尾一转，枪尖奔着曹性胸口而去。曹性躲闪不及，被枪尖刺中了胸脯。他闷哼一声，咬牙用左胳膊将来袭的长枪夹住，右手的大刀顺势向前砍去。只听一声惨叫，郝萌左臂齐肩而断，两人各自倒于马下。正挣扎间，高顺带着陷阵营前来，见郝萌倒地，高顺拍马上前，将郝萌枭首，命儿郎们将曹性抬上担架，拨马回营面见吕布。

吕布穿戴整齐，甲胄披身，起身朝着台下的曹性走去，缓缓问道："为什么谋反？"曹性道："郝萌受袁术所惑，带兵谋反，属下愚钝，后知后觉，请将军处罚。"吕布皱眉再问："同谋者还有谁？"曹性嗫嚅道："陈宫也是同谋。"当时陈宫正坐在大营中，听到这话瞬间面红耳赤，如芒在背，如坐针毡，眼神却又忍不住投向吕布，仿佛想看出点什么。

吕布脸色如常，却也不再问曹性。见吕布不问，曹性接着说道："郝萌常说谋反，我身为下官，多次劝谏，说吕将军是天神下凡，不可背弃。可郝萌执意谋反，属下只好以下犯上击杀郝萌。"

吕布听完说道："真是有血性的好儿郎！好好养伤，等你的伤好了，领郝萌故营，安抚士卒。"也不再追究此事。

辕门射戟，兵败投曹

建安元年九月，袁术对占领徐州的吕布深怀戒心，见流言离间不成，便派大将纪灵率步骑三万余人进攻刘备，想借着报仇之名，削弱徐州实力。

接到驻扎在小沛的刘备的求救信，手下们纷纷劝说吕布："刘备一直是将军的心腹之患，反正将军想除掉他也已经很久了，这次假借袁术之手岂不正好？"但此时的吕布胸有成竹，只是微微一笑："如果袁术击破刘备，占据小沛，再与泰山、琅琊众豪帅臧霸、吴敦等人呼应，那我们就落在袁术的包围圈之中了，所以必须保住刘备。"于是领步兵三千、骑兵数百，直奔小沛，在离小沛西南不远处立营扎寨。纪灵听说吕布带兵将至，也停下攻城的脚步，收兵驻扎观望。

吕布分别派人递了书信邀请刘备与纪灵到营内参加宴会，双方均带亲近左右参加。酒席坐定，位于主座的吕布率先开口："你们双方在小沛战斗，按理说，我应该谁都不帮。但是，玄德是我吕某人的兄弟，兄弟被人围困，于情于理，我不得不帮。"

右侧纪灵脸色一变，手中的酒樽差点没拿稳，却听吕布话锋一转："可是，袁公路与我也是至交，先前多亏公路赠予我二十万斛粮食，才让我等度过最艰难的日子。"纪灵脸色稍缓，仰头将樽中余酒一饮而尽，透过袖缝瞄向对面的刘备，却见他泰然自若，依旧饮酒吃肉，表情丝毫没有变化。

停顿了一下，吕布继续说道："我这个人天生不喜欢与人争斗，却有一个爱好，那就是喜欢调停别人的争斗。既然双方都与我有旧情，不妨看在我的面子上，各自撤军？当然，并非只凭红口白牙就让两位停斗。"说到这里，他突然起身，拿起背后的一支长戟，往席下走去。

刘备面无表情，内心却波涛汹涌："这次没带关羽、张飞两位兄弟作陪，太过冒险，没想到吕布如此大胆，竟敢在酒席上行凶。"纪灵猛然一惊，见这头猛虎执戟下台，脸色顿时变得苍白，心想："莫不是打算用杀人灭口的方式来调停我与刘备的斗争？看他与刘备的关系，想必是来杀我的！罢了，想我纪灵一身抱负，没有死在战场上，却在酒宴上被杀，不过死于吕布之手，也算武将的殊荣。"他出口便问："奉先这是干什么？想杀刘备，还是我？"

吕布缓慢往下行走，久经战场的杀气让现场的将校们大气也不敢出，等他走到刘备与纪灵中间站定，各瞧一眼，忽然大笑："纪灵将军多虑了，我今日只为解斗。两位可知从此地到营门口大概多远？"

刘备与纪灵面面相觑。半晌，纪灵试探性地回道："八十步？"刘备也眯着眼，看了看不远处的营门口，粗略估计了一下，说道："一百余步。"

吕布见两人回答，却是豪气大发："此处离营门口中心正好一百五十步，将这支长戟放到营门口，如果我从此地射箭能射中长戟上的小戟支，你们便停斗吧。如果我射术不精，那我会立马带兵返回，你们各自凭本事争斗，与我无关。不知两位意下如何？"

纪灵心想："此次吕布出面明显是想保全刘备，如果不给他面子，只怕他立马就要发难。况且在一百五十步外射中小戟支，世间如果真的有人如此神准，想必主公也不会怪罪。"便当即应允。刘备自然也不会反对。

吕布让左右亲随将长戟拿去营门中心倒插立定，脱下披挂，站在原地搭箭拉弓，远远地瞄准长戟。刘备暗自祈祷："请求上天给吕布加持，让此箭必中。"仿佛听到了刘备的祈祷，吕布松手的一刹那，箭如流星一般，直直地插在长戟的小戟支中心，周围的将校齐声喝彩。

吕布扔下手中长弓，满脸红光，大笑道："看来是上天注定让两家和解。"并喝令将校："斟酒来！"将刘备与纪灵挽住，每人满上一杯，一起饮尽。纪灵默然，称不胜酒力，领军先回。刘备也准备告辞，吕布醉眼蒙眬，揶揄道："如果不是我，玄德可就危险了。"刘备再次道谢，也领军回城。

纪灵回淮南后，向袁术道明经过，袁术大怒："吕奉先先是夺取徐州，现在又坏我报仇时机，恩将仇报，简直可恨！来人，起兵十万，讨伐吕布！"

一旁的张勋劝谏道："现在吕布刚在徐州稳住，曹操对淮南虎视眈眈，如果主公举兵讨伐吕布，恐怕曹操会乘虚而入。如今主公玉玺在手，要登天命，却少一员能征惯战的大将。听说吕布有一女，容貌、才情皆为上品，主公何不为公子求婚？既可拉拢吕布，又能牵制曹操，岂不是一举多得？"袁术眼珠子骨碌一转："此计甚妙！"便派韩胤为使者，出使徐州，向吕布下聘，并携带密信一封。

韩胤到徐州，向吕布说明来意，递上密信。原来袁术认为自己是四世三公之后，再加上玉玺在手，早就有了称帝的打算，他在密信内暗示吕布，自己称帝后会将吕布之女立为太子妃，还许诺封吕布为大将军，掌握整个淮南的兵权。

吕布大喜，摆宴大庆，并让韩胤带女儿去淮南完婚。沛相陈珪听闻袁术与吕布联姻，害怕徐州、扬州联盟会给国家造成灾难，便亲自登门游说吕布："曹操奉迎汉帝，辅佐圣上，处理国政，将军应该与曹操一起协同谋划，保卫徐州的周全。如今袁术谋反之意昭然若揭，而将军还与袁术结亲，岂不是背上了不义之名？被天下之人唾弃，必定危若累卵。"

吕布一听，冷汗涔涔，拱手道："如果不是先生指点，奉先必定深受其累，况且先前在我落难之时，袁术也不曾看得起我，想必现在也只是利用吕某。"

便派轻骑快马加鞭，追回已经到达涂县（今安徽怀远县东南淮河南岸）的女儿，将韩胤囚禁起来，送到许昌枭首示众。

陈珪本想让儿子陈登出使许昌，却被吕布制止，恰好遇到许昌使者到来，以汉帝的名义封吕布为左将军，吕布大喜，派陈登出使许昌谢恩。陈登见到曹操后，力陈吕布有勇无谋、反复无常，早点除掉为好。曹操表情古怪："吕布确实是个有野心的人，如果不是你提醒，我还真不能看透他。这次回去，我会让你担任广陵太守，徐州之事，就交给你了。"陈登抱拳："谢曹公厚爱，我愿意为曹公做内应，希望曹公早日拿下徐州。"

刘备自从回到小沛后，自知实力才是立足的根本，便大肆招兵买马，让关羽、张飞练兵，很快，兵力达到万余人。吕布知道此事后，甚为忌惮，出兵攻击小沛，轻易击败刘备。刘备无奈，只能率残兵投靠曹操。听说刘备前来投靠，曹操大喜过望，封他为豫州牧。有人向曹操进言："刘备有英雄之志，现在不除掉他，以后一定是个祸患。"曹操以此言问郭嘉，郭嘉沉吟道："这话很对。但是，主公起义，是为百姓除暴，推诚布公以招俊杰之士。现在刘备有英雄之名，困乏之际投靠主公却被猜忌，如果就这样杀掉他，岂不是让有志之士怀疑主公？那以后谁还会投靠您呢？因为一个人，阻挡了四海贤才的投奔，实在是不值得。"曹操喟然称叹："奉孝说得对！"然后大手一挥，给了刘备兵马和粮草，让他继续回小沛驻扎，并集结之前的散兵，准备谋取吕布。

建安三年四月，吕布与袁术结盟，派张辽、高顺进攻驻扎在小沛的刘备。九月，小沛失陷，刘备只身逃走，再次投奔曹操。建安五年，"衣带诏"事发，以董承为首的成员均被屠灭三族，刘备恰逢率军进攻袁术躲过一劫。自知被曹操恨入骨髓的刘备，将领兵的朱灵、路昭打发回去，骗杀徐州刺史车胄，自己占领徐州。

此时的曹操虽然面临着来自袁绍的巨大压力，却依然亲自带兵进攻徐州。在向袁绍求援未果的情况下，驻扎在徐州的刘备很快就被曹操击溃，只能再次只身逃往青州，投奔袁谭。袁谭素来亲近仁厚的刘备，于是亲自带着他前往冀州，介绍给父亲袁绍。在袁绍手下，刘备明哲保身，但在得知先锋大将颜良被一位面如重枣、长须美髯的大汉刺死的消息后，刘备心里泛起了嘀咕："这不是二弟吗？难道他投靠了曹操？"为此，刘备主动请缨，与先锋官文丑一起，进攻曹军。

文丑败亡后，刘备退回袁绍大营，没见到关羽的刘备心里的巨石终于落了地。随着官渡战事的持续胶着，袁绍因为刘备经验丰富，给了他一支轻骑，去汝南联合黄巾余党，袭击许昌南部。七月，刘备在汝南一带打游击，联合龚都、刘辟等人袭扰许昌后方，煽动部分县城叛乱，让曹操深为苦恼。在官渡无法脱身且缺少兵力的曹操只能让曹仁先带部分兵力回去平叛。由于刘备统率的是袁绍部队，无法做到如臂使指，被曹仁击败，只能退回袁绍大营。

见官渡局势逐渐恶化，刘备开始思考怎么脱离这个大泥潭，他向袁绍建议跟荆州刘表合作。袁绍思考后，让刘备带着自己的旧部回到汝南郡，与黄巾首领龚都会合，由此凑了数千部众。曹操派将领蔡扬阻截，但被刘备轻易击溃，蔡扬被斩。

博望之战，当阳惨败

建安六年九月，为了彻底消灭后方余患，曹操在官渡大胜袁绍后，亲自回军汝南击败刘备，刘备无力抵抗，只得再次逃往荆州投奔刘表。刘表见刘备前来，亲自到襄阳（今湖北襄阳市汉水南岸）城外迎接，尊为贵宾，让他屯兵新野（今河南新野县），作为荆州屏障。

此后数年，刘备均居于新野。一日，刘表邀刘备前来赴宴，刘备饮酒过多，去如厕时看见腿上的肉又长起来了，慨然流涕。回座后，刘表见刘备眼有泪痕，感到非常奇怪。刘备解释道："我以前几乎没有离开过马鞍，腿上的肉精壮而紧实，现在住在荆州，不常骑马，肉又多又散。感觉自己老了，所以悲伤。"刘表听后没有说话。

原来自从刘备来后，荆州有很多豪杰都拜在了刘备门下，让刘表起了疑心，这才设下此宴，想让蒯越、蔡瑁等人杀掉刘备。刘备见气氛凝重，细细观察后发现刘表眼中时而含有杀气，时而含有不忍，知道事态紧急，再次伪装如厕，骑着的卢逃了出去。

见刘备逃走，蔡瑁派人追击。刘备心慌意乱，没有提防前面是檀溪，直接纵马跃入溪内，溺而不得出，刘备回头见追兵将至，急道："的卢的卢，今日妨吾！可努力乎？"似乎听懂了刘备的言语，被溪水冲击得无法站稳的的卢一跃三丈，跨过檀溪，摆脱了后方的追兵。

建安七年，刘表企图趁曹操北上进攻邺城袁尚之际袭击许昌，于是派刘备领军北上。刘备发兵北伐，一直进攻到叶县（今河南叶县），严重威胁了中原腹地的安全，曹操调派夏侯惇、于禁、李典等人带兵反击。见曹军来袭，刘备后撤至博望县（今河南方城县博望镇）进行布防。夏侯惇见屡战屡败的刘备选择与自己对峙，又想起昔日刘备多次抛妻弃子，投靠丞相，内心对其很是不屑。

刘备派赵云率数百步卒前去挑衅夏侯惇，见刘备军少，夏侯惇先是试探性接战，赵云败退之后，夏侯惇稍一思索，命部队小心追击。只见前方刘备军阵容不整，呈溃散状，随后更是一把火将自家营寨烧毁。夏侯惇再也忍耐不住，种种迹象表明，刘备因为溃败意图逃跑，想必是多次惨败于丞相麾下产生了条件反射。于是夏侯惇下令全军追击，李典劝夏侯惇小心从事，夏侯惇没有听从，但为了安抚李典，还是留下一千兵马，让李典留守。

夏侯惇与于禁追至博望狭窄的林间小道后，只听弦声大作，如雨一般的弓箭纷纷落下，伏兵如雨后春笋般冒出，旗帜上分明绣着"刘"字。心知上当的夏侯惇立刻下令后退，整支军队陷入混乱之中。正值绝望之际，后方一彪军马杀入，原来是李典见势不妙，前来支援。有了这支生力军的加入，夏侯惇和于禁、李典等人终于艰难地杀出了重围。刘备鸣金收兵，虽然没能擒获夏侯惇等人，但重创曹军也是意想不到的战果。恰逢赵云绑缚一人走来，此人名叫夏侯兰，是赵云的同乡，因为擅长法治，赵云极力推荐其为军正，刘备欣然同意。

建安十二年，曹操北伐乌桓，刘备建议刘表乘机袭击许昌，刘表不听。刘备在经历过这么多失败后，也知道自己缺少一位能谋善断的谋士，于是他在荆州遍访名士，寻找属于自己的谋士。在徐庶与司马徽的建议下，刘备三顾茅庐，终于请出了卧龙诸葛亮。初次见面，秉烛夜谈，诸葛亮以"隆中对"令刘备彻底拜服，自此，刘备不再迷茫，对未来的规划和方向也清晰起来。刘备与诸葛亮的交情越来越好，甚至将所有军务都交于诸葛亮，这让关羽、张飞很是不满，刘备解释道："我有了孔明，就好像鱼有了水一般，你们就不要不高兴了。"关羽、张飞这才勉强开始接受。

建安十三年（208年）八月，有一支军队正向南面逃窜，他们走得极为匆忙，还不断防备着身后人的追击。这支队伍不是别人，正是刘备所部人马。他逃遁的原因也很简单——曹操来了。

同年，荆州牧刘表病亡。他有两个儿子分别叫刘琦和刘琮，因为刘表将继室蔡氏的侄女嫁给了刘琮，蔡氏一心想扶持刘琮做荆州继承人。蔡氏的弟弟蔡瑁和刘表的外甥张允两人都是刘琮党，他们也经常在刘表面前称赞刘琮，诋毁刘琦。刘琦为了自保，只得找诸葛亮询问对策，可诸葛亮始终不予回答。之后刘琦找了个机会和诸葛亮一起登上高楼，然后让人把梯子搬走，这才问道："如今这上不着天下不着地，您说的话只有我能听见，现在可以说了吗？"诸葛亮只回答了一句话："您难道忘了公子申生留在晋国最终危亡，公子重耳逃离晋国反而平安的故事了吗？"刘琦恍然大悟，立刻借着黄祖阵亡的机会请求出镇江夏。刘表也没有多想，任命刘琦为江夏太守。

等到刘表病重时，刘琦想从江夏返回襄阳探病，结果蔡瑁、张允害怕刘表忽然改立刘琦为继承人，死活不肯答应。然而刘琦不见到刘表又不肯走，蔡瑁和张允只好告诉他："将军委派你镇守江夏，责任重大。你现在擅离职守跑回来，你父亲肯定会非常生气，如此一来岂不是会让他的病情更加严重吗？这未免也太不孝了。"刘琦当然不服："父亲病重，我身为儿子不回来探视，这才叫不孝。相比起来，江夏算得了什么？"蔡瑁等人也不废话了，直接把城门关上，不让刘琦进去，刘琦没办法，只好哭着离开。不久后刘表去世，蔡瑁、张允等人便拥立刘琮做了荆州牧。刘琦知道后愤怒不已，当场就要借着奔丧的名义起兵讨伐刘琮。不过这两兄弟也没有争的必要了，因为曹操已经来了。

曹操早就想讨伐刘表了，他甚至已经开始在邺城的玄武池（今河北临漳县邺镇西）编练水军。接到刘表去世的消息后，他便立刻率军兼程南下。面对来势汹汹的曹操，刚刚继位的刘琮慌了神，赶紧召集臣属商讨对策。章陵太守蒯越和东曹掾（yuàn）傅巽首先发言，他们认为："顺逆有一定的道理，强弱有一定的形势。我们有三个方面不如曹操，第一，以臣子的身份去对抗天子，这是对国家的叛逆；第二，以刚刚接手的荆州去抵御朝廷的大军，无异于以卵击石；第三，依靠刘备去对抗曹操，刘备本就不如曹操，因此肯定会失败。既然这三方面都不如曹操，我们又拿什么去对付他的大军呢？而且将军您想一下，您与刘备相比，谁的实力更强一些？如果刘备都挡不住曹操，那即使我们投入荆州的全部力量，也根本不足以自保；如果刘备能挡得住曹操，他恐怕也不会屈居人下了。为今之计，还是直接归降曹操最为合适。"

荆州另一位有话语权的蔡瑁也赞同，除了怕抵挡不住曹操外，还因为他与曹操本就是老朋友。两人不但从小就认识，年轻时还曾一起去拜见过名士梁鹄，不过当时两人都吃了闭门羹。更有意思的是这位梁鹄此时也在荆州隐居避难，不知道与蔡瑁相见会做何感想。有这么一层关系，蔡瑁自然乐得投奔自己的老朋友。

刘琮没有别的办法，只好听从他们的意见，派人去向曹操请降。

曹操刚到达新野，刘琮便派人带着州牧的符节前来投降了。曹军众将都吓了一跳，他们纷纷劝道："我们刚到新野，刘琮打都不打就派人前来请降，只怕是诈降，想引我们入圈套。"娄圭不同意，他认为："现在天下大乱，割据一方的势力都会依靠朝廷赐给的符节来抬高自己的身份。刘琮这次连符节都送来了，肯定是真心实意的投降，不会是诈降。"曹操听后放了心，接受了刘琮的投降，随后继续向南进军。

刘琮投降的消息却把坐镇樊城（今湖北襄阳市樊城）的刘备给吓坏了。他实在是不得不害怕，他和曹操的关系早已势同水火，曹操来了肯定不会放过他。光凭自己手下这点人马，肯定打不过曹操，本还想依靠荆州的大部队，没想到刘琮居然直接投降了。更尴尬的是，刘琮投降的事情还是刘备自己发现的。

刘琮没敢把投降的事情告诉刘备，刘备也不愧是天下著名的枭雄，他感觉到势头不对，就直接派人去询问刘琮。这下刘琮躲不掉了，只得让部下宋忠去告诉刘备："我们将军已经决定要向曹操投降了，请刘豫州自己早做打算。"刘备当场就炸了，曹操都已经到宛城了，你们这才告诉我投降了，让我怎么办？他愤怒得直接大吼起来："你们这些人办事也太不厚道了，这么大的事怎么没早点和我说？现在大祸临头了才说出来，太过分了！"他越想越生气，忍不住想拔出刀砍了宋忠。"我真想砍了你，只可惜砍了你的头也不足以发泄我心头之恨，我身为大丈夫也耻于在临别时杀了你们这些人。"于是将宋忠放了回去。

送走宋忠以后，刘备赶紧把手下人都召集起来，商量下一步应该怎么办。徐庶等人建议道："既然刘琮投降曹操，主公不如先一步夺下荆州，到那时我们就可以占据荆州对抗曹操了。"刘备心头苦哈哈，他又何尝不想夺取荆州，然而就算现在击败了刘琮，时间也根本来不及。更何况靠着内斗后的荆州抵挡曹操的大军，简直是痴人说梦。不过刘备当然不好意思说自己打不过曹操才不夺取荆州，便找了个借口："刘景升临死之前，将刘琮托付给了我，让我代为照顾。现在我要是去抢了荆州，做了这不顾道义的事情，我死后又有什

124

么脸去见刘景升呢？"徐庶等人只好说道："既然不能抢荆州，樊城我们肯定也守不住，那不如退往江陵（今湖北荆州江陵旧县），江陵粮草充足，城池坚固，我们可以凭借江陵抵挡曹操。"除了南撤，刘备也没有别的办法，于是有了仓皇逃离樊城的一幕。

路过襄阳时，刘备还特意停下来，让刘琮出来告个别。没想到刘琮死活不肯出来，反倒是刘琮身边的不少亲信和平日里仰慕刘备的人都离开襄阳，投奔刘备。刘备在刘表墓前简单拜祭了一番之后，继续向南进发，很快就到达了当阳（今湖北荆门市西南）。沿途自愿跟随刘备的人有十多万，光运送辎重的车辆就有好几千辆，这样的队伍行动速度当然快不起来，一天只能走十多里路，还只是陆路。刘备还让关羽带着几百艘船，先一步从水路赶往江陵。

带着这么庞大的队伍行军实在是不合理，很快就有人忍不住了："我们现在应该火速赶往江陵，只有占据了江陵，我们才有对抗曹操的资本。现在带着这么多人，何年何月才能到达江陵？更何况现在我们带的人数量虽然多，但能打仗的士兵根本没多少，要是曹军杀到，我们如何抵挡？"刘备叹息道："要成就大事，就必须以民众为根本，现在百姓主动前来投奔我，我怎忍心舍弃他们呢？"很快，不愿意舍弃百姓的刘备就要倒霉了。

另一边，曹操也在此时率军进入了襄阳城。原本刘琮手下是有人准备伏击曹操的，就在刘备跑路之后，一个叫王威的将领提出了一个建议："现在曹操认为将军已经投降，刘备又已经跑路，他肯定会放松戒备，可能只会带着前锋部队轻装前进。我愿意带几千人作为奇兵，埋伏在险要地带突袭曹操，肯定可以将其一举生擒。只要擒住了曹操，我们何愁不能平定天下？"刘琮哪肯冒这个险，直接拒绝了这一建议。曹操倒是没有亏待刘琮，直接封他为青州刺史；蒯越等人也受到了封赏，都做了列侯；因为劝刘表归附曹操而被关在牢房里的韩嵩也被放了出来，被曹操任命为大鸿胪。

到了襄阳以后，曹操才知道刘备已经跑了，而且还是向着江陵方向去的。从蒯越等人口中，曹操得知江陵囤积了大批的军用物资，这要是让刘备占去了那还得了。想到这里，他也顾不得多做考虑，带着曹纯所部五千名虎豹骑就匆匆向南追去。

在南下的路上，曹操还遇到了一个人，那就是荆州大将文聘。刚遇到时，曹操吓了一跳，以为文聘带着荆州军是前来攻打自己的，赶紧命曹纯等人列阵备战。结果看到文聘驰马冲近，然后下马拜倒在地，整套动作一气呵成，曹操才知道文聘是来归降的。他忍不住问道："别人早就去襄阳投降了，你怎么来得这么晚呢？"

其实早在刘琮投降之时就叫过文聘一起投降，但文聘认为自己作为大将不能保全荆州，应该在原地戴罪，所以才没去襄阳。这时听曹操问起，文聘一时间悲从心起，忍不住叹息道："我以前不能辅佐刘荆州尊奉朝廷，刘荆州死后，我想据守汉水，保全荆州的疆域，这样活着不辜负幼主刘琮，死了也无愧于见故主。只可惜大势所趋，我身不由己，实在无力再对抗朝廷。但我心中还是感到羞愧，没有脸早日与曹公相见。"文聘一边说着，一边忍不住落下泪来。曹操看了也百感交集，他叹息道："仲业啊，你真是忠臣啊，以后就由你担任朝廷的江夏太守吧，还是统领原来的部队。"文聘大喜，立即拜谢。

送走文聘之后，曹操继续向南追击，他一天一夜跑了三百多里路，终于在当阳长坂坡追上了刘备。就如之前所说，刘备带的这些人大多数是民众，没有多少能战的士兵，哪里能抵挡得住曹操最精锐的虎豹骑。很快刘备就被打得落花流水，只带着诸葛亮、张飞、赵云等几十个人骑马跑路，连老婆孩子都丢了，其余人等都做了曹操的俘虏。哪怕是抛弃了家小，刘备依然没能摆脱虎豹骑的追击。张飞见形势不对，赶紧带着二十个骑兵断后，他将河上的桥梁拆去，然后据守在河岸上，对着对岸的曹军大喊："我就是张益德，谁敢过来决一死战？"曹军连船都没有，自然没人敢游过去和张飞打上一场。靠着张飞断后，刘备总算摆脱了追击。

走了一阵之后，徐庶忽然告诉刘备："我原本想和将军共同建立王图霸业，但现在我母亲丢了，心中方寸大乱，留下来已经没有什么用处了，与将军就此别过。"刘备大惊："元直难道要舍我而去吗？"徐庶叹息道："我母亲在曹操手里，实在是不得不离去。"刘备无奈，只得与徐庶挥手作别。突然，刘备发现赵云也不见了，忍不住问道："子龙去哪了？"马上就有人回答道："我看见赵云往北跑了，大概是去投降曹操了。"刘备生气地将手中的戟朝那人扔了过去："我很了解子龙的为人，他不可能抛弃我离开。"没过多久赵云果然回来了。原来他是见到刘备的儿子刘禅丢了，主动回去寻找，向北跑了一阵之后，赵云还真找到了刘禅和刘备的母亲甘夫人，在他的保护之下，刘禅和甘夫人才终于与刘备会合。

虽然找回了儿子，但刘备依旧不知道该去向何方，江陵自然已经去不得了，只能向东面遁走。等刘备走到沔水时，遇到了关羽所部水军，随后又遇上刘琦等从江夏逃出来的一万多人，他才知道江夏也已经被张辽率军占领了。大家一番商量之后，都没什么办法，只好一起向东逃往夏口（今湖北武汉市汉阳地区）暂避风头。至于前路如何，刘备终于想到了还有一个人与自己同行，这个人便是鲁肃。

第六章

三分天下，赤壁之战

合纵连横，孙刘联盟

建安十三年，正当刘备仓皇从樊城逃窜之时，有一个人正顺着长江向西进发，这个人不是别人，正是江东名臣鲁肃。他此行的目的是前往荆州吊唁刘表，顺便看看荆州的局势。

刘表去世之时，鲁肃敏锐地察觉到时局的变化，便向孙权提出建议："荆州与我们相邻，江山险固，沃野万里，百姓富足，如果能占领荆州，就能够奠定帝王的基业。现在刘表刚死，他的两个儿子并不和睦，军中将领也分成了两派，只怕荆州离内斗不远了，更何况还有一个刘备。刘备这人虽然四处亡命，但他也是天下著名的枭雄，与曹操矛盾很深；虽然寄居在刘表那里，但刘表却因为嫉妒他的才能而不敢加以重用。现在如果刘备能与刘表的儿子齐心协力，共同对外，那我们就应该跟他们和平共处；如果刘备与刘表的儿子互相猜忌，我们就可以想办法成就大业了。我想请主公派我前往荆州吊唁，慰劳荆州军中的主要将领，同时劝说刘备，让他安抚刘表的部众，让荆州人团结一心，共同对抗曹操。这对刘备而言有莫大的好处，他肯定会同意的。如果我此行的目的达到，我们要平定天下也不是难事。不过这件事必须赶快，晚了的话，只怕会被曹操抢先一步了。"孙权听后，立刻让鲁肃前往荆州。

鲁肃到达夏口时就已经听说了曹操率领大军南征的消息，他第一反应就是要赶紧劝说荆州的刘琦、刘琮、刘备等人团结一致，共同对抗曹操。只可惜鲁肃还是晚了，他昼夜兼程赶到南郡时，刘琮已经向曹操投降了，刘备也被迫离开樊城向南撤退。鲁肃索性直接一路向北寻找刘备，最终双方在长坂坡遇上了。

鲁肃慰问一番后进入了正题："刘豫州现在打算前往何处呢？"刘备当然不肯说自己想攻占江陵，就撒了个谎："苍梧太守吴巨是我的老朋友，我打算南下投奔他。"鲁肃大吃一惊，赶紧劝道："刘豫州如果去投奔吴巨，只怕大事去矣。依我之见，不如投奔孙将军。孙将军聪明仁惠，对贤能之士优待又敬重，江南的英雄豪杰都归附于他。现在孙将军已经占有六郡之地，兵精粮足，一定可以成就一番事业。您何不派遣心腹之人到江东去与孙将军联合，与他共谋大业呢？苍梧太守吴巨碌碌无为，又僻处边郡，只怕早晚都要被人吞并，托身于他实在不是一个好选择。"

刘备当时没有答应鲁肃，因为他心里还想着江陵。被曹操追击大败之后，刘备知道江陵已经没戏了，赶紧找到鲁肃："我想了很久，子敬之言确实有道理，我现在战败，以子敬看来我应该怎么办呢？"鲁肃说道："不如先向东去樊口（今湖北鄂州市西北樊港入江处），然后再派人与孙将军联络。"刘备虽然依照鲁肃的建议，率军去了樊口，但依旧不想派人去见孙权。毕竟所谓的联合只不过是场面话而已，要请孙权出兵，必定需要自己归附他，刘备心里自然不愿意。

然而当时的局势容不得刘备多做考虑，曹操占据江陵之后没有停留，已经打算继续沿着长江东下了。诸葛亮知道后赶紧面见刘备："现在形势危急，只能向孙仲谋求援了，我请求出使江东。"诸葛亮之所以主动请求出使，除了形势危急外，还因为他的哥哥诸葛瑾此时正在江东担任长史，深受孙权的信任，而且与江东名臣鲁肃、周瑜等人也都是好朋友，有这么一层关系，说话自然更容易一些。这一次刘备已经没有别的办法了，只好让诸葛亮与鲁肃一起前往柴桑（今江西九江市西南）拜见孙权。

凭借哥哥的关系，诸葛亮很轻松地就见到了孙权，他立刻对时局做出了分析："如今天下大乱，将军在江东起兵，刘豫州则在汉水以南召集部众，大家都是为了与曹操一起争夺天下。现在曹操已经消灭了北方的强敌，又南下攻克了荆州，可以说是威震天下。在曹操的大军面前，英雄没有用武之地，所以刘豫州一路向东奔逃，希望将军能够妥善安排。曹操迟早会顺着长江东下，摆在将军面前的只有对抗或者投降两条路。如果将军想以江东的人马与占据中原的曹操相对抗，那就应该趁早与曹操断绝关系。如果不想，那还不如早点解除武装，向曹操称臣。眼下将军虽然表面上服从朝廷，心里却一直犹豫不决，现在事情已经到了紧要关头，如果不赶快决断，只怕就要大祸临头了。"

孙权听后只是冷冷一笑："照你这么说，那刘豫州没几个兵，为什么不直接降了曹操？"诸葛亮不慌不忙："田横不过是齐国的一个勇士而已，他都能坚守节义，宁愿死都不愿意屈辱投降，更何况刘豫州。他乃是皇室后裔，英雄盖世，举世无双，士大夫们对他都非常仰慕，就好像水流归于大海一样，如果大事不成，那也只是天意罢了，怎么能屈居于曹操之下呢？"孙权脸色一变："我肯定不能将全吴的土地和十万大军拱手让给曹操，去受那寄人篱下之苦。我心里已经有所决断了，现在除了刘豫州以外，没有人能抵挡曹操，但是刘豫州才败给了曹操，我又怎能相信他能担此大任呢？"

诸葛亮的嘴，骗人的鬼，他知道孙权这是在试探实力，张口便来："刘豫州虽然在长坂坡大败，但现在陆续回来的士兵加上关羽的水军，总共有精兵一万人，刘琦所部江夏郡的士兵也不下一万人。曹操的军队远道而来，已经非常疲惫了，他之前在追赶刘豫州时，带着轻骑一天一夜跑了三百多里，这就是所谓的'强弩之末，势不能穿鲁缟'，在《兵法》上是大忌。况且北方人不擅长水战，荆州的军民又是被迫归附曹操，假如将军能下令让大将率领数万大军，与刘豫州齐心协力，一定可以打败曹操。曹操失败后，肯定会退回北方，这样荆州与江东的势力就强大起来了，可以鼎足而三分天下。"

孙权听后没有立即给出具体的答复，只推说需要跟部下商量，就把诸葛亮打发出去了。孙权此时并不想与实力强大的曹操开战，而且曹家与孙家还是姻亲关系——孙权的弟弟孙匡娶了曹操的侄女，堂兄孙贲的女儿又嫁给了曹操的儿子曹彰。有了这么一层关系，他当然不愿意轻易与曹操撕破脸。孙权现在之所以有所顾虑，是因为不知道下一步曹操会不会打江东的主意，至于诸葛亮的话，他并没有当真。他很清楚，说刘备还有一万精兵纯属吹嘘，就鲁肃所见，长坂坡之败后刘备手下连一校人都没有。所谓一校，也就是一个校尉统领的一营人马，一般只有几百到上千人。孙权是想将刘备收为己用，诸葛亮口中的三分天下纯粹是一厢情愿，江东可是无时无刻不在打荆州的主意。

到了这时，曹操的动向也已经清楚了。他占据江陵以后，原本是想直接攻打夏口，将刘备除掉，但摆在曹操面前最大的问题就是，不知道江东的孙权会有什么反应。曹军之中大部分人都认为："刘备眼下走投无路，只能去投奔孙权。然而收留刘备这种枭雄，就如同饲养猛虎一样，一不小心就可能遭到反噬。孙权应该会杀掉刘备，吞并他的部署，就好像当初辽东太守公孙康杀死前来投奔的袁尚一样。"程昱连忙反驳："你们都错了，孙权肯定不会杀掉刘备。孙权刚继位不久，他自己还没有显露出什么大名，更多是靠哥哥孙策留下的名头，才会被天下人忌惮。主公天下无敌，又刚刚拿下荆州，可以说是威震天下。孙权虽然有能耐，但要独自抵挡主公还是非常困难的。而刘备虽然落魄，但一向名声在外，而且手下还有关羽、张飞这样的万人敌，孙权肯定会援助他们，让他们来抵御我军。如果以后他们分道扬镳，刘备实力壮大了，孙权才会不得不杀了他。"曹操听众人争论了半天，居然还集中在孙权要不要杀刘备上面，他忍不住笑道："你们都多虑了，我必定是要灭刘备的，如果孙权敢来，就连他一起灭掉好了。"

此时的曹操刚刚得到荆州，正是志得意满之时，哪会把孙权放在眼里。眼看曹操飘了，贾诩忍不住站出来劝道："主公昔日击破袁绍，现在又收服荆州，威震四海，军队也已经非常强大了，不如先在荆州抚慰百姓，休养生息。当地居民安居乐业，如此一来我们不用出兵，江东也必定会前来归附。"曹操根本听不进去，执意要率军东下。为此他还专门给孙权写了一封信："最近我奉天子之命，讨伐有罪的叛逆，军旗向着南面一指，刘琮就投降了。现在我率领八十万大军，想与将军一起在吴地打猎。"

孙权拿到信后，立刻召集众臣商议，大家看到敌人居然有八十万大军，骇然失色。长史张昭等人乘机劝道："曹操是豺狼虎豹一般的人物，他一贯挟天子的名头征讨四方，动不动就以朝廷的名义来发布命令，如果我们进行抵抗，就显得名不正言不顺了。更何况将军能够用来抵挡曹操的，只不过是长江天险罢了。现在曹操已经占据了荆州的土地，手里又有刘表训练的水军，其中更包括数以千计的艨艟（méng chōng，古代的一种战舰）斗舰。一旦曹操率领荆州的水军沿江而下，再加上步兵从陆上进军，我们根本抵挡不住。所以我们觉得，还不如迎接曹操，就此投降朝廷，还能获得富贵。"

孙权听完后内心一阵失望，手下这帮人居然都劝自己投降，还不如诸葛亮呢。他扫视了一圈，忽然发现鲁肃居然一声不吭，他心知鲁肃必定有话要说，便假装要出去上厕所。果然鲁肃立马追了出来，孙权知道鲁肃的意思，便握着他的手问道："你想说什么吗？"鲁肃道："刚才我听了众人的言论，他们分明是想贻误将军，实在不足以与他们共谋大事。"孙权忍不住又问："子敬为什么这么说呢？"鲁肃回答道："像我这样的人自然可以投降曹操，但是将军却不可以。我之所以这么说，是因为如果我投降了曹操，曹操肯定会把我交给乡里的父老评议，然后确定名位，最差也还会做一个下曹从事这样的小官，出入能乘坐牛车，身后有吏卒跟随，以后与士大夫们结交，可以一步步升官，最后也许能当上州郡的长官。但是将军您归降了曹操又打算去什么地方安身呢？希望将军能早定大计，千万不要听那些人胡说八道。"

听到这里，孙权也忍不住叹息道："那些人的说法也实在是让我失望啊，你现在说的才跟我想的一样。"鲁肃心知光靠自己很难帮到孙权，便建议道："公瑾不是在番阳（今江西鄱阳县古县渡镇）吗，何不把他叫回来商议一下呢？"孙权听后，面上一喜，这种大事，怎么能忘了周瑜呢？

周瑜在江东可不只是重臣那么简单，他与孙策关系极好。孙权年少时全家人曾在周瑜家中住过很长一段时间，孙权的母亲吴氏待周瑜如亲儿子，并让孙权把周瑜当成自己哥哥一般对待。曹操刚灭掉袁绍时，张昭等人曾建议将孙权送去当人质归降曹操，当时就是周瑜找到吴氏，竭力反对送人质，这件事才没有成。眼下又到了需要决断的时候，孙权也想听听周瑜的意见。

周瑜接到孙权的消息后，立刻星夜兼程赶回柴桑。这下孙权有了底气，再次召集众臣商议。张昭等人还是老调重弹，竭力请求归降曹操。不出孙权所料，周瑜果然站出来反对了："你们都在说些什么？现在远远没到需要投降的时候，曹操本身也没有你们想的那么可怕。"周瑜的话一下子镇住了张昭等人，他随即转头对孙权说："曹操虽然名义上是汉朝的丞相，但实际上不过是个乱臣贼子罢了。将军雄才大略，又凭借父、兄留下的基业，统治着江东数千里的地方，手下有那么多精兵可以用，英雄豪杰也都愿意效力，此时正应该作为天下的楷模，为汉朝扫清邪恶的臣子。曹操现在既然自己主动前来送死，我们应该高兴才对，怎么能主动去投降呢？再说了，如今北方还没有完全平定，马超、韩遂还在关西拥兵自重，这都是曹操的后患。曹操一旦沿江东下，必定要舍弃鞍马，改用舰船，与吴越地区擅长水战的军队决一胜负，用他们最不擅长的来攻打我们最擅长的，简直是自寻死路。再加上现在天气严寒，战马缺乏草料，曹操擅长使用的骑兵根本难以前进。况且中原地区的士兵跑到南方来，很容易因为水土不服患上疾病。这些都是用兵的大忌。曹操现在居然贸然行事，这就是自己取败了。将军应该抓住机会，一举击破曹操。我请求率领数万精兵进驻夏口，保证为将军击破曹操！"

周瑜这番话说得孙权大为振奋，他忍不住说道："曹操这个老贼早就想废掉汉朝皇帝自己篡位了，此前他顾忌的只不过是袁绍、袁术、吕布、刘表和我罢了，现在其他几个人都已经不在了，只剩了我，这就注定了我与老贼势不两立。公瑾主张迎战曹军，正好与我的想法不谋而合，这是上天派你来助我一臂之力，让我能够灭掉曹贼啊。"孙权越说越兴奋，干脆拔出刀来，一刀砍了前面的奏案："谁要是再敢说投降曹操，下场就和这个奏案一样。"自此，江东决心与曹操决一死战，正式站在了曹操的对立面。

当天夜里，周瑜再次面见孙权，为他做了具体的分析："大家只看到曹操信中说有八十万大军就被吓到了，没有分析其中的虚实就盲目提出要向曹操投降的意见，实在是太不像话了。我为将军仔细估算了一下，曹操率领的中原部队不过十五六万人，而且这些人马经过长期的征战，早已经疲惫不堪；新接收的刘表部队，最多也就八万人，况且曹操对这些人心怀猜忌，不可能完全信任。仅凭这些疲惫的士卒和不受信任的部众，就算人数再多也不足为虑。我只需要五万精兵，就可以制服敌人，还请将军不要有所顾虑。"

孙权听到这里，忍不住站起来拍了拍周瑜的肩膀，叹息道："公瑾啊，你真是说到我的心坎上了。张昭、秦松这些人，只顾着自己的妻儿老小，心里都打着自己的算盘，真是太让我失望了，只有你和子敬两人的看法与我一样，你们真是上天派来辅佐我的。不过要集齐五万精兵一时半会儿有些困难，我已经挑选了三万人，战船、粮草及武器装备都已备齐。你与子敬、德谋率军先行，我继续调集兵马作为你的后援。如果你能战胜曹操，就当机立断；如果不能战胜，就退到我这里来，我们兵合一处，再与曹操决一胜负。"随后孙权便正式下令，让周瑜、程普分别担任左、右都督，率军向西迎战曹军，鲁肃则作为赞军校尉，随军协助谋划战略。

在樊口的刘备这段时间可谓是望眼欲穿，每天派人到长江边上看孙权有没有派军队前来。终于有一天，巡江的士兵看到周瑜的船队来了，赶紧跑回去向刘备报告。刘备期盼得太久了，一时间竟然还有些不相信江东的军队真的来了，忍不住问道："你怎么知道那不是青州、徐州的军队呢？"巡逻的士兵回答道："从船只就能看出来，肯定是江东的军队。"刘备大喜，连忙派人前去慰劳，并请主帅到岸上一叙。没想到周瑜竟然拒绝了："我有军务在身，不能委托其他人代理，不如请刘豫州屈尊到船上来与我会面。"

刘备接到回复后，开始犹豫到底要不要去。关羽、张飞都认为："最好不要去周瑜船上，我们兵力比较少，万一他不安好心，只怕主公回不来了。"刘备再三思量，还是觉得应该去："他既然想见我，我要是找借口不肯前往，那岂不是让他们觉得我没有结盟的诚意吗？"于是刘备自己坐了一条小船去见周瑜。

双方见面之后，刘备立马问出了自己最关心的问题："现在大家联合起来对抗曹操，实在是很明智的决定，不知道公瑾带来了多少士兵呢？"周瑜如实回答："三万人。"刘备心都凉了一半，忍不住说道："这实在是太少了吧。"周瑜只是一笑："对付曹操已经足够了，刘豫州就等着看我如何破敌吧。"一番话说得刘备尴尬不已。毕竟双方还是盟友，周瑜还得顾及一下双方的情面，便借口军务繁忙，派人将刘备送了回去。

虽然被周瑜说得非常尴尬，但刘备心里还是挺高兴的，毕竟有人愿意替自己去打曹操了。不过对于周瑜想用三万人击破曹操这件事，刘备实在不敢苟同，他将手下两千人全部交给了关羽、张飞，让他们跟在吴军后面见机行事，万一周瑜败了，也好为自己留条退路。对刘备心里的小算盘，周瑜没有一点兴趣，他本身也没指望能依靠刘备，他想做的，只是与曹操一决胜负。

火烧赤壁，争夺南郡

建安十三年冬，曹操正率军驻扎在长江北岸的乌林（今湖北洪湖市邬林矶），他不断向前方眺望，好像是在等谁一样。他确实是在等人，等的不是别人，正是江东老将黄盖。

这一年对于曹操而言真是先喜后忧。开始南征的时候一切顺利，不但成功占据了荆州，还将死对头刘备打得狼狈逃窜。然而等他率军顺着长江东进之时，一切就不那么美好了。大军东下的时候，不少北方的士兵因为水土不服患了疾病，更糟糕的是，随后曹军就在赤壁附近碰上了周瑜率领的江东水军。人多势众的曹军居然打不过周瑜，很快就被杀得大败，荆州水军更是伤亡惨重。无奈之下，曹操只好把军队移到北岸的乌林驻扎下来，周瑜也率军到南岸驻扎，两军隔岸对垒。

原本曹操觉得已经没什么获胜的希望了，他退到北岸以后，只能依靠水陆两军形成掎角之势，阻挡周瑜，想打败对方简直比登天还难。幸运的是，在这个关键时刻，他居然收到了江东老将黄盖写的一封信："我深受孙氏厚恩，被一路提拔为将领，按理说不应该背叛。但看现在天下大势，孙权居然想靠江东六郡的人，抵挡曹公的百万大军，这简直是以卵击石。江东的将领官吏也都知道这个结果，只是周瑜和鲁肃两个人见识短浅，撺掇孙权与曹公抗衡。我今天率军归降，也是想为大家找一条活路。周瑜率领的那点人很容易就能击破，等到交锋的时候，我愿意作为前部，为曹公破敌。"曹操见信后大喜过望，他也没有多加怀疑，毕竟南征以来，像黄盖这样望风而降的人实在是太多了，不过为了保险起见，他还是告诉送信人："我只怕你们是在使诈，如果黄盖所说是真的，我一定会给予重赏。"送信人再三保证，曹操终于相信了。

到了约定的那一天，曹操率领众将等待着黄盖的到来。没过多久，水面上果然出现了不少船只，前面的十艘船最为突前，它们高扬着风帆，乘着东南风向着曹营急奔而来。不一会，这些船便按照之前的约定，以火把作为投降的暗号，船上的士兵大喊着："我们来投降了。"曹军众将士大喜，纷纷跑出军营前去观看。等到了距离曹军营地两里远的时候，那十艘船忽然一起燃起了大火，乘着风势向曹营驶来。曹操大惊失色，他心想只怕是上当了，赶紧叫人前去阻拦。然而火船借着风势，速度极快，哪里还来得及。

原来黄盖投降不过就是个幌子。两军对峙之后，周瑜也拿曹军没有办法，毕竟江东的陆军远不及曹操。随军出征的黄盖想出了个方法："现在敌众我寡，僵持下去对我们不利。我观察了一下，发现曹军的船只都首尾相连，我们要是能放一把大火，就可以将船全部烧掉。"众人便按照火攻的计划商量了一番，这才制定出了黄盖诈降的计策。

当天黄盖率领的船只上面根本就没有几个士兵，船里装的全是浇了油的干荻和枯柴。这些船只被点燃后就完全成了火船，借着风很快就撞向了曹军的战船，一下子将战船引燃了。曹军的战船原本就连在一起，这时候想分开也来不及了，大火从一条船烧到另一条船，很快，曹军的战船都着了火。火势越来越大，顺着风又烧到了岸上，把曹军在陆地上的军营也引燃了。一时间，烈火浓烟，遮天蔽日，被淹死和烧死的曹军不计其数。周瑜又率领大军在后面发起了猛烈的进攻，曹军终于被杀得大败而逃。曹操别无他法，只得率军撤退，周瑜等人大获全胜。

倒是负责诈降的黄盖，在乱战之中中箭落水，差点死于非命，结果虽然没死成，但又差点被当成俘虏。还好他的求救声被老战友韩当听到了，伤痕累累的黄盖这才获救。看到黄盖身上的箭伤，韩当忍不住落下泪来，赶紧解开衣服替他治伤，黄盖的性命总算是保住了。

另一边的曹操此时也正狼狈地从华容道撤退，因为最近一直下雨，沿途道路泥泞不堪，加上天又刮着大风，更是难以前进。曹操也真是够心狠的，他下令让所有老弱残兵背着草，铺在泥泞路上，可草还没铺完便让骑兵疾驰而过，老弱残兵都被践踏而死。靠着这些人垫背，曹操终于率军通过了华容道。离开华容道之后不久，后面突然燃起了大火，曹操竟然忍不住笑了起来，搞得众将莫名其妙，忍不住问道："我军明明败了，主公为何还这么高兴呢？"曹操解释道："你们看到身后的大火了吗？这肯定是我的老朋友刘备放的，他这个人应变一贯都慢，今天放火计又晚了一步。如果他早一些放火，只怕我们想脱身就没这么容易了。"

曹操想得完全正确，身后追来的正是刘备等人，不过刘备也没办法，他手下就那么点人，不敢追得太紧，只能在背后放把火装装样子。曹操退回江陵以后，清点了手下的人马后瞬间高兴不起来了，这一番折腾居然让他损失了一大半。他知道自己这次肯定是拿不下江东了，便留下征南将军曹仁、横野将军徐晃镇守江陵，折冲将军乐进镇守襄阳，奋威将军满宠镇守当阳，自己则率军返回了北方。

赤壁之战后，周瑜并没有就此停下前进的脚步，他与程普两人率领大军一直杀到了江陵。曹仁见状大惊，赶紧率军出城，与周瑜隔着长江对峙。曹仁此前一直留守在江陵，所部人马并没有遭受损失。面对他与徐晃两人的组合，周瑜一时间也没有办法攻破江陵。恰巧益州将领袭肃投降了周瑜，从袭肃那里，周瑜知道了一个重要的情报，那就是曹军在西线的重要据点夷陵（今湖北宜昌市）并没有布置多少人马，他便召集众将商议："眼下夷陵没有多少敌人守卫，我们又不能马上攻下江陵，我打算先派人去拿下夷陵，你们谁愿意前往？"甘宁主动请缨："我愿意率军进攻夷陵，如果拿不下来，愿受军法处置。"

周瑜听后大喜，立刻让甘宁率领所部人马进攻夷陵。甘宁到达夷陵之后，发现城里果然没有什么曹军，没花多少力气就占领了夷陵。夷陵失陷的消息很快传到了曹仁那里，因为一时失算竟然丢了夷陵，曹仁愤怒之下立刻派了五六千人前往进攻，妄图收复夷陵。甘宁手下原本只有几百人，加上夷陵的降兵，也不过千余人，面对敌人的猛攻，防守十分困难。曹军还在夷陵外面立起了高大的木楼，然后让士兵站在木楼上放箭。一时间城头箭如雨下，守军惊惶不已，只有甘宁面色自若，指挥军队严密防守敌人的进攻。众人见主帅如此镇定，也渐渐放下心来，跟随甘宁一起拼死守城。在甘宁的坚守下，尽管有着人多的优势，曹军一时间竟然也没能攻下夷陵。

得知甘宁被困的消息后，周瑜内心非常犹豫，不知道要不要去救甘宁，去救援的话就必须要分出大军前往，但派去的援兵太多，留下的人就少了，肯定会给曹仁可乘之机；如果援兵太少，又不足以解围。周瑜苦思无果，只好召集众将商议："现在甘宁被围，形势极为凶险，我军必定要去救援，但分派多少援兵是个问题。如果太多，这边恐怕抵挡不住曹仁；如果太少，恐怕又不足以解夷陵之围。"众将听后纷纷说道："还是不去救援比较好，我军人少，怎么能再分兵呢？眼下夺取江陵最为重要，甘宁那边可以稍微往后放一点。只要我们攻下江陵，夷陵之围自然可解，不一定非要现在去救援。"

关键时刻，吕蒙站了出来："一定要去救甘宁！夷陵本就是战略要地，不容有失。更何况，甘宁是我军猛将，他一旦阵亡，对士气的打击不可估量。

诸位都说破了江陵可解夷陵之围，但看现在的局势，等拿下江陵，只怕甘宁早就完蛋了。至于分兵一事也不用担心，都督只管率领大军前去救援，这边留下公绩就可以了，我与都督一起前往救援，相信很快就能解围而回，我担保公绩可以守住大营十天。"周瑜思考一阵后，做出了最后的决断："就依子明所言，我与他率领大军前往解围，公绩留守大营。"

周瑜率军到达夷陵附近后，吕蒙又建议道："请都督派给我三百士兵，我去阻断曹军的退路，让他们难以骑马通行，等他们战败逃跑时，就只能将马匹留给我们了。"周瑜大喜，立刻分给了他三百士兵。周瑜随即率领大军猛攻夷陵外围的曹军，这些曹军屡攻夷陵不下，早已经师老兵疲，哪抵挡得了江东大军的猛攻，当天就损失了一半的人马。当天晚上，剩下的曹军眼看不是对手，连夜逃跑，结果半道发现路被堵了，马匹根本无法通行，果然只能扔下马匹徒步而逃。就这样，吕蒙白得了曹军三百匹战马。

夷陵之围破解之后，江东大军士气大振，周瑜立刻乘胜渡江与曹仁展开决战。为了防止曹仁躲在城里不出来，周瑜还耍了个诡计，他只派了几千人在前面攻城。曹仁见敌军人少，立刻在军中招募了三百勇士，让部将牛金率领这三百人出城进攻敌军。牛金出城之后，很快就击破了江东军的先头部队。周瑜见状，立刻率领后续部队一拥而上。这下牛金就扛不住了，他手下就三百号人，面对上万人的江东军，就算手下士卒再英勇也打不过，很快就陷入了重重包围之中。曹仁和长史陈矫等人站在城头，望着牛金所部越来越少，已经快要全军覆没了，惶恐万分，不少人脸色都变了。曹仁更是自责，因为他的大意才使得牛金身陷重围。他越想越气，猛地大喝一声："给我牵马过来，我要亲自带人出城救牛金回来。"

此言一出，吓得陈矫等人赶紧拉住曹仁："敌人人多势众，根本难以阻挡，牛金他们就几百人，战死就战死了，将军怎么能为他们以身犯险呢？"曹仁不听，直接披甲上马，带着手下几十个勇士就杀出城去。城外有一条用于防守的壕沟，距离吴军还有一百多步远，陈矫等人都以为曹仁只是在壕沟边上声援牛金，没想到他居然直接越过壕沟，杀入了敌阵。看到曹仁亲自率军前来救援，牛金等人精神猛地一振，所有人奋力厮杀，终于杀出了重围。曹仁与牛金等人突围之后，还有不少曹军士兵未能突出重围。曹仁二话不说，再次转身杀入，一连斩杀了好几个敌人，终于把活着的人都捞了出来。曹仁等人返回之后，陈矫等人赞叹不已："将军真是天人啊。"

虽然得了一句天人的赞美，曹仁毕竟刚败一场，牛金所部虽然伤亡不多，但都是军中的精锐，实在是亏了一些。不久后，周瑜再次向曹仁发起挑战。曹仁为了报上次的一箭之仇，立刻答应下来。双方又战一场，这一次依然是不分胜负，不过江东这边损失更大一些，因为周瑜在亲自率军冲锋时，右肋不幸中了一箭，伤势十分严重，只能向后撤退，暂时无力向江陵发起进攻。

蹲在一边看热闹的刘备这时候终于想起来要帮盟友一把了，他之前其实也不是不想帮忙，只不过人手实在有限，想帮忙也帮不上，曹军无论是乐进、满宠还是李通，所部人马都比他要多出很多。不过刘备帮忙也不是正面与曹军交战，只不过是阻挡曹军南下救援曹仁罢了。就算是这样，刘备手下的两千人也还是不够用。无奈之下刘备只好找到周瑜，向他建议："江陵城里粮食物资非常多，曹仁在城里，只怕短时间内难以攻下。我有一个想法，我让益德率领一千人马跟随你攻打江陵，你分两千人给我，我让云长带着这些人从夏水截断曹仁的退路，同时阻挡外围的各路援兵，曹仁看到退路被断又没有援兵，肯定会退兵。"周瑜觉得这个办法可行，就给了刘备两千人马。刘备回去之后，果然让关羽带着三千人驻扎在夏水一线，一次又一次阻挡住了乐进等人南下的增援。

曹仁眼看退路没了，援兵也来不了，内心焦灼万分。当他听说周瑜重伤不能起床后，以为是个机会，于是立刻集结大军出营，准备乘机一举击破江东军。周瑜得到消息后，强忍伤痛在营中巡视军队，以激励将士，然后亲自率军出营与曹仁决战。曹仁见周瑜出来了，被吓了一跳，他哪敢与周瑜交战，立刻撤回了江陵。就这样，双方对峙了一年多，曹军在与江东军的屡次交锋中死伤惨重，又迟迟没能等到援军，曹仁终于撑不住了，只得率军从江陵撤退。然而要撤退也非常困难，因为周瑜、关羽等人早就在他后撤的路途中设下了重防。最终还是李通率领部将拼死将曹仁所部捞了出来，而李通自己则死在了路上。

曹仁撤退以后，周瑜随即率军进入了江陵城内。孙权得到消息之后大喜过望，立刻任命周瑜为南郡太守，让他率军驻守在江陵。对于周瑜来说，夺取南郡只是一个起点而已，他还想为江东打下更大的地盘。

第七章

三国鼎立，混战不休

计夺四郡，公瑾归天

赤壁之战后，刘备的日子过得可谓是相当舒坦，不但就此改变此前东奔西逃的局面，还抓住机会一举将刘氏产业做大做强了。在派遣关羽帮着周瑜打南郡的同时，刘备自己也没闲着，开始了自己的扩张之旅。

要扩张总得有一个名正言顺的由头才行，刘备做的第一件事就是将刘琦推举为荆州刺史。刘琦本就是前荆州刺史刘表的儿子，眼下二弟刘琮又被曹操带走了，他自然就成了最合适的继承人。事实上刘备这个推举基本也就限定于手里的夏口等地，荆州北面的南阳郡在曹操手里，东面的江夏郡在孙权手里，南郡那边曹仁和周瑜正打得不可开交，哪有工夫理会什么荆州刺史。刘备的目的当然也不是要曹操等人把自己手里的地盘交给刘琦，他要的不过是荆州刺史这块牌子，而他的目标则是南面的荆州四郡，也即武陵郡、长沙郡、桂阳郡和零陵郡。

曹操南下以后，刘琮举荆州之地投降，但实际上被曹操控制在手里的也就一个南郡，荆南四郡依然各行其是，而刘备要做的，就是趁孙曹两方无暇南顾的机会，抢先把这四郡捞到手里。商定好计划之后，刘备就带着赵云等人南下讨伐荆南四郡去了，只留下周瑜和曹仁两军隔着长江两两相望。还真别说，刘琦这块荆州刺史的牌子还真是管用，荆南四郡的太守毕竟都是老刘家的旧臣，一看刘备打着少主公的旗号南征，也没做什么抵抗，长沙太守韩玄、桂阳太守赵范、零陵太守刘度就立刻开城投降了。只有武陵太守金旋想抵抗，但他一个人哪是刘备等人的对手，很快就被杀得大败，自己也兵败身死，四郡就此落入刘备手中。除了四郡之外，刘备还有一个意外的收获，那就是得到了荆州老将黄忠，他此时正好跟刘表的侄子刘磐一起驻守在长沙攸县（今湖南攸县东），也跟随长沙太守韩玄一起归降了刘备。

得到荆南四郡之后，刘备立刻重新进行了人事安排：任命诸葛亮为军师中郎将，让他督查零陵、桂阳、长沙三郡，在这些地方征收赋税，为自己补充军需物资；又让偏将军赵云担任桂阳太守，在军事上震慑荆南四郡。其他几郡都没有出现什么问题，只有赵云所在的桂阳郡闹了一点小插曲。

赵云接到任命以后，很快进入了桂阳，他要做的就是取代原太守赵范。赵范对此当然不敢有丝毫意见，立刻将赵云迎入，又大摆宴席为赵云接风洗尘。不过赵范心中也打着自己的算盘，他有一个嫂子姓樊，美貌动人，因为哥哥早死，现在樊氏寡居在家。看赵云自己没有带老婆，赵范就动了心思，想将嫂子嫁给赵云，以此来换取更大的权势。

酒过三巡，赵范借着酒兴对赵云说道："子龙，我有一寡嫂，长得非常漂亮。因为兄长早死，我不忍嫂子年轻寡居，一直想将她另嫁他人。可我那嫂子眼光太高，一心要嫁给英雄豪杰，桂阳地小，一时间竟然找不出合适的人选，所以此事一直搁置。我见子龙孤身前来，没有携带妻妾，不如就娶了我那嫂子，想来她也是愿意的，天下英雄非子龙莫属也。"赵云听后大惊失色，赶紧说道："我和你本就同姓，可以说是一家人，你的哥哥就相当于我的哥哥，我怎么能娶自己的嫂子呢？此事切莫再提。"赵范只好闭口不言。

宴会结束之后，也有人劝赵云："赵范献出嫂子，大概是为了讨好将军，将军何不就此接纳？一来可让赵范心安，以后全心为我主效力；二来将军也能得到一个美艳的妻妾，如此两全，岂不美哉？"赵云只是笑了笑，摇头道："赵范之所以投降，本就是形势所迫，未必是真心归降，我也摸不清楚他到底是什么想法，一旦有所变动，只怕会有不测之祸。更何况天下间美女那么多，我又何必非要娶他嫂子？"众人听后信服不已。赵云自己没有将这件事放在心上，倒是赵范巴掌拍在了马腿上，越想越不安，于是就此溜之大吉。

　　赵范的小插曲并没有影响到刘备的扩张，他的局势反而越来越好。不久，庐江营帅雷绪也带着手下几万人前来投奔刘备，刘备手下实力暴涨。运气更好的是，没过多久，刘琦竟然病倒了，很快去跟他父亲见面了。刘琦一死，荆州刺史的位置就空了出来，大家都知道这个位置非刘备莫属。孙权本着与刘备交好的想法，就做了个顺水人情，向朝廷上书推荐刘备为荆州牧；刘备也投桃报李，上书推荐孙权为代理车骑将军兼徐州牧。所谓上书朝廷其实说白了还是到曹操手里，汉献帝说什么根本不算数。实际上曹操说了也不算，刘备、孙权互相推举，就算他反对，这两人也不会受他管束。

　　不久后，为了巩固孙刘联盟，孙权便将自己的妹妹嫁给了刘备。孙夫人虽然才思敏捷但性情刚猛，因为兄长宠信又非常骄横，身边随时都有一百多个婢女拿着刀剑伺候，刘备每次见她时都觉得心惊肉跳，生怕她什么时候一个不顺心就让人将自己砍了。尽管不喜欢孙夫人，但为了联盟的事刘备还是忍了下来，毕竟他也得到了好处——周瑜将荆州在长江以南的地盘都让给了他，刘备便将大本营设置在油口，并将这里改名为公安（今湖北公安县北古油水入江之口）。

　　建安十五年（210年），刚刚娶了孙权妹妹的刘备心里又有了新的计划，他觉得自己手里几个郡的地盘实在是太少了，根本不够用。要知道刘备可是接收了刘表的大部分人马，但手上的地盘只有刘表的一半，这可怎么办呢？刘备左思右想，最后想出了一个办法——借地，他要借地自然不能找北面的死对头老曹，唯一能找的只有大舅哥江东孙权了。说行动就行动，刘备想好之后，立马亲自前往京口（今江苏镇江市）借地。

　　诸葛亮听说这件事后，赶紧前来劝阻刘备："主公千万不可亲自前去，虽然您与江东有姻亲关系，但终究还是两家人。贸然前往，万一被孙权扣押下来，那就大事去矣。不如另派一个使者前往，亮愿意亲自领命。"刘备笑道："孔明多虑了，我了解孙权，他有招揽天下英雄之心，绝不会因为这个故意刁难我。我此行是为将来的大事，冒点风险也不算什么，更何况我认为并没有什么风险。"诸葛亮看劝不动刘备,只好黯然而退。刘备之所以坚持亲自前往,是因为他要借的并不是一般的地,而是荆州南郡。南郡可是荆州的一块肥肉,可以说是荆州最富庶的地方,其治所江陵更是荆州的核心。

到达京口以后,刘备立马去见了孙权:"仲谋,你看我现在手下兵马挺多的,但地盘太小了,容纳不下我的兵,再这么下去我早晚要被手底下的兵马耗死。解散一些兵马自然可以解决问题,但一来这些人一心追随我,我实在不忍心让他们离开;二来北面还有大敌曹操,我要是解散了兵马,实力减弱了,肯定不是曹操的对手,他南下的话我就完了。"

孙权心想这确实是个问题,不由得摸了一把胡子:"此事确实是个大问题,不知玄德有何高见?你莫不是想移居江东?"刘备摇了摇头:"江东虽好,但我手下多是荆州将士,恐怕难以适应江东的生活。依我之见可以这样,你不如把你手里的南郡先借给我,让我有地方安置兵马。这样一来我既能安置自己的兵马,也能替仲谋阻挡北面的曹操,如此一举两得,何乐而不为呢?"

孙权听后犹豫了,南郡虽然远离江东本土,但终究是自己手下的将士拼死打下来的,大将周瑜甚至在南郡之战中受了箭伤,现在要是自己一转手把南郡送了出去,可不好向周瑜等人交代。想到这里,孙权一时间真不知道如何回答刘备。刘备也知道孙权心中的顾虑,他赶紧接着说道:"仲谋大可放心,我只是借用南郡而已,等以后地盘稍微扩大一些,我就将南郡还回来,这样仲谋对公瑾也有所交代。我的为人你是知道的,向来都是说一不二,我绝不会占了南郡的土地不还,而且你我现在已经是姻亲,你难道还信不过我吗?"孙权知道自己还需要刘备替自己抵挡北面的曹操,也不想就此破坏两家的关系,但他还必须向周瑜说明情况。周瑜此时正担任南郡太守一职,要动他的地盘怎么也得跟他说一声,更何况周瑜与孙家的交情非同一般,算是孙权的哥哥,自己自然不能独断专行,于是孙权就打发刘备先去休息,自己则派人去找周瑜商量。

周瑜的答复很快就来了,他非但不同意借地,还直接长篇大论陈述了一番："刘备这个人，可以称得上是一代枭雄，他手底下又有有关羽、张飞这样如同熊虎一般勇猛的将领，这种人注定不可能长期屈居人下，也不可能为他人所用。照这个势头发展下去，刘备将来必是我江东大敌。依我之见，为了将来考虑，眼下趁着刘备在京口，我们应该直接将他扣押下来，安置在吴郡。刘备一贯喜好声色犬马，我们可以在吴郡为他修建豪华的住宅，再多给他一些美女和其他玩赏娱乐的东西，他必定会沉迷其中，不可自拔。同时，我们再把关羽和张飞两人分开，让他们各自驻守一地，再由像我这样的将领统率他们征战天下，如此一定能成大事。假如我们现在把南郡借给刘备，那他就等于有了争夺天下的资本，再加上关羽和张飞，又有了广阔的疆域，那恐怕会如同蛟龙得到云雨相助一样，终究不会再被留在水池之中了。"

孙权接到周瑜的信后简直吓了一跳，他没想到周瑜不但不同意借地，竟然还想乘机将刘备扣押下来，顺带着将刘备手下的兵将据为己有。事态转变如此之快，孙权一时间有些接受不了，赶紧叫来手下的智囊团商量，结果大家商讨半天也没讨论出个结果。最后还是刚刚赶回来的彭泽太守吕范发了话："仲谋，我觉得公瑾所言符合目前的局势，刘玄德并非池中之物，就连曹孟德这样的人物都不能驾驭，足见他不可能屈居于人下。既然将来不免与刘玄德为敌，不如先按照公瑾的意思来办。"孙权终究还是没有听从他们的意见留下刘备，而是放他返回了公安。在孙权看来，他现在还不能独自与曹操抗衡，正需要招揽天下的英雄豪杰，如果这时候把主动上门的刘备扣了，那天下的豪杰都不敢前来投奔了。

另一边的刘备也是一阵后怕，他回到公安很久之后才从庞统口中知道周瑜等人想扣下自己的消息，心里感慨万千，不由得叹息道："看来这天下间的智谋之士，看法都是差不多的，当初孔明就劝我不要前往，就是担心发生这种事情。只不过我想到此行事关重大，才不得不亲自前往。这次实在是险到了极点，我差一点就逃不出周瑜的手掌心了。"

周瑜看刘备回到公安之后，自己也返回了京口，他回去倒不是想找刘备或者孙权的麻烦，而是想进行下一步计划。他对孙权说道："曹操刚吃了败仗，此时肯定正担心内部的人发动叛乱，根本没有工夫南下进攻我们。我想乘机与奋威将军孙瑜一起向西进发，把刘璋的益州抢下来。只要我们占据了巴蜀（泛指巴中和蜀地一带，即今四川盆地及其附近地区）之地，就可以乘机北上吞并张鲁。到了那时，益州尽数落入我江东手中，可以让孙瑜率军驻守在那里，与关中的马超结盟，一起对抗曹操，我再率军回襄阳固守，与主公一起向北进攻曹操。如此一来，北方早晚也是我们的囊中之物。"这一套与"隆中对"相似的计划大得人心，江东群臣纷纷同意此计。既然大家都同意了，孙权也没什么疑问，直接同意了这一计划。

计划确定以后，周瑜就从京口返回江陵，准备调集军队，择日西征刘璋。遗憾的是，走到巴丘（今江西峡江县巴邱镇北）时，周瑜便一病不起，很快就病死了，年仅三十六岁。

巧借南郡，剑指益州

周瑜死前，推举好友鲁肃代替自己统率军队。周瑜的死，对江东来说可谓是重大损失，但对刘备而言则是意外之喜。相比一直对刘备怀有敌意的周瑜，一贯亲善的鲁肃无疑是一个更好相处的对象。

事实也确实如此。鲁肃代替周瑜执掌军队之后，很快就把之前刘备的提议拿了出来，第一时间赶往京口劝说孙权："主公，依我之见，还是将南郡借给刘备吧。南郡远离我江东，路途遥远，中间又隔着刘备的江夏等郡，一旦不顺刘备的意，他恼羞成怒与我们开战，南郡肯定是守不住的。更何况我们对抗曹操的根基就是孙刘联盟，两家一旦闹翻，只会便宜了曹操。再说公瑾刚刚去世，目前江东军中本就动荡，实在不宜交兵，将南郡交给刘备，既可以巩固两家联盟，也可以让他替我们抵挡曹操。"

孙权听到两家联盟心里就动摇了，他知道自己无力单独与北方的曹操抗衡，便点头道："就依子敬所言。"鲁肃大喜，立刻前往公安与刘备商谈转让南郡之事。而孙权也留了一手，他从豫章郡分出一部分土地，设置为番阳郡，又将手里长沙郡的部分土地设置为汉昌郡，并让鲁肃担任汉昌郡太守，驻军在陆口（今湖北嘉鱼县陆溪镇）防备刘备。鲁肃接到命令后，带着周瑜留下的四千多人的军队，再加上其他一些将领的军队，总共一万多人赶到了陆口驻军。他的目的只有一个，那就是防止刘备向东面渗透。鲁肃终究只是个文人，为了威慑刘备，让他不敢违背承诺，孙权又任命老将程普为江夏太守，驻军在东面，以武力震慑刘备。

程普算是江东有资历的老将，他早年曾跟随孙坚一起讨伐黄巾军、董卓等人。孙坚死后，程普曾归于袁术麾下，很快又转入孙策帐下，跟随孙策一起转战江东，为孙氏占领江东立下了赫赫战功。孙策与祖郎作战时，曾经因为轻骑深入而被敌人重重围困，关键时刻正是程普带着一个骑兵杀入了重围，将孙策从乱军之中救了出来。程普可以说是孙氏几代的家臣，所以深受孙权的信任。程普还作为副手跟周瑜一起参加了赤壁之战、南郡之战等多次大战，为大战的胜利做出了卓越的贡献。

因为程普在江东众将里面年龄最大，军中将士都称他为"程公"。也正因为如此，他在担任周瑜部下时，十分瞧不起这位年轻的上司，经常找周瑜的麻烦。周瑜的心胸十分宽广，不但从不计较，对待程普时还常常将自己的姿态放得很低。程普毕竟不是什么坏人，他虽然是一介武夫，但乐善好施，喜欢和士大夫们交往。时间长了以后，程普察觉到周瑜是为了江东的大局，一直在让着自己，内心十分惭愧，决心痛改前非。从此以后，程普便对周瑜十分信服，对外也对他表现得非常敬重，还告诉别人："与周公瑾交往，就好像喝下醇厚的美酒，不知不觉就已沉醉。"两人的和睦相处，也保证了赤壁之战、南郡之战等战争的胜利。

周瑜死后，孙权并没有按照他的临终遗嘱将大权全部交给鲁肃，只是让鲁肃担任奋威校尉，统率他留下的军队，至于南郡太守的职务，则交给了程普。南郡这种重地，也只有程普这样的人坐镇才能让孙权放心。随着南郡被交割给了刘备，程普便回到江夏，继续担任江夏太守。谁也没想到，程普也就此走上了不归路。

某天，程普正闲坐在沙羡府衙内，忽然听到外头传来急报："报告将军，大事不好，城里的荆州士兵忽然哗变，吵闹着要出城。"程普听后心里一惊，还以为是江夏在江东手里的时间太短，根基还不深厚，因此这么快就有人闹事。但其实这次哗变并不是意外，而是一场蓄谋已久的阴谋。江夏郡其实并非全在江东手里，还有小部分落在了曹操手中，曹操也在这一地区设置了一个江夏太守，这个江夏太守不是别人，正是荆州将领文聘。

相比起程普，文聘在荆州可谓是根基深厚，深得人心。文聘到任后就开始不断对程普手下的原荆州将士招诱，这一次荆州军队的哗变，正是文聘长期招诱的结果，叛乱的士兵都想逃去石阳（今江西吉水县固洲）投奔文聘。程普当然不能允许这种事情发生，他立刻率军出城追击，很快就将数百名叛军全部斩杀。尸体多了处理起来是一件麻烦的事情，稍不留神就可能引发疫病。程普直接将叛军的尸体全部扔进火里，一把火烧掉。然而程普回来之后就病倒了，勉强支撑了一百来天，就此一命归西。

程普的死，对刘备而言简直是天大的好事。鲁肃虽然能管理军队，但也仅限于管理，想用武力震慑刘备实在是难以做到。正是从这时开始，荆州逐渐脱离了江东的控制，转而落入了刘备手中，直至被完全掌控。孙权当然不愿意看到这种事情发生，一时间又气又急，为此不知道添了多少根白头发。大将甘宁看出了孙权心中的忧虑，给孙权献了一计："我有一个主意，公瑾生前提过攻打益州，我认为此计可行。刘璋为人昏庸无能，大军一到，他必定无法抵挡。只要我们占据了益州，刘备就在我扬、益二州的夹击之下，他还敢翻天不成？"甘宁虽然是南阳人，但因为祖上迁居到益州的巴郡，所以他从小就是在巴蜀地区长大的，在当地非常有名气。

孙权听了他的话后，不由得点头道："兴霸此言有理。不过刘备现在占着荆州，他要是不肯放我们的大军过去怎么办？那样的话我们根本无法到达益州。"奋威将军孙瑜脑子里灵光一闪："我觉得不如这样，我们可以约刘备一起去攻打益州，他如果答应，我们就可以跟他一起瓜分益州。到那时，他有了益州的地盘，自然就有土地安置兵马了，那他就必须把荆州还给我们。如果不还的话我们动武也方便，刘备的实力本来就弱，分成益州、荆州两部分后必定两边都很虚弱，我们要消灭他们也不成问题。再说一旦刘备入益州，我们可以打着声援他的名号堂而皇之地把荆州要回来，他没有退路，也就不得不听我们的。"孙权心里的阴霾顿时一扫而空，哈哈大笑："仲异此计深得我心，如此行事，何愁大事不成？"于是孙权很快就派人前往公安，告诉刘备自己准备跟他联手攻打益州。

接到孙权的信后，刘备头都大了，只见孙权在信中写道："米贼张鲁现在占据着汉中，他一直都是曹操的耳目，如今他窥探益州的动向，只怕曹操是想攻取益州。刘璋这个人，昏庸无能，根本不可能守住益州。如果让曹操得到了巴蜀地区，那他就可以顺流而下攻取荆州，这正是当年白起破楚的路线啊！依我之见，我们可以先率军去攻打刘璋，等占据益州之后再讨伐汉中的张鲁，只要能拿下汉中，那我们就能够首尾相连，再加上吴楚的地盘，就算有十个曹操也拿我们没办法。这才是我们一举解决危难的根本大计，希望你能够跟我一起前往。"

益州的重要性刘备自然知道，但他也知道益州是多么不堪一击，诸葛亮的"隆中对"也提到益州是他必须获取的地方。问题是他只想自己占据益州，可没打算让孙权分一杯羹。然而双方毕竟是盟友，孙权既然要打益州，自己也不好直接阻拦。无奈之下，他只好召集群臣商量："孙仲谋写信给我说想向西攻取益州，并让我跟他一起前往，获胜之后我们两家瓜分益州的地盘。如果答应，难免会让孙权在益州扎下根；如果不答应，我又担心会和江东开战，众卿觉得该怎么办呢？"张飞立刻答道："哥哥何必忧心这种小事呢？我们不是本来就要打益州吗？现在孙权小儿肯主动帮忙不是正好？我们打下益州之后，江东也不可能跨过荆州管理益州地区，整个巴蜀地区都是我们的囊中之物。这等好事，哥哥还犹豫什么呢？赶快答应下来啊！"简雍、糜竺等人也纷纷点头："益德说得有道理，江东是不可能占据益州的，只是为我们作嫁衣罢了，还请主公赶紧答应。"

刘备正想就此答应，突然听见一声大喊："你们这话简直大错特错，主公千万不能答应，一旦答应下来，别说益州了，只怕我们连荆州也保不住。"刘备朝说话之人望去，竟然是荆州主簿殷观。殷观投奔刘备已经好长一段时间了，其间一直没什么突出表现，刘备对这个主簿也不怎么了解，不知道他为什么会忽然说这种话，不由得问道："爱卿何出此言？"

殷观见刘备发问了，方才不慌不忙地回答道："孙仲谋表面上是图谋益州，实际上却是想图谋荆州。我们都知道他不可能跨过荆州管理益州，他自己又何尝不知道呢？他真正的目的只怕还是荆州。别的不说，南郡是主公从江东借来的，如果益州打下来了，我们有什么理由不还荆州呢？再说了，若我们作为江东的前驱去攻打益州，万一没攻下来，又被江东趁着我们后方空虚之时攻下了荆州，那我们又该怎么办呢？到那时只怕是进退两难，想挽回就来不及了。主公现在担忧的无非是找不到理由拒绝罢了，我觉得可以写信给孙权，表面上赞成他前去攻打益州，但我们不出兵，主公只需借口说新得到的荆州各郡还不稳定，不敢妄自出兵。这样一来，孙权也不敢越过我们去攻打益州，因为他害怕我们会截断他的后路。如此不但可以防止江东深入益州，还可以防止他谋求荆州。等孙权不动手了，我们再慢慢找机会独自把益州占了，这才是两边获利的好办法。"

刘备听完后拍案叫绝，殷观的主意才是真正能解决祸患的好办法，他立刻就照着殷观的主意写信给孙权，声称自己在荆州时日尚浅，根基不稳，不敢妄动，无法出兵攻打益州。出主意的殷观也因此事让刘备另眼相看，很快就被提升为别驾从事。

接到刘备的回复以后，孙权气得直骂娘："这大耳贼也太狡猾了，明知道我不愿意越过荆州跑去打益州，还说得这么冠冕堂皇，明摆着就是不肯合作！什么根基未稳，都不过是借口罢了，还真当我离了他刘备就打不下益州不成？"愤怒之下的孙权还是不死心，他再次派人传话给刘备："玄德既然不愿意出兵，我也不好勉强，那我就借贵地一过，自己去打益州就是，也不劳烦玄德了。"

刘备没想到孙权竟然真的要硬着头皮跨过自己去打益州，没打下还好，要是真打下来了怎么办？这他可不能答应，于是他再次写信拒绝了孙权："益州这个地方民富兵强，周围又到处是险关要隘，刘璋虽然没什么本事，但想守住益州还是可以做到的。张鲁虽然表面上听从曹操的，但他为人一贯虚伪，不见得是全心全意忠于曹操。再说了，要是你从江东出兵去攻打益州、汉中，需要不远万里从江东运送粮食、物资，这是非常困难的事情，想攻克益州更是难上加难。就算有吴起、孙武这样的将领制定方案、统率军队，这件事也难以办成。更何况我们的敌人并不是刘璋，而是北面的曹操。曹操这个人虽然目无君上，但天子毕竟在他手里，他能够打着天子的旗号不断讨伐异己。赤壁之战后，很多人看到曹操战败都认为他目前的力量不足以统一南方，肯定再也不敢打南下的主意了，这就未免太小看曹操了。他现在拥有天下三分之二的地盘，想做的是饮马于沧海、观兵于吴会，这样的人又怎么会甘心干坐在北方呢？我敢断言，他很快就会卷土重来的。再说了，曹操是天下人共同的敌人，刘璋等于是我们的盟友，现在我们同盟之间无缘无故互相攻伐，只会让曹操捡了便宜。如果让曹操找到机会乘虚而入，那将万劫不复。就长远来看，攻打益州实在是没有什么可取之处啊！"

孙权接到信后，心里异常愤怒："刘备说得倒是冠冕堂皇，心里打的什么主意谁还不知道？还说什么与刘璋是同盟，不可以互相攻伐，他刘备难道不想打益州？"孙权气愤之下也不再理会刘备，直接让孙瑜率领水军驻扎在夏口，准备让他总督各路大军沿江西进，攻打益州。刘备一看孙权要玩真的了，他也不含糊，立刻写了一封信给孙瑜："假如你非要攻打益州，这等于是在破坏大家一起对抗曹操的友好同盟，我没法阻止你，那就只能逃到山里面去做一个隐士，以此来表示自己不失信于天下。"做隐士什么的刘备也就嘴上说说，行动上可半点不含糊。他让关羽屯兵江陵，张飞屯兵秭归（今湖北秭归县归州镇），诸葛亮镇守南郡，自己则驻军孱陵（今湖北公安县西），准备就此与江东开战。

孙瑜见刘备搞这么大阵仗，心里也没了主意，只好派人据实回报给孙权。孙权一看，也明白了刘备的意思，他当然不愿意跟刘备开战，只好让孙瑜撤军而回，攻略益州的计划就这么不了了之了。

刘备嘴上虽然一套又一套，但其实心里早就在打益州的主意了。他一直志在天下，夺取荆州只是刘备前进路上的第一步，它标志着刘备再度拥有了一州之地，不用再像以前那样颠沛流离，寄人篱下。很快，攻略益州的机会也出现在了刘备的面前。

刘璋暗弱，张松献图

建安十六年（211 年），曹操忽然下令，让司隶校尉钟繇出兵讨伐张鲁，又让征西护军夏侯渊率领大军从河东出发与钟繇会师。消息一出，关中震动，战火再次一触即发。不光关中担忧，在南面同样有一个人担忧不已，这个人不是别人，正是益州牧刘璋。

张鲁虽是靠着刘璋的父亲刘焉资助才得以起事，但他一直与刘璋不和，他占据的汉中本来也是益州的地盘，却被刘璋强行分割开来。刘璋也曾多次出兵讨伐过张鲁，但都没有成功，只好放任不管。在刘璋看来，汉中的张鲁固然是敌人，但从另一方面来讲，也是益州的屏障，只要张鲁还在，曹操就不敢越过汉中来攻打益州。现在曹操既然派了钟繇攻打汉中，只怕也存了攻略益州的想法。

刘璋对自己的认知还算清醒。他父亲刘焉虽然是鲁恭王的后人，但只属于旁支，早就已经没落了。后来刘焉因为才识名声渐起，被称为海内名士，这才被汉灵帝起用。当时天下将乱，刘焉听从侍中董扶的话，认为益州这块地方有天子之气，才自请担任益州牧。在此后的数年里，刘焉果然将益州治理得井井有条，百姓安居乐业。刘璋本来只是刘焉的第三子，与哥哥刘范、刘诞原本都跟随汉献帝一起去了长安，还被董卓关了起来。后来因为刘焉自称病重，要找一个儿子前来侍奉，刘璋才被放回了益州。刘璋这一走自然再也没回长安，刘焉死后，他就被赵韪等人拥立为益州牧。赵韪等人之所以看中刘璋，就是觉得他这个人仁弱，没有多少本事，这样的人更容易控制。只可惜赵韪想了那么多，最终没能成事，反被刘璋击败了，死在部将庞乐、李异手下。

虽然有过平定赵韪的经历，但刘璋知道自己肯定不是曹操的对手，整日忧心忡忡，只得询问益州众臣："眼下曹操派人进攻汉中，恐怕是冲着益州来的。以我益州之力想抵挡曹操肯定非常困难，你们觉得怎么办才好？"众人发言倒是都很积极，有说拼死与曹操一战的，有说派人支援汉中张鲁的，还有干脆建议投降曹操的。讨论了半天，始终没能拿出一个能令刘璋满意的计划。打肯定打不过曹操；张鲁这样的死敌，自己不灭了他已经算好了，要帮他实在自己忍不了这个气，更何况张鲁还未必肯接受，如果派兵前往，他没准还会觉得是想暗算他呢；至于投降，那就更不用想了，自己做一方山头这么久了，哪愿意屈居人下。

最后还是别驾张松站了出来："你们说的都不是什么好办法，要解决这件事根本不能这么办。曹操的本事天下谁人不知，他用兵如神，可以说是天下无敌，他要是占据汉中然后再攻打益州，根本没人抵挡得住，你们的办法完全不起作用，就连我们和张鲁加起来也不是曹操的对手。依我之见，不如请外援来帮忙。"

刘璋听了半天也没听到自己满意的，早已昏昏欲睡，忽然听到张松这么一个与众不同的想法，精神一振，立刻追问："外援从何而来？"张松胸有成竹："荆州牧刘备与主公同属刘氏宗亲，又与曹操有深仇大恨，他本人也善于用兵，此前赤壁之战时，曹操就被他和周瑜的联军打败，连到手的荆州都丢了。如此人才，要是能让他替我们讨伐张鲁，肯定可以一举拿下汉中。汉中一拿下，益州必定实力大增，到那时就算曹操亲自前来也不会有什么作为了。更何况益州将领如庞羲、李异这些人自恃功劳，行事一贯骄横不法，他们心里想的只怕就是投降曹操。如果得不到刘备的帮助，一旦曹操从外面攻进来，庞羲等人再在内部起兵响应，那我们就必败无疑了。"刘璋听后连连称善："子乔所言在理，不过要请刘备前来帮助，应该由谁来担任使者呢？"话音刚落，立刻有人大喊道："主公千万别听张松瞎说，要是请来了刘备，无异于引狼入室。只怕还没等到曹操，益州就先被刘备抢了。"

刘璋内心一震，赶紧朝说话之人望去，见是益州主簿黄权，他不由得问道："公衡为什么这样说呢？"黄权答道："刘玄德素来以骁勇闻名于世，一旦把他请来，主公该怎么对待他呢？要是将他当作一般部下对待，他肯定不会满意；要是以宾客之礼对待，那益州就等于有了两个主君。正所谓一山不容二虎，一个国家肯定也不能有两个君主。如果做客人的安如泰山，那恐怕做主人的就危如累卵了。依我之见，不如先关闭边境关隘，观望一下时局再做决定。"

还没等刘璋发话，张松就出言反驳道："公衡此言差矣，刘玄德仁义的名声天下谁人不知？当初陶恭祖死时，将徐州委托给刘玄德，他尚且未敢仓促接受，后来又收容无路可走的吕布。赤壁之战后，刘玄德本可以自己做荆州牧，但他却把位置让给了刘琦，这样的一个人，又怎么会贪图益州呢？公衡这么说，只怕是不安好心，不愿意让主公度过危机吧。"

黄权还要再争，却听刘璋说道："公衡不要再说了，我意已决，刘玄德绝不会图谋我益州地盘，还请诸位推举一位合适之人担任使者。"黄权还是不放弃，大声喊道："主公还请听我一言，万不可让刘玄德进来。"刘璋脸色一沉："目前广汉县（今四川射洪县柳树镇）正好差一个县令，正好需要公衡这样的人才，公衡就暂时屈就吧。"说完后，他又对外下令："来人！将公衡带下去，速速前往广汉接任县令。"很快就有人进来，强行带走了黄权。

黄权被带走以后，又回到了谁去做使者这个问题上。张松再次站出来说道："主公，正所谓用生不如用熟，军议校尉法孝直（法正）此前出使曾见过刘玄德，又率军帮助刘玄德守卫过荆州，要派人去请刘玄德，他最合适。"刘璋觉得有道理，便转头询问法正："孝直可愿意走这一趟？"法正赶紧答道："主公的命令，孝直上刀山下火海也在所不辞，我一定不负所托，将刘玄德请来。"刘璋大喜，立刻令法正带着四千人前往迎接刘备。除了黄权之外，益州还有不少人都觉得请刘备入益州太过凶险，只不过看刘璋不听，不敢开口。益州从事王累甚至用绳子将自己倒吊在成都的城门上，想以死劝谏刘璋，只可惜刘璋依然不听，王累只得自杀。

送走法正之后，刘璋自以为大事已了，可以高枕无忧了。可他没想到的是，他已经被张松和法正两人卖了。张松之所以要把益州卖给刘备，说起来与曹操也有很大关系。当初曹操攻占荆州时，刘璋接到消息后非常担心，生怕曹操会顺江而上攻打益州，于是派了张松前去面见曹操，以表示自己的敬意。张松这个人虽然精明果断，又通晓事理，但有个很大的缺陷，那就是个子比较矮，而且为人行为放荡。

张松到达荆州的时机十分不凑巧。当时曹操刚平定了荆州又打跑了刘备，正志得意满，觉得天下可定，所以没有以前那种礼贤下士的心思，再加上张松行为放荡，惹得曹操非常不快。虽然主簿杨修觉得张松是个人才，劝曹操将他征辟为僚属，但曹操没有听从，只打发张松返回益州。因为这件事，张松对曹操怀恨在心，回去之后添油加醋说了曹操很多坏话，劝刘璋与曹操断绝关系，转而与刘备结交。正好赤壁之战的消息传来，曹操大败而退，刘璋就顺势派人前往荆州与刘备结交。派出的人就是法正，他也是由张松推荐的。

张松之所以推荐法正，除了因为他是自己的好友外，还因为法正对刘璋非常不满。法正是扶风人，他的祖父法真是当时的名士，还有一个"玄德先生"的雅号。建安元年，因为关中闹饥荒，法正和同郡的好友孟达一起南下入蜀，依附于刘璋。只可惜刘璋并没有发现法正的才能，等了很久才让他做了一个小小的新都县令。法正既得不到重用，又经常被其他客居在益州的同乡们嘲笑，心里一直非常烦闷。

恰巧，张松也是一个对现实非常不满的人，他虽然深受刘璋信任，但他觉得自己才能出众，刘璋却只是一个庸碌无为之人，跟着这样的人肯定成就不了大事，于是心里就有了另寻明主的想法。两个对现实不满的人凑到一起，经常一起吐槽一起感慨，关系自然也就越来越好了。原本张松心中最合适的明主人选是最有希望统一天下的曹操，只可惜曹操看不上他，他只好退而求其次选择刘备。

不过张松没有对法正说过自己有心投向刘备的想法，法正其实不愿意大老远走这么一趟，本想推辞，但好友张松推荐自己，推辞未免有些不给面子，于是只好硬着头皮前往荆州。这一趟还真没白走，法正到了之后才发现刘备这个人不简单，正是自己一心寻找的明主。在刘备的热情款待之下，法正早就将此前的不快抛到了九霄云外，回来后对张松说："刘玄德这个人果然雄才大略，这样的人才是我们渴望的明主。"张松此前虽然有心投向刘备，但毕竟没有见过，并不知道刘备到底是什么样的人，担心也像曹操一般名不副实。这时听法正这么一说，心里也有了底，正式下定决心要投向刘备，两人便就此策划，要将刘备迎为益州之主。刘璋对这一切毫不知情，他甚至还派法正和孟达带着几千兵马去帮助刘备驻守荆州。这一次张松和法正二人可有了准备，张松专门画了一张地图，上面标明了益州所有的山川处所。刘备拿到地图之后，又向法正询问益州的地势狭阔，兵器、府库、钱粮的多少以及各种要害、道路等，法正都一一作答，让刘备尽知益州的虚实。

法正离开成都（今四川成都市）以后，一路顺着长江而下，再次见到了刘备。这一次他要做的可不只是请刘备去益州这么简单了，他想让刘备取代刘璋的位置。两人见面后，法正屏退左右，私下献计："刘璋懦弱无能却占着益州，将军的英明才干，天下无人不知，您才应该是引领益州的主人啊！现在益州有个叫张松的重臣，愿意在内部响应，将军想夺取益州是轻而易举的事情。只要拿下益州，凭借益州的殷实富裕支持，又有天府四周险隘用来防守，成就大业简直是易如反掌。"

刘备自己当然对益州早就有了想法，但不久前才冠冕堂皇地阻拦了孙权进攻益州，现在自己要去夺取益州，一时间实在是过不了心里这个坎。就在刘备犹豫不决之时，门外传来了一个声音："荆州经过屡次大战后早已经残破不堪，人才流失极为严重。更何况东面有孙权，北面有曹操，荆州在他们之间，想做出一番成就非常困难。益州不一样，它没有经过多少战火，现在光登记在册的户口就有一百多万，而且土地肥沃，物产丰富。如果真的能得到益州，以它作为争夺天下的资本，那还愁什么呢？主公千万不要再犹豫了。"

话音落时说话的人也从门外走了进来，刘备一看，来的是军师中郎将庞统。庞统，字士元，是襄阳人，与诸葛亮算是老乡。然而与年少成名的诸葛亮不同，庞统为人质朴，看上去十分驽钝，根本没人发现他的才华。后来庞统与以识人著称的司马徽会面，当时司马徽正在树上采桑，两人便一个人在树上，一个人在树下，交谈了一天一夜。经过交谈，司马徽才发现庞统这个人不简单，称赞他为"南州士人之冠冕"。有了司马徽这句话后，庞统声名鹊起，才名从此被天下人知道。当时襄阳还有一个叫庞德公的隐士，他将诸葛亮称为"卧龙"，庞统称为"凤雏"，两人由此在襄阳齐名。

后来庞统被郡里征辟为功曹，他非常喜欢点评当时的人物，但他的点评往往要比他点评的人的实际才能高出不少。有人觉得奇怪，便询问他为什么要这么抬高别人，庞统回答道："现在天下大乱，正道逐渐衰弛，世上的恶人多而善人少，我这样做是想借此风气来达到助长正道的目的，所以需要好好宣传榜样。如果我不这样做，世上的善人越来越少，恶人就会越来越多。我这样做，如果十个人里面有五个人能够改好，那我一半的目的就达到了，从而达到教育世人的目的，同样有这种志向的人也可以勉励自己，这样做难道不应该吗？"众人听说这件事后都叹服不已。

南郡之战后，周瑜便担任了南郡太守一职，庞统也在此时投入了周瑜麾下。在庞统眼中，周瑜看重自己的才能，无疑是一个可以效力的人，跟着他一定可以成就一番大事。然而天不假年，周瑜竟然年纪轻轻就一病而亡。他死后，庞统便作为僚属，护送他的灵柩返回吴地。当时吴地很多人都听说过庞统的名声，见他到来后都争相与之交往。后来庞统返回荆州时，吴地的名士陆绩、顾邵、全琮等人都跑到昌门外为他送行。

庞统回到荆州后不久，孙权在鲁肃的建议下将南郡借给了刘备，时任南郡太守的程普便率领所部东返江夏。庞统并没有随行，而是转投到了刘备麾下。刘备一开始并没有看出庞统的才华，只将他任命为耒阳（今湖南耒阳市，耒音 lěi）县令。庞统到任以后，根本没有用心处理政务，弄得耒阳县政务废弛。刘备听说以后十分气愤，心想好你个庞士元，我是听说你的名声才让你做了个县令，你竟然这么辜负我的信任。愤怒之下的刘备很快就将庞统免职了，甚至打算直接打发他回乡。

这件事正好传到鲁肃耳朵里，鲁肃自然是知道庞统的才能的，他便写了一封信给刘备："庞士元的才能并不适合管理一个方圆百里的小县，你要让他处在治中、别驾一类的职位上，才能够发挥他的长处。"虽然和江东摩擦不断，但刘备对鲁肃还是信得过的，看到信后不由得开始对庞统另眼相看。作为同乡的诸葛亮也在这时向刘备推荐了庞统，刘备便将庞统召来详谈了一番，发现他果然非常有才能，于是任命他为治中从事。不久后，刘备又将庞统提拔为军师中郎将，对他的信任仅次于诸葛亮。

刘备见庞统进来，连忙说出自己的疑虑："士元不知我心中所想，所以才不明白我的困惑所在。现在与我势同水火的人，只有一个曹操，而我跟曹操最大的区别，就在于处事方式。曹操对人严厉，我对人宽厚；曹操为人凶残，我为人仁慈；曹操为人诡诈，我为人忠信。我只有保持这些美好的品质，与曹操残暴的性格相反，才能成就大事。我此前阻止孙仲谋派军队去攻打益州，现在自己反而要去攻打益州，岂不是会让天下人笑话我言而无信？如果因为贪图便宜而让天下人认为我没有信义，那我以后该怎么办呢？"

庞统听后笑道："主公未免多虑了，要平定天下大乱本就不能只依靠一种办法，需要有所变通，而不是盲目遵循所谓的准则。再说兼并弱小，进攻愚昧，用不合礼义的方法取得，再用合乎礼义的方法加以治理，这样的做法连古人都赞同，春秋时期五位称霸天下的方伯不都是这样干的？如果主公实在觉得心里不安，可以等我们成就大事之后赐给刘璋一块面积广大的封地，这样一来就不存在什么违背信义了。刘璋这种人注定守不住益州，我们不拿下它，早晚也会落入别人手里，到时候再想后悔就来不及了。"刘备听完茅塞顿开，连连点头："是我多虑了，士元说得有道理。"于是准备就此率军西入益州。

引狼入室，平定西川

既然要西入益州，那就得重新调整人事安排。要防止曹操和孙权两方乘虚而入，又想带走所有的人马肯定不可能，刘备便任命关羽为襄阳太守、荡寇将军，驻扎在长江以北，与驻守襄阳、樊城一线的乐进对峙；任命张飞为征虏将军、宜都太守，驻扎在南郡镇守后方；又将赵云从桂阳调回公安，负责镇守大本营；自己则带着黄忠、魏延、庞统、蒋琬等人率军西入益州。

听说刘备打着救援刘璋的名号西入巴蜀了，孙权哪还不明白他想干什么，气得差点吐血。忽然，孙权脑子里灵光一闪："刘备既然走了，荆州的防备肯定空虚，不如派人去把他儿子抢来，这样就不怕他不听话了。"想到这里，孙权赶紧行动起来，派人乘船前往公安去接妹妹。孙夫人也明白哥哥的意思，立刻带着刘备的儿子刘禅就要返回江东娘家。关键时刻刘备留下的布置起到了作用，在张飞和赵云的阻拦下，刘禅被抢了回去，孙权只成功接走了妹妹，计划就此落空。

为了迎接刘备，刘璋特意让沿途经过的郡县提供一切刘备所需的物资。结果刘备进入益州以后，就好像回到了自己家一样，前后得到刘璋赠送的各种物资竟然数以亿计。刘备到达巴郡时，巴郡太守，老将严颜目睹沿途的景象后，不由得感叹："这真是应了那句老话，'独坐穷山，放虎自卫'啊！"然而他除了担忧，也做不了什么，毕竟人是刘璋请进来的。

刘备一路沿江而上，到江州（今重庆市）后向北经过垫江（今重庆市合川区南），终于到达了涪县（今四川绵阳市东），刘璋也同时率领自己的步骑兵三万多人，摆出盛大的仪仗，在涪县与刘备会合。到达当天，法正再次赶来刘备营中求见，他是张松派来的，只为传递一个信息："我听张松说，今晚刘璋要大摆宴席为将军接风洗尘，将军可以提前埋伏，在宴席上打刘璋一个措手不及，他根本没有防备，肯定可以一战而擒。到那时刘璋在手，益州大局可定。"刘备听后连连摆手："我们这才刚刚进入益州境内，还不了解具体情况，万不可仓促行事。一旦不成功，再想拿下益州恐怕就难了。"

庞统也力挺法正："主公这话说得可就不对了，要成就大事，哪有不冒险的。如果今天能在宴会上一举拿下刘璋，我们不需要用兵就可以轻易得到益州的土地，这种险值得冒。退一万步讲，就算事情不成，我们也可以从容而退。"刘备还是不同意："我们刚刚进入别人的地盘，恩德和信义都还没有表现出来，就算拿下了刘璋，人心不附，也难以占有益州。此时要夺取益州还言之尚早，暂时不能这么做。"庞统和法正听后，方才被刘备说服。

宴会上没有出现任何意外，可谓是宾主尽欢，刘璋和刘备在宴席上互相吹捧了一番，刘璋将刘备推举为代理大司马兼司隶校尉，刘备也将刘璋推举为代理镇西大将军兼益州牧。这自然也不过是他们双方互相承认的身份而已，挟持汉献帝的曹操既不会承认也不会理会。双方的军队在涪县一起欢宴了一百多天后才各自散去。刘备要北上为刘璋进攻张鲁，刘璋也不小气，不但给刘备增派了不少兵马，还拨给了他二十万斛粮食、一千匹战马、一千多辆战车以及大批军需物资，又将驻扎在白水（今白水江）一带的益州军队交给刘备指挥。就这样，本部人马加上刘璋送来的益州军队，刘备一下子就有了三万多人，车辆、甲胄、器械、粮草辎重等物资也都非常充足。安排好一切之后，刘璋便放心地返回了成都，刘备则一路北上到达了葭萌关（古关名，在今四川广元市昭化区昭化镇）。

到了葭萌关以后，刘备没有按照原定计划北上进攻张鲁，而是借口休整部队，在这里停了下来，不断在当地广施恩德，收买人心。而这一休整，竟然休整了一年。就连庞统都坐不住了，赶紧找到刘备建议道："主公进入益州已经一年多时间了，该了解的情况也了解了，该布施的恩德也布施了，我们不能一直留在葭萌，是时候发起进攻了。"刘备听后点头道："士元说得有道理，不知道你有什么计策呢？"

庞统既然敢来，自然早有准备，他见刘备问起，连忙回答道："我有上中下三策。暗中挑选精兵，昼夜兼程，直接袭击成都。刘璋既不懂军事，又对我们没有丝毫防备，我们突然袭击，必定可以一战而胜，这是上策。杨怀、高沛两人都是刘璋帐下的名将，他们各自率领精兵据守在险关要隘，就是为了防备我们。我听说他们曾多次上书，劝刘璋把主公送回荆州，只是刘璋没有听从。主公可以让人去告诉他们，说荆州发生了紧急情况，必须回军救援，同时打点行装，假装真的要回去。这两个人巴不得主公早点走，他们既佩服主公的威名，又高兴要送你离开，我猜他们肯定会赶来送行，我们可以乘机将他们拿下，再吞并他们的部队，然后向成都进军，刘璋必定抵挡不住，这是中策。现在退回到白帝城（在今重庆市奉节县东），联合我们留守在荆州的人马，再慢慢策划进攻益州的办法，这是下策。眼下我们该做出决断了，如果迟疑不前，肯定会陷入困境，还请主公早做决断。"刘备没想到庞统居然一下子提出了上中下三条策略，他沉吟片刻方才答道："下策肯定是不可取的，上策又太过冒险，我觉得中策最为可行。"

决定采用中策以后，下一步就是找理由假装返回荆州了。说来也巧，关键时刻曹操和孙权两位老朋友送来了助攻。就在这一年十月，曹操再度率军南下，企图从合肥南下，渡过长江进攻江东。孙权得到情报后也集结大军北上，双方在濡须口（今安徽含山县濡须山与无为县七宝山之间）一线对峙。这一次曹操来势汹汹，号称手下有四十万大军，孙权心里也有些发怵，所以赶紧派人向刘备求救。刘备这时候远在益州，信件几经辗转才送到他手上。刘备是了解孙权的，知道曹操想收拾他并不容易，曹操擅长陆上作战，想对付江东的水军非常困难，所以刘备并不担心曹操真的能吞并江东，也没有出兵救援的打算。

不过孙权的求援信倒是给了刘备一个很好的借口，他赶紧写信给刘璋："现在曹操南征江东，江东形势危急。孙权与我本就是盟友，双方可以说是唇齿相依，我必须前去援助他。而且乐进所部正在青泥（在今湖北钟祥市东）与关羽相持，关羽手里的兵少，很难抵挡得了乐进，我必须赶紧率军返回荆州，否则的话荆州难保，到那时益州想独善其身也很困难，这远比张鲁更值得让人担心。至于张鲁，不过是只求自保的贼寇罢了，根本不足为惧。我现在既要救援关羽，又要救援孙权，只怕手里这点兵力不够用，希望季玉能够增派一万兵马和军需物资给我，让我能够击退曹操。等曹操一退，我立刻返回为季玉破敌。"

刘璋接到信后，心口的老血差点喷出来，自己养了刘备一年多时间，他竟然就要这么走人了。不过现在曹操确实在攻打江东和扬州，刘备要离开也无可厚非。至于刘备提到的一万人，刘璋觉得有些多，就回复说只能借给四千人，物资也需要减半，其他的兵马还需要防备张鲁。

刘璋的做法本来合情合理，但架不住一心找碴的刘备。刘备拿到回信之后心中又有了主意，立刻召集全军将士，当众将信给他们看，然后大声说道："我们不远万里来为益州讨伐强敌，将士们奔波劳碌一刻都不得安宁，结果刘璋居然这么吝啬，他将自己的钱财藏在府库里面，不肯拿出来犒赏有功的将士，这样的人凭什么让我们为他拼死作战呢？"众将士听到自己的赏赐被刘璋扣了，心里愤怒难平，对刘璋大声痛骂。刘备大喜，便准备按照庞统之前的计策进行下一步行动了。

计划赶不上变化，就在刘备策划这下一步行动时，他图谋益州的想法居然被刘璋知道了。说起来，这黑锅还得由当时的通信技术来背。刘备声称要返回荆州原本就只是个幌子，这件事情刘备手下的谋士将领们都知道，但他们偏偏忘了通知一个人，这个人就是远在成都的张松。张松知道刘备要回荆州的消息后，觉得莫名其妙，不知道刘备到底在打什么算盘。他自己没想出个所以然来，便写信给刘备和法正："现在眼看大事要成了，怎么忽然要放弃这里离开呢？"这封信没能送到刘备手里，反倒被张松的哥哥、广汉太守张肃截获了。张肃看到信之后，立刻明白了张松与法正、刘备等人的计划，他担心自己受到牵连，也顾不得什么兄弟之情了，立马就向刘璋举报了张松。

刘璋接到消息后勃然大怒，没想到自己真的是引狼入室，更没想到张松和法正居然吃里爬外。他气愤之下立刻将张松处死，然后派人向各个关口要隘的守将发布文书，让他们都不要再和刘备往来。刘璋的反应倒是很快，但他并没有给手下人说明白刘备图谋益州的事情，因此大家都不明白为什么忽然不准和刘备往来了。刘备得知张松被杀的消息后又惊又怒，这不但让他失去一个重要的内应，还使得自己突袭成都的计划就此落空。

思索良久后，刘备忽然意识到益州将领似乎都还不知道自己的事情，于是派人去请白水军督杨怀、高沛两人。杨怀、高沛虽然一直想赶刘备走，但并不知道刘备真有图谋益州的想法，再加上刘备声名远扬，两人虽然接到了刘璋不准与刘备往来的命令，但还是赶来见刘备了。在他们二人看来，自己此次前来不过是为刘备送行罢了，没想到却从此走上了不归路。见杨怀、高沛到达以后，刘备便立刻责问他们为什么对客人这么不礼貌，居然不主动前来送行。杨、高二人还来不及辩解，就被刘备的手下人斩杀。随后刘备便大摇大摆地进入了白水关（古关名，在今四川青川县沙州镇北），将杨怀、高沛二部人马全部吞并，然后率军向南到达涪县。涪县守军根本没料到刘备会突然发起进攻，在毫无准备的情况下很快就被敌军攻入，涪县就此失陷。此战之中，老将黄忠奋力当先登城，为大军立下首功。

听到刘备抢先动手的消息后，刘璋又担心又愤怒，他赶紧召集手下人商量："刘备率领大军南下，意图夺取益州，大家觉得现在应该怎么办呢？"众人都在心里吐槽，谁叫你当初不听黄权和王累的话，现在引狼入室了吧。当然大家都不敢直接说出来，依然开始各自出主意，但都没有拿出一个合适的办法。最后还是益州从事郑度站出来建议道："虽然刘玄德孤军深入发起袭击，看似来势汹汹，但他手下的军队不到一万人，而且里面有不少益州将士，并没有真正归附于他。再加上他入蜀时没有携带辎重，粮食、物资全靠我方供给，现在只能靠抢掠田野间的庄稼为生。依我之见，我们最好的办法就是将巴西郡和梓潼郡境内的百姓全部迁到内水、涪水西面，然后将巴西、梓潼仓库里的粮食、物资和田野间的庄稼全部烧掉，再修建深沟高垒，静观其变。如果刘备率军前来挑战，我们则坚守不出，他们没有地方抢掠粮食，不到一百天，必定会自动退兵。等他们退兵时，我们再出兵追击，肯定可以一举擒获刘备。"

听完郑度的计策后，刘璋目瞪口呆，愣了半响之后才说道："我只听说抵抗敌人是为了保护百姓，从来没听说过迁徙百姓来躲避敌人的，这简直是无稽之谈，哪有自己毁掉自己的粮食和物资的，还是另想他法吧。"所谓的其他办法，到最后还是没能想出来。无奈之下刘璋只得派刘璝（guī）、冷苞、张任、邓贤等将领率军前往攻打涪县，希望能够将刘备击退。

刘焉时代，益州以东州兵称雄天下，但早已是过去式了，现在的东州兵不堪一击，再加上刘璋一个主帅都没设置，诸将各自为战，哪还是刘备的对手，很快他们就被一一击退，只得率领残部退守绵竹（今四川德阳市北黄许镇）。无奈之下刘璋只得再派护军李严和费观两人前往绵竹督师，希望能够挽回败局。没想到李严、费观觉得刘璋大势已去，又比不上刘备，干脆带人投降了刘备。这下不但让刘备得到了重镇绵竹，还将绵竹诸将全部卖了，最终只有刘璝和张任两人率领残部退到了雒城（今四川广汉市中部），其余兵将尽归刘备所有。自此以后，刘备实力越来越强，兵马也越来越多，他干脆分别让众将各自率军，四处攻略不肯投降的县城。不久后，刘备亲自率军进攻雒城，拉开了雒城保卫战的序幕。

雒城城内，守城的主将已经不是张任等人了，而是刘璋的儿子刘循，他此时正急得在城头来回踱步："刘玄德勇猛天下皆知，他现在亲自率军前来攻城，我们该怎么办？"性如烈火的大将张任一听，冷冷一笑："我就不信他刘玄德还能有三头六臂，此前在绵竹要不是因为李严这帮叛徒，看我怎么收拾他。少主不必担心，待我出城生擒刘玄德。"刘循连忙阻止："张将军不要冲动，我们还是小心守城，等找到机会再出城破敌。"张任这时气血上涌，哪里还听得进去："请少主等着看。"说完之后，他便点起兵马出城了。

张任出城之后，一路上一个敌人都没看到，他寻思："莫不是刘玄德惧怕我的威名，已经跑了？"正在他思考的间隙，他已经带人来到了雁桥（今四川广汉市北鸭子河上）附近，忽然听见一声大喊，周围杀出了无数兵将，为首的那个人正是黄忠。面对突如其来的伏兵，张任等人一下子慌了神，没交手几个回合就被杀得大败。这一次张任也没能逃掉，被当场生擒。

张任是蜀中老将，胆识过人，在益州非常有名，刘备也很佩服他的忠勇，见他被擒获，忍不住劝道："刘季玉并不是值得托付的良主，张将军何不与我一起共图大事？"张任看了刘备良久，方才叹道："我不过就是个打了败仗的，将军又何必说这些，我已经老了，终究不能侍奉第二个君主。"刘备无奈，只得下令让人将张任斩首。张任虽然战死，但他的一腔热血却激励了雒城将士，他们在刘循的带领下屡屡击破刘备的攻势，战事一时间陷入了僵局。

就在刘备对益州发动全面进攻的同时，留守荆州的诸葛亮等人也准备派出第二拨军队攻打益州。建安十九年（214年），诸葛亮留下关羽镇守荆州，自己带着张飞、赵云等人，沿长江而上，一路进入到巴郡，到达江州城下。坐镇江州的正是当初感叹刘璋引狼入室的巴郡太守严颜，他早就料到会有今天这种局面，所以一直严加防备。随后诸葛亮留下张飞继续攻打江州，自己率领本部人马沿着内水向成都进发，赵云则率领偏师从外水进发，一路攻下江阳（今四川泸州市）和犍为（治所今四川彭山县东）之后，再转向成都进军。

诸葛亮等人离开后不久，江州就守不住了。严颜虽然做足了准备，但也抵挡不住以勇猛著称的张飞，很快江州就失陷了，严颜自己也做了俘虏。张飞得知生擒了严颜之后，立刻让人将严颜押入大营，一见面就大声呵斥道："我率领大军而来，你为什么不但不投降，还敢带人抗拒天兵？"严颜虽然被俘，但他没有一点屈服的意思，听闻此言不由得冷笑起来："你们无缘无故侵略我治下州郡，难道还不许我抵抗吗？我益州只有断头将军，从来没有降敌将军。"张飞大怒，立刻喊道："来人！速速将这老匹夫拖下去，给我砍了他！"严颜依旧面色不变："你要杀便杀，吼这么大声干什么。"张飞听后不由得对严颜生出几分佩服之情，也不再提什么杀人了，只让人将严颜放了，从此让他担任自己的幕僚。有了严颜这样的识途老马之后，张飞所过之地攻无不克。他一路攻下巴西（治所今四川阆中市）、德阳（今四川江油市雁门坝一带），很快也进军到了成都。

另一边的刘备在攻打了一年之后，终于攻下了雒城，就连刘循也做了俘虏。不过刘备一方也耗时日长，损失惨重。而最令刘备痛心的是，庞统在雒城攻防战中不幸中箭身亡，年仅三十六岁。庞统的死，对于刘备来讲是无法挽回的损失，相当于断了一条手臂，从此以后他只得依赖于法正。随后，刘备继续率军向成都进发，诸葛亮、赵云、张飞等部也纷纷赶来会合，大军就此将成都重重围困。

与此同时，成都城内人心惶惶，刘璋也惊惧不已，整日睡不着觉。早在雒城之战时，法正就曾专门写信劝刘璋投降，却被他断然拒绝。刘璋没想到刘备竟然这么快就席卷了益州，攻到成都城下。还没等他反应过来，忽然听说许靖逃跑了。许靖是当时的名士，也是以识人著称的许劭的哥哥，刘璋当初费了不少力气才将他请到益州。现在许靖正担任蜀郡太守，深受重用，没想到他居然也逃走了，看来大家都看出来局势不妙了。不久，又有消息传来："许大人想翻墙出城，现已被守城士兵拿下，主公是否要将他处斩以振军心？"刘璋沉吟良久，最终叹了一口气："许靖要逃也是看局势不利，不想给我陪葬罢了。眼下的局势只怕难以维持了，何必再多伤一条人命呢？还是将他放了吧。"

就在这时，刘备这边又得到了好消息，此前投奔张鲁的马超，因为被杨昂等人的谗言中伤，在汉中混不下去了。刘备得到消息以后，就让建宁督邮李恢前去游说马超。马超此时正愁没有地方可去，于是立刻逃到了氐中（泛指氐族活动区域，今四川、甘肃、青海等地），准备就此向刘备请降。刘备心里却有其他算盘，他知道仅凭马超一人，震慑力度远远不够，就暗中派人向马超运送物资军械，让马超重新招兵买马。不久后，马超率领重组后的西凉骑兵赶到成都，刘备便让他驻军在城北。成都城内看到马超后惊骇莫名，马超可不是一般人，他也是一方枭雄，更是一名威震天下的猛将，他手下的西凉骑兵曾一度让曹操受困。现在连马超这样的人居然都归降了刘备，成都哪还抵挡得住。

刘备抓住机会，派遣从事中郎简雍前往成都劝降刘璋。简雍一见面便开口说道："我主刘玄德起兵这么短时间就占据了益州大部分土地，就连马超这样的人物都不远万里前来归降，这样的人不正是天命所向吗？成都外无援兵，早晚会被攻破，季玉你还不如趁早投降，一来你能获得富贵，二来还能让成都百姓免于刀兵，何乐而不为呢？"

话音刚落，立刻有人大声呵斥道："休得胡言，成都还有精兵三万，粮食、钱帛都可以再支撑一年，主公父子两代善待成都百姓，城内百姓都愿意死战效力，此时谈胜负为时尚早。时间一久，曹操和孙权未必会坐视不理，只要他们进攻荆州，不怕刘备不退兵。"

刘璋只是摇了摇头，叹息道："我父子二人坐镇益州二十多年，没有施加一点恩德给百姓。现在益州已经大战三年了，死伤的百姓不计其数，这都是我的罪过啊。因为我一个人连累这么多百姓，我于心不安，还是就此开城投降吧。刘玄德以仁爱著称，想来也不会为难城中的百姓。"说完之后，刘璋就下令打开城门，自己和简雍同乘一车出城投降，城中的百姓、将士知道无法挽回，都站在路边哭拜。刘璋投降以后，刘备也没有为难他，只是将他迁到了自己的老巢公安。刘璋的私人财物以及朝廷赐的振威将军印信，刘备也让他全部带走。多年后孙权占据荆州时，再度把刘璋请了出来，让他担任益州牧，驻扎在秭归，一直到去世，这就是后话了。

刘备占据成都以后，立刻将城中的金银财宝全部拿出来，犒赏全军将士，粮食和丝帛则全部物归原主，以此来收买人心。随后刘备自任益州牧，对手下功臣们大加封赏。他任命军师中郎将诸葛亮为军师将军，益州太守董和为掌军中郎将兼代理左将军府事，偏将军马超为平西将军，军议校尉法正为蜀郡太守、扬武将军，从事中郎糜竺为安汉将军，从事中郎简雍为昭德将军，裨将军黄忠为讨虏将军，裨将军孙乾为秉忠将军，伊籍被任命从事中郎。对于原益州的官员，刘备也一一任命了官职：黄权为偏将军、许靖为左将军长史、庞羲为司马、李严为犍为太守、费观为巴郡太守、刘巴为西曹掾、彭羕（yàng）为益州治中从事。

得到益州以后，刘备再度朝一统天下的目标迈进了一大步，他成功实现了"隆中对"里地跨荆益的目标，这也是刘备纵横天下数十年以来地盘最大的时期。不过他没有就此满足，他的目光很快就转向了门前的张鲁。

割须弃袍，潼关之战

建安十六年，曹操忽然下令，让驻守在关中的司隶校尉钟繇率军向南讨伐盘踞汉中的张鲁，又让征西护军夏侯渊等人率领大军从河东出发，前往关中与钟繇会师，然后一起攻击汉中。

夏侯渊此时刚与徐晃等将领一起平定了在太原郡商曜的叛乱，还没顾得上休整，就只留下徐晃屯兵汾阴（今山西万荣县荣河镇）镇抚河东，自己则马不停蹄地率军前往关中。当时从关东入关总共有三条路，一条是从潼关（古关名，今陕西潼关县东北）的大道直接入关，这也是一般入关时走的官道；另一条则是取道宛城，绕道从武关（古关名，今陕西丹凤县东南）入关，这一条道稍微迂回，当初刘邦入关就是走的这条路；还有一条是从蒲坂（今山西永济市蒲州镇）渡过黄河，直接入关，夏侯渊等人从河东出发，走的就是这一条路。

然而走这条路却有一个很大的问题，那就是可能会经过关中各军阀的地盘，容易引起他们的恐慌。当时的关中并非一人独占，而是由大大小小的军阀分别盘踞，其中最大的两方势力便是马超和韩遂。董卓灭亡以后，他的部下李傕、郭汜等人也曾先后盘踞关中，但被关中诸将赶出，逐渐形成了以马腾、韩遂两家为主，其他大小军阀并存的局面。马腾和韩遂当初讨伐李傕等人时，曾结为异姓兄弟一起出兵讨贼。然而消灭了敌人，马腾和韩遂的摩擦却越来越大，双方之间大战不断。后来曹操抓住机会，派钟繇前往关中担任司隶校尉，调解了马腾、韩遂的矛盾，才使得关中停战，曹操也就此在关中扎下了根。曹操平定河北时，钟繇便曾指挥关中兵团一起击败过高干等人。

正因为关中众将一直以来都非常顺服，所以很多人非常不理解曹操的这个命令。就连丞相仓曹属高柔都忍不住劝道："大军一旦向西进发，只怕韩遂和马超会担心我们想乘机袭击他们，到那时他们肯定会互相联合一起对抗朝廷。依我之见不如先安定三辅地区（汉代京畿之地所设京兆尹、左冯翊、右扶风的合称。治所都在长安城内，今陕西西安市），只要三辅地区平定了，汉中传檄可定。"一贯乐意听从手下建议的曹操这一次不仅没有听从高柔的话，连回答都没有。

高柔没想到的是，这实际上是一次有预谋的军事行动。关中诸将虽然名义上归附了曹操，但内心却没有完全臣服，无时无刻不在想着自己独立，这显然与曹操统一天下的想法冲突了。更何况自从赤壁之战后，曹操意识到自己南下击破刘备和孙权的难度太大，便开始有意识地转变方向。在曹操看来，最佳的方案无疑是先拿下汉中，再以汉中为跳板攻下益州。益州拿下之后，大军即可从益州顺江而下，一举击破荆州，这样便大势可定。问题就在于，一旦曹操攻打汉中，关中诸将就会是曹军背后的利刃，如果倒戈相向，很可能陷曹军于万劫不复之地，这显然是曹操不愿意看到的。

正巧在这时，钟繇也发觉关中诸将背地里非常不安定，就写信给曹操，让他派三千兵马入关，对外打着进攻张鲁的旗号，乘机将关中诸将一起拿下。曹操便让人找来熟悉关中形势的卫觊，询问道："目前关中暗流涌动，我要统一天下，必须拿下关中才行，元常建议我打着进攻张鲁的旗号乘机出兵收拾关中诸将，伯觊熟悉关中情况，你觉得这个计划怎么样呢？"

卫觊听后连连摇头："此计绝对不行。关中诸将虽然看似实力惊人，但说白了只是一群武夫而已，他们根本没有什么大的志向，只是安于现状而已。只要朝廷的高官厚禄照给，没有大的变故发生，他们是不可能反叛的，应该以后慢慢对付他们。打着讨伐张鲁的旗号也没什么用，张鲁躲在深山里面，想打也很难找到人，一旦关中诸将怀疑起来，那就大事不妙了。"

曹操听后叹息道："伯觊还是不了解现在的天下大势，我已经到了不得不取关中的时候了。"就这样，收拾关中诸将一事成了定局。不过与之前设想不一样的是，曹操并不认为仅仅靠钟繇和夏侯渊故布疑阵就能消灭韩遂等人，他准备先逼反韩遂等人，再名正言顺地平定西凉。

消息传到关中以后，果然整个关中都震惊了，大家都怀疑曹操是来对付他们的，赶紧聚集起来讨论应该怎么办。参加这次商讨会的有马超、韩遂、侯选、程银、杨秋、李堪、张横、梁兴、成宜、马玩，也即"关中十将"，是当时关中最大的十股势力。老江湖韩遂首先发言："曹孟德虽然打着讨伐张鲁的旗号，但要打张鲁哪有那么容易。再说明明走武关更容易到汉中，他偏偏要走蒲坂，这不明摆着是假途灭虢的计策吗？他还真以为我们都没读过书吗？"李堪接着说道："我觉得文约所言在理，曹操明摆着是冲着我们来的，我们不能坐以待毙，应该集中力量与他拼上一把。"程银有些担心："曹孟德用兵天下无敌，我们能抵挡得住他吗？"此言一出，众人都安静了下来，因为大家都没有对付曹操的把握。

就在这时，忽然听见一个声音："曹孟德有什么了不起的，三年前他不也在赤壁被周公瑾打得灰头土脸？我就不信我们还不如周公瑾！大家与其坐以待毙，倒不如拼死跟曹孟德干上一场，胜负还很难说呢！"众人循着声音望去，说话的竟然是一直沉默不语的马超。马超此言一出，众人热血翻涌："孟起都敢与曹孟德干上一场，我等还担心什么，我们都愿意跟随孟起一同出兵。"

马超可是一个了不得的人物，字孟起，扶风茂陵人，他的祖上是东汉初年赫赫有名的伏波将军马援。马超年少时就以勇武闻名天下，后来钟繇率军进攻高干、郭援时，他也随军前往。大战中，马超不幸身中流矢，脚受了重伤，他直接拔出箭矢，用布裹住伤口，继续冲入敌阵杀敌。在马超的感染下，众将无不奋勇向前，最终大破郭援、高干，郭援更是被马超的部将庞德亲手斩杀。正是因为马超勇猛过人，在关中名头响亮，曹操才不放心将他留在关中，所以派人屡次征辟他前往许昌任职，结果马超一次都没有答应。

众人之所以一听马超要与曹操开战就立马同意，并不只是因为马超勇猛过人，名头响亮，更大的原因在于他的父亲、兄弟全在许昌。马超的父亲马腾自从和韩遂闹翻以后，双方经常打打杀杀，随着年龄越来越大，逐渐厌倦了，干脆请求入朝。曹操便任命马腾为卫尉，又任命马超的弟弟马休为奉车都尉，马铁为骑都尉，并将马氏全家迁徙到了邺城，只留下马超在关中统率马腾留下的部署，马腾等人实际上也相当于曹操手里的人质。一旦马超与曹操开战，那等于全家都要被杀。马超压上全家人的性命也要跟曹操开战，其余九将还有什么后顾之忧呢，所以才都同意拼上一把。

另一边的夏侯渊还不知道关中诸将已经反了，依然率军赶往关中，结果走到半路上就听说马超等人等人已经反了，集结了十万大军据守着潼关，不放曹军进入关中。夏侯渊不敢前进，赶紧派人快马加鞭将这一消息报告给曹操。曹操闻言大喜，关中的各位终于反了，不过曹操也知道仅靠夏侯渊难以对付马超等人，于是赶紧把手下能独当一面的曹仁从南面调了出来，让他以安西将军的身份统率诸将在潼关一线阻挡马超等人，但不用出战，只要坚守不出就行了。曹操如此安排，自然是知道曹仁也不是马超等人的对手，要荡平关中，必须他亲自出马才行。

为了亲征马超，曹操做了周密的部署，他让自己的儿子，五官中郎将曹丕坐镇邺城，又留下奋威将军程昱辅佐。与此同时，他又任命门下督徐宣为左护军，负责统率邺城的军队；任命国渊为丞相府的居府长史，负责留守事务。一切都安排好之后，这一年七月，曹操便率领大军出发了。对于此次西征，很多人其实都非常忐忑，他们认为："关西的士兵擅长使用长矛，我们如果不挑选精锐的部队作为前锋去对付他们，只怕难以抵挡。"曹操对这种论调嗤之以鼻："战争的决定权在我手里，他们再擅长使用长矛又怎么样？我会让他们的长矛根本没有用武之地，你们只管等着看好了。"

八月，曹操正式到达潼关，他立刻召集部下开了第一次战前会议。曹操首先发言："目前马超等人据守潼关，提前抢占了有利的地形和险关，诸位觉得我们应该怎么办呢？"他说完将目光投向了曹仁，希望曹仁能够就目前的形势作一个概述。曹仁也知道曹操的意思，不由得苦笑起来："主公有所不知，现在前方形势越发不妙，除了早先赶到潼关据守的敌人，每天都不断有援兵赶到潼关，我们要面对的敌人越来越多了。想从正面攻下潼关确实有些困难，必须想其他办法才行。"

曹操听后却是一喜："马超他们还真是懂我，关中地区广阔无比，如果诸将各自据守险要，我想搞定他们，只怕得花上一两年时间。现在他们聚集到一起，虽然看起来人多势众，但他们彼此之间互不统属，军队又没有主帅，这样的军队不过是乌合之众罢了，想击败他们非常容易。我们如果能在潼关将他们一举歼灭，肯定比逐一征讨省事多了。"话虽是这么说，但潼关毕竟有十多万人，解决起来没那么容易，还是需要另想办法。曹操思索一阵后，又说道："正面进攻肯定不行，不如还是从蒲坂渡河，打敌人一个出其不意。"

众人沉默不语，从蒲坂渡河他们不是没想过，关键是以前夏侯渊走的就是这条道，敌人的防备肯定会更严，再想从这里过去实在是不大可能。就在这时，横野将军徐晃站了出来："我派人去查探过了，蒲坂根本就没有敌人防守。他们知道主公率领大军驻扎在潼关前面，所以不敢分兵守卫蒲坂。由此可知，敌人根本就没有什么计谋。我愿意率领精兵做前锋，先行渡过蒲坂，等我截断了敌人的后路之后，一定可以生擒他们。"曹操大喜，立刻拨给徐晃四千精兵，让他与朱灵一起渡过黄河，在河西设置营垒。与此同时，曹操则率领大军不断向潼关一线施压，让马超等人只能把军队聚集在潼关，不敢分兵防守蒲坂。

有了曹操的牵制后，徐晃和朱灵很轻松地从蒲坂渡过了黄河，然后开始在河西修筑营垒。当天夜里，忙碌一天的徐晃正准备休息，忽然接到敌人来袭的消息。徐晃一惊，没想到敌人竟然来得这么快，自己这边连营垒都还没建好，守肯定是不行了，只好带着全军出营迎战。

原来曹操向潼关加大压力之后，反而让马超反应了过来，他怀疑曹操在潼关只是疑兵之计，真实意图恐怕是要从蒲坂渡河，于是赶紧派大将梁兴带着五千多名步骑兵前来抢占蒲坂渡口。只可惜梁兴终究还是晚了一步，他赶到的时候徐晃早就已经过河了。梁兴也没想到自己在这里会遇到曹军，既然遇上了，肯定不能退缩，他只好率军杀向徐晃。梁兴等人此前为了赶路，一路上连休息都顾不上，两军交战后不久，梁兴就支撑不住了，被徐晃杀得大败。梁兴退走以后，徐晃抓住时机，在河西建起了坚固的营垒。

徐晃在河西站稳脚跟之后，曹操也开始动了，他率领大军从潼关向北渡过黄河，迂回到潼关后方再向对方发起攻击。有了徐晃所部的支援以后，渡河行动非常顺利，很快就有不少先头部队渡过了黄河，曹操也觉得没什么问题，就坐在胡床上喝起了酒。还没喝几杯，手下就传来了敌军已经杀来的急报。原来马超见曹操移动后，也率领一万多名步骑兵从后面追了过来，曹操知道这个消息之后也不慌张，依然坐在胡床上不动。

曹操不慌张，可身边的张郃等将领却急坏了，此时曹军主力都已经过河了，留在岸边的只有一百多个虎贲武士，虽说都是精锐，但也不可能抵挡得了那么多敌人。眼看形势越来越危急，张郃和许褚等人干脆强行将曹操拉上船，想就此送他过河。然而此时马超大军已经杀到了岸边，看到有人过河，纷纷朝河里放箭。撑船的船夫被射死了，船失去控制后竟然顺着河水往下走了四五里路，马超带着骑兵从岸上一路追赶，不断向船上放箭。关键时刻，许褚展露了英雄本色，他右手撑船渡河，左手举起一只马鞍为曹操阻挡箭雨。此时还留在南岸的校尉丁斐见形势危急，赶紧把自己管理的所有牛、马都放了出来，让它们跑得漫山遍野都是。马超军其实不知道曹操在船上，他们见到处都是牛、马，纷纷四散抢夺，再也顾不上追击了。就这样，曹操终于顺利渡过了黄河。

曹军众将此前见曹操没了踪影，早就慌了神，现在看到曹操平安归来，不少人因为太激动竟然流下了泪水。曹操本人倒没怎么把之前的遇险放在心上，反而跟众人开起了玩笑："我今天差点被一个小毛贼困住了。"

曹操渡河以后很快就沿着黄河修筑甬道，又将战车连接起来作为栅栏防守，一路向南推进。曹操的南进极大地威胁到了潼关的关中诸将，马超等人曾多次出击想击破甬道，但都被曹军一一击退。马超等人无奈，只好放弃潼关，撤军到黄河与渭水交界处的渭口，在这里部署第二道防线阻挡曹操。

很快曹操也率领大军到达了黄河边上，他心知要从正面击破马超等人万分不易，所以就在黄河沿岸到处设置疑兵，让马超等人不知道他到底想从哪个地方渡河，只能处处防范。暗地里曹操又派遣士兵乘坐船只从黄河进入渭河，然后连夜用船在渭河上搭建了一座浮桥，又分兵到渭水南岸扎营。马超等人此时也反应了过来，赶紧派人前去攻击曹军在渭水南岸的营地。虽然没有被击退，但在马超率领的骑兵的冲击下，再加上地面上有很多泥沙，渭南的曹军一时间难以完成修筑营垒的工作，曹操为此担忧不已。

关键时刻，娄圭赶来拜见曹操："主公何必担忧呢？泥沙地上虽然不能用木石搭建营垒，但可以就地取材，用泥沙建城。"曹操觉得惊奇："自古以来还从未听说过泥沙能够修筑营垒，子伯怎么会想出这样的计谋呢？"娄圭笑道："如今天气寒冷，我们用泥沙筑城，然后用水浇灌在上面，只要一个晚上，必定能冻结成坚固的城墙，这样一来沙城不就建成了吗？"曹操大喜，立刻命人运送大量的水到渭南，让士兵们按照这个方法筑城。第二天一大早，一个由冰冻成的坚固的沙城果然有了，曹操便立刻率领大军渡过渭水，驻扎在沙城里面。

马超等人还不知道曹操已经全军渡河了，半夜里还派兵去搞偷袭，结果反被曹操设下的伏兵打得大败。无奈之下，马超等人只好写信给曹操，请求割让黄河以西的地区讲和。曹操要的是整个关中，区区河西之地哪能满足，他毫不犹豫地拒绝了马超等人。既然求和不成，那就只能打了，但马超等人连连挑战，曹操始终不肯应战。

随着时间的推移，马超等人越来越支撑不住了，只好再次派遣使者前来求和，这一次就不光是割地了，他们还愿意送出人质，只希望能停止交兵。还不等曹操拒绝，随军出征的贾诩劝道："依我之见，主公还是接受他们的求和吧，不需要真的同意，只要假意接受就行。"曹操知道贾诩肯定有了主意，赶紧问道："文和有什么好主意吗？"贾诩笑了笑，说了四个字："离间而已。"曹操瞬间明白了他的意思，立刻派人前往关中联军营中，表示自己同意他们的求和。

韩遂见曹操同意了讲和，便顺势请求与曹操见一面。曹操立刻意识到离间的机会来了，便回复韩遂："我们俩见面没有问题，但最好是单独见面，最多带一个随从。"韩遂接到信后，没发现什么问题，又去跟马超商量，他们都觉得可以见上一面。马超则另有想法，他打算会面当天作为韩遂的随从前往，抓住机会将曹操一举生擒，这样的话他们也有退路。为此，马超还特意制作了一个能装六斛米的布囊。

会面当天，韩遂便与马超一起骑着马来到阵前与曹操相会，曹操也带着随从到达阵前。双方见面之后，马超想倚仗勇力，出其不意地将曹操生擒。但他此前听说曹军中有一位叫许褚的猛将，曹操带来的那个随从好像就是许褚，如果这人真是许褚，那想突击就行不通了。想到这里，马超忍不住问道："听说曹公手下有一名猛将虎侯，不知道他在哪里呢？"曹操听后回头指了指随从。知道跟来的是许褚，马超的心凉了半截，不敢妄动。

随后曹操和韩遂便独自在阵前谈起话来，马超和许褚则各自退开。许褚这边倒是安安静静，马超却跟得了多动症一样，一刻也不消停。只见他骑着马来回奔驰，还时不时将挂着的米囊举起来。曹操也看不懂马超在干什么，说是锻炼身体、练习骑马吧，也不至于选在这里。其实马超哪是搞什么锻炼，他在米囊里装满了米，就是在估量曹操的体重，试探自己怎样才能把曹操提起来，然后以最快的速度跑回大营而不被许褚追上。然而马超测试了半天，始终不敢妄动，因为不管他移动到哪里，许褚都一直瞪大了眼睛盯着他看。马超自知不可能快速解决掉许褚，只好放弃突袭的计划。

这场谈话进行了很久，回营之后，马超等人忍不住问道："你跟曹操谈了那么久，到底说了些什么？"韩遂若无其事地回答道："什么都没说。"马超等人自然不信："谈了那么久还什么都没说，你骗谁呢，文约怕不是把我们卖了吧？"韩遂一听，也急了："真的什么都没有说，我们就随便聊了聊以前的一些往事而已。如果我真要勾结曹操，大可以私下跟他见面，何必告诉你们呢？"马超等人听后，嘴上虽然不再追问，心里却依然有所怀疑。

另一边曹操回到大营里，张郃等人也忍不住问道："主公今天和韩遂竟然谈了那么久，到底说了些什么？"曹操笑了笑："我和他父亲同年被举为孝廉，我跟他年龄又差不多，算得上是同辈人，以前也有些交情，就在阵前跟他聊了聊以前在洛阳时的一些事情，一点军事上的事情都没说，只不过马超他们恐怕就不这么认为了。"贾诩忽然说道:"主公有没有觉得马超今天在阵前的行为非常怪异?"曹操点头道:"我也觉得非常奇怪,但不知道他到底想干什么,文和有什么高见?"贾诩笑道:"马超又没有发疯,忽然跑到阵前闹这么一出,我看他恐怕是想找机会生擒主公,不然谁会没事做一个一人大小的米囊,还放在马上到处跑。"曹操听后顿时一阵后怕:"这个狗贼还真是狡猾,差点就被他阴了,幸好仲康在场,他才不敢妄动。"

过了几天,曹操再次约韩遂在阵前见面。有了上一次马超的事情之后,诸将再也不敢就这么让曹操去阵前了,他们建议道:"主公与韩遂谈话时,如果发生意外恐怕不易脱身。不如搭建一座木台,主公在上面行马,我等则在下面护卫,以防发生变故。"曹操也害怕再发生上次的事情,便答应了下来。

会面当天,曹操骑马立于阵前的木台上,台下众将一字排开,韩遂这边也是诸将齐出。有了上次的经历之后,马超等人都不怎么放心韩遂,便一起到阵前掠阵。看到曹军的威仪之后,马超等人大惊失色,纷纷在马上拜见曹操。关中联军里有不少听过曹操大名的人,纷纷拥到阵前来观看。曹操笑道:"你们是想看我曹操吗?我不过就是个普通人,并没有四只眼睛两张嘴,比常人强的地方不过是多智计罢了。"关中联军一听,更加觉得好奇,跑到阵前的人越来越多。就在此时,曹操忽然下令让手下的五千精骑开到阵前,一时间甲光耀眼,关中联军看到曹军精锐尽出,皆大为惊惧,战意已弱了大半。随后曹操和韩遂再次让手下人退开,两人又在阵前交谈了半天。

回来之后,马超等人询问韩遂,得到的答案依旧是什么都没说,他们看韩遂的眼神越发怀疑了。不久之后,曹操又给韩遂送来了书信,马超等人稍后也从韩遂手里拿到了这封信。单看信的内容,确实什么都没有说,但信上一堆涂涂改改,马超等人猜测是不是韩遂自己把信的内容改了,对他越发猜忌。其实韩遂还真没改过信,曹操送来的信本来就是这个样子,目的就是让马超等人猜疑韩遂。

这时马超忽然想起了一件往事。当初曹操渡过黄河前,联军其实已经接到了消息，按马超的意思，本来是要在河岸上设置营垒固守，让曹军无法渡河，等耗尽曹军的粮食，他们就只能退兵了。韩遂不同意，他想趁曹军渡到一半时忽然掩杀，一举将曹军击破。最终马超听从了韩遂的意见，结果不但没能击破曹军，反而让曹操乘机在渭北站稳了脚跟。马超这时想起来，觉得当初是韩遂故意帮曹操，心里对韩遂更加怀疑了。

曹操见离间计用得差不多了，也不再走和谈的路线，直接下战书约马超等人择日决战，马超等人也只能整军应战。大战开始时，曹操只派了轻兵挑战，马超等人率军大战多时，竟然没能击破曹操这股轻兵。其实不怪关中联军战斗力弱，而是马超等人害怕韩遂忽然反戈相向，所以作战时都对他有所防备，不敢全力拼杀。随着时间的推移，双方都有些疲惫了，就连以勇武著称的马超都有些支撑不住了。马超正想先收兵休整一下，忽然听见身后传来一阵急促的马蹄声，定睛一看，居然是曹军中最精锐的虎豹骑。还没等马超等人组织起抵抗，虎豹骑就已杀入了阵中。大战一天的联军哪抵得住曹军这样的猛攻，马超、韩遂见形势不对，赶紧带着手下的精锐骑兵拼死杀出重围，成宜、李堪等人走得稍慢，被当场斩杀，曹军就此大获全胜。

看着身后稀稀拉拉的部下，马超心都在滴血，他没想到自己会败得如此之惨，再看当初结盟的十位将领，现在竟然只剩下了自己、韩遂和杨秋三人，他叹息一声，方才问道："我军已经败了，曹操必定会率军追击，我准备先回凉州重整部队，再找机会与曹操战上一场，你们两位有什么打算呢？"韩遂连连摇头："关中肯定是待不住了，我打算跟孟起一起回凉州。"杨秋却不同意："我等地盘都在关中，怎么能说放弃就放弃呢？凉州险远，去了再想回到关中谈何容易？我还是想继续留在关中。"马超和韩遂知道劝不了他，只得与他挥手作别。

杨秋跑回安定（治今甘肃镇原县东南）之后立刻就后悔了。他进城没多久，曹军就将安定重重包围起来，不断派兵攻打。杨秋的军队在此前的大战中死伤惨重，哪还抵得住曹军的猛攻，他不由得叹息道："当初不跟孟起、文约一同前往凉州，现在真是悔不当初啊！"随后便派人举起白旗，开城投降。随着杨秋的投降，关中就此平定。

马超逞雄，杨阜多智

安定平定以后，曹操的下一步计划就是进军凉州，将马超和韩遂一起消灭掉。只有拿下凉州，才能让关中真正安定下来。

为了制订进攻凉州的计划，曹操聚集众将商议道："我下一步打算进军凉州，一举灭掉马超和韩遂，诸位有什么好的计划呢？"诸将一时间众说纷纭，各自提出了不同的看法。就在这时，营外有使者飞马送来了急信，曹操打开一看，立刻制止众将："都不必再说了，即日班师回朝。"此言一出，众将大吃一惊，不知道信上到底是什么内容，竟然会让曹操忽然改变主意。

参凉州军事杨阜忍不住劝道："马超和韩信、英布一样勇猛过人，而且在凉州多年，深得羌人和胡人的信服。如果不趁他虚弱将他消灭，后果实在难以预料。一旦大军撤回，又不加以防备，等他卷土重来时，只怕陇山（今陕西陇县、陈仓区与甘肃清水县、张家川回族自治县之间）以西的各郡都不能再为朝廷所有了。"曹操听完叹息道："义山说的这些，我怎么会不知道呢？我又何尝不想将马超除去？马超一天不死，我内心就一天不得安宁。只不过眼下有田银、苏伯两人在河间郡造反，如果他们成事，那将威胁到邺城，我实在是不得不退兵啊。"众将听后才明白过来，他们也知道河间的叛乱威胁更大，再也不敢劝什么了。

曹操从关中撤兵了，不过听了杨阜的话之后，他还是做了一番部署，让夏侯渊率领张部、朱灵等将领镇守长安，以防关中发生变故，又让议郎张既担任京兆尹，负责招抚关中的百姓，自己这才率军返回了邺城。回到邺城之后，曹操做的第一件事就是将马腾全家都杀了，以此来报复马超对自己的屡次谋害。这时田银、苏伯的叛乱已经平定，曹操便转而率军向南面进发，去找孙权练上几手。

一转眼，时间就到了建安十八年（213年）八月，凉州州府及汉阳郡府所在地冀城（今甘肃甘谷县西南）城外，正有一个人瞪着血红的双眼注视着城内，不断下令让手下将士猛攻冀城，这个人不是别人，正是此前狼狈逃回凉州的马超。自从起兵对抗曹操之后，马超的日子简直是流年不利，不但被曹操杀得大败，关中的地盘也丢得一干二净，还连累了父亲和兄弟。

正如杨阜之前所料，马超回到凉州之后，凭借自己的威望，很快就从羌人、胡人中招募到了一批新的部下，他又带着这些人杀回凉州，一举占据了陇西的各个郡县。一时间，其他各郡县也纷纷跳出来响应马超，整个凉州只剩下冀城还在坚守。

马超随后带着陇西所有的军队围攻冀城，南面的张鲁也派大将杨昂率领一万多人前来支援马超。在凉州刺史韦康的坚守下，冀城屡次击破马超的进攻。但从一月份开始，已经七个多月了，冀城也已经快到极限了，然而朝廷的援兵始终没到。曹操这时刚从濡须口班师回邺城不久，肯定指望不上，能指望的就只有留守长安的夏侯渊率领的部队。倒不是夏侯渊见死不救，只是关中的南山叛逆刘雄和马超旧部梁兴等人一直不消停，他得先收拾这些人，实在腾不出手去救援凉州。

攻打了这么多天，马超也知道冀城不是一两天就能轻易攻下的。正当他准备回营休息时，手下忽然来报说抓到了一个从城中逃出来的人。马超没想到还有意外收获，赶紧叫人把俘虏押了上来。只见那俘虏虽然被擒，却没有一点害怕的样子，马超知道这肯定不是一般人，便问道："你是什么人？在城中担任什么职位？"那俘虏回答道："我是凉州刺史韦使君手下别驾阎温。"马超听后笑了："原来是凉州别驾，那你出城不是想投降我军，而是想去寻求援兵吧？"阎温闻言，冷哼一声，并不答话。

其实还真让马超说对了，阎温出城确实是去请求支援的。冀城的局势越来越危急，再没有援兵的话肯定守不住，韦康无奈之下只好让阎温出城求援。然而四面都是马超的军队，阎温只能从水道游出来。只可惜虽然出来了，但还是没能逃脱敌人的追击。

马超见阎温不回答，知道自己是猜对了，又说道："我本应该杀了你，但我还是想给你一条生路，只要你去城下告诉城里的守军，朝廷没有派援兵过来，我就放你一马。"阎温闻言眼睛一亮："你此话当真？我去传个话简直易如反掌。"马超大喜，立刻命人将阎温带去城下，自己则在阵前驻马观看城中守军被吓死的样子。

阎温到了城下之后，果然向城里喊话了，只可惜城里的守军并没有被吓到，反而是马超气得脸都绿了。因为阎温喊的话并不是马超想让他喊的那句，而是"朝廷援军不出三天一定可以到达，你们千万要努力坚守，不要顾念我的生死"。城中的守军听后，一边流泪，一边高呼"万岁"。城内喊的声音越响亮，马超就越生气，他赶紧让人把阎温带了回来。

马超内心虽然气愤至极，但攻打冀城这么久都没有一点进展，不知道什么时候才能攻下，要是阎温能喊话击溃城里守军的坚守待援之心，那就容易多了。于是他强忍着怒气告诉阎温："我再给你一次机会，只要你去城下告诉城里朝廷没有援兵，我就放你一马，否则的话，休怪我刀下无情。"阎温哈哈大笑："我的任务已经完成了，臣子侍奉君主，宁愿死，也不可有二心。不知道你哪里来的脸，居然妄图让我这样的长者去说这种违背道义的话。"马超再也忍不住了，立刻下令将阎温斩杀。

虽然阎温的话暂时稳住了冀城的人心，但终究不能长久。过了几天之后，依旧没有等到援兵，韦康坐不住了，赶紧召集手下人商量："之前阎温说援兵三天之内就到，现在都过去这么多天了，依然没有看到援兵的影子。看来之前阎温是故意那么说的，他传话的速度那么快，可能根本就没见到夏侯将军，也不会有援兵了。现在冀城已经到了极限，再守下去也是徒劳，我们不如开城投降马超，也好保全满城的百姓。"汉阳太守也同意："韦使君所言极是，我们都守了大半年了，连朝廷援军的影子都没看到，肯定是不会来了，我们又何必为朝廷卖命呢？"此言一出，众人都表示赞同。就在这时，一阵不合时宜的哭声吸引了众人的注意。哭的人正是此前反对曹操撤兵的杨阜。

见大家的注意力都转移到自己身上后，杨阜忙一边哭一边说道："我们在城里率领自己的父兄子弟，以大义的名号互相勉励，誓死保证没有二心，目的就是协助使君守卫冀城。现在明明还没到最后，我们还能坚持，为什么要开城投降呢？我相信朝廷不会放弃我们，大军肯定快到了，为什么要放弃唾手可得的功劳，而去背负一个不忠不义的名声呢？"汉阳太守听后冷笑道："朝廷大军在什么地方，我可没有瞧见，分明就是抛弃我们了。"韦康看着杨阜，也叹息道："义山不要再多说了，我已经下定决心了。"随后他便让人将杨阜扶了出去，自己派人举着白旗，大开城门将马超迎入。

可韦康和汉阳太守都没料到，马超居然不按常理出牌。马超倒是没把这两位破城"功臣"如何，但他背地里却唆使杨昂把韦康和汉阳太守砍了，反而是死活不同意投降的杨阜什么事都没有，就连他的堂弟——拼死在城头抵抗过马超的杨岳也没有被杀，只是被囚禁了起来。

事实也正如杨阜所料，朝廷的大军真的已经来了。冀城投降时，夏侯渊率领的大军距离冀城只有两百里，可以说是近在咫尺，可惜韦康等人没能坚持住。随着韦康的投降，夏侯渊也不知道该怎么办了。他本就是来救援冀城的，现在冀城已经陷落，到底是继续进攻还是直接撤回长安，夏侯渊一时也拿不定主意，思考良久，他最终还是决定撤兵。

正在曹军匆忙准备撤退之时，忽然听见一阵鼓声，一大片黑压压的骑兵正气势汹汹地杀来，夏侯渊定睛一看，当先一人正是马超。夏侯渊知道自己不敌，但此时也只能硬着头皮把后队改作前队，上前与马超厮杀。结果夏侯渊只看到身边的人越来越少，他知道再打下去肯定会全军覆没，只得拨转马头，带着残兵仓皇逃跑。在马超的追击下，曹军留下了一路的尸体，夏侯渊才狼狈逃回了长安。打败了夏侯渊后，马超可以说是志得意满，此前心头的郁结一扫而空，他干脆在冀城自称征西将军，兼领并州牧，总督凉州诸军事，以此为名号号令凉州百姓。

冀城被破以后，杨阜便落入了马超手里，但他并不想为马超效力，一直在寻找机会脱身。正好这时候杨阜的妻子去世了，他便向马超请假回家安葬自己的妻子。马超虽然为了起兵连父亲都不要了，但也不好要求别人跟他一样不遵人伦，杨阜提出的请求又合情合理，他便很爽快地给杨阜批了假。

杨阜离开冀城以后，顿时有一种逃出生天的感觉，他立刻打马狂奔而去，不过他此行并不是要回家葬妻，而是要前往历城。当时率军镇守历城的正是杨阜的表兄，抚夷将军姜叙，杨阜此行的目的便是向表兄寻求帮助。

到达历城之后，杨阜直奔姜叙府上，见到姜叙和姜叙的母亲，他号啕大哭，表现得十分悲痛。姜叙看表弟这么悲伤也大吃一惊："义山出了什么事，怎么哭得这么悲伤啊？"杨阜一边哭一边说道："我此前守卫冀城，结果城没能守住，就连长官被杀我也没能跟他一起死，我还有什么脸面活在这世上啊！"姜叙赶紧劝道："我当是什么大不了的事呢，马超势大，冀城守不住也不意外，没必要因为这个而难过。"

杨阜又接着说道："我又岂止是因为这个而难过啊！马超背叛自己的父亲和朝廷，又残忍地杀害了本州的长官，不止我一个人忧心自责，整个凉州的士大夫都会因此蒙受耻辱。伯奕你手握重兵，奉朝廷的命令全权管理这一地区，却毫无讨伐逆贼的心，这是很危险的。春秋时期赵穿杀死晋灵公，赵盾仅仅因为没有离开国境就被史官写上了弑君的罪名。相比起来，伯奕兄的罪名更严重。我知道你是担心马超势大，所以才不敢动手，其实这些担心都是多余的。马超虽然看似很强大，但他这个人从来不讲什么道义，弱点非常多，想对付他根本不是难事。"

姜叙还没有说话，姜叙的母亲已经拍桌子了："伯奕，现在韦刺史遇难，你也有责任为他复仇，这不是义山一个人的事情。人生自古谁无死，只要能为忠义而死，那就是死得其所。你应该赶快行动，与大家一起对付马超，千万不要因为我而迟疑。我自会担当一切，绝对不会成为你的拖累。"见母亲都发话了，姜叙赶紧点头应命，然后与杨阜四处联络其他人一起对抗马超。

马超实在是太不得人心了，姜叙和杨阜开始行动之后，很快就拉拢了姜隐、赵昂、尹奉、姚琼、孔信、李俊、王灵等人。这其中又以赵昂尤为难得，他此前被迫投降马超，儿子赵月被马超抓去做了人质。当杨阜等人传来消息之后，他内心也非常犹豫："不反吧，对不起自己的良心，而且对朝廷不忠；反吧，儿子的命铁定保不住。"最终赵昂心里的天平还是偏向了大义，但儿子却不知道怎么办。实在想不出一个两全其美的办法，赵昂忍不住告诉了妻子王异："我们已经在谋划对付马超了，事情一定可以成功，但儿子还在马超手里，我不知道怎么办才好。"王异也是一位难得的奇女子，她听后对着丈夫厉声责备："只要能昭雪君父的耻辱，就算是自己掉脑袋也不是什么大不了的事情，何况只是我们的儿子呢，你不必因为这个忧心。"

商量好计划之后，杨阜又派堂弟杨谟偷偷到冀城，告诉杨岳自己将要起兵，又暗中结交了梁宽、赵衢（qú）、庞恭等人。这几人也都有忠义之心，纷纷表示愿意一起对付马超。计划好一切后，杨阜就和姜叙一起起兵了，他们很快就攻下了卤城（今甘肃天水市与礼县之间）。赵昂和尹奉也乘机占据祁山（今甘肃礼县祁山乡），起兵讨伐马超。

远在冀城的马超得到消息后愤怒不已，他没想到杨阜一出城就组织人马来对付自己了。赵衢见有机会，便乘机劝马超："主公可是因为杨阜而感到忧心？他不过是跳梁小丑罢了，主公的大军一到，必定可以将他灭掉。不过我担心他们一直闹事会煽动凉州不安分的人一起起兵，所以必须尽快平定才行，还请主公速速发兵。"马超听后点头道："是应该收拾杨阜了，我必须亲自手刃这个恶贼，冀城就交给你们了。"赵衢心中大喜，但表面上依然不动声色，只高声答应："主公请放心，冀城就交给我们了。"

马超很快就点兵出城，准备一举灭掉各处的叛逆。可他没想到的是，他刚出城门，赵衢便和梁宽等人放出了杨岳，然后关闭城门，将自己关在了外面。愤怒之下的马超也顾不得攻打杨阜等人，转而猛攻冀城，希望能够夺回城池。结果冀城没能拿下，反而是马超留在城里的妻儿全部被杀了。

无家可归的马超一时间不知道该去哪了，忽然间他脑袋里灵光一闪，觉得可以去端了杨阜和姜叙的老巢历城，便立刻率军前往。历城的守军大多已经被杨阜带走了，哪还抵挡得了马超的猛攻，很快就陷落了。进入历城之后，马超立刻抓来姜叙的母亲，想让她替自己说降姜叙、杨阜等人。哪知道姜叙的母亲对着马超就是一阵痛骂："你这个不忠不孝的逆贼，你背叛朝廷，害死自己的父亲，又杀死自己的长官，天地间怎能容许你这样的人存在？你不早点去死，居然敢来见我？"一席话把马超心头的痛处戳了个遍，他也顾不得招降了，直接就把姜叙的母亲杀掉，与她一起被杀的还有赵月。

得知历城失陷的消息，杨阜和姜叙两人犹如遭受了晴天霹雳，但他们没时间悲伤了，因为马超已经杀来了。在杨阜的拼死抵挡下，马超不但没能攻下卤城，反而自身伤亡惨重，加上缺乏补给，无奈之下只得率领残部前往汉中投奔张鲁。不过卤城这一战，杨阜也没落得什么好，自己受了五处重伤，还赔上了六七个族中堂兄弟的性命，这才击退了马超。

夏侯建功，平定凉州

马超毕竟名声在外，张鲁对他的到来还是非常欢迎的，立刻将他任命为都讲祭酒。张鲁出自五斗米道（早期道教的一派），在汉中的官职体系与汉朝不一样，最高职位是师君，由张鲁自己担任，师君之下就是都讲祭酒。一来就成了二号人物，足见张鲁对马超的重视。原本张鲁还想将女儿嫁给马超，结果身边人都说："马超这样的人，连自己的父母都不爱护，又怎么能爱护别人呢？"张鲁听后也觉得马超这个人不靠谱，立刻打消了嫁女儿的念头。

到了汉中以后，马超真正沦为了孤家寡人。建安十九年的正月初一，马超的感触尤为强烈，这本是一个喜庆的日子，结果与他相聚的只有小妾的一个弟弟。这个弟弟名唤种，因为他此前从三辅跑到了汉中，才免于一死。看到这个唯一的亲人前来道贺，马超悲从中来，他不由得猛捶自己的胸口："我一家百口，现在都死了，就剩我们两人还在这世上，有什么值得庆贺的呢？"

大概是因为新年的感触，马超下定决心要为家人们报仇，曹操离得太远，他便将目标定在了杨阜、姜叙等人身上。新年刚过，马超就迫不及待地向张鲁借来军队，然后率军北上，围攻凉州的南线大门祁山。当时守卫祁山的是赵昂等人，他们兵力疲弱，只能一面坚守，一面向姜叙等人求援。姜叙心知仅靠自己的那点兵力，前去救援也无非是多送人头而已，要想解围还得是朝廷的大军，于是派人前往长安向夏侯渊求救。

这一次夏侯渊的反应终于快了，他接到信后立刻召集众将商议："现在马超兵围祁山，姜叙等人派人前来求援，我们是否应该出兵呢？"张郃等人都认为："这件事情事关重大，需要告知主公，由主公定夺才行。如果真要出兵，也需要主公调度。"如果没有之前救援冀城的事，夏侯渊也许就同意了，但上次就因为拖延的时间太久导致冀城被破，连凉州也差点被马超占据，这次他自然不会犯同样的错误，于是反对道："主公远在邺城，我们要是派人去请示，一去一来得走四千多里路，等主公的命令传来，姜叙等人早就完蛋了，到时候就算主公让我们出兵救援又有什么用？我决定立刻发兵，事后我会自请擅权之罪。"夏侯渊话都说到这份上了，众将也不再多说，只得同意出兵。

为了一举击退马超，夏侯渊让张郃率领五千步骑兵作为先锋，从陈仓道迂回到马超军后方，以达到出其不意的效果，自己则率领大军携带粮草、物资跟随在后。张郃赶到渭水时，马超也得到了消息，率领数千名氐人、羌人前来进攻，张郃赶紧在渭水边上严阵以待。但其实马超只是装装样子而已，见吓唬住了张郃，他便率军跑路了。等张郃渡过渭水才发现，敌营只剩下满地的军械物资，马超早就跑了。

击退马超之后，夏侯渊并没有就此退兵，他还希望能乘机将躲在凉州的韩遂除掉。关中兵败以后，韩遂便一路逃回了金城（今甘肃兰州市西固城）。眼看马超卷土重来，韩遂也跑到百顷氐王杨千万的部落中，利用自己长期以来的威望从氐人处借来军队，然后占据显亲（今甘肃秦安县西北）响应马超。夏侯渊击退马超之后，又继续向前追击，想乘机打韩遂一个措手不及。韩遂不愧是混迹乱世多年的枭雄，反应速度非常快，接到马超跑路的消息后，他也立刻带人跑了，等夏侯渊赶到时，显亲已是一座空城。

夏侯渊当然不可能就此放韩遂离开，他又率军继续追击到了略阳（今甘肃秦安县东北），一直到距离韩遂驻地三十里的地方才停下来。为了展开下一步的军事行动，夏侯渊召集众将开了一次战前会议。不少人觉得，马超此前被打得落荒而逃，现在只要大军一出，韩遂肯定会被吓得屁滚尿流。张郃不同意："韩遂手下兵多，又有氐人、羌人的支持，正面攻打很难获胜，我认为应该先进攻兴国的氐人。只要兴国的氐人被击破，那韩遂军中的氐人必定会乱了阵脚，我们便可以乘机打败韩遂。"

夏侯渊听完，沉吟片刻，道："俊乂（yì）说得有道理，韩遂目前人多势众，不宜正面进攻，我也认为应该先各个击破没有防备的胡人。不过兴国有坚固的城池用来防守，我们发动进攻的话，很难快速取胜；如果屯兵城下，韩遂来个前后夹击，我们只怕会战败。依我之见不如攻打长离（古水名，今甘肃东南渭水支流胡芦河）的羌人部落，长离守备力量较弱，而且很多长离的羌人都在韩遂军中，他们得知自己的家乡被攻打，必然要回去救援。如果韩遂拥兵自守不肯救援长离的羌人，那他就会因失去羌人的支持而势单力孤；如果他救援长离，我们就可以以逸待劳，跟他的部队正面野战，一定可以生擒韩遂。"众将听后大为信服，纷纷同意此计。

随后夏侯渊便留下督将率军守卫粮草、辎重，自己则率轻兵赶到长离。长离的羌人根本没料到夏侯渊会先来打自己，所以一点防备都没有，一经交战被打得大败，他们只好一面拼死防守，一面派人去召集在外的族人回来救援。韩遂军中的羌人听说自己的家乡被攻打，都担心自家的妻儿老小，哪还顾得上帮韩遂，纷纷离开军队逃回了长离。

这下韩遂傻眼了，他也没想到曹军会舍弃自己去打羌人，但羌人毕竟是自己的重要支持者，实在是不得不救，他赶紧率领手下大军赶往长离。夏侯渊得知韩遂赶来救援以后，立刻下令让手下军队选择有利地形，列阵等待韩遂赶来交锋。诸将不禁有些犹豫，他们纷纷劝道："韩遂手下人多势众，我们还是先扎下营盘、挖好堑壕后再与他决战，到那时就算不胜也可以防守，不然我们进退无地，那就大事不妙了。"夏侯渊却不同意，他解释道："我军本就是千里转战而来，现在已经感觉疲惫了，如果还要扎营盘、挖堑壕，士兵们只会更加疲惫，根本无力再继续作战，哪还有什么以逸待劳的效果，有这个时间，还不如让手下士兵抓紧时间休息。韩遂虽然兵多，但都是乌合之众，眼下又因羌人被打陷入了混乱，通过野战必定可以将他一举擒获。"

等韩遂率军气喘吁吁地赶到长离时，看到的就是严阵以待的曹军，夏侯渊立刻率军发起了进攻。韩遂哪还抵挡得了如此凶猛的攻势，被打得铩羽而归。随后夏侯渊又率军乘胜包围了兴国，氐王杨千万见自己孤立无援，连抵挡都不敢便逃到汉中投奔马超去了，剩下的人都投降了夏侯渊。夏侯渊转而攻打高平、屠各的胡人，将他们一一击溃，韩遂的势力就此土崩瓦解。

韩遂虽然成功逃脱了，但日子非常不好过，他的老巢西平、金城都待不下去了，因为他的手下大将阎行反了。阎行造反，完全可以说是被韩遂逼的。最初关中诸将归降曹操时，韩遂将儿子送去许昌做了人质，阎行作为劝说韩遂归降的人，将父亲一起送去了许昌，以此表示跟韩遂一条心。后来韩遂反叛时，自己做人质的儿子被杀，阎行的父亲却没有被杀。韩遂想让阎行跟自己一条心，就强行将女儿嫁给了他，希望曹操将他父亲也杀了。后来这件事被阎行知道了，他就借着韩遂兵败的机会占据西平郡反了。

阎行勇猛过人，曾经几乎单杀马超，韩遂自然不是他的对手。无奈之下韩遂只好告诉部下成公英："我现在众叛亲离，手下兵微将寡，所以我打算取道羌人的地盘，南下投奔刘备，你觉得怎么样？"成公英听后连忙反对："主公纵横天下几十年了，现在虽然一时兵败，但没必要放弃凉州的基业去依附他人。"韩遂当然不愿意寄人篱下，但他也没有别的办法，只得说道："我已经老了，也没有什么想法，依你之见我应该怎么办呢？"成公英分析道："曹孟德肯定不会亲自率军上阵，能来的只可能是夏侯渊。夏侯渊手下的兵马虽然不少，但不足以追击我们，而且也不能在这里久留，主公在羌人中一向颇有威望，不如先退到羌中（代指羌族居住的地区，在今青海、西藏及四川西北部、甘肃西南部），寻求羌人的保护。我们可以在羌中招募部众，等待时机卷土重来。"韩遂认为有理，便跟成公英一起率领几千残部逃入羌中避难。

随着马超、韩遂相继败走，凉州的割据势力只剩下宋建。这位宋建也是借着汉末凉州大乱的机会，带着人马占据枹罕（今甘肃临夏市西南）才割据一方，他虽然地盘不大，名号却不小，自称"河首平汉王"。夏侯渊击破韩遂以后，没有继续追击韩遂残部，而是继续向西攻打宋建。宋建之所以此前能一直割据，不过是因为大家对他没有什么兴趣罢了。在夏侯渊的猛攻之下，枹罕很快就支撑不住了，仅仅一个多月就被攻陷，宋建也被斩杀。自此，凉州也彻底纳入了曹操的版图。

威震江南，合肥之战

建安二十年（215 年）八月，一个人正全副武装地站立在合肥（今安徽合肥市西）城头，遥望着城外密密麻麻的敌军。这个人不是别人，正是著名猛将张辽。江东会派兵来犯早在张辽意料之中，但他没想到竟然会一次性来这么多人，对于现在的他们而言，城外的军队足以压垮合肥城。

张辽，字文远，雁门马邑（今山西朔州市）人，他的祖上就是汉武帝时期提出在马邑伏击军臣单于计划的聂壹。马邑之谋失败以后，聂壹为了避祸，只得改姓为张。张辽年少时，因为勇猛过人，被当时的并州牧丁原征辟为从事，并跟随丁原一起前往洛阳。丁原死后，张辽又先后跟随董卓、吕布等人。下邳之战后，随着吕布身死，张辽便与臧霸等人一起归降了曹操。正是在曹操手下，张辽终于有了一展才华的机会。

昌豨（xī）作乱时，张辽奉命与夏侯渊一起将他重重围困在东海（治今山东郯城县北门外）。令人意外的是，小小一个东海竟然久攻不下，几个月后，曹军粮食耗尽，竟然逼得夏侯渊想撤兵。关键时刻，张辽站出来劝道："据我观察，最近这些天，每次我们攻城时，昌豨总是在看我，而且射出的箭越来越少，我猜肯定是昌豨想投降，所以不愿意拼死作战，我愿意去试试说降他。"

结果正如张辽所料，他亲自登上三公山拜见昌豨，就此让昌豨归降。这件事情，就连曹操都觉得太过危险，并不是大将应该做的，张辽却认为："主公威信四海闻名，我奉命前往，昌豨肯定不敢加害。"此后，曹操对张辽越发看重。后来进攻河北时，张辽屡立战功，在柳城一战中更是亲斩乌桓王蹋顿。

张辽虽然只是一名武将，遇到事情却能临危不惧，颇有名将之风。曹操进攻荆州时，张辽曾率军驻扎在长社（今河南长葛市东）。一天夜里，军中有人谋反闹事，营中忽然起火，搞得全军混乱不堪。关键时刻张辽制止住了惊慌失措的众将："不要乱动，这必定是有一部分想叛乱的人，想用这场火制造变乱罢了。"随后他传令军中，让不想造反的人全部坐在原地不要乱动。张辽带着几十个亲兵，将叛乱之人一一斩杀。

因为屡次表现出色，张辽越来越受到曹操的器重，地位甚至比很多曹军旧将还要高。陈兰、梅成占据天柱山叛乱时，张辽亲自率领张郃、牛盖等将领前去讨伐。当时的天柱山山高地险，只有一道二十多里长的狭窄通道可以到达山顶，张郃等人都觉得："天柱山道路难行，我军兵力又少，肯定难以深入破敌。"张辽的意见却不同："这就是传说中的一对一，只有勇士才可以前进。"说完后，他便亲自率军向山上攀登，最终成功斩杀陈兰和梅成。这件事结束后，曹操亲自认定张辽战功为全军第一。

建安二十年注定是不太平的一年，曹操在这一年选择了西征汉中的张鲁，曾经的老对手韩遂也被自己的部下麹演、蒋石杀死。西征之前，曹操预料孙权可能会乘机进犯，所以特意将张辽、李典、乐进三人留在合肥。不过为了西征汉中，曹操抽调了大量军队前往，留给张辽等人的只有七千多人。张辽等人也知道孙权很可能会乘机进攻，所以一直严加防备。

之所以大家都觉得孙权会来进攻，是因为孙权这些年的战略意图实在太过明显了，他依然想以占据长江天险来抵挡曹操南下。建安十八年，曹操率军再次南征孙权，将军队驻扎在濡须口。当时曹操号称有四十万大军，孙权依然沿用当初周瑜对付曹操的办法，想借助长江天险抵御敌人，所以便让吕范在长江北岸建立"江西营"，形成犄角之势。没想到曹操竟然没有急着渡江，而是选择先攻江西营。吕范自然不是对手，很快就被杀得大败，都督公孙阳也做了俘虏。无奈之下孙权只得令全军七万人在长江沿岸拼死防守，曹操一时间无计可施。双方对峙了一个多月，孙权依然丝毫不乱，他还给曹操写了一封信，信上说："春水正要上涨，您应当赶快撤军。"又附了一张小纸条，上面写着："您不死，我就不能安宁。"曹操叹息不已，知道攻取江东的时机还不成熟，只留下一句"生子当如孙仲谋！刘景升儿子若豚犬耳！"的千古名言便就此撤军。

濡须口之战后，孙权的目标转而变成在长江以北建立稳固的据点，以作为防备曹操渡江的关键。建安十九年，孙权借着马超反扑凉州的东风，再次出兵渡江北上，进攻皖城。当时庐江太守朱光正奉曹操的命令在皖城一带大肆开垦屯田，想将皖城打造成一块进攻江东的跳板。这种情形自然不是孙权愿意看到的，于是他派遣吕蒙、甘宁等人北上进攻皖城，结果大获全胜，俘虏了朱光等人。张辽奉命前去救援，结果到了夹石（即北硖山，今安徽桐城市北六十里，与舒城县接界）就听说皖城失陷了，只得撤军而回。

为了报复皖城之败，曹操再次率军南伐孙权，结果依旧无功而返，只好将进攻方位转向西面，希望能够先拿下汉中。孙权得到消息后大喜过望，他意识到这是一举攻下曹军北岸战略要地合肥的大好时机，于是亲自率领大军进攻。这一次江东可谓是精锐尽出，参战的既有新锐名将吕蒙，又有猛将陈武、甘宁、徐盛、凌统等，更有多达十万的大军。在孙权看来，如此兵力进攻合肥，可以轻而易举地将之攻下。

看到孙权前来进攻后，合肥众将急得团团转："孙仲谋此次来势汹汹，企图一举拿下合肥，我们才七千人，怎么可能守得住呢？"只有张辽比较冷静，他想到曹操临走前留下了一个锦囊，说是敌人来了可以打开锦囊查看，现在正是看锦囊的时候。

这个锦囊就在护军薛悌的手中，他知道形势危急，赶紧打开查看。可锦囊的内容却让众将都看傻了眼，上面只有一句话："假如孙权乘机前来进攻，由张辽、李典两位将军负责出城迎战，乐进将军负责守城，护军就不要出战了。"曹操只是对三位主将进行了作战的分工，但具体什么时候出城、什么时候进攻、进攻路线和兵力分配等一概没说。

众将非常疑惑："主公这到底是什么计策？我们完全不知道该怎么打，他只怕也没想到孙仲谋会全军来袭，我们就算七千人全部出城迎战也是送死，不如全力固守，等待主公救援吧。"张辽气得不行："你们说得倒是轻巧，主公又怎么知道孙权会如何进攻？他当然不可能留下具体计策，我们还是需要靠自己才行。如今主公远在汉中，要是等他回军救援，我们早就完蛋了，靠着七千人怎么抵挡得了江东大军？依我之见，主公的意思分明是让我们趁着敌人还没围合肥抢先出击，打他们个出其不意，一战摧折敌人的锋芒，振奋我军士气，然后我们再固守待援，必定可以守住。"

七千人还要分成两部分，一部分留守，一部分出击，每个部分能有多少人？突击孙权很可能会全军覆没。听完张辽的话后，众将陷入了沉默，就连以勇猛闻名的曹操的心腹乐进也没敢吭声。张辽越看越气："成败的关键，就在此一战了。你们要是还有什么疑问，我愿意独自出战，与敌人决一胜负。"话音刚落，就听一个声音喊道："文远莫急，我与你一起出战。"众人简直惊呆了，说话的人竟然是李典，就连张辽也惊讶不已。

众人惊讶自然不是因为李典敢于出战，而是因为他一直以来都和张辽不和，谁也没想到他会在这种时候站出来支持张辽。李典仿佛也知道众人的想法，不由得感慨道："你们都想什么呢？这是国家大事啊！我支持或者反对只是看计策怎么样罢了，怎么能因为私人原因损害国家利益呢？文远此计是目前最可行的办法，所以我请求与他一起出战。"毕竟曹操的指令也点名让张辽和李典两人出战，现在两人既然自己也愿意出去，众将自然没有异议。当天夜里，张辽便在全军中挑选出八百名敢于出战的骑兵，然后杀牛设宴犒赏他们，为第二天的决战做准备。

相比起来，孙权这边准备就非常不充分了，在他们看来，合肥的那点守军，在他们泰山压顶般的攻势下肯定会立马溃散，所以根本不需要准备太多。这一次孙权甚至没有按照一般攻城的惯例，先登陆设置起坚固的营垒后再全军攻城，而是直接将船驶到了合肥城边，就在城附近登陆，因为他们觉得合肥守军连防守都困难，根本不可能派人出城迎战。

第二天一大早，孙权军的先头部队就在猛将陈武的率领下当先登岸，向着合肥杀去。陈武刚到城下，忽然听见城中一阵鼓响，然后城门便打开了。陈武一下子呆住了，不知道合肥守军这是想干什么，难道是想投降？就在他犹豫之际，城中已经杀出了一群身披重甲的骑士，当先的一位大将更是骁勇，他所过之处无人能敌，很快就将陈武所部打得四散而逃。陈武大吃一惊，正想站出来阻止溃兵时，那位大将就杀到了眼前。没交战几个回合，陈武就被当场斩杀，他最后的印象便是那位大将好像很眼熟，似乎是张辽。

张辽斩杀陈武以后，与李典率军继续向着岸边杀去。这时候宋谦和徐盛率领的人马才刚刚上岸，还没来得及列阵，哪抵挡得了忽然杀到的敌人，很快就被冲散。猛将徐盛想阻止溃兵，也被张辽冲散，他本人还受了重伤，甚至连自己的兵器长矛都丢了。张辽在冲杀时，忽然看到岸边有一个营地，营外竖着一杆大旗，上面写着一个"孙"字。他心知那是孙权所在，赶紧带人杀了过去，一边杀还一边大喊："我是张辽，孙权小儿可敢与我决一死战？"

很快，张辽就突破了孙权薄弱的营垒，径直向孙权的大旗下杀去。孙权大惊失色，他看手下人都抵挡不住张辽，一时间不知道应该怎么办，只得先带人撤退到旁边一座比较高的小山上组织人手防御。因为情况紧急，就连孙权自己也拿起了长戟，准备与敌人作战。张辽杀到小山下面后，他率领的都是骑兵，登山比较困难，便在山下大喊起来："孙权小儿，你敢下来与我张辽单挑吗？"孙权自然是不敢，他虽然也颇为勇武，还非常喜欢打猎射虎，但毕竟不擅长冲锋陷阵，正如他哥哥孙策死前所言："举江东之众，决机于两阵之间，与天下争衡，卿不如我。"他不是孙策那样擅长冲锋陷阵的猛将，只能在上面坐看张辽耀武扬威。

看了一会之后，孙权忽然发现张辽只带了几百个人，孙权大喜，赶紧下令让各军组织反攻。其实江东众将的反攻早就开始了，宋谦、徐盛两部溃散之后，猛将潘璋便已率军到达，他一连杀死两个败退的士兵，终于控制住了局势，重新组织溃兵杀向敌军。另一边的贺齐等人也率军发起了反攻，他们甚至还抢回了徐盛丢下的长矛。

随着时间的推移，张辽等人逐渐被重重围困起来。张辽知道再战下去对自己不利，便舍了孙权，带着手下人向外突击，很快就杀出了重围。跟随张辽杀出来的只有几十个人，其他人都还被围困着，他们眼看张辽杀出去了，纷纷大喊："将军要抛弃我们吗？"张辽自然不会抛弃他们，他闻言立刻杀回，将被围的士兵都救了出来。江东众将当然不会坐视不理，他们多次组织人马围困张辽，但架不住张辽勇猛，根本没人抵挡得了。大战持续到了中午，张辽越战越勇，江东各军却早已被杀得闻风丧胆。张辽觉得目的已经达到了，便率军撤回了合肥城内。

因为张辽表现神勇，合肥守军士气大振，他们都觉得敌人虽然多，但战斗力不行，于是渐渐安下心来。与之相反，另一边的孙权军则是士气大跌，他们还没有开始攻城，两位猛将便一死一伤，实在是打击人心。因为丧失了斗志，孙权率领江东众将据守在合肥城下，一直不敢发起进攻，想撤退又不甘心。十多天后，孙权终于觉得这样的僵持没有意义，自己再坚持下去也攻不下合肥，便率军撤退了。

撤退时，按照孙权的部署，大军先行南撤，他自己则与大将吕蒙、蒋钦、甘宁、凌统等人率领少数亲兵留在逍遥津（今安徽合肥市东北隅）北面断后。在江东众将看来，撤退不过是对敌军放出的烟幕弹罢了，毕竟合肥守军巴不得他们撤走，怎么会冒险出击呢？于是一边喝酒，一边闲谈，仿佛外出打猎一样。就在这时，突然有人来报："大事不好了，大批敌人正出城向我们杀来。"众人大惊失色。甘宁赶紧亲自带人朝敌军拉弓射箭，一时间不少敌军都倒下了，然而一阵阵的箭雨还是阻挡不了张辽等人的猛攻。剩下在逍遥津北岸的毕竟只有少数亲卫，张辽等人却有六七千人，随着时间的推移，亲卫们的战斗力逐渐微弱。营中的乐师因为害怕，连音乐都奏不起来了，惹得甘宁大怒，拔出刀就要砍人，众乐师见状才重新吹奏起来。

众将知道这么下去不是办法，他们倒是不要紧，关键得把孙权送走，于是甘宁、蒋钦、吕蒙等人率军拼死抵挡，凌统则负责带着三百名亲卫护送孙权逃走。在张辽等人的猛攻之下，凌统等人所部人马死伤惨重，但到底是将孙权送到了逍遥津。孙权正要过江时，却发现他们原本在逍遥津上搭建的浮桥，不知道是谁把南面的浮桥给撤了，而距离南岸有一丈多远，没有木板根本就过不去。孙权一时间愣在了原地，不知道怎么办才好，过不去迟早要成俘虏，要过去又没有船。关键时刻，孙权的亲随谷利赶到了，他见状赶紧让孙权抓住马鞍，放松缰绳，自己则在后面用鞭子猛抽马屁股，逼得马向前飞奔。等到浮桥断处时，谷利更加拼命地抽打，马受到猛力的刺激竟然就此越过了江水，到达了逍遥津南面。

在南岸，贺齐率领的三千人早已在此等候，孙权终于安全了。贺齐见孙权脱身，赶紧派人将他接到大船上，然后设宴款待。在宴席上，贺齐大哭起来："主公是无比尊贵之人，应该处处小心才对。像今天这种事情，差点让我们遭受巨大的灾难。我们这些臣下得知主公遇险之后，感觉天都快塌了，还望主公能够引以为戒，千万不要再做这样冒险的事情了。"孙权赶紧上前，一边为贺齐擦去眼泪，一边保证道："今天的事情我也很惭愧，以后一定牢记于心，再也不会冒这种险了。"

孙权虽然已经脱困，但断后的江东众将却依然没有脱险。凌统眼看孙权已经脱身，便带着人转身杀回，前去救助被困的甘宁等人。结果甘宁、蒋钦等人都走掉了，前去救助的凌统反而被困住了。他率军在重围中拼死冲杀，左右先后战死，他自己也受了好几处伤。最终靠着手下士兵的拼死救援，凌统终于杀出了重围，但手下将士却全部战死。当时已经没有桥了，凌统也没有船，只好跳进长江游了回来。

孙权本以为凌统已经战死了，没想到他竟然能活着回来，大喜过望，赶紧命人将凌统迎入。然而他却看到凌统一脸悲痛，不由得问道："我们都成功脱险了，实在是老天爷保佑，应该高兴才对，公绩怎么看起来如此悲伤呢？"孙权不问还好，这一问凌统竟然哭了出来："我虽然成功脱身，但我手下的亲随将士们却没有一个人活着回来，这让我怎么能不伤心呢？"孙权赶紧站起来，一边替凌统擦泪，一边安慰道："公绩别这样了，死的人已经死了，他们也不愿意看到你这么难过，只要你还在，还用担心没有部下吗？"不久后，凌统伤愈，孙权任命他为偏将军，给了他比之前多一倍的兵马。

逍遥津之战，张辽等人大获全胜，也给了孙权等人一个狠狠的教训。可能很多人觉得奇怪，以张辽等人的武力和兵力优势，如果拼死追击，根本不是凌统等人能挡得住的，或许还有机会斩杀孙权，可为什么还是让孙权逃脱了呢？

这事说来就有些意思了，原因在于张辽他们根本就不认识孙权。虽然此前张辽好几次向孙权叫阵，但实际上他根本没见过孙权。再加上孙权又不在前线作战，所以大家都不知道他长什么样子。既然不认识，肯定也不会注意了，他们的主要精力就全放在了江东大将吕蒙、甘宁等人的身上。一直到战争结束之后，张辽忽然想起当时对方阵中好像还有一个自己不认识的将领，就询问归降的江东士兵："你们军中有一个一把紫色胡子的将军，上身长下身短，我看他非常擅长骑马射箭，但不认识他，这个将军是谁？"降兵大吃一惊："那是孙会稽啊。"孙会稽也就是孙权，曹操曾推举他为会稽太守、讨虏将军。张辽一听，心里那个后悔啊，他回到合肥之后把这件事告诉了乐进等人，大家肠子都悔青了。如果早知道那就是孙权的话，他们拼了命也得冲上去将他抓回来，只可惜再后悔也没有用了。

合肥之战后，孙权慑于张辽的威名，也不敢再向合肥发起进攻，一时间张辽的名头响彻江东，甚至张辽这个名字一说出来，连夜晚啼哭的小孩儿都不敢再哭了。孙权随后便让吕蒙在濡须口建立坞堡，以作为攻防的重要基地。第二年，曹操为报复合肥之战，再次率领大军南下，又命令张辽等人在居巢（治今安徽巢湖市东北）建立新城作为防守，与濡须坞遥遥相对。这一次，因为孙权的主动请和，双方并没有交战。随着孙曹两家的和解，双方的矛头逐渐对准了疯狂扩张的刘备。

得陇望蜀，汉中之战

建安二十二年（217 年），已经在益州站稳脚跟的刘备正积极思考着下一步的行动。他此时已经与孙权在荆州问题上达成了和解，双方最终决定划湘水分割荆州，就此解决了所有的矛盾。眼下自然不适合再与孙权争夺荆州，不仅难以取胜，而且孙权毕竟不是刘备的主要敌人，双方开战的话只会便宜曹操。如果不向东面进军，那扩展的方向就只剩下了北面，但是向北进攻汉中是否合适，刘备心中也没底，毕竟此时占据汉中的并不是无能的张鲁，而是彻底统一北方的曹操。早在曹操攻打张鲁时，黄权便提过建议："汉中就等于巴蜀的四肢，一旦失去了汉中，三巴地区也难以保全，我们必须要出兵救援汉中才行。"三巴即巴郡、巴西郡、巴东郡的合称，它们作为蜀地的门户，与汉中相邻。刘备对此深以为然，本着唇亡齿寒的原则，他立刻让黄权前往救援，只可惜还没赶到，张鲁就已经归降曹操了。

刘备思来想去也没有想出个所以然，只好召集手下众臣一起商议。刘备首先对目前的天下大局做了一番分析，总结起来就是："现在天下大势已经很明显了，就我、孙权和曹操三家，我想扩张势力，肯定不能找孙权，那就只能北上夺取汉中，就目前的形势，攻取汉中合适吗？"

法正立刻站出来说道："眼下正是夺取汉中最合适的时候，曹操一举降服张鲁，攻下了汉中，却没有借助这个有利的机会进攻巴蜀地区，只留下夏侯渊、张郃等人驻守汉中，自己却率领大军撤回了关东。这样做肯定不是因为他没想过这样做，而是因为以他的力量还不足以席卷巴蜀，而且内部肯定有忧患的缘故。既然曹操的实力不足以攻下我们，这就是天意啊，我们不拿下汉中，简直就是对不起上天。"

刘备听后还是有些担忧："孝直这话说得确实有道理，然而光靠我们的力量，要夺下汉中也不是一件容易的事。曹操虽然走了，但他留下了大将夏侯渊、张郃、徐晃等人驻守。这些人没一个是好对付的，就连韩遂这种老江湖都败死在他们手里了，我们千万不能轻敌。"

法正听完笑了起来："主公实在是多虑了，夏侯渊、张郃等人虽然有些才能，但是依然不及我们的将领，我们只要发动进攻，肯定可以获胜。拿下汉中之后，我们可以在汉中广开农田，积蓄粮草，等待一个有利的机会再发动北伐。只要我们准备好了一切，再等到好的时机，肯定可以将曹操一举击败，恢复皇室的权威。实在不行，也可以逐步蚕食雍州、凉州，扩大我们的地盘，最差也能与曹操长期对峙，分庭抗礼。无论如何，我们都必须要夺下汉中。现在曹操根基未稳，正是一举拿下汉中的好机会，主公千万不能错过。"刘备大喜过望，连连点头："孝直说得很对，我们立马发兵攻打汉中。"

夺取汉中之后可以乘胜攻打益州，曹操也并非不知道，但正如法正所说，实在是力有不逮。张鲁投降以后，时任丞相主簿的司马懿就曾劝道："刘备以欺诈的手段劫持了刘璋，蜀人到现在都还没有完全归附于他，而他现在居然离开蜀地前往江陵争夺荆州，这实在是一个千载难逢的好机会。现在我们攻克了汉中，益州必定大受震动，此时发兵进攻，敌人肯定会土崩瓦解。自古以来，圣人都不能违背天时，也不能错过良机，还请主公早日定夺。"

曹操却不同意，他只叹息道："人心从来都是不知足的，我们现在刚刚得到了陇地，眼睛又要盯着蜀地了吗？"刘晔听后连忙说道："刘备是当世豪杰，做事一向非常有章法，但应变却很迟缓。目前刘备夺取蜀地的时间还不长，根本无法依靠蜀人帮忙。我们刚刚攻取汉中，蜀地人心惶惶，刘备本人又不在益州，百姓势必会自行崩溃。以主公的英明神武，只要在他们崩溃之时率领大军压境，一定可以取胜。如果稍有迟缓，刘备反应过来，那就麻烦了。刘备手下既有诸葛亮这样擅长治国的人担任丞相，又有关羽、张飞、马超这种万人敌作为将领，一旦蜀地百姓安定之后，他们据守险要之地，我们就很难进攻了。现在不派人前去攻打他们，以后必定会成为我们的祸患。"

曹操依然没有听从刘晔的话，他不是不想打益州，只是觉得蜀地易守难攻，自己未必能很快攻下，而现在孙权已经开始聚集大军进攻合肥了，虽然留有张辽等人，但他不知道他们能不能撑住。所以曹操最终决定不再攻打益州，就此班师。

很快曹操就后悔了，仅仅七天之后，就有人从蜀地跑来投降，据他们的报告，自从汉中被攻下，蜀中每天都会发生几十次骚乱，守将用斩杀的方法来镇压也依然不能让百姓安定下来。曹操知道后惊觉自己错过了好机会，再次询问刘晔："我想进攻蜀地，你觉得现在还能进攻吗？"刘晔叹道："时机已经错过了，现在蜀地已经初步安定，不能再进攻了。"事实也正如刘晔所料，刘备此时已经反应过来，正从荆州回师，现在想攻下蜀地已经不可能了。无奈之下曹操只得率军返回，只任命夏侯渊为都护将军，率领张郃、徐晃等将领固守汉中。

曹操虽然撤退了，但他并没有就此死心，他依然派遣张郃率军攻占三巴地区，想将当地的百姓迁到汉中。刘备当然不能允许这种抢夺人口的事情发生，他赶紧让巴西太守张飞率军抵御。双方在宕渠（治今四川渠县土溪乡渠江南岸城坝古城）、蒙头（今渠县八濛山一带）、荡石（今渠县八濛山一带）一线开始了长达五十天的对峙，谁也不能奈何谁。

到底是吃了人生地不熟的亏，张部没有办法，张飞却找到了一条通往张部军背后的道路，张飞大喜，立刻率领一万多精兵从小道绕到张部军的后方发起了进攻。张部根本没想到自己身后会有敌军，后队防守极为薄弱，一战之下后队竟然被杀散了。偏偏这地方道路还特别狭窄，张部想派人绕到后面去御敌都做不到，只能眼睁睁看着张飞一步步从后面蚕食自己的军队。后队的败兵很快就在溃散之中冲散了前队，张部制止不住，全军大败，只得率军退回南郑（今陕西汉中市东）。这一场短暂的交锋之后，刘备对三巴之地的控制越来越稳固了。所以在法正的建议下，刘备迫不及待对汉中发起了进攻。

数日之后，武都郡的下辨（治今甘肃成县西北）城外，一股曹军正在城下紧张地望着城头的"刘"字大旗，他们已经攻打了很久，依旧没能攻下城池。下辨本来是曹军的地盘，刘备开始进攻汉中之后，分出了一支由张飞、马超、吴兰等人率领的偏师，从北面攻击武都郡。一方面是为了牵制曹操向汉中的增援，另一方面则是想利用马超在羌族和氐族的威望，发动这些人进攻凉州。

原本曹操驻扎在雍州、凉州负责警戒的大军就只有夏侯渊这一支，现在都调到了汉中，这一线的守备自然非常空虚，吴兰等人进攻后很快就攻下了下辨，然后在这里驻扎下来。因为吴兰等人率领的军队人数并不是很多，所以他们没有继续向北进攻，只是一面防守，一面让马超深入羌氐地区，发动他们向凉州进攻。曹操得到消息后，只能让都护将军曹洪率军前往攻打下辨，希望能够一举收复失地。

曹洪在下辨城下急得头发都快白了，他虽然跟随曹操很多年了，也是一位久经沙场的老将，但他本人从未做过统帅，这一次可算是破天荒的头一遭，没想到居然还遇上了麻烦。正在曹洪不知所措之际，又得报后方的固山（今甘肃成县西北）失守，曹洪又惊又惧，固山是他们后撤一定会经过的地方，占据了固山也就意味着张飞随时可以切断他们的后路。再不退兵，等到粮草被断，那就想走也走不掉了。曹洪咬了咬牙，赶紧召集众将商议："现在张飞占据了固山，我们必须赶紧退兵，不然后路被断，我们都死无葬身之地。"众将也纷纷点头称是。就在这时，一个声音吼道："你们别再提什么撤兵了，现在根本不到退兵之时。"众人循着声音望去，只见说话的不是别人，正是骑都尉曹休。

曹休，字文烈，是曹操的族子，因为父亲早死，他便带着母亲逃到了吴地避难，一直等到曹操起兵过后，他才北返投奔。曹操看到曹休归来非常高兴，当众称他为"吾家千里驹"，不但将他当成儿子，与曹丕同等待遇，还让他率领虎豹骑担任宿卫。要知道虎豹骑可是曹操手下的绝对精锐，一向只掌握在曹家人手里。自从曹纯死后，曹操认为天下无人能统率，便一直亲自统率，而他竟然放心将虎豹骑交给曹休，足见曹操对曹休的重视和信任。这一次出征，虽然曹洪才是主帅，曹休只是一个骑都尉，但曹操其实知道曹洪没有主帅之才，所以只是想借助多年的威望替他在军中挂个名，实际上担任主帅的是曹休。临行前，曹操还特意交代曹休："你虽然名义上只是参军，但要担起主帅的职责。"曹洪对此也是心知肚明，所以一路上大小事情都交给曹休处理，自己只做一个挂名的主帅。

然而曹休毕竟资历尚浅，听完他的话后，众将议论纷纷："骑都尉到底年少，不知道兵事。现在局势危急，我们再不退兵就要完蛋了，现在必须退兵。"曹洪虽然心里也很忐忑，但这种时候必须站出来力挺侄子，他先安抚了众将，然后问道："张飞已经占据了固山，文烈为什么觉得此时不能退兵呢？"曹休解释道："假如敌人真的想断绝我们的退路，肯定会安排伏兵暗中进行，如此才能达到出其不意的效果。但是看看现在，张飞占个固山就闹出了这么大动静，明摆着就是没有能力断绝我们的后路，只不过是虚张声势吓唬我们罢了，要是现在退兵，岂不是让天下人笑话吗？"

曹洪听后也觉得是这么回事，点头道："文烈此言有理，我正想不通为什么张飞占领固山的消息传得这么快，原来是敌人故意散播的。依文烈之见，我们眼下应该怎么办呢？"曹休道："我们应该趁敌人还没集结起大军，先把下辨攻下来，只要吴兰战败，张飞占据固山也没什么用了，他肯定会立马退走。"曹洪大喜："就如文烈所言，诸将立刻全力进攻下辨，有不尽力者立斩不饶。"有曹洪和曹休亲自督师，全军无不奋力进攻，终于攻下了下辨，吴兰手下的大将任夔（kuí）被当场斩杀，吴兰只得和雷铜两人一起退入氐中，随后被阴平氐人首领强端斩杀。正如曹休所料，吴兰一败，张飞和马超就待不住了，只得前去投奔刘备。

不光张飞这一路惨败，刘备自己也进展不利。在派出张飞这支偏师以后，刘备亲率大军赶到阳平关（古关名，在今陕西勉县老城乡）外与夏侯渊、张郃、徐晃等人对峙起来。因为正面难以攻克，刘备便派遣部将陈式率领十多营士兵从小道马鸣阁道（在今四川广元市西北）进发，企图迂回到阳平关守军的后方断绝夏侯渊等人的粮道，再一举击破他们夺取汉中。陈式自以为行军神不知鬼不觉，没有派遣斥候在前面探路便直接带着军队向前进发，结果在半路听见一通鼓声传来，一股曹军随之杀出，当先的将领正是徐晃。马鸣阁道乃是汉中与蜀地相通的咽喉要道，徐晃等人又怎么会没有防备，他们早已经料到刘备可能会分兵从这里突袭，所以提前埋伏好了。这一战没有丝毫悬念，陈式只得一路逃回。剩下的刘军就惨了，因为道路狭窄，他们进不得也退不了，不少人都跌到悬崖下摔死了。

随着陈式、张飞两路大军的惨败，这下轮到诸葛亮头疼了。刘备因为兵力不足，只好紧急下发文书，让诸葛亮调集益州的军队前去增援。诸葛亮接到文书后犹豫了，眼下益州也才刚刚稳定，如果调集军队前往，那肯定会让益州防备空虚，一旦再有什么变故，那后果就不堪设想了。然而毕竟是主公下发的命令，不执行也不行，诸葛亮左思右想也没想出什么好办法，只好去询问从事杨洪的看法。杨洪听后赶紧说道："这有什么可犹豫的呢？汉中相当于是益州的咽喉之地，也是生死存亡的关键所在。如果失去了汉中，那也就等于没有了蜀地，这是发生在自己家门口的祸患，必须赶紧出兵。"诸葛亮听后恍然大悟，立刻在益州发起动员，征发军队和钱粮支援前线的刘备。在益州后方的有力支援下，刘备再次恢复了元气，他屡屡带人进攻阳平关，但都被夏侯渊击退，双方交战了一年多时间都没能分出胜负。

建安二十四年（219 年），正在阳平关商量军情的夏侯渊忽然得到消息，刘备已经离开阳平关，带着人忽然向南渡过沔水，顺着崎岖的山路一路前行，一举夺下了定军山，并且在山上驻扎下来。定军山位于阳平关侧面，刘备的突袭犹如在曹军的势力范围内打下了一颗钉子，他随时可以绕道突袭曹军的后方。夏侯渊闻报大惊，立刻与张郃等人率军前往攻取定军山。从下往上攻击自然不是那么容易的事情，大战了一天也没能拿下，夏侯渊只好在山下安营扎寨，准备第二天接着进攻。

当天夜里，夏侯渊正准备休息，忽听外面一片鼓噪之声，外面不少鹿角（鹿砦）也着了火，他心知是敌人前来劫营，赶紧让张郃前往守卫东面的鹿角，自己则率领轻兵守卫南面的鹿角。说来也怪，夏侯渊这边一点动静没有，但张郃那边却越打越激烈，甚至张郃亲自上阵都依然没能击溃敌军，反而渐渐落了下风。无奈之下张郃只好派人前去找夏侯渊，请他派人前来增援。夏侯渊接到消息后，赶紧派了一半的人马前去增援，他手下不少人都劝道："原本将军的兵马就不多，现在还要分出一半去救张将军，要是敌人忽然来攻怎么办？"夏侯渊听完笑道："刘备有什么可怕的，我就算只有这些兵马也足以击败他了。"

也不怪夏侯渊看不起刘备，而是自对峙以来，这一年多的时间里他已经击败刘备好几次了，心理上就已经觉得刘备不是自己的对手。曹操对夏侯渊非常了解，为防止他屡战屡胜后轻敌，特意告诫过："作为将领，应该要有胆怯的时候，不能只凭借一腔勇猛做事。将领应该以勇敢为根本，但必须辅以智慧和计谋，单纯只靠勇猛，不过能胜过一个普通人罢了。"只可惜夏侯渊将这番话完全当成了耳旁风。

另一边的刘备大喜过望，他这次行动其实就是想把阳平关的守军吸引出来，今晚的夜袭行动中，他总共出动了十多个营总共一万多名精兵，这才让张郃这种猛将都抵挡不住。接到夏侯渊分兵的消息后，刘备知道自己声东击西的计策生效了，便转头问一旁的法正："孝直觉得我们现在应该怎么做？"法正笑道："夏侯渊自己找死，我们何必客气，他手下兵少，我们正可以一鼓作气。"刘备点了点头，向着另一边一位等候已久的将领说道："汉升，轮到你出场了。"

汉升便是老将讨虏将军黄忠，刘备一直将他放在定军山上作为预备队，等的就是这一刻。黄忠听到刘备下令后，立刻让全军擂鼓呐喊，自己则率领大军从山上直冲而下。夏侯渊见敌人忽然杀到，一时间慌了神，赶紧组织手下人马抵挡，但他手下的兵力实在太少，很快就被黄忠杀散，他自己也被当场斩杀，与他一起被杀的还有曹操任命的益州刺史赵颙。随后黄忠又挥师向东，与其他部队一起夹击张郃，希望能将张郃一举消灭。张郃不愧是当世名将，他见情况不对，赶紧带着手下军队突围而出，逃回了阳平关。比起夏侯渊，刘备其实更忌惮张郃，在得知张郃成功突围后，他不禁叹息道："张郃已经跑了，就算斩了夏侯渊，又有什么用呢？"

虽然刘备叹息说没用，但阳平关内的曹军众将早就慌成了一片，他们已经得知了夏侯渊阵亡的消息，一支军队没了主帅还怎么打仗？曹军众将一时间都不知道应该怎么办，他们在营中商量："夏侯将军已经死了，我们肯定抵挡不住刘备，不如先撤回关中，再等待主公的命令。"恰好在这时，在后面整顿败兵的督军杜袭和司马郭淮回来了，郭淮一听众将闹着要走人，赶紧说道："我们现在没有主帅，相当于一盘散沙，刘备能轻易放过我们吗？如果他们追击，我们想活着回到关中都很困难，还怎么等主公的命令？更何况我军也并非无人，张将军是我朝名将，刘备又非常忌惮他，现在军情紧急，我提议先推举张将军暂时担任主帅，然后再派人报告主公，看他接下来如何安排。"

无论是资历还是能力，张郃都是第一，众将自然没有意见，一起推举张郃担任主帅。有了张郃这个临时主帅之后，军心终于渐渐安定了下来。

阳平关稳定得正是时候，第二天刘备就率军追过来了，他打算渡过汉水直接发起进攻。针对如何抵御刘备，曹军众将又有了分歧，大多数将领认为："刘备来势汹汹，我军寡不敌众，应该据守汉水，凭借天险阻挡他们渡河。"郭淮表示反对，他认为："我们如果据守汉水，就等于是在告诉敌人，我们害怕他们，那还怎么去抵挡敌军的进攻？这根本不是什么好办法。依我之见，我们不如在远离汉水的地方列阵，先把敌人吸引过来，等他们渡河渡到一半时，我们再忽然发起进攻，肯定可以一举击败他们。"张郃最终采纳了郭淮的建议，在离汉水比较远的地方排开军阵，等待刘备渡河。刘备毕竟久经沙场，他一看曹军摆出等自己渡河决战的姿态，怀疑有诈，赶紧让全军停止渡河。

在张郃、郭淮等人的坚持下，刘备还是没能拿下汉中，两军再次陷入了对峙。曹操得知夏侯渊阵亡的消息后大惊失色，他一面派人前往阳平关，正式任命张郃为主帅，一面开始整顿兵马，准备亲自西征。曹操知道，以刘备的能耐，张郃只怕应付不了，要对付他，必须亲自走一趟。

这一年三月，曹操亲自率领大军从长安出发，穿过斜谷（即褒斜道东口，在今陕西眉县西南）到达了汉中，进驻到阳平关。刘备虽然屡次败给曹操，但这一次他却有十足的把握，因为汉中的险要山头大多已经被他占据。想到能击败曹操，刘备心头激动，不由得对身边人说道："现在大势已定，就算曹阿瞒亲自前来也没什么用了，我一定会拿下汉中。"针对曹操的大军，刘备没有采取任何进攻行动，只是让诸将坚守险要地带，坚决不与曹军交战。与此同时，刘备又暗中派遣军队深入到曹军后方袭扰他们的粮道，想以此逼曹操退兵。

不久后，曹军从北山运送粮食前往前线，驻守在北山一线的黄忠认为有机可乘，决定亲自前去劫粮。同行的赵云也认为可行，不过为了防止发生变故，两人合计一番，决定还是由黄忠打头阵，如果在约定的时间内没能赶回，赵云便率军前去接应。商量好之后，黄忠便出发前去劫粮了。

　　赵云在营中等了很久，眼看天色越来越晚，黄忠却依然没有回来，他预感黄忠可能出事了，赶紧带着几十个骑兵出营前去寻找黄忠。其实黄忠已经成功劫到了粮食，只是见曹军大队人马追来了，无法回去通知赵云，只能自己先行退走。但赵云对这一切毫不知情，他出去找了一圈之后，没有看到黄忠，反而遇到了曹军的先头部队。赵云实在是勇猛过人，他看到敌人后丝毫不惧，立刻带人上前厮杀。双方刚刚交战不久，曹军后面的大队人马就追上来了，赵云见形势对自己不利，赶紧带着人突围而出，一边与敌人对抗一边撤往大营。曹军当然不肯放过赵云，一直紧追不放，双方一路交战。回到大营之后，赵云忽然发现跟随他一起出营的部将张著还困在重围里，而且已经受了伤，眼看就要支撑不住了。要是换了一般的将领，肯定就置之不理了，可赵云不一样，他看部下被围，立刻从营中杀出，将张著救了出来。

　　当时镇守大营的是时任沔阳县令的张翼，看到赵云回来后，赶紧下令让人将城门关起来，谨防曹军打过来。赵云连忙阻止："千万不可，我军人少，根本阻挡不了敌人的进攻，此时不但不能关闭营门，还应该大大打开，让敌人以为我军营中有伏兵，他们一定不敢进攻。"正如赵云所料，他将营门打开之后便偃旗息鼓了，追来的曹军反而疑惑了，这么明着让他们进去，里面肯定有埋伏。本着不上当的原则，曹军选择了立刻退走。他们刚退，赵云就下令擂鼓。一时间鼓声震天，曹军以为敌人从营中杀了出来，吓得肝胆俱裂。赵云又让人用弩箭在后面射杀曹军，使得他们更加慌乱，慌不择路的曹军纷纷自相践踏，死伤无数，不少人被挤到汉水里淹死了。第二天刘备才从黄忠处得知赵云被困的消息，率领大军前去救援，结果战争已经结束了。观看了汉水边的战场，刘备心中感慨万千，不由得叹息道："赵子龙简直一身是胆啊！"

　　汉水之战后，曹军的士气更加低落，加上粮草经常被断，不断有人偷偷从军中逃走。刘备看到形势发生变化，便开始转守为攻，派遣养子刘封率军前往阳平关前挑战。曹操看到刘备这时候派人出来挑衅，气得大骂："刘备这卖鞋的小儿，自己儿子没本事，就派养子出战，区区一个养子还妄想能挡住我？等我把我家黄须儿叫来，让他收拾你这个养子！"

"黄须儿"就是曹操的第三个儿子曹彰，他勇猛善战，能够徒手与猛虎搏斗，是一位难得的猛将，此前一年的乌桓叛乱便是曹彰平定的。曹彰接到命令后，不敢怠慢，立刻昼夜兼程赶往汉中。只可惜，曹操已经等不到曹彰前来了，他已经坚持不下去了。

刘备可以专心在汉中与曹操对峙，曹操却不能，他还必须时刻防备长江一线的孙权。再加上后方时有变乱，曹操便更加犹豫了，想与刘备作战又没法前进，继续对峙下去又纯粹是浪费时间，一时间进退两难，难以决断。曹操手下的护军也不知道曹操到底是什么打算，他只留下了"鸡肋"两个字，实在让人不明所以。只有主簿杨修猜出来了："所谓鸡肋，就是食之无味，弃之可惜。主公大概已经决定要退兵了。"正如杨修所料，曹操最终还是放弃了汉中，他下令让所有在汉中的军队全部退回关中，同时将汉中的百姓全部迁走，只留给了刘备一块空地。

刘备得到汉中后并没有就此止步，他又派宜都太守孟达从秭归北上攻克房陵（今湖北房县），一举斩杀了房陵太守蒯祺。随后又让刘封率军从汉中沿着沔水南下，与孟达一起攻击上庸（今湖北竹山县西南）。上庸太守申耽抵挡不住刘备的进攻，只得率军投降。不久后，刘备于沔阳（今陕西勉县东旧州铺）登位，在张飞、马超、许靖、诸葛亮、关羽等人的拥护下，自封汉中王。自此，刘备的势力范围达到了鼎盛。

第八章

英雄迟暮，夷陵之战

威震华夏，水淹七军

建安二十四年七月，征南将军曹仁正驻足于樊城城头，遥望着城外的江水和不远处的战船，忧心不已。他刚击破了占据宛城叛乱的侯音，回来连水都没来得及喝几口，敌人就又杀来了。来的不是别人，正是镇守荆州的关羽。

此时的关羽才刚刚被封为前将军、假节钺，心中正志得意满。他本就是一个非常骄傲的人，当初马超归降时，他觉得马超并不是自己熟识之人，特意写了封信问诸葛亮："马超的为人和能力大概能与我认识的谁相比？"虽然只是投石问路，但诸葛亮太了解关羽了，便回信说："马超这个人可以称得上是文武双全，雄烈过人，在当世算得上是人中之杰，我觉得他是黥布、彭越这类人，可以与益德一较高下，但肯定不如美髯公这样超群绝伦。""美髯公"当然是指关羽。关羽接到信后大喜过望，也不再提马超的事了，整天拿着诸葛亮的信给自己的客人们看，以示自己天下无双。

到刘备自封汉中王时，关羽被封为前将军，张飞为右将军，马超为左将军，黄忠为后将军。刘备深知自己这个弟弟的为人，所以专门派了益州前部司马费诗前往荆州授予关羽前将军的印信。不出所料，关羽果然不满意了，这一次他不满意的倒不是马超，而是黄忠。在他看来，马超怎么说也曾经是威震天下的一方诸侯，诸葛亮也说过马超与张飞差不多，与他并列倒没什么，可黄忠这么个看不出有多少本事的人居然也能和他们同列，这让他非常不服气。见到费诗以后，关羽忍不住发起火来，坚决不肯接受印信："大丈夫怎么能够和一个老兵同列呢？我死也不做这个前将军。"

费诗是刘备专门派来的，自然早就准备好了一套说辞，他劝关羽道："要成就王霸之业的人，所用之人必定各有所长。将军熟读历史，应该知道，汉朝的开国功臣萧何、曹参都是和高祖皇帝从小一起长大的好朋友，而陈平、韩信都是后面才从楚国投奔过来的，可是到了排位之时，韩信却位列第一，我从来没听说过萧何、曹参对此有什么不满的。如今汉中王是因为黄忠在汉中立下了大功，尊重黄忠，所以给黄忠封赏。但是在他心里，黄忠怎么能与您相提并论呢？更何况汉中王与您是兄弟，彼此犹如一体，休戚相关，祸福与共，我觉得您不应该计较官位的高下以及爵位俸禄的多少。我只是作为一个使者前来，您如果不肯接受任命，我就回去复命了，只不过替您感到惋惜，恐怕您将来要后悔的。"关羽听完后方才醒悟过来，立刻接受了任命。

费诗的话虽然劝服了关羽，但也让他心里落下了一根刺。黄忠都能参与汉中之战，立下赫赫战功，自己却只能坐在荆州观战，什么功劳都没有。刘备手下的张飞、马超、黄忠、赵云、魏延、刘封、孟达等将领都参与了汉中之战，只有关羽因为要留守荆州没能参战。素来心高气傲的关羽自然不能容忍其他人都先后建功，自己却颗粒无收。所以在刘备登上汉中王之位后不久，关羽便迫不及待地向襄樊一线发起进攻。

关羽挑选的时机真是恰到好处，当时曹操率领的主力大军刚从汉中撤出来，正在关中休整，曹操本人还在长安。孙权刚好也在这时再次率军进犯合肥，将曹操留在南线的部队全部吸引到了淮南一线，使得襄樊一线的守军一下子变得薄弱了起来，正是发起进攻的最佳时机。就连扬州刺史温恢都看出来情势不妙，他忍不住告诉兖州刺史裴潜："现在淮南一线虽然有敌人，但他们根本难以登岸向北深入，实在是不值得担忧。反倒是最近下雨很多，只怕是要涨水了，我担心征南将军曹仁现在孤军在樊城，又没有什么长远的准备工作，关羽这个人又非常强悍狡猾，他如果借着大水闹事，征南将军那里恐怕要有变故了。"他说完没多久，关羽果然留下南郡太守糜芳守卫江陵、将军士仁守卫公安，自己则率大军进攻樊城。

要说曹操没有防备也不尽然，为了防止关羽进攻，他提前派了左将军于禁率领立义将军庞德等七个军的人马前往增援曹仁。于禁算得上是曹操手下的名将了，曾多次立下战功，每次出战必定是先锋，撤退时又必定会率军断后。在曹操看来，这样一个有勇有谋又深受自己信任的将领，加上以防守著称的曹仁，就算关羽真的打过来也奈何不了他们。只可惜曹操千算万算，就是没算到天气的影响力。

于禁率军到达樊城以后，曹仁便让他驻扎在樊城以北十里外的地方，与樊城形成掎角之势。没想到这招还真是好用，关羽屡屡发起进攻，不仅拿他们毫无办法，反而是自己损兵折将。曹军众将中，又以庞德的表现最为突出。庞德本是马腾的旧部，后来又跟随马超立下了很多战功，平阳一战，他更是曾亲手斩杀敌军主帅郭援。马超从汉中逃往氐中投奔刘备时，庞德没有跟随前往，而是留在了汉中。张鲁归降曹操时，庞德也随之归降，曹操素来听说庞德骁勇之名，立刻就封他为立义将军。

庞德之所以在樊城之战中表现突出，除了因为想为国尽忠之外，还有很大一部分原因在于樊城众将对他的猜疑。众将猜疑的原因也很简单，庞德有一个堂兄名叫庞柔，他跟随马超一起归降了刘备，眼下就在汉中。现在要与关羽等人交手，他们自然害怕庞德会忽然倒戈相向。庞德也知道众将猜疑自己，便当场表示："我深受国家大恩，必定会以一死报效国家，我知道你们都怀疑我，那你们就看好了，我会亲自迎战关羽，今天如果不是我杀了关羽，就是关羽杀了我。"众将听后目瞪口呆，要知道关羽可是天下有名的猛将，曾在万军之中斩杀猛将颜良，世上还真找不到多少人敢和他正面厮杀。庞德说到做到，他果然亲自率军与关羽交锋，甚至一箭射中了关羽的额头。虽然关羽没死，但手下部将从此都对庞德信服不已，因为庞德喜欢骑一匹白马，他们都称庞德为白马将军，战场上遇到了都要避开。

眼看战局越来越有利于曹军，天气终于发生了变化。于禁选的营地也真是个好地方，刚好就在水口上面。雨越下越大，于禁却依然发挥着自己临危不惧的风格，没有一点移营的想法。很快就到了八月份，随着汉水的泛滥，大水终于来了。一时间，平地上的水竟然深达几丈。此前死活不肯挪窝的于禁终于倒了大霉，他的军营又刚好在水口上，一下子都被淹没了。这下于禁不得不"搬家"了，他和诸将以及手下的士兵都只能各自找稍微高一点的山头避水。

关羽对大水早有准备，他看到于禁所部四散避水以后，立刻亲自率军乘坐大船前来进攻。分散的于禁所部根本没办法组织抵抗，想跑又没有船，根本无路可逃。无奈之下，于禁与众将只好选择了投降。反倒是此前被众将怀疑的庞德，此时依然坚持不降，他站在大堤上，身穿盔甲，手持弓箭，不断向敌人射击。庞德一向以擅射著称，他箭无虚发，很快就射伤了不少敌人。他手下的将士受到了感染，也纷纷拿起弓箭与敌人交战。随着时间的推移，庞德等人的箭终于用尽了，他只好带人拿起武器与敌人近身肉搏。然而随着水势越来越大，庞德自己虽然越战越勇，但手下的将士都因为支撑不住，选择了投降。

庞德知道光靠自己一个人，再战下去也不是办法，便抢了一艘小船，想逃回樊城，与城中的曹仁会合。只可惜庞德的运气实在是太差，还没到达樊城，小船就被大水打翻了。庞德一个北方人，根本不识水性，只好束手就擒，做了关羽的俘虏。见到关羽时，庞德依然不肯下跪。关羽也没有计较庞德此前伤过自己，他很佩服庞德的勇猛，再加上庞德的堂兄毕竟也在刘备手下，便劝庞德："眼下你们已经败了，你哥哥又在汉中为官，我也不计较你伤过我，还打算让你在我手下担任将领，你何不早点投降呢？"庞德听后冷笑一声："你以为我是你，知道什么叫投降吗？我主魏王统率着百万大军，声名远播天下，你家刘备不过是个庸才罢了，又怎么能和魏王匹敌？我宁可做国家的鬼，也不会投降你们这种贼人。"关羽听后大怒，立刻下令将庞德处死。得到庞德战死的消息后，曹操心中感慨万千："我和于禁相识已经快三十年了，没想到危难之际，他反而连庞德都不如。"

消灭于禁的七军之后，天下震动，关羽乘机派人前去联络梁、郏、陆浑等地的强盗，授予他们将军的印信，让他们在许昌南面闹事。陆浑人孙狼直接发动叛乱，斩杀了县里主簿，起兵响应关羽。此时樊城的局势对曹军尤为不利，实在是让曹仁忧虑不已，因为涨大水，很多水都流进了城里，城墙也因为被水浸泡过而处处崩坏，根本难以防守。见到这种情形，不只是曹仁，其他将领也担忧不已。有人便劝曹仁："眼下我们既要面对大水冲毁城墙，又要面对关羽的大军，这根本就不是人力所能应对的，我们应该趁关羽还没完成合围，赶紧连夜从城北乘坐轻便的小船逃走，晚了的话，只怕我们谁都走不掉。"

还没等曹仁发话，汝南太守满宠就站出来反对道："你说的根本不是什么困难，山洪虽然来得快，但是去得也快，只要持续的时间不长，我们就可以应付过去。我听说关羽已经派了别的部队到郏县（今河南郏县），现在许昌以南的百姓都惊慌不安，如果他们继续向北进军，那许昌都不安全了。关羽现在之所以不敢继续向北前进，是因为我们还在樊城，他害怕我们会攻击他的后路。一旦我们撤退，那黄河以南的地区只怕都不能再为国家所有了，我建议还是坚守樊城。"曹仁是曹操最为信任的堂弟，当然不可能放任关羽跨过自己向北去攻打许昌，他听完满宠的话后表示同意："伯宁此言深得我心，现在国家的危难就在眼前，我们怎么能因为一点小的困难就退后呢？我下决心与大家一起死守樊城，谁敢提议撤退立斩不赦。"随后曹仁又将一匹白马沉入了汉水中，以此与全军将士盟誓，大家一起齐心协力，誓死坚守樊城。

当时樊城的守军只有几千人，大水已经快将城墙完全淹没了，只有几尺高的地方露在水面。在这种情况下，曹仁与众将士依然没有退兵的打算，关羽便率军乘坐船只到达城下，将樊城重重包围起来，以断绝城内守军和外围的联系。与此同时，关羽又派人率军进攻襄阳，将守将吕常围困在了城内。一时间，襄樊一线的局势危急起来，曹操任命的荆州刺史胡脩和南乡太守傅方见形势不对，都投降了关羽。司马懿早就看出这两人不是什么好东西，不能长久放在边境要地，只可惜曹操没有听从。这两位也真会挑时候，这个时候背叛，更是让曹仁等陷入了重重困难之中。

孙曹联盟，亚夫遗风

随着关羽的威名越来越大，曹操心中不免担忧，毕竟汉献帝就在许昌，要是许昌丢了，人被刘备抢了去，那还得了。于是曹操召集手下人商量："现在樊城情势危急，许昌以南又到处是盗贼，只怕许昌守不住。我打算迁都到别的地方，暂时避开关羽的锋芒，你们觉得怎么样？"

听到忽然要迁都的消息后，众人大惊失色，丞相军司马司马懿和西曹属蒋济赶紧站出来劝道："此时千万不可迁都，一旦迁都只怕局势更加动荡，到那时恐怕连黄河以南都守不住了。关羽看似来势汹汹，但其实并没有那么可怕。于禁等人虽然全军覆没，但这并不是因为作战失利，只不过是因为天灾而已，对国家来说根本没有构成什么大的损害。再说了，刘备和孙权虽然看似关系密切，还是盟友，但实际上两人的关系并没有那么好，之前因为荆州的事就差点打起来。关羽现在的强大，必定也让孙权感受到了威胁，他肯定不想坐看关羽夺取中原。我们可以派人去见孙权，答应以朝廷的名义将江南地区封给他，条件就是让他派人去偷袭荆州。一旦关羽的后方荆州受到了威胁，关羽必定会退兵，到那时樊城之围自然就解除了。"

曹操听完觉得他们说得非常在理。对自己而言，不但可以拆掉孙刘联盟，而且还不会遭受什么损失，江南之地本就是孙权的地盘，封不封都在他手里，无非是给个名分罢了，于是不再提迁都之事。

曹操虽然决定不再迁都，但他也不会把宝全压在孙权身上，他同时还派遣平寇将军徐晃率军前往樊城解围。徐晃其实早就已经驻扎在宛城了，一直没有南下救援并不是想坐视曹仁覆灭，实在是力有不逮。关东地区的机动部队此前早就被于禁带走了，徐晃手里都是新兵，根本就不是关羽所部精兵的对手，贸然南下不但救不回曹仁，只怕连自己都要赔进去。接到曹操的命令后，徐晃便向前推进到了阳陵陂（今湖北襄阳市西北）。

关羽自然不可能坐看徐晃前来解围，他得知徐晃南下之后，就派了一支军队驻扎到偃城（今湖北襄阳市北）阻拦徐晃。徐晃心知靠自己手下这点士兵，想攻克偃城无异于痴人说梦，所以他并没有选择正面进攻，而是率军偷偷从小路绕到偃城后方，然后挖了一条长壕。这下偃城的守军怂了，他们以为曹军想先断绝他们的退路再来个包抄，哪还敢继续守下去，赶紧趁着敌人还没有完成合围就溜之大吉，将偃城白白送给了徐晃。

占据偃城以后，徐晃继续率军向南推进，他命各营逐个向前进发，结果进展非常缓慢。眼看樊城的局势越来越危急，众将纷纷跳出来责怪徐晃："现在樊城越来越危险，眼看征南将军快撑不住了，将军还不速速前进，是想坐看征南将军灭亡吗？你对得起主公吗？"徐晃只能在心中苦笑，他又何尝不知道樊城的局势呢，只不过眼下连其他救兵的影子都没看到，光靠他手下这点新兵，就算南下也纯粹是去送人头。

当时曹操派去协助曹仁处理军务的议郎赵俨正好在徐晃军中，他很清楚徐晃的难处，便站出来为徐晃解释道："现在关羽已经将樊城重重包围了，水势这么大，一点退去的迹象都没有，我们与征南将军的联系又断绝了，根本无法协调作战，光靠这现在这点人马，去了也是全军覆没。到那时关羽没有了顾忌，就更加能集中全力进攻樊城了，这无论是对我们还是对樊城都没有一点好处。眼下我们虽然前进缓慢，但终究是一股援兵，只要我们还在，关羽就不得不分兵防备我们。依我之见，我们不如向前靠近关羽的包围圈，然后派人通知征南将军，让他知道援兵已经到了，这样一来，他就可以借此激励守城的将士拼死防守了。我算了一下，樊城被围还没有超过十天，应该还能坚守，等其他救兵到达以后，我们再一起向樊城反击，肯定可以打败关羽。如果主公要追究我们救援樊城迟缓的罪名，我一力承担。"

赵俨还是曹仁部下都已经这么说了，他又愿意承担救援迟缓的罪名，众将还有什么可说的，于是都赞同他的建议。随后徐晃便率军在关羽的包围圈三丈之外的地方驻扎下来，同时以派人挖掘通往樊城的地道和用箭传递箭书两种方式，通知城里的曹仁外围已经有救兵到了。曹仁得知徐晃来了，心中大为振奋，加强防守的同时也派人用箭书传递信息，不断与城外的徐晃交流消息。

真正对关羽构成致命威胁的并不是徐晃所部，而是江东的孙权。除了荆州的争夺外，关羽本人和孙权也有很深的矛盾，他骄傲的性格让孙权一次又一次下不了台，孙权早就想教训他一番了。就在曹操派人联系孙权一起收拾关羽后不久，关羽又把孙权得罪了。因为俘虏了于禁手下的几万士兵，关羽的粮食不够吃，于是他干脆派人直接把孙权囤积在湘关（位于泉陵北，泉陵属零陵郡，今湖南永州市北）的粮食抢了。这下彻底将孙权惹火了，他立刻答应了曹操的讲和，准备派人袭击荆州。

孙权的回复让曹操大喜过望，心中顿时有了底气，不过孙权在回信上还提出了另一个要求，他希望先不要把他效力朝廷的消息泄露出去，以免关羽知道后会有所防备。曹操召集群臣商议道："孙权已经答应率军进攻荆州，但他却要求我暂时不要把这个消息泄露出去，以免关羽有所防备，你们怎么看呢？"众臣纷纷说道："孙仲谋所言极为有理，我们应该替他保密才对。"只有董昭反对道："我们绝不能替孙仲谋保守秘密，这对我军来说并没有好处。"曹操心头一惊："公仁为什么这样说呢？"

董昭解释道："军事行动，必定要注重权变，不能一概而论，而应该按照实际情况做出处理。我们可以答应孙权替他保密，但暗地里却必须泄露出去，才可以为我方争取优势。我之所以这样说，是因为关羽如果知道孙权要偷袭荆州，肯定会立刻回军保卫荆州，这样一来不但樊城之围可解，还可以让孙权和关羽两个人像两匹被勒住马衔的斗马一样，互相制衡而无法动弹，等他们筋疲力尽之后我们再出兵坐收渔翁之利。如果对此事保密不泄露出去，对孙权而言肯定有好处，他可以轻松拿下荆州，但我们却还是需要和关羽死拼，这实在不是什么上策。再说了，樊城被围困的时间越来越久，城里的将士们不知道救兵快到了，肯定会因为城中粮食逐渐减少而惶恐不安，如果他们再有些其他的想法，那肯定会造成更大的威胁。依我之见，必须泄露出去。至于孙权那边也不用担心他吃亏，关羽这个人一贯骄傲强悍，就算知道了孙权要进攻的消息，肯定也会自恃江陵、公安两城防守坚固，不会很快退兵的。"

董昭一席话对眼前的局势进行了一番全方位的分析，实在是鞭辟入里，曹操立刻同意了董昭的建议，让徐晃赶紧将孙权的回信用箭射到了樊城和关羽的军营里面。樊城被围的将士得知孙权也要打关羽之后，信心大增，士气高涨。正如董昭所说，关羽接到信后果然犹豫了，一方面是他不认为孙权敢攻打荆州，更何况江陵等城防守牢固，也不是轻易就能攻下的；另一方面则是他觉得樊城已经快要攻下了，实在舍不得就此退兵。

眼看关羽死活不肯走，徐晃又进军缓慢，曹操心中十分焦急，他再次召集大臣们商议道："现在樊城的局势越来越危险，我打算亲自率军前去救援，你们觉得怎么样？"众大臣其实早就想曹操亲自去救人了，只不过没敢说，眼下既然曹操自己提出来了，他们当然赞同："还请大王赶快出兵前去救援，樊城已经被围困这么久了，再不快些的话，只怕樊城就要坚持不住了。"桓阶听后冷笑道："这点小事还要大王亲自前往，那要我们这些做臣子的有什么用？"说完他又转向曹操："大王已经派了徐晃等人前去救援，为什么还要亲自前往呢？难道是觉得徐晃等人的能力不够吗？"曹操摇了摇头："伯绪怎么会这么想呢？我当然相信公明的能力，只是担心子孝那边坚持不住。"

桓阶反问道："大王觉得曹仁能预料到目前的局势吗？"曹操当然相信曹仁的能力："子孝跟随我多年，对这种形势肯定会有认识。"桓阶跟着又问："那大王是害怕曹仁、吕常等人不肯尽力防守吗？"曹操连忙回道："子孝他们当然会尽力防守，我对此还是放心的。"桓阶再次反问道："那我就奇怪了，大王既然相信曹仁他们会拼死防守，也相信徐晃等人的能力，为什么还要亲自前往呢？"曹操叹了一口气："关羽现在人多势众，我担心的只不过是凭徐晃等人的力量不足以解围罢了。"桓阶笑道："如果只是担心力量不够，那增派援军给他就行了。如今曹仁等人虽然身陷重围，但依然没有二心，还在为朝廷拼死守城，这主要是因为他们觉得有大王您在远处做后盾。身处必死之地，必然会有拼死抗争之心。现在城内的将士有拼死抗争之心，城外也有强大的援军支持，大王只需要控制六军驻扎在远处就行了。如此一来还能展示我们还有多余的军力，其他敌人也不敢妄动了，现在又何必因为担心失败而亲自远征呢？"曹操恍然大悟，果然率军到摩陂（今河南郏县东南）驻扎下来，只派遣殷署、朱盖等十二个营的军队前去增援徐晃。

得到增援之后，徐晃终于开始行动了。当时关羽在围头（今湖北襄阳市北）和四冢（今湖北襄阳市附近）两个地方都留有军队，自己则率领主力驻扎在后方，以起到互相支援的效果。要攻破这样一个防守严密的三角阵形，直接进攻肯定不行。徐晃想了个主意，他对外声称自己要进攻围头，关羽听说之后，赶紧把军队集中到围头严加防守。可谁知徐晃只是虚晃一枪，他转头就去打四冢了。四冢的驻军本就不多，关羽也根本没想到徐晃用的是声东击西之计，很快四冢就坚持不住了，只好转头向关羽求援。

关羽得报后大吃一惊，这才发现自己被徐晃骗了，赶紧率领五千名步骑兵前去救援。结果走到半路就看到前方有一支人马列阵，领军的将领正是徐晃。关羽还是中计了，徐晃的目标根本不在四冢，只不过是想把关羽引出来罢了。两军相遇时，局面对关羽非常不利，他不但被徐晃的声东击西之计分散了兵力，还遇上了徐晃以逸待劳的曹军主力。

就此退去肯定不是关羽的风格，他与徐晃都是河东人，本来就认识，他便仗着关系熟，遥遥对徐晃喊道："公明可还认得我关云长吗？"徐晃自然是认识他的，于是两人就在阵前聊了起来，聊的都是一些自己这些年的遭遇，越聊越投机。

关羽本想着和徐晃叙叙旧情，希望对方能放自己一马，眼看聊了这么多，心中暗喜，以为自己的计谋得逞了。谁知徐晃忽然大喊道："谁能砍下关云长的头，赏一千斤黄金！"这一声可把关羽吓得够呛，他没想到徐晃说翻脸就翻脸，一时间有些没反应过来，反问道："公明，你这是什么意思？"徐晃笑道："我之前和你聊天只不过是因为私人感情，现在要做的就是国家大事了。"

一场大战下来，关羽大败，只得率领残部退回自己的大营。当时关羽在樊城外围的堑壕前设置了十重鹿角，用来阻挡敌人的援兵。徐晃对此毫无惧色，他率军向前，一路攻破了敌人的十道封锁线，终于到达了樊城之下。在樊城外围，关羽收拢军队再次与徐晃展开决战，这一次败的依然是关羽，他手下军队伤亡惨重，就连此前归降的胡脩和傅方两人都被当场斩杀。这下关羽再也无法坚持围困樊城了，只好撤围而去。

不过关羽到底还是不甘心，他依然将水军留在沔水封锁河道，以断绝樊城和襄阳之间的通道，希望自己的军队好歹能够拿下襄阳。到了这时，关羽依然没有意识到事情的严重性，一直到江陵被占领的消息传来，他才慌了神，赶紧率军南撤，再也顾不得什么襄阳、樊城了。

随着关羽的离开，一个严重的问题摆在了曹仁面前，那就是要不要率军南下追击撤退的关羽。大多数将领都认为："关羽现在没了荆州，正是进退无路之时，我们应当趁着他身处困境的机会，派出军队前去进攻他，一定可以将他擒下，以报樊城被围之仇。"赵俨表示反对："孙权只不过是借着关羽和我们对峙的机会，偷袭了关羽的后路，将荆州拿下了而已。他害怕的不过就是关羽回军救援荆州，一旦他与关羽交战，就不得不担心我们坐收渔翁之利，所以他才会向我们求和，希望我们能够替他拖住关羽。这哪是真心归降，无非是想借着机会捞些好处观望成败而已。眼下关羽势单力孤，差不多已经是丧家之犬了，我们更应该让他继续存在，等他去荆州与孙权拼命。如果我们对关羽穷追不舍，就算消灭了关羽又有什么用呢？到那时孙权必定会成为我们新的祸患，魏王肯定也会对此感到忧虑，因此还是不要追击为好。"

曹仁仔细思考之后，认为赵俨说得有道理，便命令全军撤回，不再追击关羽。另一边的曹操正害怕众将为了抢功追击关羽，停止追击的命令刚好传到曹仁军中。和赵俨预料得差不多，虽然曹军没有继续追击，但关羽离败亡也不远了。

单刀赴会，吕蒙定策

建安二十四年，孙权怎么也没想到，自己什么都没干，居然还能撞上好事。这些年他扩张极为不顺，西面有刘备挡道，北面又屡屡败给曹操，竟然连一个扩张空间都没有。然而随着关羽攻打襄阳、樊城，一切都变了，曹操居然主动派人来联合自己，以册封江南之地为条件，请江东出兵攻打关羽的后方，以协助曹军解围。

其实对于孙权来说，有没有曹操的空头册封根本不重要，他想扩张地盘就必须向西攻取荆州，以扩大长江防线。更重要的是，他对刘备早已忍无可忍，无论是刘备还是关羽，他都厌恶至极。赤壁之战后，孙权看刘备大军没有多少地盘，便在鲁肃的建议下将南郡借给了刘备。刘备为了借到南郡，也向孙权承诺过，表示自己地盘扩大以后肯定会归还南郡，也正因为如此，孙权才放心地将南郡借给了他。

到后来孙权想攻打益州却屡屡被刘备阻拦，他甚至说要归隐山林，迫使孙权不得不放弃攻打益州的计划。让孙权目瞪口呆的是，满口仁义道德的刘备一转眼就自己率军进入益州将刘璋吞并了，所谓的盟友关系早就被他抛到了脑后。但双方毕竟还是盟友，孙权也只得打落牙往肚里咽，没有对刘备自己夺取益州多说什么，只骂了一句："这个狡猾的狗贼居然敢耍诈骗我。"

益州被攻下后，南郡就该还了，孙权便让诸葛瑾前去成都找刘备，希望他能够将此前借去的南郡等地归还。此时刘备已经占据了两州的地盘，早就不存在缺乏土地的问题了，按理说应该归还南郡，但他已经吞到肚子里的地盘哪肯再交出来。刘备也知道自己此前说过要归还土地，也没法说不还，就直接开始耍赖："我现在正打算进攻凉州，等拿下凉州的土地，我肯定将南郡还给你们。"这明显是不想还了，当时刘备连汉中都还没有，离凉州十万八千里，天知道猴年马月才能夺取凉州。孙权得到回报后气得直骂娘，也正是从这时开始，他有了以武力夺回荆州的想法。

没能要回荆州的土地，孙权索性自己给长沙、桂阳、零陵三郡任命了官员，让他们前去上任。关羽当然不可能让孙权的人到自己地盘上来做官，于是直接将人全部赶了回去。不能和平解决，那就只能动武了。不久后孙权便让吕蒙率领鲜于丹、徐忠、孙规三人所部两万多兵力前去攻打荆南三郡；鲁肃则率领一万多军队驻扎在巴丘，以防备关羽南下救援；孙权自己则率军驻扎在陆口，以监督诸军前进。

刘备手下的军队大多被他带去了益州，剩下的关羽所部兵力本就不多，而且大多驻扎在北面防备曹操，南面几个郡都没有多少人马。吕蒙大军一到，长沙和桂阳两郡就直接开城投降了，只剩下零陵太守郝普坚持不降。郝普其实也不是什么忠心耿耿的好汉，他虽然没有投降，但心里也惧怕不已。在吕蒙的威逼利诱下，郝普也直接开城投降了吕蒙。

刘备自然不会坐看自己荆州的地盘被人抢走，他立刻率军从益州到公安，又让关羽率领三万大军驻扎到益阳，准备跟孙权来一场武斗。孙权也不是好惹的，他让吕蒙、孙皎、潘璋率军与鲁肃会合，直接将大军开到益阳，与关羽对峙。鲁肃一向和刘备一系交好，孙刘联盟可以说也是因为他搭桥引线才成立的，他自然不愿意双方关系就此崩坏，所以他便邀请关羽前来赴宴，希望能够和平解决问题。这次宴会，就是历史上著名的"单刀会"。

所谓的"单刀会"自然不是小说里关羽单刀威慑东吴众将的故事，而是一场在双方大军之间举行的宴会，赴宴的只有双方的将领，每人只允许携带一柄单刀，故而叫作单刀会。

江东众将得知鲁肃想宴请关羽的消息，大惊，都劝道："将军千万不能冒险前往，刘备这人一向不讲信用，万一这是鸿门宴怎么办？将军身负全军之责，万不能以身犯险。"鲁肃闻言只能苦笑，他又何尝不知道此行危险重重呢？虽然都是单人赴宴，但面对关羽这种万人敌，对方一旦发难，自己只有死路一条；然而如果自己不去和关羽谈上一次，孙刘联盟只怕是保不住了。更何况他还是相信关羽的为人的，刘备虽然喜欢耍赖，但关羽是一个骄傲自负的人，肯定使不出鸿门宴这种诡计。他只告诉众将："今天的事，并不是我们理亏，可以与对方直接交谈，这件事刘备本就有愧于我们，在没有分辨清楚之前，关羽不可能伤我性命。"

关羽毕竟理亏，原本不想和鲁肃谈，只不过害怕打不过才不得不硬着头皮谈上一场。吕蒙等人还没赶到益阳时，关羽就想欺负一下鲁肃，他偷偷选了五千名精锐士兵，自称要在夜间渡河收拾鲁肃。鲁肃当时手里兵少，得到消息后非常担忧，不知道应该怎么对付关羽。幸好猛将甘宁当时正在鲁肃手下，他手里只有三百人，便告诉鲁肃："您只要再给我五百人，我立刻去对付关羽，我保证关羽只要听到我的咳嗽声，连水都不敢下。他要是下来，我立刻将他生擒。"鲁肃听后大喜，赶紧挑选了一千精兵给甘宁，甘宁连夜带着人去等着关羽过来。关羽也听说过甘宁的名头，自己又没有对方擅长水战，哪还敢冒险，立刻停止了渡水计划。等吕蒙等人赶到以后，关羽再想进攻，已经没有机会了。

在宴会上，鲁肃首先发难："当初你们没有地盘，我们好心好意将土地借给你们，你们答应有了土地后就还回来。现在你们已经得了益州的土地，却一点归还的意思都没有，我们只能退而求荆南三郡，你们也不同意，这到底是想干什么？"

关羽心中冷笑，土地拿出来了还想收回去，哪有这么好的事情？他早已安排好了人准备吓唬吓唬鲁肃这个文人。鲁肃这边话音刚落，立刻就有一个荆州将领站出来呵斥道："所谓土地，一向都是有德者得之，怎么能说是谁的呢？我们主公仁义天下皆知，土地是上天赐予的，哪轮得到你们说三道四！"

鲁肃一看有人闹事，也并不让步，大声驳斥道："我与你们将军说话，哪轮到你在这里指手画脚！关将军这是何意，连手下都管不住吗？"关羽见吓唬不了鲁肃，只好拿着刀站起来说："这是国家大事，不是你们所能了解的。"一面则暗中打眼色，暗示那人离开。

那位荆州将领离开后，会谈继续，关羽没了托，只能自己出来替刘备说话："乌林之战时，我主公整天待在军营里面，睡觉都不敢脱去盔甲，这才有了大破曹操的事情。我主公做出了这么大的贡献，难道一点功劳都没有吗？用这些功劳换取一些土地又不过分，你们难道还要来收地吗？"

鲁肃听后心中暗骂，赤壁之战明明是周瑜功劳最大，关羽可真是会给自家揽功，明摆着是欺负周瑜没法出来反驳。既然好朋友周瑜已经没法开口说话，只好自己来了，他反驳道："你这么说可不对了，当初我在长坂坡见到刘豫州时，他手下就剩下几个人。面对曹操的追击，刘豫州别说抵挡，他自己都想跑去苍梧郡投奔吴巨了。还是因为我的劝说，刘豫州才得以与我主公联合，一起大破曹操。当初是我力主借地给刘豫州的，不光是因为我们同情他没有栖身之所，也是因为相信他能够遵守承诺。可没想到现在他得到了益州，居然还想霸占荆州，这等背信弃义的事情，就连一个平常百姓都不愿意干，刘豫州也是有头有脸的人物，居然做出这等事，实在是让人惊讶。我听说过一句俗话，因为贪图小利而背信弃义的人，必然会遭受祸患。关将军和我一样，都是身负重任之人，如果连这些浅显的道理都不明白，拿什么辅佐主君呢？如果只知道一味袒护，对他又有什么帮助呢？"关羽到底没有刘备脸皮厚，被鲁肃一番话说得尴尬不已，竟然答不上话了。

虽然嘴上没占到便宜，但关羽也不可能把地让出来，这场宴会也没有任何结果，只能就这么不了了之。就在刘备和孙权剑拔弩张，想大干一场的时候，一场意外竟然让双方不得不握手言和。送来这场意外的不是别人，正是孙、刘两家的大敌曹操，他竟然已经攻下汉中，收降了张鲁。

在曹操这份"大礼"面前，刘备直接认怂了，汉中落到曹操手里，谁都知道下一步肯定会指向益州，而此时益州人心未附，自己又率领大军远在荆州，一旦曹操进攻，只怕难以抵挡。眼看自己的后院受到威胁，刘备哪还有心思在荆州和孙权干耗，他赶紧派人找孙权求和，希望能够就此罢兵。孙权只不过想要回荆州的土地而已，也没兴趣跟刘备干上一场，于是立刻答应下来。最终双方达成协议，大家根据湘水平分荆州，荆州东面的长沙、江夏、桂阳三郡归属孙权，荆州西面的南郡、零陵、武陵三郡则归属刘备。这样一分，双方皆大欢喜，荆州问题就这么解决了。

荆州问题虽然解决了，但关羽这个人却越来越让孙权讨厌。原本孙权见关羽坐镇荆州，双方都是邻居，就想打好两家的关系。怎么打好两家的关系呢？在孙权看来，自然以联姻最为合适。当初自己将妹妹嫁给了刘备，不过后来刘备前往益州时，孙夫人被接回了娘家，刘备另娶了吴懿的妹妹为妻，双方算是断了。这一次孙权想联姻的对象不是刘备了，而是坐镇荆州的关羽。他听说关羽有一个女儿，便派人去为自己的儿子求亲。按理说孙权作为一方诸侯，派人向关羽求亲，已经是非常给面子了。然而关羽这个人一贯骄傲自负，根本瞧不上孙权，他不但没有答应亲事，还将孙权辱骂了一番，直接将使者赶了出去。接到使者的回复之后，孙权脸上红一阵白一阵，从此心底里恨上了关羽。

当时鲁肃还在，他见孙权暴怒，生怕两边为此开战，赶紧劝道："主公千万不能因为这点小事和关羽闹翻，眼下曹操还在北面虎视眈眈，我们必须和刘备联合才能够保全自己，暂时还是要安抚结交关羽才行。"孙权还能说什么？只好忍气吞声不再计较这事。鲁肃死后，情况就变了，接任他位置的是名将吕蒙。

吕蒙，字子明，他很小的时候就与姐夫邓当一起跟随孙策，一路因战功升迁。从江东讨伐黄祖到南郡之战，吕蒙皆有参加，为江东的做大做强立下了很多的功劳。对于荆州的威胁，吕蒙早就看在眼里。早在鲁肃刚刚代替周瑜屯兵陆口之时，吕蒙就已经有了想法。当时的鲁肃还看不起吕蒙，他路过吕蒙驻地时连面都不想见，最后还是在手下人的劝说下才勉强上门拜访了吕蒙。鲁肃没想到的是，在酒宴上吕蒙竟然询问他："您现在肩负着国家的重任驻守陆口，与关羽做邻居，如果有什么意外，您有什么应对之策吗？"

作为孙刘联盟的支持者，鲁肃此时还没想过要是和关羽翻脸应该怎么办，只好答道："只能到时根据实际情况决定怎么办了。"此言一出，吕蒙大吃一惊，赶紧说道："这事可不能走一步算一步，应该提前防备才行。我们虽然现在与刘备是盟友，但谁也不知道以后会怎么样，对于关羽这种熊虎一般的将领，怎么能不提前做防备呢？"吕蒙不光是提醒鲁肃，还马上给他出了五条对付关羽的主意。虽然鲁肃为顾全孙刘联盟，一条都没有施行，但他对吕蒙大为改观，不但与吕蒙结为好友，还向孙权推荐了他。

鲁肃死后，原本孙权打算让骑都尉严畯接替他镇守陆口。毕竟严畯与鲁肃一样是文人出身，不容易与西面的关羽发生冲突。然而也正因为严畯是个文人，更确切地说因为他是一个有自知之明的文人，他深知自己不擅长军事，担不了这个重任，便再三推辞。孙权没办法，只好让吕蒙代替鲁肃统领军队。

吕蒙作为跟随周瑜南征北战的部将，心里的构想与周瑜差不多，他想拿下荆州之地。吕蒙一向认为关羽这个人勇猛善战，一直都有兼并江南的野心，他现在又驻扎在江东，简直就是个不知道什么时候爆炸的炸弹。所以吕蒙接替鲁肃后不久，就秘密建议孙权："如果我们现在命令征虏将军孙皎驻守南郡，潘璋驻守白帝，蒋钦率领流动部队一万人沿长江上下活动，哪里出现敌人就让他支援哪里，而我则率军驻守在上游的襄阳。如此一来，我们根本不必担心曹操，也不必依靠关羽了。更何况刘备、关羽他们一贯诡诈，实在是反复无常，根本就不能完全信任他们。如果关羽从上游向我们发起进攻，现在靠着主公的圣明以及我和其他将领的拼死作战，肯定还能抵挡他，但要是我们不在了呢？我认为不如趁着我们都还在时先解决掉这个祸患，以防我们死后没人能对付他。"

这些年来，孙权也没有闲着，他一直在思考自己未来应该怎么扩张势力，听到吕蒙说起，他忍不住说出了自己心中的构想："毕竟曹操才是我们最大的敌人，我的想法是先北伐攻下徐州，然后再向西进攻关羽，你觉得怎么样？"

吕蒙却不以为然，这些年来也不是没有向北面努力过，但在合肥等地屡屡受挫，好不容易勉强拿下一个庐江，离徐州还远着呢，北面这条线明显走不通。他向孙权分析道："如今曹操远在黄河以北，安抚幽州、冀州，根本来不及考虑其他地方。其他地方的守军，听说都不值一提，我们前去攻打，肯定可以打败他们。但是主公有没有想过，北方陆路交通方便，非常适合骑兵驰骋，我们一旦拿下徐州，只怕曹操不出十天就会率军前来争夺。到那时，我们就算用七八万人防守，只怕也难以抵挡。依我之见，不如先击破关羽，只要占据了长江上下游，我们的实力会更加强大，也就更容易防守了。"孙权自己在心里分析了一番，也感觉打徐州确实不太靠谱，于是转而赞成吕蒙攻打荆州的主张。

白衣渡江，败走麦城

虽然定下了夺取荆州的战略思路，但毕竟自己与刘备还是盟友，孙权一时半会儿还真没有翻脸的想法，他依然带着人在长江边上跟曹操对抗。可他万万没想到，关羽竟然自己跑出来找事了。关羽攻打樊城时，面对曹仁和于禁两路人马，底气不是很足，便派人向盟友孙权求助，希望孙权能发兵帮自己一起攻打樊城。

孙权当时正忙着在合肥搞事情，打樊城对他自己也没有什么好处，所以并不想凑这个热闹，只不过碍于他们是盟友，孙权还是勉强派了人马前去增援。虽说是增援，孙权暗地里却交代他们在路上走慢点。就在这支援兵在路上磨磨蹭蹭的时候，关羽已经生擒了于禁，一时间威震华夏。孙权这时候才慌了，他不想惹怒关羽，于是赶紧派主簿带着人赶到关羽军中。

只可惜孙权没想到，他还是把关羽惹怒了。关羽觉得孙权派的人来这么晚，分明就是故意磨蹭，再加上他刚刚生擒于禁，内心很是膨胀，大骂孙权："这个貉子怎么敢这么戏弄我？等我攻下了樊城，看我不灭了他！""貉子"是中原人对吴地人的蔑称，孙权听后觉得受到了羞辱，更让他在意的是关羽后面那句话，如果让关羽攻下了樊城，只怕真的会来攻打自己。本着先下手为强的原则，孙权下定决心，要先收拾关羽，他一面派人给关羽送信，假称自己会亲自率军前往增援，一面通知吕蒙，让吕蒙做好进攻荆州的准备。

关羽虽然不知道孙权的想法，但也不可能对江东这个盟友完全放心，尤其邻居还是吕蒙这样的狠角色。所以他在北上攻打樊城时，也没有对荆州疏于防备，特意留下了很多军队在后方防备吕蒙。吕蒙见没有可乘之机，就向孙权上书道："关羽现在率军征讨樊城，却依然留下了很多军队在荆州防守，肯定是害怕我会从后面攻击他。我这人经常生病，希望您能允许我以治病的名义，率领一部分军队暂时返回建业（今江苏南京市）。关羽肯定以为我们暂时无力攻击他，一定会将防守的军队全部调到北面去攻打襄阳、樊城。到那时我再率领大军乘船沿着长江西进，趁着荆州守备空虚的机会发动突袭，南郡一定会被攻下来。到那时就算关羽回来，也只能做我的俘虏了。"

孙权接到信后，心领神会。很快吕蒙自称病重，孙权马上命让他先率军返回建业养病。接到吕蒙病重返回的消息后，一个人正在芜湖（今安徽芜湖）焦急地等待着，他实在想不通吕蒙为什么会在这个节骨眼上返回。这个人不是别人，正是小霸王孙策的女婿，时任定威校尉的陆逊。皇天不负苦心人，陆逊居然真的在芜湖等到了吕蒙，他也顾不得两人职位的高低，直接跑到吕蒙面前询问："关羽与将军的防区挨着，您为什么现在要忽然离开呢？要是敌人忽然东下怎么办？您难道不会为此担忧吗？"

吕蒙当然不能说这是自己和孙权给关羽设的套，便假装叹了一口气："确实如你所说，我也不想这时候离开，但没有办法，我真的病得很重，不得不回去养病。"陆逊虽然不知道吕蒙的安排，但还是按照现在的情况分析道："关羽这个人仗着自己骁勇善战，经常欺负别人，他现在刚刚取得大功，心中骄傲自大，肯定一心想着向北面进攻，对我军没有丝毫怀疑。如今他听说您病重的消息，防备肯定会减弱。如果我们出其不意地进攻荆州，定能一举拿下。希望您见到主公以后，将这件事情告知主公，你们好好策划一下。"吕蒙心里非常赞同陆逊的话，但表面上依然答道："关羽向来勇猛善战，我们很难跟他匹敌。况且他占据荆州已久，大施恩德信义，当地人心归附，再加上他刚刚取得大胜，胆略和士气都更加旺盛，想对付他没那么容易。"

吕蒙虽然表面上没有接受陆逊的建议，实际上却已经把陆逊记在了心里，觉得这个人可堪重用。等他回到建业以后，孙权征求他的意见："你现在离开了陆口，必须要找个人代替你才行，你觉得谁可以代替你呢？"吕蒙马上推荐道："定威校尉陆逊可以。"孙权听后大吃一惊："伯言资历尚浅，恐怕当不得如此重任，你怎么会忽然想到推荐他呢？"吕蒙解释道："陆逊这个人思虑深远，有担当重任的能力。我路过芜湖时曾见过他，观察过他的气度，以后肯定会成大器。他现在没什么大的名声正好适合，关羽肯定不会对他有所顾忌。在我看来没有人比他更合适了，如果用他的话，可以让他对外隐藏锋芒，对内则暗中观察形势，寻找可乘之机，再向荆州发起进攻。"孙权听从了吕蒙的建议，很快就将陆逊任命为偏将军、右部督，让他代替吕蒙镇守陆口。

陆逊对关羽还真是了解，他到达陆口之后第一件事就是给关羽写信，信上全是一些歌功颂德的话，甚至将关羽和晋文公、韩信相提并论。关羽一贯自负，对于陆逊的吹捧全盘接受，他觉得陆逊这么卖力替自己吹捧，无非觉得不是自己的对手，想让自己以后多照顾他。这么一想，关羽觉得陆逊没有什么威胁，立刻将防守的军队调出来开往樊城参战。

陆逊虽然表面上对关羽大肆吹捧，但暗地里早就观察清楚了荆州的局势，他立刻向孙权回报，并详细陈述了生擒关羽的战略要点。经过陆逊吹捧之后，关羽还真是有些飘飘然了，他觉得吕蒙一走，换上的陆逊完全没有必要放在眼里。当时因为关羽俘虏了于禁不少人马，粮食便渐渐不够用了，他毫不客气地直接把手伸向了孙权囤粮的湘关。在他眼中，无论孙权还是陆逊都不敢对付自己。事实上关羽猜错了，而且错得非常厉害，为了对付他，曹操与孙权已经达成了同盟。

孙权本就想收拾关羽，接到曹操想结盟的消息后，他简直大喜过望，立刻回信答应，表示自己愿意为朝廷讨伐关羽。孙权在信里还提了要求，希望曹操能将他愿意效力这件事对外保密。与此同时，他还在信里劝曹操，希望曹操能够取汉献帝而代之。曹操接到书信冷笑起来："这小子是想将我放在火上烤啊。"侍中陈群和尚书桓阶可不这么看，他们乘机劝道："汉朝自从汉安帝之后就每况愈下，到现在只不过是个空头名号罢了，天下哪还有一寸土地、一个百姓是汉朝的？从汉桓帝、汉灵帝开始，天下人就知道汉朝要灭亡了，现在孙权已经对我们称臣，正是一举代汉的好机会，大王不应该谦让了。"夏侯惇等人对此也十分支持，纷纷赞同就此代汉，可曹操依旧举棋不定，最终没有答应。孙权请求保密这件事，曹操虽然表面上答应了，但暗地里却偷偷泄露了出去，只不过并没有影响孙权的行动，因为关羽接到消息后还是不相信陆逊能够攻破江陵，所以根本就没退兵。

既然关羽没回来，孙权就准备行动了，他依照赤壁之战的惯例，打算再次安排两个人担任军中统帅，便召集众将商议道："我打算将孙皎和吕蒙两人分别任命为左、右大都督，让他们率领大军前去偷袭荆州，你们觉得怎么样？"吕蒙一听，连忙反对："千万不能这么安排，主公如果认为征虏将军孙皎有才能，就任命他为主帅，如果认为我有才能，就任命我为主帅，绝对不能让两个人都做都督。以前主公任命周瑜和程普两人分别为左、右都督，让他们率军攻打江陵。虽然名义上是以周瑜为主，但程普仗着自己是老将，经常不听命令，再加上两人都是都督，闹得非常不愉快，如果不是周瑜曲意相容，恐怕就要坏了大事，我们必须引以为戒。"孙权听后直冒冷汗，赶紧告诉吕蒙："我只任命你为主帅，让孙皎做你的后援。"

接到任命以后，吕蒙从建业秘密赶到寻阳。为防止消息泄露，吕蒙让士兵全部伪装成前往荆州做生意的商人，他挑选精锐埋伏在𦨴𦪇(gōu lù，船名)里面，所有人都穿上商人的衣服，然后让人身穿白衣在外面摇橹，昼夜兼程赶往江陵。关羽果然没有丝毫防备，吕蒙顺利欺骗过了沿途的守军，一路将关羽设置的烽火台里的士兵全部生擒，导致无论是荆州方面还是关羽方面都没有得到一点消息。

吕蒙之所以敢攻打江陵和公安两座坚城，是因为他掌握了一个情报，所以对拿下两城非常有把握。这个情报就是糜芳和士仁两位守将与关羽非常不合，关羽这个人比较自负，他连马超、黄忠都瞧不上，更别提糜芳、士仁了。偏偏这两人自尊心比较重，对关羽瞧不起自己非常反感。樊城之战时，两人在镇守后方的同时，还必须向前线输送粮食物资，结果这两位办事不力，发生了火灾，导致物资运送不及时，逼得关羽只能派人去抢孙权的，这让关羽非常气愤，放话说要收拾他们。糜芳和士仁听后吓得不得了。在发动进攻之前，孙权已经暗中派人收买了糜芳，糜芳也答应了要归降，所以吕蒙实际要面对的敌人只有公安的士仁。

吕蒙到达公安以后，没有直接攻城，而是让虞翻去游说士仁。虞翻一路跑到城门口，对着城头高喊："我想跟你们将军说说话，请放我进去。"士仁当时就在城墙上，但他与虞翻毕竟是敌人，不方便这么明目张胆地见面，便让城上士兵回复："我们将军已经休息，不便与你相见。"

虞翻见士仁不愿意见自己，干脆写了一封信："智慧英明的人都应该是会防患于未然的，只有知道得失，才可以做人；只有知道存亡，才可以辨别吉凶。我军一路行来，既没有斥候报告消息，沿途也没有点燃烽火，将军难道没有发觉吗？这并不是天命所归，而是因为有内应。将军没有提前准备归降，我们到了以后又不肯答话，这是摆明了要和我们死战啊！将军觉得是我们的对手吗？无非落得个与城同亡的下场罢了。到那时身死族灭，恐怕会被天下人笑话。我们吕将军准备从陆上断绝你们的退路，您看看地形，一旦施行，您就是蹲在箕舌上了，弃城而逃肯定不免一死，投降的话又没了忠义，我都为你感到不安啊，您还是自己考虑应该怎么办吧！"

士仁本就对关羽有意见，哪肯为他赔上自己的一条命，于是开城投降了吕蒙。公安一拿下，就剩下江陵了，江陵守将糜芳原本就已经跟孙权搭上了线，吕蒙便准备直接率军前去接收城池。虞翻提醒道："这种隐秘的军事行动，要带上士仁一起，以防出现什么别的变故，把我们的人留下一部分守卫公安就行了。"吕蒙恍然大悟，立刻带着士仁一起前往江陵。糜芳见士仁也投降了，丝毫没有犹豫，立刻打开城门出降。

不费吹灰之力就拿下了荆州两座重镇，吕蒙不免有些骄傲，他没有进入江陵，直接就在城外的沙丘宴请糜芳等人，以示庆贺。虞翻顿时就急了，关羽在荆州经营了这么多年，肯定有不少心腹，这些人可未必愿意跟着糜芳一起投降，他赶紧告诉吕蒙："将军应该赶快派人入城，目前江陵只有糜芳一个人投降了我们，他手底下的军队可未必愿意归降，如果迟了，这些人在城里玩一些诡计，我们再想入城就难了。"吕蒙的酒顿时醒了大半，赶紧带人入城。城里果然已经有人准备设置伏兵对付他们了，不过因为吕蒙进来得太快，他们还没做好准备就被全部斩杀。

吕蒙入城以后，对城里秋毫不犯，他做的第一件事就是向全军下令："不许骚扰任何百姓或者向百姓索取钱财，违令者斩。"此前被关在江陵的于禁等人也被放了出来。对于关羽全军将士的家属，吕蒙也没有为难，还派人加以安抚。不过即使吕蒙命令严格，也依然有人犯了事，犯事的是吕蒙帐下的一个亲兵，也是他的同乡。

要说起来，这个亲兵犯的事情也不严重，就是从一个百姓家里拿了一个斗笠，用来遮盖自己的盔甲。吕蒙认为此举虽是为了保护盔甲，但依然违反了军令，即使是同乡也不能就这么放过，便流着泪下令将这个亲兵砍了。这让全军惊惶不已，再也没有人敢违背军令了，一时间江陵竟然出现了路不拾遗的景象。为了尽快使人心归附，吕蒙每天早晚都会派人抚恤慰问老人，询问他们目前生活上的难处，又给病人送去药物，给穷人送去衣服和粮食。在吕蒙的治理下，江陵很快便安定了下来。关羽府库里存放的金银财宝，吕蒙也没有拿取，而是全部封存起来，等待孙权来处理。

吕蒙袭击江陵时，孙权也没有闲着，他命令陆逊率领偏师一路向西攻打宜都郡，夺取了秭归、枝江（今湖北枝江市东北）、夷道（治今湖北宜都市西）等地。随后孙权又将陆逊任命为宜都太守、镇西将军，让他驻军夷陵，负责守卫三峡的峡口，以防止益州军队东出救援荆州。一切准备妥当以后，剩下的就看关羽这支孤军怎么办了。

关羽这时候还不知道已经大祸临头，被徐晃击破以后，他依然在沔水附近晃悠，想拿下襄阳。直到南郡陷落的消息传来后，关羽才慌了神，赶紧率军南下救援，可惜已经太迟了，不但丢了荆州，就连益州和荆州之间互通的道路也被断了。关羽一路南下，不断派遣使者与吕蒙联系，吕蒙每次不但对使者加以优待，还带着他们在城里到处游览，同时让他们跟着一起去慰问关羽部下的亲属家人。这些家人往往会托使者带信回去给亲人报平安，等使者带回去后，很多人都知道自己的家人不但没事，而且吕蒙反而比关羽对他们更好，心里哪还有什么战意，都不想再打了。

关羽也知道手下的将士们已经没有什么战意了，靠这些人去打荆州，无异于去送死，他只好率军向西退到麦城（今湖北当阳市麦城村），希望能够找机会退回益州。只可惜机会已经没有了，陆逊早已占领了宜都郡，根本退不回去。因为关羽败得太快，距离他最近的友军竟然是驻守在上庸的刘封、孟达所部，这二位手下也才几千人，刚刚拿下上庸，连樊城之战时都不敢出兵增援，这时候就更不敢了。不过关羽终究还是想到了办法，趁着孙权派人前来招降的机会，他假装答应投降，然后在城头把幡旗做成人的样子，让城外的敌军以为他还在城里，而实际上关羽早就打开城门，偷偷跑路了。

关羽这一招空城计玩得漂亮，只可惜他忽略了一个大问题，那就是他手下的兵将基本都是荆州人，根本就不愿意跟随他远去益州。关羽一路向西走，手下的军队就一路逃跑，到最后竟然只剩下了十几个骑兵跟随。孙权早就在西面埋伏了朱然、潘璋两路人马，关羽想靠着十几个人突破他们的封锁线简直就是痴人说梦。关羽走到临沮（今湖北远安县西北）时，遇到了潘璋手下马忠所部人马，关羽和儿子关平被生擒，不久后被斩杀。

关羽的死和荆州的丢失，意味着刘备开始走下坡路了。此战之后，孙权占有荆州、扬州、交州三州之地，实力再度凌驾于刘备之上。刘备自然不可能就这么轻易放过孙权，他在等待一个报复孙权的机会。

刘备称帝，御驾亲征

黄初二年（221 年），刘备终于下定决心要发兵东进，找孙权算账了。他已经忍了太久，早在关羽死后他就想去报仇了，只可惜荆州有吕蒙等名将，他实在是不敢轻举妄动。

刘备的锦鲤体质也是没谁了，建安二十五年（220 年），吕蒙病死了。运气更好的是，吕蒙当初计划中镇守荆州的孙皎、蒋钦两人也先后去世。这三人的去世使得孙权在荆州的防线骤然变得空虚，此时正是刘备一举出征的大好时机。更妙的是，同年，刘备的死对头曹操也病死了，即位的曹丕军事水平跟他父亲比起来显然低了不少。不过刘备也并非没有损失，就在这一年，上庸、房陵和西城（今陕西安康市西北）三郡再次被魏国拿下。

东三郡的丢失其实和关羽的死有很大关系，当时孟达和刘封两位驻军上庸，却对关羽的败亡坐视不理，没有发兵救援，因此刘备对他们非常怨恨。孟达也实在是有苦难言，他出汉中时手下就几千兵力，刘备还要空降一个跟他不和的上司刘封过来。之所以不和也是因为鸡毛蒜皮的小事——刘封抢了孟达手下的乐队。两位主帅都不和睦，哪还敢派军队前去帮关羽的忙，更何况上庸也才刚刚拿下，形势也不稳定，他们实在是不敢轻举妄动。然而刘备却认为这一切不过是在找借口，孟达因为害怕，只好拉着部下以及部下的家人投奔曹丕，共计四千余人。此时曹丕意识到一举拿下东三郡的时候到了，便让孟达与征南将军夏侯尚、右将军徐晃一起进攻上庸。

刘封倒是想保住上庸，但实在是没这个能耐。此前驻守上庸的军队大都是孟达的部下，还被孟达全部拉走了，刘封自己手下根本没什么人马。更糟糕的是，上庸太守申耽临阵倒戈。申耽是上庸本地大豪，原本是曹操任命的太守，只不过因为汉中之战刘备获胜，他见势头不对才倒向了刘备。现在既然局势不利，他也乐得再次回归魏国的怀抱。这下刘封再也坚持不住了，被打得大败，只得逃回成都。回到成都的刘封依然难逃一死，诸葛亮觉得刘封傲慢固执并且性情凶悍，怕刘备死后没人能制得住他，便建议刘备乘机杀了他。刘封原本就是刘备没有儿子时收的养子，现在刘备早就有了亲儿子，也不再需要这个养子了，就下令让刘封自杀了。

刘备在东征之前，还做了一件大事，那就是即位称帝。几个月前，魏王曹丕逼迫汉献帝禅让皇帝之位，自己改国号为魏，改元黄初；又追封父亲曹操为武皇帝，庙号太祖；汉献帝则被废为山阳公。曹丕的称帝，标志着东汉的灭亡，历史正式进入了三国时期。刘备一贯自诩为汉朝正统，眼看曹丕都称帝了，他自然不愿意落于人后。黄初二年，刘备借口汉献帝已经被害，追封汉献帝为孝愍（mǐn）皇帝，自己则在群臣的劝进下登基为帝，改国号为汉，改元章武，以此表示自己承袭汉朝的正统。随后刘备又任命诸葛亮为丞相，许靖为司徒，其余众臣各有升迁。

借着刚刚称帝，刘备召集群臣商议道："孙权当初背盟夺取荆州，导致前将军关羽阵亡，这仇我一直都想报，现在我打算出兵讨伐孙权，你们觉得怎么样呢？"此言一处，群臣一片哗然，除了荆州系的人马支持夺回荆州以外，其余大臣纷纷出言反对。就连翊军将军赵云也不同意出兵，他认为："我们的敌人应该是曹操这种国贼，而不是孙权，如果我们能灭掉魏国，孙权根本不算什么，他自己就会归服。现在曹操虽然已经死了，但他的儿子曹丕篡夺了汉朝的皇位。我们应该顺应人心出兵北伐，夺取关中之地，然后占据黄河、渭水的上游，率领大军向东讨伐敌人。关东的义士听到消息后，肯定会自己携带军粮、驱策战马来迎接陛下的正义之师，与我们一起灭掉魏国。如果我们不理会魏国，先跟孙权开战，两国一旦交兵，肯定不可能很快结束，这只会便宜魏国坐收渔翁之利，实在不是上策。"

赵云一番苦口良言，刘备一个字都没听进去，益州从事祭酒秦宓也反对道："此时确实不是讨伐孙权的好时机，如果强行出征，肯定会无功而返。"秦宓可不比赵云这等老部下，刘备一点面子都不给，直接将他押到监狱里关了起来。秦宓倒霉后，终于没人再敢劝阻刘备东征了。诸葛亮虽然知道刘备的这一举动和自己的"隆中对"完全矛盾，但也劝不动刘备，只好闭口不言。这一刻，诸葛亮最想念的是法正，在他心中法正一定可以劝阻刘备东征，只可惜法正已经死了。

没想到的是，刘备还没有出征，已经先折了一位大将。按照他的计划，张飞应该率领一万大军从阆中出发，到江州与大军会合后再一起东下。只可惜还没有等到出发，张飞的部下张达、范强两人就将张飞给杀了，然后带着他的头投奔孙权去了。张飞死的原因非常简单，他喜欢殴打手下将士，搞得手下人实在是忍受不了。张飞的性格与关羽很不一样，关羽善待将士但对士大夫非常不尊敬，张飞则是对士大夫非常尊敬但对士卒非常不好。两人的性格也成了他们最终被杀的原因，关羽死于江东士大夫阶层之手，张飞则死在部下手里。刘备对此早有预料，他曾经劝过张飞："你经常鞭打手下将士，却又让他们侍奉左右，以后必定会成为取死之道。"他接到张飞营中都督的奏报后，只感叹了一声："张飞死了。"

随着张飞的死去，加上此前病死的黄忠，刘备做汉中王时封的四位大将已经死了三个，只剩下马超一人，然而马超这个人他也不敢重用。除去镇守汉中的魏延，赵云因为反对出兵被留在江州镇守，刘备手下竟然没有多少可用的将领。哪怕是在这种情况下，刘备依然没有放弃东征的想法，他还是率领大军出发了。

得知刘备出兵的消息后，孙权也慌了神，他只是想要荆州而已，可不想跟刘备死磕，于是赶紧派使者前去见刘备希望讲和，刘备却不肯听从。当时接替吕蒙担任南郡太守的是诸葛亮的哥哥诸葛瑾，他写了一封信给刘备："陛下认为您跟关羽的感情，与您跟先帝的感情相比，哪个更亲密一些呢？荆州这块土地与全国比起来，哪个更大呢？您与曹、孙两家都是仇敌，哪个应该放在前面，哪个应该放在后面，您心里应该有数，只要这些您能够想明白，想干什么都易如反掌。"诸葛瑾的言外之意是让刘备把国仇放在前面，先找曹丕算账。可刘备却不这么想，他一心要收拾孙权，对于诸葛瑾的信丝毫不理会。

诸葛瑾的信虽然没能劝服刘备，但他脑子灵光一闪，让人拿着信到荆州到处宣传诸葛瑾与他互通消息的事。孙权听到风声后倒是没什么反应，他觉得自己和诸葛瑾之间关系密切，诸葛瑾肯定不会背叛自己。驻守夷陵的陆逊可没有这种信心，他正好在刘备和南郡之间，要是诸葛瑾叛变了，等待他的只有全军覆没的命运，于是他赶紧写信给孙权："我知道诸葛瑾肯定不会做这种事情，但还是需要有所表示才行，诸葛瑾在我军背后，一旦发生变故，那就大事不妙了啊，还请主公替我解除顾虑。"

孙权立刻回信道："我与诸葛瑾已经共事很多年了，彼此之间情同手足，互相也有很深的了解，他的为人我是清楚的，不合道德的事情不会做，不合礼义的话不会说。当初刘备派诸葛亮到吴地出使时，我曾私下告诉诸葛瑾，'你与诸葛亮是兄弟，弟弟应该顺从兄长才符合礼义，现在你们分属两个势力，何不劝他留在江东呢？我必会重用他。刘备那边你也不用担心，只要诸葛亮肯答应留下来，我会亲自写信向他解释一切，相信他也会同意'。诸葛瑾自己却不同意，他认为，'我弟弟诸葛亮已经在为刘备效力了，双方之间已经有了君臣的名分，按照礼义来说他不应该再有二心。弟弟不能留在这里，就跟我不能投靠刘备是一个道理'。他当时都已经这么说了，现在又怎么会做这种事呢？你的顾虑我都明白，但我相信诸葛瑾的为人，外面所传必定都是谣言，不可轻信。"得到孙权的保证之后，陆逊才渐渐放下心，安心等待刘备的到来。

刘备率军向东出发以后，很快在巫县（治今重庆市巫山县）遇到了驻扎在此的李异、刘职等人。在吴班、冯习等将领的猛攻之下，李异等人很快被杀得大败，刘备乘胜率领四万大军驻扎到秭归。在这里，刘备接收了两股昔日荆州残留的人马。一股是关羽手下大将廖化所部，他在关羽死后诈死脱身，得知刘备进驻秭归，他立马赶来投奔，刘备大喜，立刻将他封为宜都太守。比起廖化，另一股力量就更加强大了，那就是武陵郡附近的蛮夷各部。

早在荆州失陷时，当时的武陵郡从事樊伷就曾发动武陵的蛮夷各部一起对抗孙权，希望能够以武陵郡归属刘备。只可惜孙权派来了武陵本地颇有名望的潘濬（jùn），因此樊伷最后没能成功。刘备东进之后，武陵蛮夷各部也再次派人来见刘备，表示愿意出兵相助。与此同时，孙权也调整了战略部署，他正式将镇西将军陆逊任命为大都督、假节钺，让陆逊统率朱然、潘璋、宋谦、韩当、徐盛、鲜于丹、孙桓等部军队总共五万人在前线抵御刘备。陆逊没有率军正面与刘备硬抗，而是主动放弃前沿的秭归，想诱使刘备继续深入。可没想到的是，他失算了，刘备占领秭归之后再也没有下一步动作，没有一点继续向东进攻的想法。

刘备之所以要出兵东征，一方面是因为与关羽感情深厚，不出兵为他报仇说不过去；另一方面则正如魏国侍中刘晔所说，蜀国地小国弱，刘备必须出兵炫耀自己的武力，以此表明自己力量强大，让各方不敢乱动。虽然发动了进攻，但刘备也不是傻子，拥有关羽的荆州兵团时，他都没有把握战胜孙权，更何况现在不光荆州没了，就连张飞、黄忠这样的战将都死了，他更加没有把握。至于收复荆州，不过是个幌子罢了，刘备此时的实力大减，且不说能不能攻下荆州，就算拿下来，他也必须要同时面对孙权和曹丕两方面的压力，根本就不可能守住。所以刘备东出实际上就是想教训一下孙权，并没有继续前进的想法。

在秭归驻军不撤退，是因为刘备还在等一个人的消息，这个人不是别人，正是曹丕。在刘备看来，如果曹丕乘机从东面攻打孙权，他就可以从西面发起进攻，孙权必定不可能抵挡得了双方的攻击。到那个时候，一举拿回荆州也不是什么难事。然而问题的关键在于，曹丕是否愿意出兵来凑这个热闹。

令刘备失望的是，曹丕对此一点兴趣都没有。要说曹丕不想乘机扩张地盘是假的，但他更担心自己贸然南下很可能会让敌对的孙刘两方联手对付自己。更何况他也不愿意与刘备一起打这种配合，这不光是因为他们俩都是皇帝，更重要的是双方在法统上是完全对立的，这注定了他们天生就是敌人，不可能成为盟友，这也是赵云、诸葛瑾等人认为刘备应该先对付曹丕的原因。相比起来，曹丕更容易接受孙权的存在，孙权自己只是个南昌侯，无论是倒汉还是复汉的旗帜他都没有资格扛。在曹丕看来，他宁愿帮着孙权打刘备，也没有兴趣帮刘备对付孙权。

孙权对曹丕的态度也非常忐忑，他不但派使者前往洛阳朝贡称臣，还将从江陵解救出来的于禁等人全部送了回去。曹丕看到孙权这么识抬举，很痛快地答应了孙权的称臣。魏国大臣里不是没有人反对，刘晔就认为应该抓住孙刘对立的机会，从东面出兵一起把孙权灭了。只要收拾了孙权，剩下一个刘备不可能有什么作为。只可惜曹丕对于出兵一事没什么兴趣，他见孙权已经臣服，更乐得坐看孙刘双方打得水深火热，自己坐收渔利。曹丕还特意帮孙权提了一下身份，他不顾刘晔的反对，坚持封孙权为吴王。完成这一切之后，曹丕就在旁边安心观看，自己所封的藩王如何与蜀汉大打出手了。

火烧连营，夷陵之战

黄初三年（222 年），已经准备完毕的陆逊看刘备始终不肯动手，便抢先派遣部将宋谦率军出击，一连攻克蜀军五座营垒，五个营中的将领也全部被杀。得到消息的刘备又惊又怒，他怎么也没想到陆逊竟然会抢先动手，忍无可忍的刘备直接下令让全军继续东进。对于下一步如何行动，治中从事黄权给出了自己的建议："吴人强悍善战，我们的水军一旦顺着长江而下，前进容易，撤退却很困难，请陛下让我率领军队担任大军先锋，在前面为诸军开路，陛下在后方坐镇即可，以为策应。"刘备点点头道："以公衡的才干确实可以独当一面，现在曹丕不动，我不知道他在打什么主意，一旦他向我们进攻就大事不妙了。依我看来，不如让公衡率领诸军从长江北岸行进，以防备魏军南下，我则率领主力从南岸进军，攻破敌军的夷陵防线，我们两军隔长江互相呼应。"黄权知道刘备不肯听自己的，只得领了镇北将军的职位退了下去。

送走黄权之后，刘备便留下陈式所部水军，自己率领诸将弃船登岸，沿着长江向着东面进发。之所以留下陈式的水军，实在是无可奈何，刘备又何尝不知道水陆并进的道理，只不过蜀国的水军精锐原本就在关羽手里，随着荆州的失陷早就完蛋了，现在的陈式所部远不如当初的水军精锐，遇到更擅长水路作战的吴军，肯定只能送人头，还不如放在后面作为支援呢。与此同时，刘备还让马良前往武陵，召集当地的五溪蛮一起反叛，攻打武陵郡。

因为陆逊的有意放行，刘备一路畅通无阻，很快就到达了夷道县（今湖北宜都市西）的猇亭（今湖北宜昌市猇亭镇）。见刘备深入，吴军众将大喜，他们赶紧找到陆逊："刘玄德已经率领大军深入，请都督赶快下令迎战，看我们怎么教训他。"陆逊摇了摇头："刘备刚刚率军沿着长江东下，此刻士气正盛，而且他们沿途据守高山险要地带，我们就算发起进攻，也很难将他们一举击破。即使我们攻击成功，也不可能将他们完全击溃，一旦进攻不利，反而会折损我军主力。到那时刘备再向东面发起进攻，我们如何抵挡？只怕连荆州都守不住了，这绝对不是一个小的失误。现在我们能做的就是犒赏激励将士，多方采纳和实施破敌的策略，以观察未来形势的变化。如果这一带都是平原，我们还需要担心双方有互相追逐的困扰。现在刘备沿着山岭布置军队，兵力无法展开，还将自己围困在树木乱石之中。这样下去，蜀军不但进攻无果，反而会让自己消耗殆尽，我们只要有耐心，可以坐等他们力竭之后再出兵，必定可以将他们一举击破。"

　　然而众将对这个策略并不买账，加上陆逊本人资历不深，他们大都是以前孙策的老部下或者孙权的同族亲戚，便仗着资历纷纷议论起来："什么耐心坐等敌人自己力竭，都督分明是怕了敌人，不敢发动进攻罢了，你要没胆子可以看着，我们自己去收拾刘备。"陆逊也不多说，直接拿出了孙权赐给的节钺："刘备是天下闻名的枭雄，就连曹操都非常忌惮他，他现在已经率领大军深入我国境内，是我们强劲的对手。诸位都是深受国家大恩之人，这时候更应该与我和睦共处，一起消灭强敌才对，这才是报效国家，而不是像现在这样不服从我的指挥。我陆逊虽然只是一介书生，但也是大王亲自任命的主帅，大王之所以让我做主帅，肯定是认为我有那么一点能耐，而我恰巧擅长忍辱负重罢了。大家都有各自的职责，指挥之事由我全权决定，大王军令在此，谁敢不听我的命令，立斩不饶！"众将被这番话说得哑口无言，只好忍气吞声不再多说什么。

　　不久后，吴军众将再次闹腾起来，不是因为别的，只因为安东中郎将孙桓所部在夷道被蜀军重重包围，他抵挡不住，只能派人来找陆逊求援。孙桓是孙权的堂侄，被称为"宗室颜渊"，深受孙权的喜欢。眼看他遇到了危险，众将哪还忍得住，纷纷请求道："孙将军被蜀军围攻，快支持不住了，请都督赶快发兵救援。"陆逊的回答还是老样子："不行。"这次众将可没那么容易打发了，他们反驳道："孙将军跟大王是同族，他现在被敌人围困，我们为什么不能去救他？"陆逊解释道："孙将军一向很得军心，我军在夷道经营已久，该地城池坚固，粮草充足，短时间内蜀军根本攻不下来，你们不需要担心。我心里已经有了击破刘备的计划了，等我计划实施以后，就算我们不去救孙将军，蜀军对他的包围也会自行解除。"众将无奈，只得退下。另一边的孙桓虽然在心里骂了陆逊几百遍，但也没有任何办法，只得拼尽全力坚守城池。

　　时间渐渐推移到了六月份，刘备因为没办法前进，便从巫峡、建平一直到夷陵，在沿途的山头要地全部扎下营盘，总共多达几十座，他又以冯习为大都督，张南为前部都督，与陆逊对峙了半年之久。而马良率领的那一路偏师也没什么好下场。五溪蛮反叛以后，孙权让步骘率军赶到益阳驻守，又让老将黄盖担任武陵太守。黄盖确实有能耐，他打开城门将五溪蛮引到城里，然后发动伏击，一举击破了五溪蛮，马良也战死当场。

陆逊这边距离本土较近，补给方便很多，刘备却要大老远从巴蜀顺江运送粮食物资，对峙时间越久，损耗也就越大，要是再拖下去，没准蜀国得先被耗死。刘备毕竟是百战之将，他很快就想到了办法。几天后，吴军忽然看到了一幕奇怪的景象，蜀将吴班不知道为什么，忽然带着本部几千人从山上搬了下来，跑到平地上扎下营垒。众将一看，大喜过望，赶紧告诉陆逊："都督之前觉得蜀军扼守险要，我军进攻困难，现在他们有几千人搬到了平地上，正是进攻的好时机，请都督赶快下令。"陆逊依旧不同意："诸位可别小看了刘备，他这个人久经沙场，怎么可能派几千人出来送死？此事必定有诈。"众将心存怀疑。过了一阵之后，吴军众将吓了一跳，附近的山谷里果然又跑出来了一支八千多人的蜀军队伍。他们心里不禁一阵后怕，如果刚才没有听陆逊的话，强行带人出击，只怕现在已经中了敌人的埋伏。

伏兵还真是刘备设下的，他想引诱吴军出击，然后一举歼灭，只可惜陆逊不肯上当，他自己也觉得无趣，只能把伏兵撤了。刘备一生虽然身经百战，但大多数都是败仗，最拿得出手的就是汉中之战。他从汉中之战总结了两条成功经验：一条是据守山头与敌人对峙，将对方耗死；另一条则是诱敌出击，然后将对方击破。现在这两条都用上了，一点用都没有，刘备实在想不出其他办法了，只能继续硬抗。事实上定军山之战中的诱敌之计也不是刘备自己想出来的，而是法正出的主意。但法正早已经归天，再也没法替刘备出主意了，他还是得靠自己。

这么长时间的对峙，不光刘备焦虑，孙权也非常焦虑，陆逊知道孙权的焦虑，赶紧写了一封信陈述自己的策略："夷陵是军事要地，它的得失关系到我们的生死存亡。我们夺取夷陵虽然容易，但也很容易失去。一旦失去夷陵，那我们损失的可不仅仅是一个郡那么简单，那将会直接威胁到荆州的安全。现在我们与刘备争夺夷陵，必须要寻找合适的战机，再一举将敌人彻底击破。刘备违背常理，不守护自己的根据地，反而大老远前来送死。臣虽不才，但依然可以凭借大王的威名，将敌人一举击破。破敌的时机已经近在眼前，没有什么好忧虑的了。我最初担心刘备会水陆并进，但他舍弃了水路，从陆路进发，沿途又随处扎营，我看他的军事部署，肯定不会有什么变化，请大王放心看我破敌。"孙权接到陆逊的信后也放下心来，等待着陆逊破敌。

陆逊虽然表面上没有什么动作，但暗地里一直在让朱然等人从水路袭扰刘备，导致蜀军前线的补给越来越困难。到了闰六月，陆逊终于觉得决战的时机到了，便召集众将："我等候已久的时机已经到了，众将准备出击，我们今日一举破敌。"最开始一直嚷着要出战的潘璋等人，这一次竟然集体反对出战，他们认为："我们如果要发动进攻，应该趁着刘备立足未稳之时攻击，现在蜀军经深入我国境内五六百里，又和我们对峙了七八个月，早已占据了险要，加强了防守，这个时候才进攻未免太晚了，肯定不会有什么成效。"

陆逊笑道："刘备是个很狡猾的人，战场上的经验又非常丰富。蜀军刚集结完毕的时候，他肯定对一切都考虑得非常周全，我们就算发起进攻，也无法对他们构成伤害，稍不注意自己反而会遭受不必要的损失。现在蜀军已经驻扎很长时间了，他们依然没能找到我军的漏洞，早已是师老兵疲，气沮志消，再也没有其他办法了，这正是我们前后夹击，一举破敌的好时机。"随后陆逊便下令让吴军先向蜀军的一个营垒发起进攻。结果却让众将错愕不已，陆逊说了一通大道理，竟然连蜀军的营垒都没能攻下来，反而吃了个大亏。

虽然初战失利，陆逊却已经发现蜀军营垒的奥秘了，他们利用就近山林里的木材构筑起的坚固营垒，正面进攻肯定捞不到好处。了解了蜀军的营垒，陆逊也有了计策，他再次下令："各军准备，再次发动进攻。"吴军众将这就不干了："这明显是白白损失兵马啊，怎么还要去打？"陆逊解释道："我已经有了破敌之策，这次每个战士都拿上一束茅草，先用火烧毁敌人的营垒，然后再发起进攻。"

众将依计而行，蜀军的营垒果然怕火，很快就被烧了个干净，里面的蜀军也被杀得大败。陆逊看到计划可行，便下令全军出击，用同样的方法攻击蜀军前线各个营垒。与此同时，陆逊还让朱然率领五千精兵，出其不意地从水路穿插到蜀军后方，将他们的退路截断。后路被断的蜀军更加慌乱了，哪还有心思坚持作战。这时候刘备终于尝到了沿途不断设置营垒的恶果，因为兵力分散，每个营垒的兵力都不多，失去营垒的屏障之后，在吴军的优势兵力面前毫无还手之力。吴军一连攻下了蜀军四十多座营垒，蜀军大败，死伤无数，张南、冯习和胡人首领沙摩柯等人当场战死。因为退路被断，蜀将杜路、刘宁等人走投无路，只得举起白旗向吴军投降。

刘备不愧是逃跑的高手，前军虽然大败，他依旧逃了出来，在涿乡（今湖北宜昌市西）停下了脚步，准备在这里聚集军队再次与吴军决战。陆逊速度非常快，很快就到达了涿乡，韩当等人也先后赶到。双方在涿乡再次展开大战。关键时刻，朱然率军赶到，他再次穿插到涿乡的后方，一举将蜀军杀得大败。刘备无奈之下，只得退往马鞍山（今宜昌市西北）。在这里，刘备亲自登上马鞍山，然后命令蜀军背靠山石列阵，与吴军决一死战。在吴军的四面猛攻之下，接连大败的蜀军哪还坚持得住，被杀得土崩瓦解，死伤无数，刘备再次被迫逃走。蜀军的船只、器械以及其他粮食物资全部被夺，蜀军的尸体塞满了整个长江，一直顺水流到了下游。

大败之下，刘备要逃走也非常不容易，蜀军大将傅肜（róng）主动站出来为他断后。随着吴军越来越多，傅肜身边的将士都战死了，只剩下傅肜一人。吴军将领见傅肜这么勇猛，忍不住说道："壮士，蜀军已经败了，你一个人肯定抵挡不住了，何不归降我们呢？我主吴王英明神武，必能成就一番大事。"傅肜虽然深陷重围，但斗志不减，他听见有人劝降，立刻骂道："你们这些吴狗，汉朝怎么会有投降的将军呢？"吴军这下忍不住了，蜂拥上前，最终将傅肜斩杀。

益州从事祭酒程畿从水路退却，然而正如黄权所说，走水路从上游到下游，进军容易但撤退却非常困难。再加上蜀军不少船只都非常庞大，撤退起来更加迟缓，很快就被吴军追上了。程畿的部下忍不住建议："后面的吴军已经快要追上来了，不如把船上连接的小舟解下来，我们乘坐小舟轻装后退，如此肯定更容易逃脱。"程畿叹息道："我从军以来，从来没有做过弃船逃跑的事情，更何况如今是跟随天子一起出征，遇到危险怎么能逃跑呢？"最终吴军追了上来，程畿也当场战死。

虽然有这么多人拼死断后，刘备的逃亡之路依然非常不顺，吴军始终在后面穷追不舍。到了最后，为了阻挡追击的吴军，刘备甚至不得不让驿站人员将兵器、盔甲等物资全部拉到路口上烧掉，用火来阻挡追兵。靠着这些大火，刘备摆脱了后面的吴军，他心中终于松了一口气。想着这次的惨败，他忍不住叹息道："我竟然会被陆逊这种小辈折辱，这难道是天意不让我成就大业吗？"刘备这口气还没落下多久，忽然发现前面居然出现了一拨吴军，为首的将领他还认识，正是此前被困在夷道挨打的安东中郎将孙桓。

孙桓可以说是憋了一肚子气，一上来就被蜀军围着打，外围还没有一个援兵。不过跟陆逊分析的一样，吴军反攻之后，围攻夷道的蜀军就撤了，憋了火的孙桓连休整都顾不上，就带人参加了追击蜀军的战斗。在追击过程中，孙桓没有走大道，而是沿途抄小道，走各种山路，想跑到前面去拦截刘备。没想到歪打正着，后面从大道追击的吴军全部被大火拦了下来，孙桓从山路走，居然真的追上了刘备。此时刘备手下虽然还有一些人，但屡次大败之后哪还有勇气再战。更何况之前为了放火，不少人都将自己的盔甲、兵器贡献了出去。这一战更是毫无悬念，蜀军全军覆没，刘备翻山越岭跑了回去。到了这时，刘备也不得不感叹英雄迟暮："孙桓这个小子，我当初去京口的时候他还是一个小屁孩，没想到现在居然能把我逼到这个地步。"

逃到鱼复县（今重庆市奉节县）的白帝城（今重庆市奉节县东）后，刘备赶紧聚集残兵，以防止吴军继续西进，他又将鱼复县改名为永安，让一直在江州的赵云赶紧率军前来驻守。吴军将领李异、刘阿等人跟在刘备后面，一直追到南山才停下来。实际上这也是吴军最后的西进了，无论是孙权还是陆逊，都没有继续向西攻入益州的打算。

夷陵之战后，徐盛、潘璋、宋谦等将领都上书请求孙权趁着蜀国刚败的机会，向西猛攻，一举将刘备生擒。陆逊、骆统、朱然则是另一种意见，他们不主张继续西进。原因很简单，北面还有一个虎视眈眈的曹丕。论起实力来，曹丕才是三家里面实力最强的，他肯定不会坐看吴国吞并益州，必定会乘机出兵，一旦西进时魏军出动，荆州只怕都保不住。孙权也赞同这种看法，魏国始终才是最大的威胁，刘备受到重创后反而不足为惧，留着他还能够牵制关中的魏军。更何况想灭掉蜀国没那么容易，一旦向西进攻之后，刘备必定会动员益州剩余兵力，拼死反扑，诸葛亮等人也不好对付。考虑再三，孙权最终放弃了向西进攻的想法。

随着夷陵之战的结束，魏蜀吴三方的疆域格局基本形成。在老一辈英雄纷纷退出舞台的情况下，新一辈的英雄们将围绕着这些疆界，进行一次又一次的激战。

第九章

时局动荡，死而后已

饮马长江，曹丕伐吴

黄初三年九月，夷陵之战的战火刚刚熄灭，北面的曹丕就忍不住了，他也想南下凑凑热闹。原本曹丕是希望孙权和刘备斗个两败俱伤，没想到在陆逊的神奇指挥下，刘备被杀得全军覆没，吴国这边却没有多少伤亡，这样的结果对曹丕而言显然不算有利。

细说起来，夷陵之战时曹丕也还是有那么一些收获的，被刘备安置在江北的黄权所部，因为水路被吴军断了，根本就回不了益州，只得投降了魏国。曹丕对于黄权的归降非常欢迎，甚至拿陈平、韩信归降刘邦来举例子。为了敲打孙权，在孙权派来使者报捷后，曹丕便提了一个要求，那就是希望孙权能够将儿子送到洛阳做人质，以便自己更好地控制孙权。孙权当然知道曹丕打的什么算盘，自然不愿意送儿子去做人质，以免将来受制于人。

曹丕屡次派使者交涉无果之后，终于下定决心，要用武力南征，教训孙权一番。消息传出以后，刘晔气得心里直骂娘，当初刘备东征时，那么好的机会，曹丕死活不肯出兵，现在什么机会都没有，出兵有什么用？他赶紧劝道："吴国刚刚大获全胜，正是士气高涨、上下一心的时候，实在不是出兵攻打的好时机，而且沿途又有江河湖泊作为阻挡，我们根本不可能在短时间内将吴国灭掉。"曹丕对刘晔的计策置之不理。随后曹丕又跑去询问老谋士太尉贾诩："我打算出兵南征，一举灭掉吴、蜀统一天下，你觉得先攻打哪一个国家合适？"贾诩回答道："吴、蜀虽然都是小国，但都不容易对付，刘备、诸葛亮、孙权、陆逊这些人都不是省油的灯，现在不是灭掉他们的好时机。"

　　曹丕在贾诩那里讨了个没趣，南征的决心依旧没有动摇，为了给孙权一个"惊喜"，他特意安排了三路大军南下，声势闹得比曹操当年南征还大。三路人马分别从东、中、西三条路线出发，东路以征东大将军曹休、前将军张辽、镇东将军臧霸为主，从广陵出发，渡江进攻南面的洞口（今安徽凤阳县东），兵锋直指南面江东腹地；中路以大将军曹仁为主，从淮南出发，负责进攻吴国南面的濡须坞；西路则是以上军大将军曹真、征南大将军夏侯尚、左将军张郃、右将军徐晃为主，从襄阳、樊城一线出发，直逼荆州重地南郡。

　　面对魏国排山倒海一般的攻势，孙权一时间也头痛不已，多亏他和陆逊之前判断准确，没有出兵继续攻打益州，不然还真抵挡不住魏国这种攻势。针对三路魏军，孙权做出了如下部署：东面以建威将军吕范为主，负责指挥五路大军，从水路上阻挡曹休等人渡江，以保证大本营的安全；中间以裨将军朱桓为主，负责守卫濡须坞，对抗曹仁；西面则以左将军诸葛瑾、平北将军潘璋、将军杨粲三人为主，负责支援南郡；至于陆逊，还需要防备刘备，依旧率领韩当、宋谦等将领，驻守在三峡一线。

　　得知曹丕南征的消息后，刘备在病中也想来凑个热闹，他特意写了一封信给陆逊："我听说魏军已经抵达了长江、汉水一带，要是我再次率军东下，将军能抵挡得了吗？你认为我应该如何做呢？"其实这时候吴、蜀双方都不想再打下去，早已经在派使者讲和了，刘备无非是写信吓唬吓唬人罢了。陆逊自然知道刘备纯粹是在恐吓自己，于是也回了一封信："我只怕蜀军刚刚经历了大败，元气都没有恢复，根本没有力气再战，这才会派遣使者与我国讲和。眼下您最重要的事情是养好伤，让蜀军恢复元气，就别想着对外用兵了。如果您固执己见，一定要带着残兵败将前来送死的话，我保证您还是难逃全军覆没的命运。"刘备本就是逞口舌之快，看陆逊这么强硬，也就不再多说什么。

　　比起想凑热闹的刘备，孙权表示自己真不想凑这个热闹，但无奈他自己就是主角。当时扬、越地区还有很多蛮夷没有归附，后方不是那么稳定，孙权根本就不想跟魏国交战。为了缓和双方关系，孙权不断上书，请求曹丕给自己一个改过自新的机会："我是陛下册封的吴王，如果我的罪过已经到了难以原谅的地步，陛下必须要对我加以制裁，我肯定会奉还朝廷封给我的土地和人民，然后自己前往交州度过余生。"孙权怕曹丕不接受，又写信给留在洛阳的浩周："我想为我儿子孙登向陛下的宗亲求婚，你能不能帮帮忙？孙登年龄太小，我会派孙邵、张邵陪同前往。"曹丕当然不相信孙权这些托词，根本一点诚意都没有，他直接回信道："朕与你的君臣关系早已经确定了，又怎么会劳师动众讨伐你呢？只要孙登早上到达洛阳，我晚上就下令让大军撤回。"孙权还是不愿意把儿子送去洛阳，那肯定谈不拢了。既然谈不拢就只能开战了，孙权索性把年号改成黄武，准备与魏军正面干上一场。

曹丕率军刚走到宛城，就接到了一个令他惊骇莫名的消息，曹休派人送信来请战了。作为宗室里的新生代名将，曹休求战的欲望极为强烈，他派人告诉曹丕："我愿意率领手下精锐的将士，如同猛虎一般渡江进军江南，也不需要粮食物资这些后勤支援，我直接就地从敌人那里夺取物资补给，势必要为陛下成功夺取吴地。如果不幸失败战死了，那也是我能力不足，陛下不必为此挂念。"曹丕和曹休关系极好，哪能看着他这么去冒险，赶紧派人前去阻止，不允许他这么匆忙渡江决战。

虽然派了使者前去制止，曹丕依旧害怕曹休会不顾一切渡江，忧虑之情显露在了脸上。侍中董昭一看就明白是什么原因，他赶紧劝道："我看陛下一直面有忧色，是担心曹休渡江的事吗？现在吴军主力完整，想渡江困难重重，即便曹休有渡江的意思，光靠他一个人也根本做不到，他还需要其他将领一起行动。臧霸等人既有大量的财富，又有高官厚爵，他们怎么会甘心去冒这种危险呢？只要臧霸等人不支持渡江，曹休肯定也没有信心独自完成。就目前的情况来看，我觉得根本不需要担心曹休渡江的事，只怕陛下就算亲自下令让他们渡江，他们也未必愿意这么做。"听了董昭一席话后，曹丕才渐渐放下心来。

虽然曹休的渡江计划没有施行，但最先拉开战局的依旧是东线战场。倒不是因为哪边先挑事，而是吴军的运气实在是太背了。当时曹休等人驻扎在长江北岸，吕范等人驻扎在长江南岸，结果忽然刮来了一阵暴风，将吕范等人船只的缆绳全部吹断了。没了缆绳之后，船便都顺着风漂到了北岸，刚好漂到了曹休等人的营垒面前。曹休等人当然不会放过送上门来的敌人，他立刻率领全军出击，一举将混乱的吕范所部杀得大败，不少船只都沉没了，无数吴军落入水中，他们要么淹死，要么被魏军射杀。当时吴军还有一些大船没有沉没，不少落水的士兵便纷纷攀爬上船，希望能够活命。然而攀爬的人多了，大船也可能负载不了，船上的人就用戈矛等长兵器将爬船的人全部打下水，不许他们上来。只有吾粲和黄渊两人不顾危险，坚持将落水的人救到船上。船上不少士兵都吓得不行，他们纷纷劝吾粲："人要是上来多了，船肯定要沉，还是不要救人了。"吾粲却不同意："船只要是沉了，大不了我们一起死好了，怎么能因为这个抛弃同伴呢？"最终吾粲和黄渊各自救回了一百多人。因为这么一场无妄之灾，吴军白白折损了几千人，吕范所部基本被打残了。

接到捷报之后，曹丕大喜过望，他认为渡江的机会已经到了，赶紧下令全军渡江。其实不用曹丕下令，曹休等人已经开始行动了。吕范所部败退以后，曹休便下令臧霸带着一万敢死队，乘坐五百艘快船，渡江袭击徐陵，烧杀抢掠了几千人才回来。吴军吃了大亏，肯定不能就这么放臧霸跑路。在全琮和徐盛的追击下，魏军也吃了亏，几百人被杀，魏将尹卢当场战死。得知吕范等人战败后，贺齐便率领所部人马紧急赶来增援。此时，贺齐率领的吴军也赶到了。因为路途比较远，贺齐在集结时到得比较晚，只能率军驻扎到新市（治今湖北京山县东北）。没想到这样反而让他避过了一场灾祸。

贺齐到达以后，吴军众将也有了主心骨，他们将残部聚拢，围绕着贺齐所部摆开阵势。贺齐有一个特点，那就是喜好奢华，又特别喜欢搞一些华丽的军事器械，他手下的军队无论是盔甲、兵器，还是船只、桅杆，都是用上好的材料做的，而且都绘制了非常精美的图案。远远望去，只见贺齐手下的艨艟斗舰前后相连，仿佛连绵不绝的山峰。曹休等人被吓了一跳，以为吴军精锐到了，根本不敢渡江，只能在北岸坚守不战。魏军不进攻，吴军更是不敢进攻，不为别的，只因为孙权最忌惮的张辽就在北岸。哪怕张辽当时已经病重了，孙权依然告诉众将："张辽虽然生病了，但也不是一般人可以抵挡的，你们千万要小心。"遗憾的是，张辽也没能坚持多久，很快就因病死在了江都（治今江苏扬州市夹江北小沙洲）。

吴军在东线吃了个大亏，损失惨重，不过很快他们就在中线赚了回来。中路原本是曹丕最放心的一路，统兵的是堂叔曹仁，是魏国资历最深的将领。曹仁这一辈子，遇到的对手极多，吕布、马超、刘备、关羽、周瑜等人都曾与他交过手，哪怕是这些人，在他面前也很少占到便宜。相较而言，与曹仁对线的朱桓差不多就得算是小人物了。朱桓虽然跟随孙权已久，但之前也就是跟山贼练练，并没有什么大战经验，在周泰病死后才调任濡须。孙权给朱桓的任务也很简单，就是坚守濡须，不让魏军渡江。

曹仁不愧是老辣的战将，他到达以后，首先放出风声，声称自己要从东面进攻羡溪（古水名，在今安徽无为县东北）。羡溪在濡须坞东面，守卫力量非常薄弱，一旦被魏军攻克，很可能对吴军的后路构成威胁。朱桓得报后，赶紧分出人马前去支援羡溪。可惜朱桓还是上当了，曹仁的目标依然是濡须坞，他看到朱桓分兵之后，立刻率领几万步骑兵猛扑濡须坞。朱桓这时也反应过来自己中计了，赶紧派人前去追回增援羡溪的部队。然而时间已经来不及了，援兵还没有回来，曹仁就已经到了。

当时濡须坞的守军只剩下五千人，吴军众将都吓得不行，他们纷纷建议道："我们这点人肯定抵挡不住魏军，不如先行撤退吧。"朱桓不同意，他分析道："两军交战，胜负的关键在于将领的本事如何，而不在军队人数的多少。你们认为曹仁的指挥能力，能比我朱桓更强吗？兵法上说的进攻的军队只要超过防守军队的一倍，就一定能获胜。这仅仅针对双方在平地决战，没有城池依靠，而且双方战斗力还要对等的情况。我们现在的情况显然和这个不一样。曹仁智、勇都不足以破敌，再加上他率领的军队胆怯力弱，他们又是远道而来，早已经人困马乏。我们只要据守坚城，南临长江，北靠山岭，以逸待劳，必定可以击退所有来敌，这就是百战百胜的战局。哪怕曹丕亲自前来都拿我们没办法，更何况区区一个曹仁。"

吴军众将听了朱桓的一番分析后，也觉得坚守下去未必会败，主帅又这么有信心，于是渐渐放下心来。随后朱桓便下令全军偃旗息鼓，对外表示守军力量薄弱，不堪应战。另一边的曹仁也紧急做了进攻安排，他召集众将分派任务："曹泰负责率军进攻濡须坞，从正面压制攻破守军。一旦曹泰开始进攻，常雕、王双二将就乘机率军偷袭中洲（又名百里洲，在今湖北枝江市南部长江南岸）。据我所知，中洲上只有吴将朱桓的亲兵和吴军将士的家小，濡须坞派不出援兵的话，中洲必定陷落。只要夺下了中洲，吴军就全完了。"

散骑常侍蒋济当时正在曹仁军中，他一听这个部署，脸色就变了，赶紧劝阻道："敌人现在据守在长江西岸，他们所有的战船都停泊在上游，我军现在进攻中洲，简直是走进地狱，自取灭亡。一旦吴军从上游顺江而下，可以很快断绝我军的退路，进退两难之下，不全军覆没才是怪事。"曹仁笑道："子通是不是多虑了？你看看现在濡须坞什么样子。我敢断言，里面根本没有多少守军。他们连防守都困难，又拿什么去截断王双等人的后路呢？"他不听蒋济多说，命令众将照计划行事。他亲率一万大军驻扎在橐皋（tuó gāo，治今安徽巢湖市柘皋镇），充当儿子曹泰的后援部队。曹泰开始攻打濡须坞后，常雕、王双等人也按照计划乘坐涂上油的牛皮船渡江进攻中洲。

曹仁终究是失算了，濡须坞的兵力虽然不多，但也不像他想的那么少，朱桓就是想引诱他分兵作战。至于曹仁想攻取的最薄弱的中洲，朱桓早就安排严圭和骆统两部人马驻守在上面了，常雕等人一时半会儿根本就打不下来。朱桓自己则率军在濡须坞阻挡曹泰等人。濡须坞不愧是吴国一手打造的坚固堡垒，魏军屡次攻打不但没能将其拿下，反而自身伤亡惨重。朱桓不光是坚守池城，他还趁着魏军久攻不下的机会开城发动突袭，一举将曹泰击溃。曹泰无奈之下，只得烧了营帐自己撤走了。曹泰这一走，常雕等人就惨了，朱桓立刻派人顺江而下，从后面攻击常雕等人。腹背受敌的魏军就如同蒋济所说，根本无力抵挡，常雕当场被杀，王双被生擒，光在中洲被杀或者淹死的魏军就有一千多人。朱桓的出奇制胜，终于为吴国扳回一城，吃了败仗的曹仁郁闷不已，很快就病死了。

相比起东线和中线，西线的战局才是最危险的。从一开始曹真等人便率军猛扑江陵，想一举夺取南郡。当时驻守在江陵的人是东吴名将朱然。他本姓施，是老将朱治姐姐的儿子，因为朱治当时没有儿子，就将他过继为子，所以改姓为朱。除了朱治这层关系外，朱然与孙权是同学，两人关系非常好，所以在孙权执掌江东之后，才十九岁的朱然立刻就得到了重用。虽然是关系户，但朱然的能力确实非常强，无论是濡须口之战还是荆州之战，他都立下了不少战功。吕蒙重病时，孙权曾特意派人前去询问："你万一一病不起，谁可以接替你的位置呢？"吕蒙回答道："朱然这个人有勇有谋，我觉得他可以胜任。"吕蒙死后，孙权果然让朱然代替他镇守江陵。夷陵之战中，朱然作为偏师，为击败刘备立下了赫赫战功。

魏军南下时，孙权除了让朱然驻守江陵外，还让孙盛率领一万人在江陵外围的长江中洲之上建立牢固的堡垒，以策应朱然。曹真等人到达江陵后，没有立刻发起进攻，而是先派张郃率领所部人马渡过长江进攻孙盛。孙盛这人没什么本事，哪能抵挡名将张郃，他很快就被打得大败，被迫将中洲让给了张郃。中洲的丢失，瞬间让江陵城里的朱然陷入困境。张郃很快就在中洲建立起牢固的阵地，曹真也指挥大军将江陵重重围困起来。一时间江陵与外部的联系彻底断绝，只能依靠守军自己防守了。

孙权派出的三路援军其实已经到达了外围，但这支军队的主帅诸葛瑾完全不懂军事，他做所有事情都喜欢慢慢分析，做出规划再行动，不仅行动缓慢还容易贻误战机。这样的军队去解围，结果不难想象。诸葛瑾等人到达外围之后就被夏侯尚击败，只得狼狈后退。吴军没有了外援，曹真更加肆无忌惮，他在城外率领士兵们堆起土山、挖掘地道，又在城外靠近城墙的地方建起高大的箭楼，不断朝着城内放箭。

面对魏军凶猛的攻势，不少守城将士大惊失色，惧怕不已，只有朱然神色自若，不断激励士兵们进行防守。他不仅仅只是守城，还会寻找敌人防守薄弱的地方，率军出城反击。当时城内因为被重重围困，很多士兵都得了病，根本无法参战，朱然能用的只有五千人。魏军包围江陵长达六个月时间，朱然就带着五千人始终坚守着，魏军不但毫无办法，反而被朱然攻破了两座营垒。随着时间的推移，城里也有些意志不坚定的人想投降了，江陵县令姚泰就是其中之一。他当时负责率军守卫江陵的北门，因为看到魏军越来越多，城里守军却越来越少，而且粮食也不多了，就想打开城门投降魏军。结果姚泰还没来得及行动就被朱然发现了，他将姚泰杀死后，继续率军坚守城池。

望着面前奔腾不息的长江，夏侯尚突发奇想，之前吴军打算利用江中的中洲与江陵互相支援，那他们是不是也能利用中洲攻打江陵呢？夏侯尚实地考察了一番，发现还真可行，此处长江水浅，江面也比较狭窄，只要在江上搭上浮桥就可以与北岸相连。把军队派到中洲上面，再从中洲攻击江陵，等于增加了一个攻击面。大喜之下的夏侯尚立刻将此计划告诉曹真等人，大家也都觉得这个主意不错，于是立刻开始搭建浮桥。

远在宛城的曹丕得知这个消息也非常高兴，好哥们夏侯尚还真是给自己长脸，不但把诸葛瑾打得屁滚尿流，还能想出这等战术，他忍不住对董昭说了这件事。董昭听后吓了一大跳："陛下赶快让夏侯尚撤回来，晚了的话他只怕命都保不住了。"曹丕没反应过来："伯仁明明是去攻城的，怎么会没命呢？"董昭解释道："大家都有些轻敌了，以前武皇帝智勇过人，用兵都非常谨慎，从来不敢像现在这么轻敌。就打仗而言，进兵容易退兵难，这是最浅显的道理。即便是在平原地带，没有任何险阻，想退兵都非常困难，如果要深入进军，还需要提前考虑好撤退的路线。军队的前进和后退根本就不能单纯按照自己的意愿瞎想。我们现在在中洲驻扎军队，这是最深入的进军；在江上架设浮桥往来，这是最危险的事情；只有一条道路与陆上相通，这是最狭窄的道路。这三点都是兵家大忌，而我们现在竟然全犯了。假如敌人集中力量攻击浮桥，我军稍有不慎，中洲的精锐部队就会全部完蛋。夏侯尚居然没有考虑到这一点，实在是让人担忧。更何况长江水位又不是一直不变的，过阵子肯定要上升，一旦江水暴涨，我们又怎么防御呢？"曹丕听完后直冒冷汗，赶紧让人快马去叫夏侯尚撤军。

曹丕的命令到得正是时候，吴军已经瞄准浮桥了。诸葛瑾、杨粲两位虽然打仗不行，但潘璋却是百战之将。他一眼就看出了浮桥是魏军的软肋，便让人砍了大量芦苇，做成一堆筏子，准备用它们顺流放火，将魏军的浮桥烧了。他自己也组织兵马，水陆并进向江陵挺近。夏侯尚原本已经带了三万人去了中洲，接到命令后赶紧退了回来。因为只有一条路，人马又非常多，结果挤在一起混乱不堪，花了半天才勉强撤回北岸。幸好走得快，潘璋赶到时人已经退光了，不然只怕真会像董昭所说，一个都跑不掉。更让夏侯尚等人庆幸的是，仅仅过了十天，长江水位就忽然暴涨，要是没撤兵，曹军就得下水喂鱼了。

这实际上也是魏军为进攻江陵做出的最后努力了，因为久攻不下，再加上瘟疫流行，三路大军都没捞到什么好处，曹丕也没有兴趣再打下去了，便命令大军全部撤退，南征就此结束。南征结束后，魏、吴双方都没能占到便宜，短时间内也不可能对蜀国发动战争，看到结果后的刘备终于放下心头大石，安心上路了。此后曹丕虽然多次南下炫耀武力，但也心知自己没有能力灭掉吴国，双方再未发生这等规模的大战。

断发赚曹，石亭之战

魏太和二年（228年），也即吴黄武七年，借着诸葛亮北伐将魏国注意力全部吸引到关中的机会，孙权也在东面给魏国准备了一个大大的"惊喜"——

他准备一举击破魏国东线主力，然后北伐吞并淮南地区。

当时魏国负责镇守淮南一线的是宗室名将、扬州牧、大司马曹休，虽然从魏文帝后期开始，魏国无力灭掉吴、蜀，整体战略上已经转为防守，但整体上国力依旧是最强，淮南在曹休坐镇期间，屡次击破吴军，让孙权难以北进一步。早在两年前，孙权借曹丕刚死、魏明帝曹叡新即位的机会，曾率军攻打过江夏郡，结果再次无功而返。在孙权看来，要击破魏国的淮南防线，就必须先歼灭曹休。

曹休所部兵强马壮，想歼灭他当然不是一件容易的事，孙权之所以有信心给魏国"惊喜"，是因为他有了对付曹休的办法。经过长时间的观察，孙权发现曹休有一个癖好，那就是喜欢引诱吴国这边的人投降。大概是因为很难与吴国打起来，曹休便开始不断招诱吴国将领投降，翟丹等人都因此先后投奔了魏国，就连老将韩当的儿子韩综也因为一些原因投降了曹休。不仅如此，曹休还利用这些人不断向吴国发起攻击。孙权便想利用曹休喜欢收容吴国人的习惯，给他一个"惊喜"。

为了实施自己的计划，孙权首先找来了番阳太守周鲂："子鱼知道我国境内有哪些在北方也非常有名的山越宗帅吗？"周鲂答道："我认识的人里这种山越宗帅有好几个，不知道大王想让他们做什么？"孙权便说出了自己的计划："我打算让他们假装投降曹休，然后引诱曹休南下，我再设下伏兵，围歼曹休。"周鲂一听，连忙劝阻："如果大王是要做这种大事，那千万不能找山越宗帅。这些人粗鄙且目光短浅，根本不足以信赖，万一他们把事情泄露出去，不但不能让曹休上钩，反而会曝光我们的计策。我请求由我亲自充当诱饵，让我派遣亲信带着我的书信前去告诉曹休，说我因为受到大王的责难，害怕被杀，所以打算带着番阳郡归降于他，希望他能够派兵前来接应。"孙权大喜："有子鱼亲自出马，我们所谋之事哪还有成不了的呢？！"

不久后曹休接到了周鲂派人送来的请降书，大喜过望，番阳郡可不仅仅是一个郡那么简单。番阳郡是孙权分割豫章郡所置，位于江南腹地，一旦魏国占领此地，就相当于在吴国境内打下了一颗钉子，不但可以使濡须坞等长江沿岸防线失效，还能够直接威胁到吴国的根本——三吴地区。不过曹休也不是鲁莽之人，不可能这么轻易就相信周鲂的诈降，他开始不断派人前去打探消息。结果消息很快传回来了，周鲂果真是得罪了孙权，这段时间不断有尚书郎到番阳郡查访周鲂所犯之事，周鲂更是被迫到番阳郡的郡门下面剪掉头发谢罪。曹休得知后，心中也不再有什么疑虑了，这周鲂确实是得罪了孙权，否则又怎么会剪掉头发呢？要知道《孝经》开宗明义就是"身体发肤，受之父母，不敢毁伤，孝之始也"，不到万不得已，剪掉头发就是不孝的表现，而曹休又是一个孝子，哪想得到周鲂为了骗他居然能干出这么狠的事。

在上书曹叡之后，曹休便亲自率领着步骑兵十万人向皖城进发，希望能够接应周鲂反叛。为了防止意外，曹叡还给曹休派遣了两路帮手：一路以司马懿为主，向江陵进发，负责牵制荆州的吴军；一路以贾逵为主，负责向东关方向进发，迫使吴军集中兵力坚守东关。所谓"东关"，其实指的就是濡须坞，因魏国在居巢建有堡垒与它遥遥相对，正好一个在东一个在西，当时人习惯称之为东关和西关。

面对魏国的三路大军，孙权毫不理会，除了让朱然等人率领所部坚守江陵外，他一个援兵都没有派，所有的军队都被他调往皖城一线，准备围歼曹休。他调动的人马，不但有原本驻扎在西陵的陆逊所部，还有驻扎在东关的朱桓所部，孙权甚至还率领自己的中军禁卫赶到皖城一线集结。到了皖城以后，孙权便任命陆逊为大都督，赐给他黄钺统率全军，又亲自拿着陆逊的马鞭送他出师。前线所有的吴军，包括孙权的中军禁卫，全部由陆逊统一指挥，负责在前线皖城迎战曹休。孙权又将朱桓、全琮二人分别任命为左、右都督，分别率领三万大军为左、右两翼，准备对曹休进行包抄合围。

曹休到达皖城附近后，再三派人去催促周鲂举兵，结果对方不但毫无回应，还接连杀掉了他派去的使者，反倒是对面皖城源源不断地在集结军队，甚至连孙权都来了。到了这时，曹休要是还没反应过来是上当的话，那就该去查查脑子了。不过曹休对此毫无惧色，他当初就打算独自渡江生擒孙权，现在孙权既然亲自送上门来了，那还犹豫什么，反正自己手里兵多，正好乘机将孙权干掉，一举灭掉吴国。

其实也就曹休自己觉得一战可胜，他的部将孙礼就认为不能再深入，否则必定大败，只可惜曹休根本听不进去。消息传到洛阳后，对魏国众臣来说则完全是一场惊吓。曹叡觉得曹休这个举动完全不靠谱，便召集群臣商量道："原本大司马是想南下迎接归顺的周鲂等人，结果现在才发现周鲂是诈降，大司马打算乘机与孙权决战，你们觉得怎么样？"

众臣听后大吃一惊，纷纷说道："周鲂既然是诈降，那就说明孙权是故意引诱大司马南下，他们必定做好了万全的准备，大司马再不退兵只怕会吃大亏。"尚书蒋济进一步分析道："大司马深入敌人境内，面对的又是孙权手下的精锐部队，只怕短时间内难以攻克。朱然等人都在长江上游，正好在大司马的背后，如此作战，我看不出能得到什么好处。"

蒋济说得还算委婉，前将军满宠更是直接："曹休虽然看似英明睿智，但很少用兵，他这次的行军路线背靠湖泊，依靠着长江，这样的道路看似有水作为屏障，实际上却是兵法之中的危险之地。这样走虽然对进军很有利，但万一失利的话，想退却就难了，如果进入到无强口一线，需要严加防备才行。"曹叡听后也觉得心中不安，但还没等他做出决断，曹休已经直接南下开战了。

对于曹休的冒进，吴国名将朱桓也提出了自己的建议："曹休本来就是因为他是皇亲国戚才被重用的，并不是什么有勇有谋的名将。我们现在与他交战，他必败无疑。曹休一旦兵败，肯定会往后面逃走。他逃走必定要经过夹石、挂车（今安徽桐城市西南）两处险地，这两个地方的道路都非常狭窄，如果我们能派出一万士兵在此处将他们拦住，那么肯定能让曹休所部人马全部成为我们的俘虏，甚至可能生擒曹休。我愿意亲自率领所部人马前往断路，一旦成功，必定可以使曹休主动投降。到那时我们就可以乘胜长驱直入夺取寿春，进而占据淮南，北上进攻许昌、洛阳。这实在是一个千载难逢的良机，请大王千万不要错过。"

虽然孙权赞同朱桓的计策，但他任命的主帅毕竟是陆逊，还是需要征询一下陆逊的意见。陆逊并不同意这样做，他认为曹休兵力更多，一旦分兵恐怕会发生意外，而且一旦魏国其他军队从后面进攻朱桓所部，那进退无路的就变成朱桓了。陆逊的担心是有道理的，孙权为了阻止魏国派兵救援曹休，特意命令西面留守的荆州军大张旗鼓攻击安陆（治今湖北安陆市西北），想以此吸引魏国的注意力。没想到这反而让蒋济看出了破绽，他赶紧上书建议道："吴国这么大张旗鼓地进攻安陆，恐怕只是虚张声势，他们表面上是要打西面，但实际意图可能还是在东面，还请陛下快点发兵救援曹休，否则只怕会有危险。"

如果没能快速歼灭曹休所部，等到魏明帝派出军队增援，那后果就不堪设想了。陆逊依然是想先正面与曹休决战，再围歼败退的曹休兵团。不久后陆逊就率领各路大军前进到石亭（今安徽潜山县东北）一带，在这里他终于遇到了曹休所部。曹休看到吴军敢于迎战，大喜过望，立刻率军前往攻击吴军。陆逊一面率领中军迎战，一面让朱桓、全琮二人率军从两翼截击。曹休再勇猛也抵挡不住这样的三面合击，很快就被杀得大败。

跟满宠预料的一样，曹休退走极为困难，哪怕他已经抛弃了全军的辎重，在吴军的追击下，依然死伤无数，行进艰难。陆逊也没有放过断绝曹休后路的机会，他不断派出轻兵抄小道赶到前面，想围歼曹休。靠着青州刺史王凌的奋勇厮杀，曹休才率军一连闯破好几道封锁线，到达了夹石一线。夹石这种险要狭窄之地，如果被吴军占据，等待曹休的就只有灭亡了。因为沿途被吴军阻拦，曹休的前进速度竟然落后于吴军，照这样下去，吴军很可能会先一步占领夹石。这种时候，靠曹休自己突围已经不现实了，必须要其他人来拉他一把才行。

还好魏军及时赶到，不过赶到的这支军队并不是曹叡刚刚派出来的，而是与曹休一起分路南下的贾逵所部。按照原本的计划，贾逵负责进攻东关，以牵制吴军，结果等他到了东关才发现，东关竟然没有多少守军。要知道，东关可以说是吴军在中线最重要的壁垒，怎么可能才这么点守军？而且自己南下的消息已经传开了，居然没有派大军守卫。贾逵的第一反应就是，既然敌人不在这里，那必定是跑去皖城一线收拾曹休了，曹休又是孤军深入与敌人交战，肯定要吃败仗了。想到这里，贾逵也顾不得什么东关了，直接率领大军水陆并进，向皖城方向进发。走了两百多里后，贾逵果然遇到了吴军，一场大战下来，还俘虏了几个人。审问俘虏后才知道，曹休已经败了，正在向北面狂奔，陆逊已经派出人马，准备在夹石断绝曹休的退路。

众将听完一时间也不知道该怎么办，他们纷纷建议道："大司马已经遇到了危险，我们前进也没什么用，不如报告给陛下，请求支援，等援兵到达后我们一起进军，将大司马救出来。"贾逵一听，连忙反对："大司马现在对外战败，对内路绝，进不能战，退不能回，正处于进退两难的生死存亡关头。如果没有援兵，大司马恐怕都坚持不到天黑。眼下吴军没有多少后援兵力，只是派了轻兵赶往夹石截断道路，如果我们急速前进，出其不意地赶到夹石，定能收获兵法上所谓的'先声夺人，以挫伤敌人的士气'的效果。敌人看到我军到达，肯定会立刻退走，不敢与我们交锋。如果我们等陛下的援兵赶到再去营救，估计大司马早就被敌人围歼了，到那时我们有再多的兵力也毫无意义了。"众将都表示同意："将军既然愿意去救大司马，我等愿意追随将军前往。"贾逵自然明白他们的意思，他与曹休不和，众将都没想到他愿意在这种时候拉曹休一把，他忍不住叹息道："我与曹休虽然有矛盾，但只是私人恩怨罢了，现在去不去救他，却涉及国家的生死存亡。一旦曹休完蛋，只怕淮南也保不住了。我不得不去救援。"

随后贾逵率领部将向着夹石飞速前进，沿途又设置了许多旌旗战鼓作为疑兵。吴军远远看到贾逵的军队，又发现前方有很多旗帜，怀疑是魏国派来救援的大军，他们也顾不得什么夹石了，赶快退了回去。就这样，贾逵抢先一步占据了夹石，终于把曹休救了出来。曹休及残兵得到贾逵供给的粮草辎重后，重新恢复了战斗力，吴军也不敢再向前追击，只得退回。

曹休战败归来，虽然曹叡因为他是宗室而免除责罚，但曹休终究心中郁闷难平，不久后就病死了。

石亭一战，魏国不光折损了一万多军队，还将粮草辎重和军资器械丢得一干二净，吴国光缴获的牛马驴骡等各式车辆就有一万多辆。自此之后，魏国在淮南一线完全转为被动防守，不光东关对面的西关被弃置，曾经多次抵御孙权的合肥城也守不住了。没有了西关，合肥也变得守卫困难，因为合肥直面长江，如果被大军围困，想解围就得击破敌军，就当时的情况来看，这显然是难以做到的。曹叡听从满宠的建议毁掉了合肥旧城，在合肥旧城西面三十多里的地方重新建起了一座远离长江、背靠山峦的新城。

孙权则借着石亭之战的东风，在第二年登基称帝，改元黄龙，追封父亲孙坚为武烈皇帝，哥哥孙策为长沙桓王，定国号为"吴"，三国里面最后一个政权就此建立。

随着魏国的退让，孙权信心大增，从太和四年（230年）开始，先后对合肥新城发动了四次进攻，但都无功而返。大概是因为此前与曹操、张辽等人陆战输得太惨，孙权面对合肥新城只敢远远攻击，不敢登岸围攻，搞得每次都好像跑去示威游行一样，不但没能取胜，反而被满宠的伏兵杀得大败。四次进攻里只有吴嘉禾三年（234年），孙权硬着头皮对合肥新城发动了一次猛攻，倚仗的还是诸葛亮在同一时期大举北伐，在西面牵制住了魏国军队。然而这一次依旧无功而返，在合肥守军的坚守下，吴军不但没能攻克合肥，反而自身伤亡惨重，就连孙权的侄子孙泰也战死在此次战斗中。另一面的魏明帝曹叡眼看局势危急，亲率大军南下救援。这下可把孙权给吓坏了，还没等到曹叡南下决战他就已经率军撤走。

这也是孙权最后一次亲自率军北伐，此后他便不再亲临一线，而吴国进攻的重点也开始由合肥转移，转而攻略东线的六安（治今安徽六安市城北乡）和西线的襄阳。只可惜就算是这样，吴军依然很难取胜，西面的陆逊对经略襄阳计划并不热衷，所能只能依靠朱然等人。吴赤乌四年（241年），也即魏正始二年，借着魏明帝去世的机会，孙权再次发动大规模北伐，这一次可谓是来势汹汹，东面以卫将军全琮为主，率领几万大军在芍陂（què pí，今安徽寿县南）阻挡寿春方面魏军的救援，威北将军诸葛恪则率军围攻六安，西面则以朱然为主，率军猛攻襄阳。

因为魏明帝刚刚去世，这一次魏国面临着空前的困难。然而在这种情况下，魏国将士们却表现出了惊人的勇气。东面最先赶到的是扬州刺史，伏波将军孙礼，他手下其实没多少人，很多扬州军都因为休假等原因没在军中。然而就算人少，孙礼依旧毅然赶往了芍陂。面对有绝对优势的吴军，魏军激战了整整一天一夜，全军伤亡过半。即使到了这种地步，孙礼依旧亲自冲锋陷阵，哪怕战马都被敌人砍了好多次，他也没有退缩，还是手持战鼓，奋不顾身地向着敌人冲杀，在孙礼奋勇表现的激励下，魏军将士拼死力战，竟然硬生生顶住了全琮。在孙礼的坚守下，豫州刺史，征东将军王凌率领的援兵也终于到达战场。魏军在芍陂一线与吴军激战了好几天，双方都死伤惨重，最后还是全琮先撑不住，带人撤围而走，诸葛恪也随之退去。

全琮退走之后，西面的朱然和诸葛瑾、步骘等人依然在全力猛攻樊城，辅政的太傅司马懿也被迫亲自率军南下救援。在司马懿赶到之前，荆州刺史，振威将军胡质不顾自己兵少，亲自带人从江夏出发，一举将吴军后路截断，逼得朱然不得不撤围而走。

六安、襄樊之战也是孙权最后一次大规模北伐，此后吴军虽然有诸葛恪、朱然两度北伐，小有斩获，但终究没能撼动大局，吴国始终没有攻破魏国的襄樊—淮南防线，北伐一次都没有成功。随着陆逊、全琮、步骘、朱然等将领先后去世，吴国一时间丧失了再度北伐的能力。孙权也知道自己有生之年没有北伐成功的机会了，转而治理内部，放弃了北伐。

曹操死后，孙权总共进行了九次北伐，但因为各种各样的原因没有一次成功。在魏国看来，孙权北伐的威胁实际上比蜀国更大，吴军也多有斩获；但对于南北格局而言却没有多少影响，双方的疆域基本未变。

一出祁山，错失街亭

蜀建兴五年（227 年），也即魏太和元年，借着魏文帝曹丕病死的机会，诸葛亮终于决定出兵北伐。此时距离夷陵之战过去了五年，蜀国的国力已有所恢复，南中（辖区相当于今四川大渡河以南及云、贵两省）的蛮夷也已经被平定，诸葛亮心知此时再不北伐，只怕有生之年都无法再克复中原了。这一年三月，诸葛亮亲自率领大军向北进驻到汉中，只有长史张裔、参军蒋琬留在成都，负责处理丞相府的各项政务。出师之前，诸葛亮曾经向刘禅上书，以表示自己此次北伐的目的和决心，这就是赫赫有名的《出师表》。

诸葛亮进驻汉中的消息很快就传到了魏国，曹叡当然清楚诸葛亮想干什么，他立刻召集群臣商议："诸葛亮现在已经到达了汉中，他肯定是想大举入侵关中，我打算抢先派兵进攻汉中收拾诸葛亮，你们觉得怎么样？"

散骑常侍孙资赶紧劝道："陛下万不可贸然发动进攻。当初您的祖父武皇帝还在的时候，曾经攻打南郑，讨伐张鲁。哪怕以武皇帝之神武，在阳平关之战中也要亲临一线指挥，最后才勉强获胜。后来武皇帝又亲自率军前往汉中救援夏侯渊，对汉中可以说是非常了解，他曾多次说过，'南郑就像是天上的监狱，中间的斜谷道简直是五百里石穴'。这是因为那里地形险恶，武皇帝为自己救出了夏侯渊的部队而感到欣喜，所以才会说出这番话。更何况武皇帝用兵如神，他明知道蜀贼栖息在崇山峻岭之间，吴匪流窜于江河大湖之上，却没有加以讨伐，反而暂时容忍避开，甚至将汉中之地让给蜀贼，这是因为他没有战胜敌人的把握，所以不愿让将士们去冒险，不想争这一朝一夕之气，想等待将来有机会时再出兵消灭敌人。如果现在进军汉中讨伐诸葛亮，不但道路艰险难行，还需要调集精兵，转运粮食、物资。再加上吴国的孙权也可能会乘机入侵，我们还必须在南面的荆州、徐州、扬州、豫州一线囤积重兵，这样算下来总共需要十五六万军队。与此同时，我们还需要征发更多的人服兵役，调集更多的物资支援战争，如此一来，只怕全国都会因此而骚动起来，而且耗资巨大，陛下万不可仓促决定。相比进攻，防守则只需要一半的力量，依照我们目前的兵力，只需要派遣重要的将领据守在各个险关要隘就足以震慑强敌，使我们的边境安然无恙。这样，我们的将士可以养精蓄锐，百姓也不必再受劳役之苦。等几年以后，我们的国力会越来越强，吴、蜀两国则会因为屡次北伐而逐渐衰弱。"曹叡没想到自己出兵竟然需要消耗这么多人员和物资，听孙资这么一算吓了一大跳，立即打消了出兵的想法。

　　另一边的蜀国，也在诸葛亮的组织下，在汉中召开军事会议，商讨应该如何进攻汉中。自古以来，从汉中到达关中，总共只有五条路，分别是子午道、傥骆道、褒斜道、陈仓道、祁山道，这五条道各有优劣。子午道是从汉中到关中最近的通路，可以经过子午谷（今陕西西安长安区南，为关中南通汉中之要道）直插到关中腹地。昔日刘邦从关中入汉中就是走的这条路，用极短的时间就到了南郑。然而正因为最近，魏军的守卫肯定也是最严密的。傥骆道是经过骆谷（今陕西周至县西南，谷长四百余里，为关中与汉中之间的交通要道）到达扶风郡的一条道路。汉朝时虽然也是要道，但有一个严重的问题，那就是地形太险，行军难度太高。褒斜道自从汉武帝时大肆修筑之后，可以说是关中到汉中最主要的道路，曹操进军汉中时就是走的褒斜道。陈仓道也属于大道，历史更为悠久，修筑于战国时期，与关中联系。刘邦兵出汉中时走的也是陈仓道。陈仓道的出口有要地陈仓县，一旦敌人在这里坚守，想攻克非常困难。祁山道则是从汉中通往陇右的道路，这一条道相对偏远一些，而且从陇右进入关中还需要翻越陇山，路途遥远且行进难度高。

　　丞相司马魏延首先提出了自己的建议："我听说守卫长安的夏侯楙（mào）只因为是曹操的女婿才受到重用，本身既没有胆量也没有智谋。丞相只要给我五千精锐，再配上五千人的口粮，我率军轻装兼程从褒中出发，然后沿着秦岭向东进发，一直到子午道后再折向北方。经过子午道，用不了十天我就可以到达长安。夏侯楙看我忽然率军杀到，他一定不敢守城。只要他弃城而逃，城里就只剩下御史和京兆太守了。长安附近横门粮仓的存粮和沿途百姓逃散剩下的粮食，足以供应我军。等魏国重新在关东集结大军入关，估计需要二十多天，而丞相则可以乘机从斜谷到关中来接应我，这个时间肯定可以到达，我们定能一举拿下咸阳以西的地区。"

诸葛亮听后大吃一惊，此次北伐实际上只是想夺取陇右之地，然后从陇右逐步向关中蚕食，并没有一举将关中拿下的想法，蜀国的实力也不足以一口吃下关陇地区。他思考一番后，拒绝了魏延的建议："文长所说虽然有道理，但这条计策还是太过危险了。子午谷虽然路途较近，但过于危险，一旦敌人集结于子午谷口，很难突围。更何况长安是天下著名的坚城，只靠你的五千兵马实在难以攻克，即使攻克了，外围的魏军一旦反扑，也很难坚守，这些并非一个夏侯楙可以解决的难题。依我之见还是安全地从祁山道的大路出去，我们可以稳稳当当地夺取陇右的地盘，而且有百分之百的把握取胜后不会丢失。"

虽然诸葛亮打算走祁山道，但他为了麻痹敌人，特意对外宣称自己要走褒斜道，经斜谷向关中进军，并让赵云和邓芝二人率领一支偏师驻扎在箕谷。曹叡果然中计，他立刻让曹真负责都督陇右地区各军驻扎在郿县（今陕西眉县东），以防止蜀军入寇关中。眼看敌人上当后，诸葛亮亲自率领大军经祁山道，直扑陇右地区。

要知道，蜀国自从刘备死后，已经好几年没有动静了。关中地区原本在曹操时代留有重兵，以防止刘备从汉中进攻关中，然而随着夷陵之战的结束，蜀国连自保都困难，魏国将主要精力放在了南面的吴国身上，关中的防守早已经松了。现在突然听到诸葛亮出兵，整个关中都震惊了。更让人震惊的还在后面，原本魏国在陇右、河西一带就只有少数防守部队，精力都放在经营关中上面，见蜀国大军到达，天水、南安、安定三郡全部反叛，一举投降了蜀国。

当时的天水太守马遵正带着手下的属官跟随雍州刺史郭淮一起巡行各县，刚刚走到洛门（今甘肃武山县东部、渭水之滨）一带，忽然听说诸葛亮已经到达了祁山，天水各县都反叛了。郭淮大吃一惊，对马遵说："看来大事不妙了，我们赶快分头回去防备蜀军。"说完之后，郭淮就带着人准备向东返回上邽（治今甘肃天水市关山镇）防守。马遵可不敢自己回去，他打算跟着郭淮一起东撤。当时姜维在马遵手下，他劝马遵："天水还需要您回去坐镇，您还是跟我们一起回冀城吧。"马遵手下的功曹梁绪、主簿尹赏、主记梁虔等人都是天水本地人，现在眼看天水各县都叛变了，马遵怀疑这些人也要叛乱，就说道："你们要是回去的话，你们也都是叛贼。"说完就跟随郭淮跑路了。姜维等人没办法，只好回到天水，不久后投降了诸葛亮。

接到这个消息后，不光是关中震动，就连魏国朝堂上也人心惶惶，反倒是曹叡还算冷静，他告诉众人："诸葛亮要是一直据守在巴蜀，我想收拾他确实不容易，现在既然他自己前来送死，正符合兵书上所说的等敌人前来的策略，我们一定可以击破诸葛亮。"话虽是这么说，但曹叡还是放心不下，他立刻组织起五万步骑兵，亲自坐镇长安，又让右将军张郃负责处理军务，率军向西抵御诸葛亮。

得知张郃率军西进以后，诸葛亮也紧急派人率军前往东面抵挡魏军。出人意料的是，诸葛亮派遣的人不是魏延、吴懿这种百战之将，而是参军马谡。马谡就是战死在武陵郡的马良的弟弟，诸葛亮认为此人才学出众，而且胸怀抱负，又非常喜欢谈论军事，所以非常器重他。至于马谡本人的才能，刘备有很深的认识，他临死前曾告诉过诸葛亮："马谡这个人就是言语浮夸，本身没有那么大的本事，不能对他委以重任。你如果要重用他，需要多加考察才行。"诸葛亮却没有相信刘备的话，他一直认为马谡是个奇才，应该大加重用。征讨南中时，诸葛亮任命马谡为参军，两人经常在一起谈论军事，甚至从白天一直谈到晚上，所以他坚信马谡一定有很强的军事才能。

马谡率领各军向东进发后，很快就到达了街亭一带。在诸葛亮的计划中，需要马谡据守在山下的城池以击退张郃的西进大军。偏偏马谡觉得："城边的南山比较险要，我们要是据守在上面不但敌人难以攻克，还能乘胜从上面击破敌人。"裨将军王平听后劝道："将军万万不可，山上虽然险要，但获取水源非常困难，要是敌人将我们的水源断了，那我们必败无疑，还是守卫下方城池比较安全。"马谡听完不高兴了："你懂兵法还是我懂兵法？按我说的做准没错。"王平没办法，只好闭口不言。

不久后张郃也赶到了街亭，相比马谡这种新手，他算得上是百战名将了，哪怕是面对魏延他也未必会落下风，区区一个马谡根本不够他看的，他到街亭一看就已经知道如何破敌了。他带着兵马首先截断了山下的水源，等山上的蜀军饥渴难耐之时才发起了进攻，蜀军哪还抵挡得住，立刻被杀得大败。之前信誓旦旦的马谡瞬间尿了，立刻跟部将李盛等人一起仓皇逃窜。反倒是王平临危不惧，他率领所部一千多人坚守在山上的营地里，不断擂鼓呐喊。张郃听了还以为山上有伏兵，没敢继续追击。王平乘机聚集逃散的士兵徐徐撤退。

诸葛亮得知马谡战败的消息后大吃一惊，街亭失守意味着蜀军已经不可能阻挡住魏军开入陇右了，如果不与魏军决战的话就只能选择退兵。随后郭淮也从上邽出发，一举击破占据柳城的高祥所部。这一次诸葛亮不再犹豫了，他立刻率领全军撤退，并携带西县的一千多家百姓返回了汉中，第一次北伐就这么失败了。诸葛亮一走，曹真等人率军进入了陇右，很快就收复了三郡。

北伐失败之后，马谡的死期也到了。诸葛亮回到汉中后就将马谡关进了监狱，然后告诉他："你的错失导致我军大败，我只能将你斩了。你放心，你死后我一定会照顾你的妻儿。"他一边说，一边忍不住流下泪来。蒋琬出言劝道："春秋时期，晋国曾经与楚国交战，结果在城濮之战大败楚国，楚成王立马逼死了领军的成得臣，晋文公听到消息后喜形于色，因为楚国自断臂膀。现在天下还没有平定就开始杀智谋之士了，我担心天下人都会感到惋惜。"诸葛亮一边流泪一边回答道："你只知其一不知其二，成得臣只是战败，并没有触犯军法。孙武能够克敌制胜于天下，就是因为他军法严明。春秋时期晋悼公的弟弟杨干不过是因为阅兵时驾车闯道犯了军法，魏绛就杀了替他驾车的人以正军法。现在天下分裂，战争才刚刚开始，一旦废弃了军法，还怎么讨伐敌人呢？"于是毫不留情地斩了马谡，同时被杀的还有跟马谡一起逃走的李盛，另一位将军黄袭也被免职，只有王平受到了嘉奖。

随着诸葛亮的败退，另一路的赵云和邓芝就惨了，在曹真的追击下，他们也在箕谷战败，被迫向后撤退。为了阻挡魏军的追击，赵云只好让邓芝先行撤退，自己断后，被迫烧掉了褒斜道一百多里的栈道才得以平安返回。

回来之后，诸葛亮看赵云所部损失不大，只将他贬为镇军将军。诸葛亮还忍不住询问邓芝："街亭之战后，大军兵败如山倒，丢弃的物资不计其数，你们在箕谷战败后，兵将依旧完整如初，没有丢下任何物资，这是什么原因呢？"邓芝回答道："赵云亲自在后面断后，我们什么物资都没有丢弃，兵将又有什么理由散乱呢？"诸葛亮大喜，要将赵云他们带回来的物资分给众将士，赵云却不同意，他认为："我们这次没有获胜，凭什么受到赏赐呢？不如将这些物资全部收回府库，以作为十月给军队的冬赐。"遗憾的是赵云已经等不到下一次出征了，他不久后因为病重返回成都，很快就去世了。

陈仓失利，计杀张郃

因为战败，诸葛亮上书自贬三级，刘禅就将他任命为右将军，继续处理丞相事务。蜀建兴五年十二月，蜀军刚刚得到休整，诸葛亮便决定再次北伐。之所以这么快又北伐，原因很简单——魏国刚在石亭被吴国杀得大败，诸葛亮认为有可乘之机，可以在西面将魏国一举击破。

不得不说诸葛亮这一次选的时机非常好，然而魏国的谋士们也成功预测到了诸葛亮的进攻方向。诸葛亮第一次走了祁山道，魏军肯定会在陇右加强防备，再走祁山道肯定不可能了，也无法达到兵法上出奇制胜的效果；傥骆道难走，子午道太险，诸葛亮也都不会选择；再加上被赵云烧毁的褒斜道没有那么快修好，能走的只剩下陈仓道。曹真早就料到了这一点，所以提前让郝昭和王双两位将领在陈仓驻守，并且重修了陈仓城。

　　诸葛亮的情报实在是有些落后，他以为陈仓还是以前那个年久失修的破城，结果等他从大散关出发，到达陈仓以后，才发现眼前的城池焕然一新，防守极为牢固。一番打听之后，诸葛亮才知道郝昭就在城里。郝昭镇守河西十多年，在当地非常有威名，诸葛亮心知这次只怕难以攻下陈仓了，但来都来了，总不能就这么退回去，他思前想后，还是决定先派人试试招降郝昭，这方法最为稳妥。说来也巧，诸葛亮军中刚好有一个叫靳详的人也是太原人，与郝昭是同乡，诸葛亮就让他去城下劝说郝昭。

　　靳详接令后不敢怠慢，立刻赶到陈仓城下，然后遥遥喊道："伯道可还记得我吗？"郝昭一看，还真认识，便回答道："你不是靳详吗？怎么到蜀国做官去了？"靳详答道："魏国无道，篡夺了汉朝几百年的基业，实在是令人不齿。我蜀国为汉室正统，当应为复兴汉朝而努力。伯道也曾是汉朝百姓，何不与我一道效力蜀国？"郝昭脸色一变："我知道是诸葛丞相派你来的，但魏国的律法你是熟悉的，我的为人你也是知道的。我深受国家厚恩，而且门第崇高，绝不可能投降。你不用多说，我大不了就是一死而已。你回去转告诸葛丞相，多谢他的好意，不过两军阵前，还是让他率军前来进攻吧。"

　　接到靳详的回报后，诸葛亮还不甘心，再次让靳详前去劝道："如今我国十多万大军来势汹汹，你城里的那点兵马肯定抵挡不住。更何况魏国刚刚在石亭战败，根本不可能抽调援军前来，你还是赶快投降吧，何必自取灭亡呢？"郝昭怒不可遏："我前面已经说得非常明白了，你要是再说下去，我认识你，我的箭可不认识你。"这一回诸葛亮也知道劝不动郝昭了，只好攻城。虽然陈仓已经加固了城防，但诸葛亮还是有信心的，毕竟他这次带了几万兵马，陈仓才一千多人。以往还需要担心魏国从关东调来援军，但眼下刚刚经过石亭惨败，曹叡现在自顾不暇，估计没工夫理会陈仓。

　　艰苦的陈仓攻防战就此拉开了序幕。蜀军最开始还是按照以往的攻击方法，用云梯攀登城墙，用冲车攻击城门。郝昭对此早有应对之策，蜀军架起云梯攻城时，他就命人用火将云梯引燃，云梯很快就被焚毁，云梯上的人也都被烧死。他又让人将石磨用绳子系上，然后掷下去砸蜀军的冲车，冲车也就此被毁。诸葛亮没办法，便制造了一个百尺高的井阑，让人站在上面向城中放箭，逼得魏国守军不敢在城头站立。随后他又让人用泥土将城外的壕沟填平，然后猛攻城墙。这样一来，城墙很快就守不住了。等蜀军攻下城墙后一下子就傻眼了，里面竟然还有一堵城墙。

原来郝昭早就料到城墙守不住，所以提前又砌起了一堵城墙。无奈之下，诸葛亮只好在外面挖掘地道，希望能从地道突袭杀入城里。郝昭对此也有准备，他观察蜀军挖掘地道的方向，然后命人在城中从这个方向横向挖掘地道进行拦截。就这样，陈仓攻防战一直持续了二十多天，诸葛亮始终拿郝昭没有办法。

陈仓被围攻的消息传出以后，负责关中军事务的曹真首先派部将费曜等人率军前往救援。曹叡自然不可能对此放任不理，他不确定曹真能否救下陈仓，还特意召见了驻守在方城的张郃，让张郃再次率军西征诸葛亮。在出征之前，曹叡亲自为张郃饯行，他对陈仓的战局还是不放心，忍不住问道："此行路途遥远，张将军觉得等你赶到的时候，诸葛亮会不会已经攻下陈仓了？"

张郃对陈仓的形势非常了解，又知道诸葛亮深入远征肯定缺乏粮食，便答道："陛下放心，我此行恐怕都不用作战，等我到达那里的时候，诸葛亮肯定已经退走了。"果然如张郃所料，还没等他赶到，诸葛亮就已经因为粮食耗尽黯然撤退。蜀军此行唯一的收获大概就是斩杀了魏军猛将王双。

陈仓战败之后，诸葛亮大为后悔，他觉得自己应该再走祁山道，而不是跑到陈仓和郝昭耗着。蜀建兴七年，也即魏太和三年（229年）春，诸葛亮忍不住再次派遣部将陈式从祁山道出发，攻打武都、阴平（治今甘肃文县西）二郡。雍州刺史郭淮得到消息后，立刻率领大军前去救援。诸葛亮得知郭淮出兵的消息以后，也率领大军赶到建威城（今甘肃西和县北）。石亭之战受创后，魏国现在在西面最多也就是勉强保下关中，短时间内实在难以顾及陇右。郭淮心知以自己的实力也抵挡不住诸葛亮，无奈之下只得退走。这一次诸葛亮终于如愿拿下了两郡，回去之后，刘禅重新任命他为丞相。

魏太和四年秋，魏国刚有所恢复便展开了对蜀国的报复行动，大司马曹真首先上书："蜀国多次派人前来入侵边境，请陛下允许我走斜谷进军关中，再派人率领几路大军从各个方向进攻，我们必定可以一举将蜀国灭掉。"曹叡对上蹿下跳的蜀国也早就万分厌憎了，他立刻同意了曹真的请求。

司空陈群劝道："当初太祖从阳平关攻打张鲁都非常困难，需要大量收集豆麦才能够供给军需，结果还没攻下张鲁就已经缺乏粮食了，还是靠着在汉中就地取粮才能够攻下来。现在肯定已经无法就地取粮了，斜谷地势险要，从这里进军无论进攻还是后退都非常困难。我们运送的粮食肯定也会遭到蜀军抢掠截击，如果多留士兵在沿途险要地带保障补给，又会增加士兵的伤亡，实在不是一个好的选择。"曹叡没有听从陈群的建议，依旧让曹真出兵。

同年八月，魏国排开了盛大的出击阵容，以曹真率领关中的大军为一路，从褒斜道进军，兵锋直指汉中；另外以大将军司马懿为一路，沿着汉水西进，自西城入汉中；其余诸将从子午谷、武威出发，一起到汉中与曹真会合。

面对魏国猛烈的攻势，诸葛亮赶紧率军驻扎到成固、赤坂一线抵御魏军，又让李严火速率领两万人赶来汉中助阵，并让李严的儿子李丰担任江州都督，率领军队负责接应事宜。

曹真这次排开的阵容虽然强大，但谁知天公不作美，一连三十多天的大雨将沿途的很多栈道都冲毁了，曹真等人无法进军，只得撤退。魏军撤退后不久，大雨就停了，蜀军也乘机展开报复。诸葛亮命令魏延和吴懿两人率领大军向西攻入羌中，在南安阳谿大破费曜和郭淮所部魏军，算是报了一箭之仇。

蜀建兴九年，也即魏太和五年（231 年），诸葛亮趁着魏国坐镇关中的大司马曹真病重的机会，再次率领大军入侵魏国，并将祁山重重围困起来。这一次为了便于运送粮食，诸葛亮还搞出了木牛。因为曹真已经无法指挥作战，曹叡便将长期坐镇荆州的大将军司马懿调入关中，由他统率张郃、费曜、戴陵、郭淮等将领阻挡诸葛亮。

司马懿到达关中以后，留下费曜、郭淮两人驻守上邽，自己率领大军向西前往祁山解围。张郃一看司马懿要把全军带走，眉头一皱，建议道："如果我大军西进之时，蜀军向东进攻怎么办，依我之见不如由我率领部分军队驻扎在雍县、郿县一带做防备。"司马懿不是不知道这种可能性，但他对战胜诸葛亮实在是没什么把握，只得回道："如果前面的军队可以单独击破蜀军，那将军的意见就是对的；如果前面的军队没有击破蜀军的能力，一旦分成前后两部分肯定会被各个击破，这就是楚军三军被黥布击败的原因。"张郃肯定没法保证分兵之后司马懿能够击破诸葛亮，也只好不说话了。

就在司马懿向西进军的同时，诸葛亮也跟他想到一处去了，他留下一部分军队继续围攻祁山，自己则率领主力向东进军，一路到了上邽。当时上邽只有费曜和郭淮率领的军队，这两位连魏延都搞不定，更别说诸葛亮了，他们很快就被杀得大败，就连上邽附近刚刚成熟的麦子都被蜀军抢了个干净。司马懿这时候才得知诸葛亮东进的消息，赶紧带人前进，结果在上邽东面与诸葛亮遇上了。不过司马懿没有战胜诸葛亮的把握，不敢迎战，只是将军队驻扎在险要地带防守，以防止诸葛亮继续东进。

见司马懿玩出这么一套防守到底的战术，诸葛亮顿时失了兴趣，对峙了几天就自己撤回去了。司马懿当然不能就这么放诸葛亮回去，他立刻率领大军追击诸葛亮。说是追击，未免有些给司马懿贴金，其实他就是跟在蜀军屁股后面走而已。

憋着怒火走到卤城，老将张郃忍不住发作了："诸葛亮跑到这里来，肯定是想迎战我军，现在他没有达到决战的目的，会认为我军不打算速战速决，而是打算用持久战的模式将他们拖垮。更何况祁山守军知道我们大军到达，军心势必也足够稳固，蜀军不可能轻易将祁山攻下。我们可以留在这里驻守，然后分出一支军队作为奇兵，绕道去截断蜀军的退路。像我们现在这样只敢跟在蜀军后面，又不敢攻击，这叫什么战术？只能让将士们和百姓都失望罢了。以我算来，诸葛亮孤军作战不利，粮食又快没了，只怕马上就要走了。"

司马懿始终认为自己难以战胜诸葛亮，无论张郃怎么说他都不听，还是只跟在诸葛亮后面走。可追上之后司马懿又不敢交战，只是跑到山上扎营，严防蜀军进攻，死活不肯出战。被司马懿这么一搞，不光诸葛亮被恶心到了，魏军将领贾栩、魏平等人也觉得憋屈，他们纷纷向司马懿请战，结果一次都没如愿，到后来，他们干脆在军中到处说："大将军畏敌如虎，简直是要被天下人耻笑。"这番话很快就传到了司马懿耳朵里，弄得他尴尬不已。

由于诸将屡屡请战，魏太和五年五月，司马懿终于忍不住了，决定率军与诸葛亮决战。司马懿将军队分成了两路，一路是由自己率领的主力，负责与诸葛亮正面决战；一路以张郃率领的偏师为主，进攻驻扎在祁山南面的无当监王平所部。

虽然勉强出战了，但结果却有点喜剧。无当飞军是蜀军中的绝对精锐，哪是张郃一支偏师能搞定的，他拿王平毫无办法。更尴尬的还是司马懿，在魏延、高翔、吴班等人的反击下，魏军大败，光被俘的就有三千人，司马懿只好再次退回去坚守营垒。这之后，司马懿再也没敢出战，不过在他的拖延下，还真把诸葛亮耗"死"了。诸葛亮出征之时，原本将李严留在汉中，负责督运粮食，结果因为那段时间连续下雨，他担心粮食供应不上，就偷偷叫参军狐忠、督军成藩两人假传刘禅的旨意让诸葛亮退兵。诸葛亮自然不敢违抗圣旨，再加上自己粮食也快没了，只好从祁山解围而退。

得到诸葛亮退走的消息，司马懿大喜过望，他脑子里忽然灵光一闪，对着张郃笑道："俊乂不是建议派出偏师追击蜀军吗？现在蜀军正好撤了，不如由俊乂亲自率军前去追击吧。"

张郃听得心头直骂娘，他是建议过追击蜀军，但跟现在完全不是一种情况，司马懿分明是想坑自己。他站起来反驳道："兵法有云，围城时一定要开放一条道路放守军逃生，归去的军队万万不可追击，现在的蜀军不能追击。"

司马懿却不听："此次我军出师无功，就指望俊乂能够一战建功，怎么能不追呢？这让我们如何向陛下交代？现在我就以大将军的身份命令你必须追击立功，否则以军法论处。"

话都说到这个地步了，张郃也只能硬着头皮前去追击。结果张郃率军走到木门（今甘肃天水市秦州区西南部、大坡梁西麓、稠泥河东岸，属牡丹镇）时，就遇到了据守高山设下埋伏的蜀军。在蜀军的箭雨面前，魏军伤亡惨重，张郃的右膝也中了一箭。老迈的张郃终究没能撑过去，很快就去世了。

送走了张郃之后，另一个人也迎来了自己的末日，这个人不是别人，正是假传圣旨的李严。得到诸葛亮退兵的消息后，李严还跑出来装傻充愣："我们的粮草还非常充足，为什么忽然就退兵了呢？"为了推卸责任，他甚至想杀了督运粮草的岑述。忽悠完诸葛亮后，李严又跑去忽悠刘禅，声称："大军之所以暂时退却，是因为想引诱敌人。"这些话不但矛盾重重，还让诸葛亮看清了李严的为人，他将李严前后送的信件、奏疏等全部拿出来一一对比。李严无话可说，只得低头认罪，他很快就被削去官职，流放到梓潼郡。

仲达死守，孔明星落

因为连年征战，益州也已经非常疲敝了，诸葛亮接下来几年里一直致力于内政，一直到蜀建兴十二年，也即魏青龙二年（234 年），他才又进行了一次北伐。没有人能想到，这也是诸葛亮最后一次北伐。

大约是感觉到了自己身体的状况已经不如以前，诸葛亮这一次没有再走祁山道，而是选择了褒斜道，直接率领十万大军杀奔关中与魏国决战。同时，这一次诸葛亮还特意联络了孙权一起行动。这也是赤壁之战后，吴蜀双方第一次联合出兵，再也没有像之前几次一样各打各的。

有了诸葛亮的牵制后，孙权也放心率领吴军登岸，对合肥新城发起了猛烈的攻击，这同样也是孙权最后一次亲自率军北伐。

就在他们出征后不久，一位见证历史的人物也去世了，这个人不是别人，正是东汉最后一位皇帝刘协。他的一生经历过黄巾起义，见证过董卓、曹操、刘备等许多英雄人物的崛起，至此他终于走到了生命的尽头。可叹汉献帝虽然曾经坐拥天下，但能为他发丧的竟然只剩下了魏国。吴国当然不会理会这个前代皇帝。蜀国虽然号称正统，但他们早在十多年前就已经宣布汉献帝死了，当然不会承认现在死的这个。

诸葛亮很快就穿越褒斜道，到达了郿县，然后驻扎在渭水南面。坐镇关中的司马懿自然不敢放任诸葛亮不理，他很快也率军渡过渭水，背水立营，与诸葛亮对峙。虽然司马懿不敢与诸葛亮决战，但他判断还是挺准确的。在诸葛亮到达之前，司马懿就判断："诸葛亮如果率军从武功（今陕西咸阳市杨陵区永安村）出兵，依山列阵向东进军，那肯定非常可怕；但如果他是向西前往五丈原（今陕西岐山县南渭河南，东与眉县接界）驻军，那我们就一点事没有。"结果诸葛亮果真如司马懿猜测的那样，驻军于五丈原。

光这么对峙下去肯定不是办法，此前屡次战败的郭淮有了主意，向司马懿建议道："我敢断言诸葛亮会派军队去抢夺北原（又名积石原，在今陕西眉县西北渭河北岸），请让我先率军去占据它。"

还没等司马懿答话，其他将领就纷纷反驳："我们大军近在眼前，诸葛亮必定会选择击破我们，直接向东攻打长安，怎么可能分兵去抢北原？"

郭淮解释道："如果诸葛亮跨过渭水，登上北原，再和北山连兵一处，就可以完全将长安和陇右地区隔绝开来。到那时陇右的百姓和羌人必定会动荡不安，只怕陇右就不再为国家所有了。"这次司马懿终于听了郭淮的建议，派他前去抢夺北原。郭淮到达北原后，立刻下令修筑营垒，结果营垒还没修好蜀军就来了。不过郭淮毕竟先到，他仗着以逸待劳的优势还是将蜀军击退了。

因为前面几次出兵，都是吃了运粮的亏，所以才没能继续进攻，再加上司马懿又喜欢死守不出，这一次诸葛亮决定玩个大的，陪司马懿对峙到底。他分出部分军队，直接在关中屯田，准备长期驻扎在此。因为蜀军军纪良好，与当地百姓相处极为融洽，屯田的进展也很顺利。双方这一对峙竟然长达一百多天，就连东面的孙权都再次从合肥新城退走了，这边依然在对峙。诸葛亮并非不想决战，无奈司马懿死活不肯出来，无论他怎么派兵挑战，司马懿就是不理。

无奈之下诸葛亮想了一个计策，他派人把一些妇女用的头巾、发饰、衣服送给了司马懿，以嘲笑他是女人。司马懿虽然不想理会，但魏军众将却暴怒不已，他们哪能忍受这样的嘲笑，纷纷请求出战教训蜀军。司马懿眼看弹压不住众将了，便想了个办法，一面佯装大怒，答应几天以后出战，但必须上书请求曹叡，让他同意出战才行，一面却暗自派人快马赶去面见曹叡，让他派使者前来阻止众将。将要出兵之时，曹叡派来的使者卫尉辛毗也到了，他手持节杖，以军师的身份不允许司马懿出兵。这下司马懿的目的到达了。众将见陛下都不同意出兵，也不敢再多说什么。

另一边的姜维知道后，气得不得了："好不容易魏军要出来了，结果辛毗拿着符节来了，只要有他在，只怕司马懿是不会出战了。"反倒是诸葛亮洞若观火："司马懿本就没有出战的意思，他对众将表示一定要出战，不过是为了向大家展示自己敢于出战而已。正所谓'将在外，君命有所不受'，司马懿要是真能战胜我们，用得着大老远派人去请示曹叡吗？"

要说司马懿整天无所事事，未免就有些冤枉他了。他知道诸葛亮最近几年身体状况不如以前了，所以一直在观察诸葛亮什么时候撑不住。每次有蜀军使者到军营时，司马懿一点军事都不问，只问一些诸葛亮平时的饮食、睡眠和处理事务的情况。使者搞不明白他为什么问这些，但觉得这些都不是什么秘密，就告诉司马懿："丞相每天早起晚睡，凡是二十杖以上的责罚，他都要亲自过问，只是胃口有些不好，每天吃的饭还不到几升。"司马懿得到这些消息后，心里有了判断："诸葛亮吃得少，处理的事情又很多，只怕命不久矣。"

事实上，司马懿猜得很对，诸葛亮确实命不久矣。因为长期劳累，诸葛亮已经病倒了。就连远在成都的刘禅，也知道这一次诸葛亮只怕是撑不过去，特意派尚书仆射李福前来问候，一方面固然是探望诸葛亮的病情，另一方面也是想知道后事如何处理。两人交谈几天之后，李福觉得自己该问的已经问完了，便告辞离去。

没想到没过几天，李福又自己回来了。所有人都很惊讶李福为什么忽然回来，只有诸葛亮说道："我知道你回来的目的是什么，这几天虽然我们都有谈话，但还是有些事情没有交代，你回来就是想问我这些事情。我也知道你想问什么，你问的事情蒋琬合适。"李福听完后大吃一惊："我确实是因为之前忘了询问才会回来再问一下，想知道您百年之后，谁可以担当大任，没想到您竟然猜到了。我想再问一下，蒋琬之后，谁又能担当大任呢？"诸葛亮回道："费祎可以。"李福又问费祎之后，这一次诸葛亮没有再回答了。正如吕后当初询问刘邦未来谁能接替萧何一样，刘邦回答曹参、王陵之后便没有再回答下去，因为时间已经太久，再往后的事情变数太多，实在不是人力所能控制的了。

就在这个月，诸葛亮病逝于五丈原军中。据说他死的当晚有一颗闪着红色光芒的星星，从东北往西南方向飞行，坠入了诸葛亮的军营中。这颗星星连续三次坠落上升之后，越变越小，最后消失，诸葛亮也马上死了。

诸葛亮死后，等待蜀军众将的不是怎么进攻，而是如何才能安全退回汉中。原本按照诸葛亮的计划，他死之后，诸军依次退走，由长史杨仪和司马费祎两人安排撤退，只留下魏延和姜维两人断后，同时表示，如果魏延不肯听令，就抛下魏延，大军自行撤退。诸葛亮做出这样的安排也是无可奈何，魏延是蜀国首屈一指的战将，勇猛过人，诸葛亮屡次出兵他都希望能独自率领一万人前进，只不过诸葛亮没有答应。再加上魏延这个人一贯骄傲自负，他和杨仪极为不和，一碰面就要吵架，诸葛亮怕的就是退兵之时两人会吵起来。

果然如诸葛亮所料，他死后杨仪秘不发丧，让费祎去传达命令。魏延当场发火："丞相虽然去世了，但还有我在，只要相府人员和官属将丞相尸体送回去就行了，我亲自率领大军与魏军决战，怎么能因为丞相一个人坏了国家的大事呢？更何况我魏延怎么能受杨仪这种人指挥，为他断后呢？"费祎一听就知道这是要和杨仪抢权了，他赶紧声称要回去说服杨仪交出指挥权，然后一溜烟跑了。费祎回去后，立刻和杨仪商议带着大军依次撤退，把魏延一个人扔了。魏延一看大军要丢下自己，怒火中烧，他立马带着自己所部人马抢先撤退。

因为魏延已经撤退，杨仪等人只好硬着头皮在司马懿进攻之前率军撤退。蜀军撤退后，立马有当地的百姓前去报告司马懿。司马懿闻报大喜，立刻带着大军前往追击汉军。眼看魏军追了上来，杨仪等人也慌得不行，关键时刻还是姜维有办法，他让杨仪调转战旗，然后擂响战鼓，摆出一副要进攻的姿态。这下反而把司马懿吓住了，他可是记得张郃和王双的惨案，哪还敢继续追击，赶紧带人往后撤退。

司马懿撤退后，杨仪便率领大军结阵向南离去，一直到进入斜谷之后才为诸葛亮发丧。因为这件事，当时人还编了一句"死诸葛走生仲达"的谚语嘲笑司马懿。司马懿自己也听说过这句谚语，但他对此毫不在意，还对人说："我能够预测活着的事情，可猜不到死人的事情。"司马懿又查看了诸葛亮留下的营垒，只觉得防守严密，不由得叹息道："这真是天下奇才啊。"随后司马懿又率军象征性地追到赤岸（即赤崖，在今陕西留坝县东北），自然是没有追到蜀军，他便就此班师而回。

南逃的魏延也没有好下场，他和杨仪回去后都声称对方要造反。刘禅不明就里，只好询问蒋琬、董允、费祎等人，结果这些人都为杨仪担保而说魏延是叛党。这也就注定了魏延的结局，他虽然想带人攻打杨仪，但已经被刘禅定性为叛党，哪还有人愿意跟着他干。王平只对着魏延的部下喊了一声："诸葛丞相刚死，到现在还尸骨未寒，你们想造反吗？"魏延的部下听后便放下武器四散而逃。魏延只得带着几个儿子逃往汉中，结果走到路上就被杨仪派来的马岱斩杀。可叹魏延只是想找杨仪一个人的麻烦，却因为被定性为造反而死于非命。

　　杨仪也没有好下场，他一年之后因为口出怨言入了狱，被迫在狱中自杀。

　　短短一年多的时间，蜀国就先后失去了诸葛亮、魏延、杨仪三个北伐的重要人物，一时间再也无力对魏国发起进攻。哪怕此后几年里，魏国与吴国大战不断，两国国内动荡不安，蜀国也只能在一方做看客。

第十章

三马食槽，终归司马

公孙称王，三征辽东

景初元年（237年），在遥远的辽东大地上，忽然响起了一声惊雷，割据辽东的公孙渊居然自立为燕王，改年号为绍汉，又自己设置文武百官，妄图构建"第四国"。魏明帝曹叡自然不会允许这种情况发生，他下定决心要讨伐公孙渊，解决辽东分裂的问题。

公孙渊的祖父公孙度本来只是玄菟郡的一个小吏，当时的玄菟太守公孙琙有一个儿子，名叫公孙豹，才十八岁就死了，刚好公孙度年少时也叫公孙豹，他还刚好和公孙琙的儿子同龄，公孙琙就将他当成自己儿子一样对待，不但送他去上学，还为他娶了妻。从此以后，公孙度就走上了飞黄腾达的道路。

到董卓专权时，董卓手下的心腹大将徐荣刚好和公孙度是同乡，就举荐他为辽东太守。在辽东太守任上，公孙度先后击破高句丽和乌桓，声威响彻辽东。这时，中原已经开始军阀大混战，公孙度觉得汉朝要完了，就有了自立为王的想法，不过他也不敢贸然称王，只是自封平州牧、辽东侯。曹操曾派人去拉拢公孙度，将他封为武威将军、永宁乡侯，结果公孙度看不上眼，直接来了一句："我在辽东称王，还当什么永宁乡侯？"

公孙度死后，他的儿子公孙康继承了他的位置，也就是在这时，曹操击败袁绍诸子，统一了河北，又北伐击败了乌桓。公孙康再也不敢像他父亲那么狂了，立刻将前来投奔的袁尚兄弟杀掉，然后派人向曹操请降。公孙康死了以后，因为他的儿子公孙晃和公孙渊年龄还小，他弟弟公孙恭就接替了他的位置。然而公孙恭自身有病，后来逐渐变成了阉人，因为病重，也没了治理辽东的能力。

魏太和二年，羽翼已丰的公孙渊发动政变，将公孙恭囚禁起来，自己控制了辽东。夺取太守之位后，光辽东人承认还不行，还需要魏国承认，公孙渊便上书向曹叡说明了情况，希望能够得到正式册封。侍中刘晔知道这件事后，立刻站出来反对："公孙氏因为在汉代得到任用，所以才世代承袭太守的职位。辽东这个地方水路有大海阻隔，陆路有群山阻挡，对外又与胡人勾结，实在难以控制。更何况公孙氏世代在辽东为官，在当地早已是根深蒂固，如果不趁现在将其诛杀，以后肯定会成为祸患。等到他们叛乱时再加以讨伐，那就非常难办了。不如趁公孙渊刚刚即位，在辽东地位还不稳固，有党羽也有仇敌，我们出其不意，以大军压境，然后公开悬赏公孙渊的人头，这样不用出兵也可以讨平。"曹叡没有听从刘晔的建议，依旧将公孙渊封为扬烈将军、辽东太守。

事实证明曹叡这一次确实给自己挖了坑，他的册封不但没有让公孙渊感恩戴德，反而养出了一头白眼狼。公孙渊从掌权开始，便不断派人渡海与孙权勾连，孙权也乐得跟他往来，甚至还派将军周贺和校尉裴潜两人前往辽东找公孙渊购买马匹。世上没有不透风的墙，公孙渊与孙权暗中往来的事情很快被曹叡知道了，他愤怒之下，不顾蒋济的反对，坚持派汝南太守田豫率领青州大军从海路讨伐公孙渊，幽州刺史王雄从陆路讨伐公孙渊。辽东实在是难打，道路非常难行，田豫和王雄两路人马都无功而返。

虽然没能收拾掉公孙渊，田豫却收拾了孙权派去买马的使者。因为当时已经到冬天了，海上道路难行，田豫推测周贺等人极有可能会中途在成山（今山东荣成市东北）停泊，所以提前派了军队埋伏在这里。周贺等人在路上遇到了风浪，果然在成山上岸。这一上去自然就有去无回了，他们都被田豫的军队斩杀。

因为公孙渊暗中与孙权往来一事，魏国和辽东的关系瞬间降到了冰点。

公孙渊索性派出校尉宿舒、郎中令孙综两人前往吴国，暗地里向孙权称臣。孙权当然乐得在魏国后方为自己立一个山头，他打算顺势将公孙渊封为燕王。为此他不顾张昭、顾雍等人的反对，坚持派了张弥、许晏两人前去册封。

没想到事到临头公孙渊居然尿了，他觉得吴国距离太远了，一旦他与魏国开战，吴国根本救不了自己。不过魏国现在很讨厌自己，如何才能和魏国重修旧好呢？公孙渊看着吴国的使者，脑子里灵光一闪，立刻将张弥、许晏两人砍了，拿着他们的脑袋去向曹叡请功，与张、许同行的一万多军队也全部被杀。公孙渊对曹叡说的可不是自己想向孙权称臣，而变成了自己是故意引诱孙权派人来送死。曹叡大喜，立刻将公孙渊封为大司马、乐浪公。

得了好处的公孙渊不但没有收敛，反而越来越狂妄了，他不仅对魏国派来的使者不礼貌，还经常口出狂言，惹得曹叡极不高兴。毌（guàn）丘俭当时刚刚调任幽州刺史，他知道曹叡心中的想法，就上书道："陛下即位以来，还没有什么可以载入史册的丰功伟绩。吴、蜀两国地势险阻，不可能很快平定，我们可以暂时调动无用武之地的士兵前去平定辽东，如此也可为陛下增添一份功绩。"曹叡大喜，立刻就要下令出征。

光禄大夫卫臻赶紧劝道："陛下不要听毌丘俭胡说，他说的都是战国时代的细微之术，根本算不上什么帝王之业。这些年来吴国每年都会派人到我们边境袭扰，而我们却一直按兵不动，没有前去征讨，这完全是因为百姓劳苦，我们要休养生息。公孙渊生长的辽东，算起来已经父子相承三代了。这么多年来，公孙氏一直对外安抚戎狄，对内练兵备战。毌丘俭带着一支偏师前去，居然想着早上到达晚上就能获胜，这简直是痴人说梦，陛下万万不可出兵。"曹叡已经被公孙渊气昏了头，根本听不进去任何劝阻，坚持要派毌丘俭前去讨伐。

毌丘俭率领幽州的军队以及鲜卑、乌桓部落兵出征以后，很快就到达了辽东南界。本着先礼后兵的原则，毌丘俭还是先派人前往辽东征召公孙渊入朝。公孙渊哪愿意放弃自己土皇帝的生活，跑到洛阳去寄人篱下，他立刻选择了反叛，并且率领军队向西迎战毌丘俭。因为当时正好连续下了十多天大雨，辽河水大涨，毌丘俭等人根本无法渡河，只好撤回了右北平。没想到这么一来，反而让公孙渊产生了错觉，他以为魏国拿自己毫无办法，索性自立为燕王，并派出使者给周围的少数民族首领们授予官职，让他们带着人寇略魏国北部边境。

公孙渊都闹腾到这种地步了，再不派人去打，魏国的脸面还往哪放？景初二年（238 年）正月，曹叡迫不及待地召集群臣，商议讨伐公孙渊。此时诸葛亮已死，蜀国一时间没有力气再次发起进攻，曹叡便将司马懿也召了回来。这次曹叡没有讨论就直接宣布了自己的决定："我打算派司马懿率领四万军队讨伐辽东。"众臣听后大吃一惊，不少人质疑道："四万人会不会太多了？辽东路途遥远而且地势崎岖，光是后勤补给就非常困难，最好还是减少兵力。"曹叡不同意，他认为："要四千里远征一个敌人，虽然说应该以出奇制胜为主，但也得具备相当的实力才行，否则便是空想，毌丘俭、王雄就是因此失败的。想灭掉敌人，肯定需要有所花费，军费方面不应该这么斤斤计较。"众臣知道劝不住，只得同意。

见众臣同意出征，曹叡又问司马懿："仲达觉得公孙渊会怎么防备你的大军呢？"司马懿从长安被召回来以后就知道曹叡是想让自己讨伐辽东，对此早有准备，他立刻回答道："如果我是他，总共有三条策略，上策是弃城而逃，找个我们追不到的地方躲起来；中策是集中全力据守辽东，抗击我朝大军；下策是死守襄平（今辽宁辽阳市老城区），坐以待毙。"曹叡一听有三条计策，再次问道："你觉得公孙渊会用哪一条策略呢？"司马懿答道："只有明智之人，才会预先估量双方的实力，正确做出取舍，公孙渊显然不是这种人。他肯定会认为我军劳师远征，不可能长久支持，一定会先在辽水据守，然后再退守襄平。"曹叡没想到司马懿算得这么准确，又问了一句："你觉得平定公孙渊需要多久？"司马懿算了一下，回答道："进军需要一百天，攻打需要一百天，返回需要一百天，再加上六十天的休息时间，一年就足够了。"

曹叡对司马懿的答案非常满意，立刻让他准备，择日出征。不过曹叡还担心一个问题，那就是吴国会不会帮忙，他便问护军将军蒋济："子通觉得孙权会出兵救援辽东吗？"蒋济听后笑了笑："陛下尽管放心，孙权知道我们戒备严密，很难从中取利，援军深入则力所不及，不深入则势必徒劳无功。就算是他的儿子、兄弟到了这种危险的境地，他都不可能出兵救援。他顶多对外宣称自己要救援辽东，想吓唬我们，另外就是指望我们攻不下辽东，让公孙渊能够对他感恩戴德，再次称臣。如果我们的大军与公孙渊僵持不下，他可能会派人趁火打劫。"

蒋济还真猜对了，公孙渊接到魏国出兵的消息后，立刻就派人前往吴国求援。孙权在羊衜(dào)的建议下，答应了公孙渊的求援，不过雷声大雨点小，以观望形势为主，能救就救，实在不能救，便趁着辽东和魏国两军相持的时候，在辽东抢掠一番再回来。

这一年六月，司马懿率领的大军终于到达了辽东，提前接到消息的公孙渊已经派遣卑衍、杨祚两位将领率领步骑兵几万人驻扎在辽隧（今辽宁海城市西北），他们甚至还围绕着城池挖了一条长达二十多里的壕沟。魏军众将见敌人在此，也不顾对方防守严密，直接向司马懿请战："敌人就在眼前，请大将军让我们击破敌人。"司马懿不同意："敌人坚守城池不肯决战，明摆着是想拖死我们，我们现在如果强行攻击，正中了他们的诡计。更何况敌人主力既然在这，襄平必定空虚，我们又何必在这里跟他们干耗呢？直接去打襄平不就行了。"众将也表示赞同。

为了忽悠卑衍等人，司马懿还特意打出许多军旗，假装要向南面移动。卑衍等人不知道这是陷阱，立刻率领全部精锐部队向南面移动，想拦住魏军。卑衍等人刚一走，司马懿就偷偷带人渡过辽河，直奔襄平而去。卑衍等人发现中计了，赶紧带人连夜往回赶，终于跑回了襄平。这时候魏军已经到达了襄平外围的首山（今辽宁辽阳市西南）附近，公孙渊只得再派卑衍等人出击，与魏军在首山决战。这么来回折腾，再精锐的部队也得废掉，辽东军很快被魏军杀得大败，只得退守襄平，司马懿乘胜率领大军将襄平围起来。

公孙氏在襄平经营日久，早已把襄平打造成了一座坚城，想攻下来绝非易事。魏军到达城下后，司马懿没有立即下令攻城，只是将襄平重重包围起来，想拖垮襄平。随着时间的推移，到了雨季，大雨再次如期而来，辽水水位暴涨，魏军运粮的船只都可以从辽口一直到达襄平城下。雨越下越大，竟然下了一个多月，地面上积了数尺深的水。魏军众将十分害怕，他们赶紧找到司马懿，劝说道："大将军快点下令让我们移动营垒到高处去吧，水越积越深，很多军营里也积了水，再这么下去只怕会重蹈当初乐进水淹七军的覆辙啊！"司马懿正想困死襄平城，哪肯同意移营，他也没多做解释，直接下令："再有人敢说要迁营的，立斩不赦。"大多数将领听到这话之后都尿了，只能硬着头皮在水里继续扎营，只有都督令史张静见司马懿不同意移营，便想自己悄悄搬。只可惜他还没来得及移营就被司马懿知道了，司马懿二话不说就将他砍了，然后拿着他的头在军中展示，这下魏军众将再也不敢提移营这事了。

雨越下越大，襄平城里的公孙渊也越来越高兴，在他看来，围城的魏军早晚坚持不住，根本攻不下襄平。因为水位较高，公孙渊每天还能派人马出去砍柴、放牧，他们甚至还时不时在城外耀武扬威一番，惹得魏军气愤不已。不少将领忍不住，向司马懿请示："每天城里都有人出来砍柴放牧，实在是太猖獗了，请允许我们率军出击，肯定可以将这些人全部拿下。"司马懿对此的答复依然是："不准出战，违令者斩。"

司马懿这样的表现，就连跟随他已久的司马陈珪都有些看不懂了，他忍不住问道："以前攻打上庸的时候，我们八路大军同时出发，昼夜兼程赶到城下，您命令我们日夜不停地攻城，只用了十六天就攻下了上庸，斩杀了孟达。我觉得上次打得就挺好的，您这一次为什么不采用上一次的做法呢？我们本就是劳师远征，现在反而更加安闲迟缓，我实在是有些看不明白了。"

陈珪提到的这次大战发生在太和二年。这一年，诸葛亮第一次北伐，他写信引诱驻守上庸的孟达叛魏附蜀。孟达此前"跳槽"到魏国，很受曹丕赏识，又跟魏国重臣桓阶、夏侯尚关系非常好，日子过得不错。然而后来曹丕、桓阶、夏侯尚三人先后去世，孟达便觉得不安了，怕朝中没人保他，于是诸葛亮的信一到，他就立刻下定决心要再次反叛。因为孟达与当初一起跳槽的老同事魏兴太守申仪不和，申仪知道他打算背叛魏国的消息后，立刻派人将这件事快马报告给了曹叡。若蜀军自上雍东下，对魏国的襄阳、樊城、宛城一线的威胁就实在是太大了，曹叡赶紧让司马懿前去平叛。

司马懿向人们充分展示了什么叫作兵贵神速，孟达原本以为司马懿出兵需要三十多天才能到达，结果他只用了八天时间，就率军狂奔一千二百里，直抵上庸新城之下。因为司马懿来得太快，孟达还没做好准备，在魏军的四面猛攻下，仅仅十六天之后，新城就守不住了。孟达的外甥邓贤和部将李辅见形势不对，便偷偷将孟达砍了，然后带着他的头向司马懿投降。孟达不到一个月就被灭了，诸葛亮大吃一惊，他甚至都还没来得及配合孟达出征。

新城之战可谓是司马懿平生的得意之战，见有人提起这件事，他也乐得解释一番："现在和当初新城的情况大不相同，所以我才使用不同的方法。当初在新城时，孟达的兵力少，但粮食非常多，城里存粮至少可以支撑一年。我军将士远道而来，虽然人数是对方的四倍，但粮食甚至支撑不了一个月。用一个月的粮食去攻打敌人一年的粮食，速度不快怎么行呢？更何况我军数量多，用四个士兵攻打一个敌人，就算是损失一半的人马我们也能攻克，根本不惧怕自身的伤亡。我之所以不顾忌伤亡去强攻新城，就是为了赶在粮食耗尽之前拿下新城。现在情况与当时不同，襄平城里的敌人多，而我军人少；襄平城里没有多少粮食，我军却是粮食充足。更何况现在雨下得这么大，我们连围城都难以做到，又怎么去攻城呢？就算我想速战速决也无计可施。从京城出发以后，我从未担心过敌人的进攻，担心的只不过是敌人会逃跑罢了。如今眼看襄平城里的粮食就快没了，可我们的包围还没有完成，如果派人抢夺他们的牛马，袭击他们的樵夫，公孙渊无法坚守就会弃城而逃。用兵是一种诡诈的行为，必须要善于随机应变。现在敌人自恃人多势众，又以为大雨会让我们坚持不住，所以虽然已经快断粮了，还是不肯出来投降，这时我们必须无所作为才能让他们安心，如果贪图一些小便宜就把他们吓跑的话，实在是得不偿失。"陈珪听后佩服万分。

看着连绵的大雨，魏国不少大臣也坐不住了，当初于禁的教训实在是太惨烈了，让很多人记忆犹新，他们忍不住纷纷劝曹叡赶快下诏，让司马懿先行退兵。只有曹叡自己对此深有信心，他只告诉大臣们："司马懿有能力控制一切变故，你们只管放心等着看活捉公孙渊就行了。"司马懿也没有辜负曹叡的信任，雨停之后，他立刻让军队准备攻城作战，不仅在城外堆起土山，挖掘地道，又用云梯、橹车、钩梯、冲车等攻城器械对襄平发起了猛烈的攻击。箭矢和落石如雨而下，对襄平的守军来说简直如同世界末日一般，他们死伤惨重，渐渐连城墙都不敢上去了。更糟糕的是城里的粮食本就快没了，出城的道路一断，很快就彻底断粮了，后来竟然发生了人吃人的惨剧。

在这种情况下，襄平城的防守越来越困难，公孙渊手下的大将杨祚也带人出城投降了司马懿。杨祚的投降几乎是压垮公孙渊的最后一根稻草，他再也没有信心坚守下去了，只好派相国王建、御史大夫柳甫出城，请求魏军先行解围退兵，并且表示，只要司马懿肯退兵，他们君臣立马自缚出降。这种缓兵之计显然是骗不过司马懿的，他二话不说就将王建和柳甫砍了，然后回了一封信给公孙渊："春秋时期，楚国和郑国地位相当，郑襄公要投降时尚且肉袒牵羊出城迎接，我现在可是天子派来的大臣，王建等人居然跑出来让我退兵，这未免也太失礼了，两个老糊涂言语失当，已经被我砍了，如果你真有投降的意思，那还是改派年轻又能做出决断的人来谈判吧。"

公孙渊还能有什么办法，他只得再派侍中卫演前去求和，希望约定一个投降日期，然后他送出人质，司马懿则就此退兵。司马懿哪会这么容易就答应公孙渊，他立刻回复卫演："军事大要总共有五条，能战则战，不能战就应该坚守，不能坚守就应该逃走。剩下的两条路，就只有投降和死了。公孙渊不肯亲自出来请降，那肯定就是决心去死了。既然已经选了死路，还提什么派送人质呢？"接到卫演的回报后，公孙渊才知道自己被司马懿耍了，但他知道出去投降也免不了一死，只得硬着头皮继续坚守。

不久以后襄平城就被攻破了，公孙渊只得跟儿子公孙脩带着几百名亲信骑兵弃城从东南面逃跑，结果逃到梁水边上就被魏军追上，两人都被当场斩杀。公孙渊死后，司马懿立刻率军开入了襄平城内，他杀死城中公卿以下官吏及士兵七千多人，然后将尸体埋在一起，修筑成一座大坟，就此班师而回。至此，辽东、带方、乐浪、玄菟四郡全部平定。

公孙渊死后，辽东公孙氏就只剩下不能生育的公孙恭和被公孙渊派去洛阳做人质的哥哥公孙晃。虽然公孙晃曾多次举报公孙渊谋反，但曹叡为了一举控制辽东，没有听高柔的建议，依旧将公孙晃处死，辽东就此彻底被纳入魏国的版图。

寿春风云，淮南三叛

正始十年（249 年），司马懿借着大将军曹爽陪曹芳离开洛阳前往高平陵（位于今河南汝阳县茹店村霸陵山下）祭拜魏明帝曹叡的机会，联合太尉蒋济等人发动政变，一举夺取了朝政大权，这就是高平陵之变。此后，司马氏掌控了魏国，他们开始不断诛杀曹氏宗亲、勋贵，为自己篡权打下基础。而忠于曹氏的魏国大臣们，也掀起了一次又一次反抗司马氏的斗争。

曹爽被诛杀以后，时任车骑将军、开府仪同三司、都督扬州诸军事的王凌对此非常不满，司马懿对他也非常忌惮，特意将他提升为司空以图暂时稳住他，然而王凌却早已经计划要对付司马懿了。当时王凌的外甥令狐愚正担任兖州刺史，率军驻扎在平阿（今安徽怀远县），甥舅两人都掌握着重兵，负责魏国在淮南一线的防御。王凌找来令狐愚商量怎么推翻司马懿，两人都觉得是因为魏帝曹芳太过无能，才让司马懿掌握了大权，他们便决定废掉曹芳，重新拥立一个人做皇帝。至于人选，他们也想好了，就是曹操的儿子楚王曹彪。他们听说曹彪这个人智勇双全，正是做皇帝最合适的人选。商量好之后，令狐愚就派他手下一个叫张式的将领亲自到白马县联合曹彪，商量大家找机会一起反叛。王凌又派人去洛阳，将这个消息告诉了他的儿子王广。王广一直在洛阳，此前经历过高平陵之变，他觉得司马懿这个人本事很大，反叛没有什么成功的把握，就再三劝说王凌，只可惜王凌根本听不进去。策划叛乱没多久，令狐愚就得病死了，王凌只好暂时收起了叛乱之心。

嘉平三年（251 年），吴国忽然大举出兵，攻占了涂水地区。王凌得到消息后大喜过望，他心知时机到了，暗地里调集整顿各路大军。至于对外，他则表示要讨伐吴军，并上书请求朝廷答应。这时候掌握朝廷大权的是司马懿，他对王凌早有戒心，当然不可能答应。王凌也不管那么多，朝廷不答应他也照样整军备战。可王凌犯了一个严重的错误，把自己彻底送上了不归路。他为了防止叛乱时兖州扯自己后腿，就派了将军杨弘去兖州把自己想废立皇帝一事告知了兖州刺史。此时的兖州刺史可不是他的外甥令狐愚了，而是一个叫黄华的人。黄华显然不想跟着王凌一起干，他直接跟杨弘一起把王凌谋反的事情告诉了司马懿。

司马懿得到消息后大吃一惊，赶紧率领大军乘船从水路南下以讨伐王凌。为了麻痹王凌，司马懿一面下达赦令赦免王凌反叛之罪，一面写信劝他投降。王凌不知道司马懿已经在路上，将赦令、劝降书全部当成了耳旁风。等司马懿率领大军忽然杀到百尺堰（今河南沈丘县西北）时，王凌大惊失色，他连军队都还没有集结完成。这下王凌知道大势已去，只好独自一人乘船前去迎接司马懿，并派属官王彧携带他的印信、符节等前往谢罪。

等司马懿到达丘头（又名武丘，在今河南沈丘县颖水北岸）时，王凌便自缚前来请罪。司马懿为了防止王凌狗急跳墙，还假惺惺地按照之前的赦令，让人给王凌松绑。一时间竟然让王凌产生了错觉，认为司马懿还顾念着以前的交情愿意放自己一马，划着船就想靠近司马懿的大船，结果在隔了十多丈的地方就被司马懿派人拦了下来。王凌知道司马懿是因为自己有罪，不愿意让自己接近，只好遥遥喊道："仲达就算随便写一封信让我前来，我也不敢不来，真没想到你还亲自率军来了。"司马懿一听就笑了："我率领大军前来，还不是因为你不是随便写信就能招来的人。"王凌自然也明白他的意思，只得叹息一声："你到底是辜负了我的期待。"司马懿回道："我宁愿辜负你，也不能辜负国家。"交谈完之后，司马懿便派了六百名步骑兵送王凌前往洛阳。因为不知道司马懿到底是不是真的要处死自己，王凌还玩了个手段，他故意找司马懿要一些钉棺材用的钉子。没想到司马懿真的派人送来了钉子，王凌明白自己难逃一死，走到项县（今河南沈丘县）时就服毒自杀了。

王凌死后，司马懿乘机将王凌、令狐愚三族一起诛灭，楚王曹彪也被勒令自杀。据说王凌走到项县时，刚好看到路边有一座贾逵庙，他便对着庙大声呼喊："贾梁道，我王凌是忠于魏国社稷的人，你如果有在天之灵，肯定是知道的。"贾逵是魏国著名的忠臣，他临死前还在叹息："我深受国家厚恩，唯一痛恨的是自己不能斩下孙权的首级，有什么脸面去见先帝啊！"大概真的是被王凌诅咒了，没过几个月，司马懿梦见贾逵和王凌的鬼魂来找自己算账，结果一病不起，很快就去世了。司马懿死后，他的儿子司马师掌控了朝政大权，他很快也要面临魏国旧臣的挑战。

太常夏侯玄因为与曹爽是亲戚关系，一直被司马氏晾在一边，内心对此万分不满，正元元年（254 年），夏侯玄联合中书令李丰以及对司马氏同样不满的国丈张缉等人一起密谋，想夺取司马氏的权力。原本他们是想趁着司马师去朝见曹芳的机会，暗中埋伏士兵诛杀司马师，没想到的是，在他们行动之前，司马师竟然从李丰身上看出了端倪，一番审问之下才知道这几个人是想谋害自己。他愤怒之下立刻灭了夏侯玄、李丰、张缉等人三族。魏帝曹芳非常不满司马师的血腥行为，司马师索性以荒淫无度为理由，将曹芳废为齐王，另立高贵乡公曹髦为帝。

这一场宫廷政变虽然并没有影响到司马师，却把扬州刺史文钦和镇东将军毌丘俭两人给吓坏了。两人之所以害怕，不过是因为与两人关系密切的人都跟司马家不对付。文钦为人骁勇，刚好他又是谯郡人，与曹氏算得上是老乡。因为这一层关系，曹爽做大将军时就非常器重他，对他屡加提拔。文钦也自恃是曹爽的人，平日里经常欺辱别人。后来高平陵之变曹爽被杀，文钦心里十分惶恐。而且文钦这个人喜欢虚报斩首俘虏人数来邀功请赏，司马师经常针对他，文钦对此怨念颇深。

毌丘俭与文钦差不多，他本就是夏侯玄和李丰的好友，结果看到自己的两位好友都被灭了三族，心里非常害怕会牵连自己。更何况早在魏明帝曹叡还是太子时，毌丘俭就已经是他的旧部了，在魏明帝时期也深受重用。这时看到魏明帝的养子曹芳都被废了，心头哪还忍得住。毌丘俭的儿子治书侍御史毌丘甸对他说：“父亲现在为国家镇守一方，如果国家都已经灭亡了，您仍然安然无恙地镇守，那肯定会被天下人责难。”毌丘俭也赞同儿子的说法，他暗暗下定决心要为朝廷诛除司马氏。刚好当时毌丘俭和文钦两人都在寿春镇守，毌丘俭便有意拉拢文钦，经常送给他丰厚的礼物。一来二去，文钦对毌丘俭感恩戴德，再加上两人都与司马氏有矛盾，可以说是一拍即合，立刻就打定主意要起兵收拾司马师。

正元二年（255年）正月，毌丘俭、文钦假称受了郭太后的诏书，正式在寿春起兵勤王，他们同时向各州郡发出檄文号召天下人共同讨伐司马师，并且向朝廷上书道：“相国司马懿为人忠正，为国家立下了许多功劳，应该宽恕他的后人，我们只请求废掉司马师的官职，让他以侯爵的身份退居家中，让他弟弟司马昭代替他。太尉司马孚尽忠尽孝，护军司马望忠心耿耿，他们都应该得到重用，请授予他们重要的职务。”毌丘俭想用这样的诏书分化司马氏一家，只可惜没有成功，哪怕是司马师的弟弟司马昭也没有乘机夺权的打算。外围的其他各州也无人响应。毌丘俭曾派使者前去邀请镇南将军诸葛诞和兖州刺史邓艾一起讨伐司马师，结果两人不但杀掉了使者，还跟着司马师一起讨伐毌丘俭等人。

虽然外围没有帮手，毌丘俭和文钦还是带着淮南的六万大军出发了，他们一路向西到达项县，然后留毌丘俭率军驻守城内，文钦则率军在外游走。接到毌丘俭等人起兵的消息后，司马师大吃一惊，他赶紧询问河南尹王肃应该如何破敌。王肃对此胸有成竹，他认为："关羽以前威震华夏，但因为孙权袭占荆州，控制了荆州军的家小，结果很快就土崩瓦解。淮南军中众将士的家属全在内地各州县，只要派士兵控制这些家属，淮南军要是攻不进来，时间一长，肯定会土崩瓦解。"

当时司马师刚刚割掉眼部肿瘤，还没有痊愈，很多人都认为他不应该亲自率军平叛，只需要派遣太尉司马孚等人前往就足够了。但司马师知道这是关键时刻，不能坐视毌丘俭等人做大，他不顾王肃、傅嘏（gǔ）、钟会等人的劝说，毅然带病上路了。大军刚刚出发，光禄勋郑袤便建议道："毌丘俭善于谋划而不能通达事情，文钦虽然勇猛但没有谋略，如今我们大军出其不意发动进攻，江淮士兵虽然精锐，但势必不能持久，可以深沟高垒挫折敌人的锐气，这就是以前周亚夫击破七国之乱的计策。"司马师大喜，他率军进驻到隐桥［氵（shuǐ）隐水，自郾城县流入境，至县东二十里而合颍水，上有氵隐桥。郾城县，今河南郾城县古城］附近后便深沟高垒坚守不出。他刚到没几天，毌丘俭手下的将领——史招、李续就带人前来投降。司马师大喜，觉得自己坚守不出的计策果然正确。

统率前部军队的荆州刺史王基却不这么看，他认为一味坚守不出没什么用，还是需要主动出击，向前推进到敌人所必取之地，才能够完全阻挡敌人。这个所谓的必取之地，王基也已经找好了，就是南顿县（今河南项城市南顿镇）。只可惜司马师觉得坚守不动才是对的，死活不肯让王基前往。最后在王基的反复劝说下，他才勉强同意。王基抢占南顿正是时候，当时毌丘俭等人本来也打算来抢南顿，已经走了十多里路了，才听说王基已经提前占了，他们只好再次退回项县。

就在这时，南面的吴国也闻风而动，丞相孙峻打算趁火打劫，率领骠骑将军吕据、左将军留赞等人一起北上，想一举夺下寿春。司马师面对内外压力，依旧不慌不忙，只命令各军严加防守，以等待东面的部队前来会师。司马师不急，可把魏军众将急坏了，他们害怕吴国抢占了寿春，纷纷请求司马师赶快进军攻打项县。司马师不同意，他解释道："诸位只知其一不知其二，淮南众将士根本就没有反叛之心，毌丘俭、文钦为了让他们一起反叛，声称起兵后远近州县必定会群起响应。然而事实上，他们起兵后淮北地区不光没有响应，就连史招、李续都主动投降了。我敢断言，在这种内部离心、外部背叛的情况下，他们必败无疑。正所谓困兽犹斗，速战速决正符合他们的心意，虽然这样我们也能够取胜，但必定损失惨重。更何况毌丘俭本来是欺骗淮南众将士的，只要我们多与他相持一段时间，他的骗局必定会被察觉，这就是不战而胜的道理。"众将听后大为信服。

不久后，司马师派遣诸葛诞率领豫州各军从安风（今安徽霍邱县西南）向寿春推进，征东将军胡遵督领青州、徐州各军进驻到谯郡、睢阳一线，以断绝叛军的退路，他自己则率军驻扎在汝阳。毌丘俭和文钦想前进没法前进，想后退又怕寿春遭到袭击，根本不知道怎么办。果然跟司马师想的一样，时间一长，淮南众将士不愿意再打下去了，他们的家都在北方，哪敢冒着家人被杀的风险继续叛乱，于是纷纷向朝廷投降。毌丘俭手中剩下的只有淮南附近新归附的农民，这样的部队战斗力可想而知。

随着时间的推移，邓艾率领一万多名兖州士兵从东面赶到，他一路昼夜兼程抢先到达乐嘉城（今河南商水县东），然后架起浮桥等待司马师大军到来。毌丘俭当然不能坐看司马师渡河，他赶紧让文钦率军前去攻击乐嘉城。只可惜文钦不知道的是，司马师已经先一步赶到了乐嘉城。文钦到达后，发现司马师大军已到，一时间慌乱无措。

当时文钦十八岁的儿子文鸯正在军中，他年龄虽小，但勇猛过人，他建议道："我们不如趁他们立足未稳，忽然出击，打他们个措手不及。我率军在前突击，请父亲率军在后接应。"文钦也没别的办法，只好答应下来。

当天夜里，文鸯当先率军发起了进攻。面对突袭，城里的军队一下子慌了神，司马师刚做完手术的那只眼睛都急得掉了出来，然而他不敢声张，只得一面咬着被子忍痛，一面指挥大军防守。文鸯等了很久也没有等到文钦的接应部队，天色渐亮，敌人也越来越多，他只能率军先行撤退。文鸯一走，司马师立刻便让全军追击，没想到诸将竟然被吓破了胆，不敢追击，他们认为："文钦父子骁勇异常，他们明明占了上风，又没有受到任何挫折，为什么要忽然撤退呢？只怕是有诈。"司马师一听就火了："能有什么诈？正所谓，一鼓作气，再而衰，三而竭。文鸯打了一整夜，又没有援兵，士气早已受挫，不撤退留着等死吗？"众将这才反应过来，赶紧率军前去追击。

敌人的追击在文鸯的预料之中，他告诉父亲："敌人肯定要追上来的，如果不先挫了他们的威势，我们根本走不了。"说完他就带着十几个骑兵重新杀入魏军阵中，冲杀一阵之后才带人向东撤退。不久，司马师派遣的左长史司马班带着八千精锐骑兵追了上来，文鸯再次单枪匹马杀入敌阵，斩杀了一百多人后突围而走。就这么反复六七次之后，追赶的骑兵再也不敢追了。

毌丘俭听说文钦败退后，只得连夜逃走。等文钦回到项县时，早已经空无一人了，他孤立无援，想回寿春，但寿春已经被攻破了，无奈之下他只能带着人投奔吴国。这次出征的魏军中有一个叫尹大目的人，他本是曹氏的家奴，心里也向着曹氏，他知道司马师的眼睛掉了出来，只怕活不长了，便劝司马师："文钦本是你的心腹，只不过受了毌丘俭的蒙骗而已，他是天子的同乡，与我也是旧识，我想前去劝他归降。"司马师也没想杀文钦，便同意了。尹大目之所以追赶文钦，是想让他回来，等司马师死后再一起共图大事。然而尹大目不敢明说，只是让文钦多忍几天。文钦根本没听懂，再加上王凌此前的遭遇，他哪还敢投降，坚持一路向南投奔孙峻。

毌丘俭一路败退后，没法再回寿春，只得向北逃窜。走到慎县（治今安徽颍上县江口镇）时，他身边的人都跑光了，他只能躲在水边的草丛里希望可以逃过一劫，结果却被安风津的百姓张属杀掉。孙峻接受文钦父子后，本来还想继续进军，但诸葛诞已经抢先一步进入了寿春，他无奈之下只得退兵而回。不久后，司马师便将诸葛诞任命为镇东大将军、仪同三司，监管扬州诸军事，坐镇寿春，他自己却因为眼睛问题很快去世了。司马师死后，由他的弟弟司马昭掌权。

　　毌丘俭的死，并没有让淮南从此太平，很快就又有人跳出来闹事了，这一回闹事的不是别人，正是诸葛诞。诸葛诞可谓是司马家的头号打手，无论是王凌叛乱还是毌丘俭叛乱，都能找到他的身影。然而坐镇寿春以后，诸葛诞害怕了，毕竟前面两任都不得好死，他又和夏侯玄等人关系密切。于是诸葛诞开始拿出官府的钱财赈济施舍，又赦免犯罪之人，想借此来收买人心。他还暗中蓄养了几千名扬州轻锐侠客当作死士。甘露元年（256 年），诸葛诞借口吴国要来进攻，向朝廷请求率领十万人到寿春镇守，又要求在淮水边上修筑一座新城，以防备吴国的进攻。原本司马昭对诸葛诞没什么疑心，只可惜诸葛诞得罪了贾充，让一切变得一发不可收拾。

　　贾充就是贾逵的儿子，虽然父亲是曹魏的忠臣，但贾充本人却是司马氏的死党。贾充奉命到淮南替司马昭慰劳将士，顺便观察一下诸葛诞。见到诸葛诞后，贾充就问他："现在洛阳的诸位贤达，都希望能够进行禅让之制，你觉得怎么样呢？"诸葛诞听后脸色大变："你不是贾豫州的儿子吗？怎么能说出这种话呢？如果洛阳真的发生变故，我愿意为国家而死。"贾充被说得尴尬不已，回去后告诉司马昭，诸葛诞必定会反叛，建议征召他来洛阳，逼他反叛。司马昭听从了贾充的建议，立刻将诸葛诞召到洛阳担任司空。

　　诸葛诞当然不肯前往洛阳，那就只能反叛了，他还不知道是贾充搞的鬼，以为是扬州刺史乐綝（chēn）干的，便索性干掉了乐綝，然后聚集淮南淮北各郡县屯田的十多万官兵，以及扬州地区新招募的四五万士兵一起反叛，又在城中囤积了足够食用一年的粮食，做好了长期守城的准备。光靠这样当然还是不能抵挡司马昭，诸葛诞又派长史吴纲带着他的小儿子诸葛靓（jìng）

到吴国，向孙亮称臣，并请求吴国派遣援兵。孙亮大喜过望，不但将诸葛诞封为左都护、假节钺、大司徒、骠骑将军、青州牧、寿春侯，还派将军全怿、全端、唐咨、王祚率领三万大军，与淮南旧人文钦父子一起前去支援诸葛诞。

另一边，对诸葛诞反叛早有准备的司马昭也集结大军出发了，他率领二十六万大军驻扎到丘头，又封镇南将军王基为镇东将军，让他与安东将军陈骞一起率军围攻寿春。王基终究是晚了一步，文钦等人已经提前杀入了城中。司马昭只好让王基率军坚守壁垒，不与敌人交战。

正好在这时，吴国派遣朱异率领三万军队进攻安丰（今河南固始县东南），想在外围接应文钦等人，司马昭就想将王基调到北山，据守险要之地，以应对吴军的进攻。王基却不同意，他认为："我们已经包围了寿春，就应该继续包围下去，如果现在转移兵力，只能使敌人更加猖獗，最好还是继续围困敌人。"司马昭同意了他的请求，让他继续带人四面包围寿春。王基等人在外围掘深沟筑高垒，逐渐形成了内外两层包围圈，防御工事异常牢固，城里的文钦等人多次突围，但都被一一击退，只好在城内坐等援兵。

只可惜吴国的援兵进展也不顺利，司马昭早已经派遣奋武将军石苞率领兖州刺史州泰、徐州刺史胡质等人率领精锐士兵在外围阻挡援兵。朱异所部前进到阳渊（一作阳湖，今安徽长丰县南、霍邱县东北），便遇到了早已经等待在此的州泰。一场大战下来，吴军大败，朱异丢下了两千多具尸体才狼狈逃脱。眼看进军失败，吴国大将军孙綝再次率领大军北上，一直前进到镬里（今安徽巢湖市西北巢湖畔，镬音 huò）驻扎下来，并派遣朱异率领丁奉、黎斐等五位将军前往寿春解围。

为了快速解围，朱异把粮草辎重全部留在了都陆（今安徽寿县东南），自己率领大军轻装前进，一路直达寿春外围。然而面对着寿春外围石苞、州泰等人的防守，朱异始终无法突破。而就在这时，朱异的后方起了火，泰山太守胡烈忽然率领着五千军队偷袭了都陆，将朱异所部的粮食物资一把火全烧了。没有粮草的朱异等人再也支撑不住了，再度被石苞、州泰击败。朱异率领残部，靠着吃葛叶才勉强逃回了镬里。

孙綝当然不甘心就这么失败，他严令朱异继续率军出击，一定要击破魏军。朱异没有粮食，怎么可能击败魏军，他便以缺乏粮食为理由，劝孙綝暂不进军。朱异原本是正常地请求，没想到孙綝却愤怒异常，他认为朱异不听从自己命令，干脆就把朱异杀了。朱异是东吴名将，他这一死，吴军士气大受打击，再也没有力气北上了，孙綝无奈之下只得带人退回了建业。

困守在寿春城里的诸葛诞等人还不知道外援已经没了，还在城内指望着吴军的救援。司马昭也玩了个手段，他偷偷让人到处散播消息，声称："吴国的救兵快要到了，魏国大军现在缺粮，要分派一部分病弱的士兵到淮北去，看形势，已经包围不了多久了。"诸葛诞等人得到消息后放下心来，安心在城里坚守。随着时间的推移，城里的粮食已经快没了，可救兵连影子都没看到。到了这时，诸葛诞等人才知道上当了，也知道吴国援兵已经退了，当务之急是他们如何才能脱困。

诸葛诞手下的心腹将领蒋班、焦彝等人建议："朱异等人率领大军前来，但不能解围。现在孙綝已经杀掉朱异返回了江东，虽然名义上说是要回去聚集大军再来救援，但实际上不过是要坐观成败罢了。不如趁着现在人心还算稳定，士卒也愿意效力，我们集中力量拼死攻打城外的一面，肯定可以突围。到那时就算不能获胜，也能保全部队的实力，总比在城里坐着等死强得多，现在这样是没有一点出路的。"

没想到文钦却不同意："你如今率领十多万将士归附吴国，我和全端等人都与你一起在城里，就算孙綝不想来救援，陛下和全端他们的亲戚又怎么肯听他的呢？更何况魏国没有哪一年是太平无事的，现在军民都很疲惫，他们已经包围一年了，内乱估计也快发生了，我们为什么要冒这个险呢？"诸葛诞一听，觉得文钦说的更有道理，就答应继续守城。蒋班和焦彝本来还想再劝，但文钦对此恼怒不已，他让诸葛诞将这两人杀掉。蒋班和焦彝又怒又怕，干脆翻城出去投降了魏军。

文钦之所以认为吴国肯定会来救援，主要是因为全怿也在城里。全怿的身份可不一般，他不但出身于江东大族全氏，他的母亲还是孙权的女儿孙鲁班，也就是孙亮的姐姐全公主。全公主当然不会坐看自己儿子战死。文钦认为，他们必定会派兵来救全怿。只可惜文钦没有料到，他这张底牌很快也不灵了。全怿的侄子全祎、全仪原本是在建业，这时刚好因为和家里人闹了矛盾，一怒之下带着母亲和部下几十家人北上投奔魏国。

看到这帮前来投奔的全氏子弟，钟会计上心头，他告诉司马昭："如今全怿和侄子全靖、全端的弟弟全翩、全缉都在寿春城里，我们不如让全祎他们写信到城里，告诉全怿等人全家已经完蛋了，他们因为害怕肯定会出来投降。"司马昭大喜，立刻依计而行，他找人写了信，然后让全祎、全仪身边的亲信将信送入城里，并告诉全怿等人："吴国因为恼怒你们不能击败包围寿春的敌人，所以想杀光诸将的家属，我们都是从吴国逃出来投奔魏国的。"全怿等人大吃一惊，以为自己家族已经完蛋了，惧怕之下立刻带着手下几千人开城投降了魏国。司马昭大喜，立刻将全怿封为平东将军、临湘侯，全端等人也被授予了官职。

全怿等人的投降，可以说是压垮文钦的最后一根稻草，他自己也没有信心再坚守下去了，眼下唯一能做的便是突围。文钦便劝诸葛诞："我们现在唯一能做的只有突围了，蒋班、焦彝肯定认为我们不会出城跑路，全端、全怿又已经率领军队投降了，司马昭肯定认为以我们的力量难以突围，眼下正是敌人防备最弱的时候，我们正好可以乘机突围。"诸葛诞和唐咨等人也认为有道理，就开始大肆准备进攻的器械，连续五六天猛攻寿春南面，希望能够打通一条出去的道路。然而魏军早已经在外围构筑起了坚固的防守阵地，他们站在高处不断发射投石、火箭，将诸葛诞等人的进攻器械烧了个干净。箭、石如雨而下，寿春军伤亡惨重，诸葛诞等人不得不再次退回城中。

随着粮食越来越少，出城投降的人越来越多，很快就有几万人选择了翻墙出去投降魏军。眼看这种情况，文钦建议道："眼下城中缺乏粮食，魏国人守城不坚定，他们早晚都会出去投降，不如我们将北方人全部放出城去，只留下吴国人在城里坚守。这样一来可以节省粮食，也能让大家团结一心坚守城池。"没想到诸葛诞不但不同意，反而怀疑文钦想乘机暗算自己。所谓的北方人都是诸葛诞的部下，这些人一放走，他差不多就等于光杆司令了，诸葛诞怎么可能同意。更何况诸葛诞和文钦两人本来就有过节，只不过因为要对付司马昭才暂时在一起罢了。回去之后诸葛诞越想越害怕，干脆趁着文钦来找自己商量事情的机会，暗中设下埋伏将文钦杀了。

文钦的儿子文鸯、文虎当时正率领军队驻扎在城头，他们得到父亲被杀的消息后，立刻就要率领本部人马前去杀了诸葛诞，然而他们手下也都是吴军将士，并不愿意与诸葛诞对抗。文鸯、文虎无奈之下只得翻城出去投降了司马昭。文钦本就是因为反抗司马家才被迫逃到吴国去的，文鸯更算得上害死司马师的罪魁祸首，他们俩一到魏营，众将都要求将他们俩砍了。只有司马昭不同意，他认为："文钦罪该万死，他的儿子本来也应该诛杀。但文鸯、文虎是在走投无路的情况下才出城投降的，现在城还没有破，一旦杀了他们，只会让城里的士兵感觉没有出路而更加拼死坚守。"于是他不但赦免了文鸯和文虎，还让他们带着几百个骑兵绕着寿春巡行，一边走一边高喊："文钦的儿子都没被杀，你们还害怕什么呢？赶快出城投降吧！"

随后司马昭又将文鸯和文虎任命为将军，并赐爵关内侯，城里的人听说之后都争相出城投降。此时城里的粮食越来越少，还在城内的人也已经没有再坚守下去的心思了。不久后，司马昭亲自进入了包围圈，结果城头的士兵连箭都不放了，司马昭知道进攻的时候到了，便下令让魏军从四面八方发起了总攻。早已经疲惫不堪的守军哪还抵挡得住，很快寿春就失陷了。诸葛诞看到城已被破，立刻单枪匹马带着手下想突围逃走，但已经太晚了，他根本逃不出去，很快就被司马胡奋手下的士兵斩杀，落得个夷灭三族的下场。

诸葛诞虽然死了，但因为他很得军心，部下被俘的几百人都不肯投降，于是全部被魏军斩杀。吴军这边却没这么有骨气，唐咨、王祚等人都选择了投降，只有于诠不肯投降，他认为："大丈夫受命于君主，本来是带兵前来救人，现在既没能取胜，还做了敌人的俘虏，实在是可耻。"他说完之后就脱去盔甲冲入魏军阵中，力战身亡。寿春城破以后，光俘虏的吴军士兵就有一万多人，缴获的武器更是堆积如山，司马昭可谓是大获全胜。

平定诸葛诞后，司马昭不但彻底控制了淮南，还对吴国造成了沉重的打击。平定淮南三叛以后，亲附曹氏的势力基本再也无力反抗，司马家朝着君临天下的宏愿迈出了一大步。

孤胆雄心，九伐中原

五丈原之战后，因为诸葛亮的去世，僻处西面的蜀国一度丧失了北伐的实力，只能偏安一隅，坐看魏国和吴国打生打死。然而对蜀国而言，不能进取就意味着坐以待毙，而唯一的出路就是继续北伐。诸葛亮死后，北伐的重任就落到了姜维的身上。

姜维，字伯约，天水冀城人，他从小孤苦，是靠着母亲养大的。姜维原本是天水郡的小官，诸葛亮第一次北伐时他才投降了蜀国。姜维到蜀国以后，立刻就被任命为仓曹掾、奉义将军、当阳亭侯，诸葛亮不但称之为"凉州上士"，还认为他通晓兵法而又心系汉室，所以大加培养。到大司马蒋琬掌权时，姜维便多次以司马的身份率领偏师袭扰魏国边境。蒋琬死后，费祎掌握了大权，他虽然支持姜维北伐，但不愿意给很多兵马。

姜维一向认为自己熟悉凉州风俗，也觉得自己文武双全，可以引诱西北的羌人、胡人为己所用，然后逐渐占据陇山以西的地盘，所以经常想率领大军北伐。费祎却不这么看，费祎认为："我们的能力比诸葛丞相差远了，诸葛丞相都无法克复中原，我们就更没有这个本事了，还不如保境安民，守好现在的地盘。若是逞一时英雄，心存侥幸妄图一战成功，一旦出了差错，想后悔都来不及了。"所以每次姜维请兵，他也就只肯给几千或者万余人。在这种艰难的条件下，姜维开始了自己的北伐行动。

蜀延熙十年，也即魏正始八年（247年），雍州、凉州一带的羌人、胡人发生叛乱，他们因为自己的力量不足以对付魏国，便向蜀国请求援兵。一心北伐的姜维当然不可能错过这次机会，他率领大军沿着祁山道再次兵出陇右，开始了第一次独自北伐。姜维到达陇右以后，胡人首领白虎文、治无戴等人便立刻率领部落投降了姜维，一时间陇右大震。魏国在得知雍州、凉州两地羌胡背叛之后，也派出雍州刺史郭淮、讨蜀护军夏侯霸率军前往平叛。双方最终在洮西一带相遇，大战一场之后，姜维兵力弱小，无力击破魏军，只得将白虎文、治无戴等人的部落带回蜀国境内安置，就此退兵而回。姜维一退，郭淮便对羌胡余党发起了进攻，很快就平定了叛乱。

蜀延熙十二年，也即魏嘉平元年（249年）秋，因为发生了高平陵之变，魏国局势不稳，就连夏侯霸这种长期坐镇关中的大将都被迫投降了蜀国。姜维认为北伐的时机已经成熟，便发动了第二次北伐。这一次姜维选择的目标不再是遥远的陇右，兵锋直指雍州。姜维出汉中以后，首先依靠着麴山修建了两座小城，让牙门将句安、李歆等人驻守，然后聚集羌人、胡人做人质，带着他们一起威逼雍州各郡，自己则率军退回了汉中。

随着魏国西线再次拉响警报，司马懿便派征西将军郭淮和雍州刺史陈泰两人前去抵御。陈泰向郭淮建议道："姜维修筑的小城虽然坚固，但远离蜀国本土，距离汉中也是路途遥远而且道路难行，要运送粮食物资更是难上加难。当地羌人因为害怕蜀国的劳役繁重，肯定不肯归附姜维，如此一来麴山两城就等于是孤城。我们只需要率军将麴山两城重重围困起来，根本不用进攻，等到他们粮食耗尽，自然会投降。姜维虽然可能会率军前来救援，但道路难行，前进缓慢，也起不到什么作用。"

郭淮一听也觉得是这个道理，既然陈泰提了主意，他索性就让陈泰带着讨蜀护军徐质、南安太守邓艾两人前去包围麴山两城。陈泰到达麴山后，立刻切断了两城周围的所有道路和城外的水源。这下句安等人坐不住了，他们不能坐以待毙啊，于是出城找魏军决战。只可惜陈泰打定了主意要困死他们，死活不肯出战。句安等人没办法，只得撤回城里等死。在陈泰等人的包围之下，城里很快就只能靠着按名额分配粮食度日了，而且因为没有水源，只能靠聚集起来的雪水生活。姜维当然不可能看着句安等人受困，他已经带着大军从汉中赶来了。

陈泰对此早有准备，他也率军在牛头山（今甘肃岷县东）一线阻挡姜维。看到姜维之后，众将纷纷建议："姜维劳师远来，我军以逸待劳，正好可以一举将他们击破，请将军下令，让我等出营生擒姜维。"陈泰却不同意，他摇了摇头道："用兵之道贵在不战而屈人之兵，我们只需扼守牛头山，再派人去截断姜维的退路，他自然就是笼中之鸟，何必与他交战呢？各军听我命令，此战全军务必坚守营垒，不可出营交战，违令者斩。"至于去截断退路的兵马，陈泰想到的是郭淮所部，他立刻将消息报告给了郭淮。郭淮得到消息后大喜，立刻率军渡过洮水，向着牛头山方向进发。

姜维也不是一般人，当然不可能坐以待毙，他一听说郭淮过来的方向就知道对方是想断绝自己的退路，赶紧带着军队先一步撤退。姜维一走，句安等人就坚持不住了，他们只好打开城门向陈泰投降。打下麴山两城后，郭淮想带着部队继续向西，将投降姜维的羌人各部全部灭了。他的命令刚下达，就有人出来反对："将军万万不可把军队全部带走，否则只怕大事去矣。"郭淮大吃一惊，连忙看向说话的人，见是南安太守邓艾。

邓艾，字士载，本是义阳棘阳人，很小的时候父亲就死了。曹操攻取荆州时，强行迁徙当地百姓到北方，邓艾就是在这时被迁到了汝南，以给当地人放牛为生。他十二岁跟母亲前往颍川生活时，无意间看到了陈寔当初留下的碑文。碑文上面有"文为世范，行为士则"这句话，邓艾读后大受感触，不但立志要努力学习，按照这样做人，还将自己的名字改成了邓范，字士则。虽然后来因为同族中有人叫邓范，邓艾选择了改名，但这句话他始终记在心头。通过努力读书，邓艾长大后便因为才学被推荐为典农都尉学士。这对邓艾来说，无疑是一个非常好的差事，然而典农都尉觉得他口吃，认为他没法做这种差事，就打发他去做了一个看守稻草的小吏。

虽然地位低下，但邓艾却非常喜欢军事，每次看到高山大川都要去勘察地形，规划设置军营的地方。为此当时很多人都嘲笑邓艾，觉得他是吃饱了没事干，邓艾对此毫不在意，依然坚持自己的军事学习。后来邓艾终于做到了典农功曹的职位。也正是这个职位，给他带来了飞黄腾达的机会。

有一次去洛阳汇报工作时，邓艾与当时的太尉司马懿见了面。司马懿看出了邓艾的才干，立刻征召他为太尉府的僚属。为了对付吴国，魏国便计划在淮南一带广泛屯田，以囤积粮食。邓艾奉命前往淮南探查，他回来后写了一篇《济河论》，将淮南哪些地方适合屯田，以及屯田带来的好处说得明明白白。正是因为邓艾的屯田主张，江淮地区的粮食储备量直线上升，水灾也没有了，邓艾也因此被调任南安太守。

且说郭淮听到邓艾忽然说出这种话，不由得问道："士载为什么这样说呢？"邓艾解释道："姜维这个人深谙兵法，不能以常理揣度。他虽然刚刚撤退，但很有可能杀一个回马枪。我觉得应该让各部军队分开驻守，以防止敌军再次杀来。"郭淮觉得有些道理，就将邓艾留下来，让他率军驻扎在白水北面。还真让邓艾猜对了，仅仅过了三天，姜维就派蜀将廖化杀回来了。廖化没想到居然还有魏军留着没走，便率军在白水南面驻扎下来。

邓艾一看廖化这阵势，就知道姜维想干什么了，他告诉众将："姜维现在忽然返回，我们人少，按理说他应该全军出击，直接抢渡才对，结果居然只来了廖化这一支人马，而且没有搭建浮桥的意思，我敢断言，廖化所部只是疑兵，姜维是想用他来牵制我们，让我们在这里与廖化对峙，而他本人肯定已经率军从东面袭击洮城（今甘肃临潭西南）去了。"

洮城也在白水北面，但是距离邓艾这里有六十里。当天夜里，邓艾带着兵马星夜兼程赶往洮城。果然如他所料，他刚进城不久，姜维就渡河过来了。

只不过邓艾先一步进了城，姜维无可奈何，只得撤军而回。

蜀延熙十三年，也即魏嘉平二年（250年），借着魏国在东面对付吴国的机会，姜维再次出兵北伐，进攻西平郡。比起前面两次，这一次姜维算得上是小有斩获，他虽然没有攻克西平郡，但击败了魏军一部人马，还俘虏了魏将郭脩。只可惜姜维没料到，自己居然俘虏了一个祸害回来。郭脩被俘后便假装投降蜀国，蜀延熙十六年，也即魏嘉平五年（253年），郭脩借着正月初一蜀军众将在汉寿举行宴会的机会，将费祎刺死在军中。

正好在这一年，魏国在东线失利，姜维便抓住机会再次北伐，以替费祎报仇。这一次没有费祎的阻拦，姜维终于可以自行其是了，他带着几万大军从石营（今甘肃西和县石堡乡）出发，越过董亭（今甘肃武山县南），大举围攻南安郡。这时邓艾早已不在南安太守任上了，根本没有人能够阻挡姜维。雍州刺史陈泰只好亲自率军前来救援，不过他没有和姜维对上，刚走到洛门，姜维就已经因为粮尽退兵了。

蜀延熙十七年，也即魏正元元年，魏国狄道县令李简忽然写信给蜀国，表示自己想投降，希望蜀国能派人前来救援自己。接到消息以后，蜀国内部分化出两种态度，一种认为应该去救，另一种认为不该去救。认为不该去救的原因很简单，就是怕魏国使诈，毕竟此前魏国的文钦就对吴国玩过诈降的手段。最后还是老将张嶷（nì）力排众议，坚持认为李简投降是真的，蜀国这才同意出兵。

尤为难得的是老将张嶷这次竟然请求随同出征，要知道他当时年事已高，还患了风湿，走路都要拄拐杖。很多人都劝张嶷不要前往，然而张嶷没有听从，他上书刘禅："臣蒙受皇恩，无以为报，如今又身患重病，常常担忧哪天就这么死了，那样还怎么报答圣上的厚恩？现在能够为国出征，也是我心中所愿，如果此行能拿下凉州，我愿意担任镇守藩臣，如果失败了，我愿意以死相报。"随后他没有再听从任何人的劝告，便率军跟随姜维一起出发了。作为"无当飞军"的首领，他愿以一死报效国家。

姜维再次率军到达陇西，李简果然按照约定一样开城投降。随后姜维又从狄道出发，相继攻下了河间、临洮。这一年魏国刚刚经历了夏侯玄、李丰事件，司马师又忙着废立天子，东面的毌丘俭、文钦也不老实，所以司马师没能对蜀军做出大规模反击，只是派将军徐质率军前去抵挡蜀军。面对来势汹汹的魏军，老将张嶷没有退缩，他当先率领"无当飞军"与魏军战在一处。最终张嶷果然实现了自己的心愿，战死在沙场之上，他杀的魏军是自身伤亡的数倍。随后姜维赶到，大破徐质所部，魏军只得退走。然而还是老问题，随着冬天的到来，蜀军再次面临补给困难的问题，姜维只得将狄道、河间、临洮三地的百姓一起带回了汉中。

因为前一年在狄道取得了小胜，第二年姜维再次请求趁着魏国因毌丘俭之乱元气大伤的机会，出兵讨伐魏国。征西大将军张翼觉得这出兵实在是太频繁了，便劝道："蜀国国家弱小、人民劳苦，实在不宜这样频繁用兵。"姜维对此毫不理会，依然坚持要出征，张翼无奈之下只得依从。

不久后，姜维再次带着夏侯霸、张翼进驻到枹罕，将兵锋指向狄道。接到姜维出兵的消息后，魏国也进行了战略部署。当时郭淮已经病死了，陈泰担任征西将军负责关中的战事，他让雍州刺史王经率军驻扎在狄道严防蜀军，等他率军到达后，再一起向前进军。

当时陈泰所部还驻扎在陈仓，王经因为手下一些部队在故关（亦作固关，今山西平定县东九十里旧关，为古井陉口）附近与蜀军交战不利，愤怒之下也不顾陈泰的命令，直接率领大军渡过洮水去找姜维的麻烦。结果在洮西一战，王经被杀得大败，只剩下一万多人跑回狄道，其余士兵四散而逃，魏军战死的人数以万计。

这可谓是蜀国北伐历史上难得的大胜了，获胜之后张翼建议姜维见好就收，直接退兵回去。可姜维哪听得进去，坚持继续向前包围了狄道。

洮西之战魏军败得实在是太惨了，刚上位的司马昭得到消息之后，赶紧把姜维的老对手邓艾调任安西将军，让他率军与陈泰一起对抗姜维，又把叔父——太尉司马孚请了出来，让他率军担任后援。陈泰原本已经快到狄道了，结果路上听说王经渡过了洮水，他还以为有什么变故，便率领大军前去接应。结果忙活了半天，他刚率军到达陇西，姜维早已经把狄道包围了。魏军诸将一看就怕了，赶紧劝陈泰："王经刚刚战败，敌人士气正盛，将军率领的部队又是临时拼凑起来的杂牌军，用这种军队去跟获胜的蜀军打，只怕胜算不大。我们不如先占据险要地带自守，观察敌人的漏洞，然后再进军，这样才能万无一失。"

陈泰却不同意："姜维率军深入我国境内，原本就是想跟我们在原野上决战，以此达到一战获胜的目的。王经本来就应该坚守不出，以挫折敌人的锐气，但是他却擅自出兵与敌人交战，结果现在大败而回。王经败了，姜维本应该乘胜向东进兵，攻占栎阳的粮仓，然后四处招纳叛亡，如此一来只怕陇西郡都很难保住了。现在姜维竟然率领大军死攻狄道，一旦长期顿兵于坚城之下，蜀军的士气必然受挫，我军获胜的机会也就到了。现在姜维孤军深入，粮草肯定会接不上，这正是我们迅速消灭敌人的好机会。我相信只要我们登上高处占据险要的地势，不需要交战，姜维就会率军逃走。"说完后陈泰就率领大军越过高城岭，然后秘密行军，在晚上到达狄道东南面的高山之上。陈泰到达后，顾不得休息，就让士兵在山上四处点燃火把，同时擂鼓呐喊。狄道城里的守军看到火把，都知道救兵已经到了，无不欢呼雀跃。姜维却是吓了一大跳，他没想到魏军居然来得这么快，而且已经到了山上，就火把数量来看还不少，于是他没敢与陈泰交锋就先行率军后撤。

陈泰见姜维后撤，便扬言已经有魏军出发去截断蜀军的退路了。姜维此时粮食已经快耗尽了，他害怕后路被断，索性带着人连夜撤走了。姜维撤退后，王经也是一阵后怕，他不由得叹息道："我们的粮食只能支撑不到十天的时间了，如果不是援兵来得及时，恐怕全城的人都要遭到屠杀，我们也要丧失一州的土地了。"陈泰也知道狄道作战艰难，他慰劳了城里的将士后，就将他们全部遣回，另外调派军队驻扎在狄道。他又在城外修筑了城垒加强防守，这才返回上邽驻扎。

第六次北伐失败后，姜维并没有完全撤回，而是率军驻扎到钟提（今甘肃临洮县南）等待机会。当时很多人都认为这次失败之后蜀军已经兵力衰竭，短时间内不可能再次出征。

只有邓艾不同意，他认为："我军此前在洮西之战中损失也不小，如今不光士卒损失严重，粮仓也十分空虚，百姓流离失所。相比起来，蜀军前一次并没有多少损失，从谋略上来说，姜维还有乘胜进军的实力。我有五点理由可以说明姜维必定会再次前来，第一，他们军队完好，而我军虚弱不堪；第二，他们的官兵上下互相熟悉，兵器齐备锋利，而我军才刚刚更换了将领，补充了士兵，兵器也还不完备；第三，他们是坐船前进，我们却是陆上行军，劳逸程度不同；第四，我们必须在狄道、陇西、南安、祁山各处派出军队防守，而他们只需要集中兵力专门攻打一处就行了；第五，他们从南安、陇西进军，可以就地获取羌人的粮食，如果向祁山进军，那里成熟的麦子就有千顷之多，这些都足以成为他们的粮仓。姜维这人素来狡猾，非常喜欢算计这些，所以他肯定会来。"

这一次又让邓艾猜对了，蜀延熙十九年，也即魏甘露元年七月，姜维果然再次出兵了。此次出兵除了邓艾说的理由外，还有一个原因，那就是姜维刚刚因战功被升为大将军，他想趁热打铁，再创新功。

姜维再次出祁山后，因为听说邓艾早就已经有了防备，便立刻撤兵而回，改从董亭奔向南安。邓艾接到消息后，也立刻占据武城山（今甘肃武山县西南）抵挡姜维。姜维强攻也未能夺下险要之地，只好再次撤退。当天夜里，他率军渡过渭水，然后一路向东，依山而行直奔上邽而去。邓艾接到姜维遁走的消息后，也立刻率军昼夜兼程追赶，结果在段谷（今甘肃天水市东南）追到了姜维。邓艾抓住姜维与镇西大将军胡济还没有会师的机会，主动率军出击，一场大战大破姜维所部。蜀军死伤惨重，不少士兵都四散而逃，姜维只得收集残部逃回汉中。此战过后，因为伤亡实在太多，蜀人对姜维多有抱怨。无奈之下姜维只得上书自请贬职，坐了一年不到的大将军位置再次丢了。

到了第二年，魏国又不太平了，诸葛诞在寿春起兵，还拉拢了吴国做外援，急于平叛的司马昭甚至不得不从关中抽调军队南下。姜维觉得有机可乘，再次率军发动了第八次北伐。这一次姜维没有按照以前的惯例跑到陇西去闹事，而是率领大军出骆谷，直接攻打关中。当时长城一带囤积的粮食非常多，但守军很少，姜维便想攻下这里。只可惜他来晚了一步，征西将军都督雍州、凉州诸军事司马望和邓艾已经先行率军占据了长城。无奈之下，姜维只得在芒水（古水名，即今陕西周至县渭河支流黑河）一带驻扎下来。在随后的日子里，姜维多次向魏军挑战，但邓艾等人手里兵少，始终不肯应战。一转眼就到了下一年，诸葛诞完蛋了，姜维见没机会，只得撤军而回。这次北伐虽然没有立功，但好歹跑了一趟，刘禅便又将姜维任命为大将军。

因为屡屡兴兵，蜀国百姓不堪劳苦，国内反对姜维的呼声很高，中散大夫谯周甚至写了一篇《仇国论》指责姜维穷兵黩武。迫于这些压力，姜维终于消停了。休战以后，姜维回到成都没几年，又再次被迫远走沓中（今甘肃舟曲、迭部县一带）。之所以远离成都，主要还是因为姜维和掌权的黄皓不和。

姜维连年用兵，又没能干出什么成绩，黄皓就想让自己的好友右大将军阎宇取代姜维。姜维当然不甘心坐以待毙，他知道消息后，抢先跑到刘禅面前说道："黄皓这人狡诈虚伪，又喜欢玩弄权势，将来肯定会是国家的祸害，我请求为国家杀了他。"

刘禅却毫不介意，只回答道："黄皓不过是在我面前往来奔走的小臣而已，以前董允也非常痛恨他，我常常因为不能调和他们之间的矛盾而感到遗憾，你又何必介意他呢？"姜维听完心都凉了，他知道黄皓在朝中的势力盘根错节，自己说了他的坏话肯定没什么好下场，于是说了几句谦恭的话就出来了。没想到的是，姜维回家后，刘禅居然专门让黄皓上门解释和谢罪。这下可把姜维吓坏了，他害怕遭到黄皓的报复，干脆借口自己要去沓中屯田种麦，再也不回成都了。

驻军沓中的姜维心中剩下的想法就只有北伐，就连右车骑将军廖化都说："'兵不止，必自焚'，说的就是姜维。智谋比不过敌人，力量也远远不敌，当兵力得不到满足的时候，那又该怎么办呢？"蜀景耀五年，也即魏景元三年（262年），姜维再一次发动北伐，这是他第九次北伐，也是最后一次。这一年十月，他率军进入洮阳（今甘肃临潭县），坐镇西线的邓艾率军迎战。双方在侯和（今甘肃临潭县东）大战一场，姜维再次战败，只得返回沓中。这时的姜维只怕没有想到，他的北伐梦想即将终结。

奇袭阴平，灭蜀之战

蜀景耀五年，也即魏景元三年，司马昭终于下定决心要大举伐蜀，以图一举收拾掉这个割据西南四十多年的国家。

说来有些好笑，司马昭之所以要伐蜀，居然是因为一次未遂的刺杀事件。姜维屡屡骚扰边境，闹得司马昭头疼不已。当时一个叫路遗的骑兵脑子里灵光一闪，忽然想到了当初郭循刺杀费祎的事情，建议司马昭找刺客前去暗杀姜维。司马昭觉得可行，立刻就想寻找刺客前去收拾姜维。没想到从事中郎荀勖知道这件事后反而把司马昭狠狠鄙视了一番："你现在是天下的主宰，应该依靠正义去讨伐不肯归服之人，派刺客去刺杀敌人，这不会是被天下人当作表率的做法。"司马昭听完后不由得一阵脸红，也觉得派刺客这种招数确实太不入流，只好放弃暗杀计划。

可不派刺客去刺杀姜维，边患的问题总是要解决的，司马昭左思右想也没有想出什么好办法，索性一咬牙，下令大举讨伐蜀国。消息一出，满朝文武大惊失色，他们纷纷站出来反对伐蜀，唯一支持伐蜀的人是司隶校尉钟会。

司马昭向众臣解释道："自从平定寿春以后，我国已经六年没有战事了，现在急需整顿军队前去攻打两个敌国。吴国土地面积广大，而且地势低湿，周围又多河流，我们去攻打它的话，兵力恐怕难以展开，不如先灭掉蜀国。一旦蜀国被灭，三年之后，我朝大军就可以从巴蜀顺流而下，水陆并进，一举灭掉吴国，这就是春秋时期晋献公先灭掉虢国然后在回师途中乘胜灭掉虞国的那种形势。我计算了一下，蜀国的军队总共应该有九万，其中驻守成都以及防守其他边境的军队应该不会少于四万人，这样一来剩下的军队最多不过五万人。姜维又率领一部分军队在沓中屯田，只要邓艾能将他牵制住，不让他率军向东救援，那守在汉中的军队就很少了。我们从关中发兵通过骆谷直指汉中，汉中兵力空虚，肯定抵挡不住，我们便可以很轻松地拿下汉中。以刘禅的孱弱无能，再加上边境的城市又都被攻陷了，蜀国的百姓肯定会因此震动不安。轻松灭掉这样的敌人也是意料之中的事。"

不只朝中大臣反对，就连长期驻守关中的征西将军邓艾也上书反对伐蜀，他认为现在根本不是伐蜀的最佳时机，屡屡劝司马昭打消这个念头。无奈之下司马昭只得派主簿师纂前去邓艾军中担任司马，并向他说明伐蜀的计划和情况。邓艾听后也觉得可以一试，便转而支持伐蜀行动。不久后司马昭便正式将钟会任命为镇西将军、都督关中诸军事，让他坐镇长安准备伐蜀事宜。

得知钟会前往关中坐镇以后，姜维第一时间就有所警觉了，毕竟早在夏侯霸刚投降蜀国时他就询问过夏侯霸，司马懿掌权之后会不会伐蜀，夏侯霸当即指出，需要担心的人是钟会，这个人虽然年龄不大，但将来必定会成为吴、蜀两国的大威胁。所以一听到钟会调入关中的消息后，姜维便立刻上书刘禅："我听说钟会已经在关中整治军队了，只怕是想大举进攻，请陛下赶紧派遣左右车骑将军张翼、廖化分别率军守住阳平关和阴平的桥头，以防患于未然。"

可惜掌权的黄皓迷信鬼神之术，他占卜一番之后居然得出敌人不会主动前来讨伐的结论。刘禅听了黄皓的话，以为姜维是危言耸听，便没有多加理会，其他大臣甚至连一点消息都不知道。就这样，蜀国错过了提前防备的最佳时机。

蜀景耀六年，也即魏景元四年（263年），司马昭正式下令开始伐蜀，魏军主要分三路发起进攻：征西将军邓艾率领三万人从狄道奔赴甘松（今甘肃迭部县一带）、沓中，负责将姜维所部牢牢牵制在沓中；雍州刺史诸葛绪率领三万多人从祁山奔赴武街（即下辨县，在今甘肃成县西北）、桥头（今甘肃文县白龙江畔）一线，负责断绝姜维的归路，不让他增援汉中；主力则是钟会率领的十多万大军，分别从斜谷、子午谷、骆谷三路直奔汉中。

刘禅听说魏国已经开始进攻了，大吃一惊，他这时才赶紧派廖化率军赶往沓中增援姜维，另外派张翼、董厥赶赴阳平关增援外围各据点。此次魏国来势汹汹，刘禅也没有多少信心，为了讨一个好彩头，他又大赦天下，将年号改成炎兴。

依照原本姜维设下的防守策略，蜀军外围各防守据点都不得与魏军交战，全部退守到汉、乐两城之内，每座城各自派五千士兵防守。不得不说，姜维这种防守策略是失败的，非但没能挽救汉中，反而就此将汉中送了出去。原本在魏延镇守汉中时期，防守策略就是在外围各据点囤积重兵，一旦敌人大举进犯汉中，就据守谷口，将各条道路堵住，让敌人无法深入。后来无论是诸葛亮阻挡曹真，还是兴势之战时王平阻挡曹爽，用的都是同样的战术。

然而到姜维掌权时，他觉得这个办法虽然符合《周易》里面"重门"的意思，可以抵挡住敌人的进攻，但没办法获得更大的战果，于是改变策略，先放敌人进入汉中，蜀军全部退守到汉、乐两城之内，让敌人无法快速击破，外围则以重兵把守各个险关要塞，同时派一支军队游走，窥视敌人的虚实情况。等敌人攻不下险关要隘，野外又找不到一点粮食，他们的后勤补给就需要完全依赖长途运输，这样自然会很容易缺粮。一旦敌人因为缺粮要退兵，各要塞的军队就一起出击，配合游击部队将敌人歼灭。在姜维看来，这招诱敌深入，然后聚而歼之的策略更富有进取之心。

然而这种战术的前提就是敌人的数量不能太多，否则蜀军不仅不能击败强大的敌人，反而容易被敌人分割包围，陷入被各个击破的状态。钟会这次显然就属于这种情况，不算邓艾和诸葛绪两部，光他自己率领的三路大军就有十多万人，远远超过了汉中守军的人数，再谈什么"诱敌深入，聚而歼之"无疑是痴人说梦。

更糟糕的是，张翼、董厥两人还贻误了战机，他们率军到达阴平之后，因为听说诸葛绪要率军攻打建威，为防止敌人对阴平发起攻击，他们俩在这里停留了一个多月。而同一时间，钟会已经率领大军进入了汉中，他让前将军李辅率领一万多人将王含包围在乐城（今陕西城固县东）里，又让护军荀恺将蒋斌包围在汉城（今陕西勉县东）里。钟会又以护军胡烈为先锋，率军猛攻阳平关，他自己则率领大军在后支援，同时派人去祭扫了诸葛亮墓。屋漏偏逢连夜雨，这种关键时刻，阳平关也出事了。

阳平关里有一个叫蒋舒的守将，他原本担任蜀国的武兴督，因为在任期间碌碌无为，刘禅就让人代替了他，转而将他派到阳平关协助傅金一起守关。没想到蒋舒因为这件事怀恨在心，时刻想着报复蜀国。当胡烈到达阳平关时，蒋舒建议道："现在敌人已经到了，如果我们不派兵出击就直接死守关口，恐怕不是什么好计策。依我之见，还是需要先派人出击，挫敌锋锐之后再据守城池，这样更加容易坚守。"

傅金也是深通兵法之人，他当然知道一味死守不现实，便告诉蒋舒："我觉得你说的很有道理，不如这样，你率军据守关口，我则率军出击与敌人交锋，等我回来之后我们再一起坚守关口。"蒋舒心头大喜，这合他的心意，赶紧答应下来："将军放心，有我在关内，保证万无一失。"傅金放心地率军出了阳平关，准备与魏军交战。可惜，他没想到的是，他刚出关，蒋舒转头就带着阳平关投降了胡烈。在这种情况下，傅金也知道大势已去，但依然没有放弃的意思，他率军奋力与魏军拼杀，一直血战到死。傅金就是曾经在夷陵之战中拼死断后不肯投降的傅肜的儿子，他最终也选择了和父亲一样的道路，为蜀国流尽了最后一滴血。

钟会听说阳平关被攻陷后，立刻率军长驱直入，缴获了蜀国很多库存的粮食，至此姜维的防守策略已经完全失效了。钟会随后便派遣各将分别略地，将汉中掌握在手里，至于汉、乐两城，实际上已经没有意义了，它们早已经沦为两座孤城，在魏军的包围下早晚会完蛋。

就在钟会进攻汉中的同时，邓艾也对姜维发起了进攻。他派天水太守王颀从正面直接进攻姜维的大营，派陇西太守牵弘在前面阻截，又让金城太守杨欣奔赴甘松，从侧翼包抄姜维。姜维听说钟会等人已经进入汉中的消息后，大惊失色，他此刻需要做的不是与邓艾纠缠，而是率军返回汉中救援。姜维没有理会王颀等人，直接率军紧急撤往汉中。杨欣等人自然不会这么轻易放姜维走人，他们立刻率军追击，最终在强川口（今四川、甘肃两省境内白龙江与其干流嘉陵江交汇处）击破了姜维的断后部队，但终究没能拦住姜维。

姜维虽然摆脱了邓艾所部，但想去汉中依然是困难重重，他的面前还有诸葛绪率领的三万大军拦路。此时诸葛绪早已经占据了桥头，堵塞了各个通道，要过去极为困难。姜维要了个手段，他率军从孔函谷（今甘肃舟曲县东南）直接向北前进，准备从诸葛绪的后面绕过去。诸葛绪接到消息后大惊失色，立刻率军往后撤了三十多里，想拦住姜维。姜维等的就是这一刻，他此时已经向北走了三十多里，一听到诸葛绪后撤的消息就快速带人返回，然后从桥头赶往汉中。等诸葛绪接到消息再率军前来拦截时，已经晚了一天，姜维等人早就过去了。姜维到达阴平时，才知道阳平关已经陷落了，他心知大势已去，汉中已经守不住了，便率军退往白水。在这里姜维遇到了此前前去增援他的廖化所部和从阴平退下来的张翼、董厥两人，几人一商量，都觉得汉中已经完了，便赶紧返回蜀中，兵合一处，在剑阁（今四川剑阁县剑门镇剑门关）组织新的防线以阻挡魏军。

钟会攻下汉中后，也立刻移师前往攻打剑阁。然而面对剑阁这种"一夫当关，万夫莫开"的天险之地，魏军人数虽多，依然是一筹莫展。无奈之下钟会只好给姜维写信劝降："公侯您文武全才，谋略绝世，功扬巴蜀，声播华夏，远近无不推崇。每次想起以前，我们同朝为官，一起得沐大魏国的教化，吴季札、郑子产的友谊，可用来譬喻我们之间的关系。"姜维对此毫不理会，他依旧指挥大军严防各个关口。这下钟会没办法了，打算就此退兵而回。

关键时刻邓艾跳了出来，表示反对，他建议道："如今贼寇遭受了大败，我们正应该乘胜追击。我认为如果从阴平沿着小道，经过德阳亭，可直奔涪县而去。涪县距离剑阁一百多里，距离成都三百多里，我们只要出兵猛攻敌人的腹心，剑阁的守军必定会撤回来救援涪县，我们就可以乘虚攻下剑阁。如果剑阁守军不回来救援，我们则可以攻下涪县，进入敌人的空虚之地，这就是兵法上说的'攻其不备，出其不意'。"钟会大喜，立刻率军在剑阁前面驻扎，与姜维遥遥对峙，暗地里则让邓艾率军从阴平偷袭蜀地。

邓艾到达阴平时，另一位大将诸葛绪却倒了大霉。原本邓艾是想约诸葛绪一起偷袭成都的，结果诸葛绪不肯，他觉得他的任务是拦截姜维，而不是搞什么突袭，便带人返回去找钟会。钟会本就想要诸葛绪的兵权，见他到来，立刻向朝廷报告说诸葛绪畏敌不前，将他押送去了洛阳，他的军队自然全归了钟会。

另一边的邓艾这时也挑选好精兵从阴平出发了。阴平这条小路极为难走，面对七百多里的无人区，邓艾所部一路上逢山开路、遇水架桥，一步一步向着蜀地进发。到了道路的尽头，却又遇到了一道很深的山谷，这时候他们随身携带的粮食已经快吃完了，这似乎就是一条要亡他们的绝路。关键时刻，邓艾当机立断，他用毡毯裹住自己，然后翻滚着从山崖上下去，魏军将士眼看主帅这么不顾危险，也都攀缘着树木崖壁，下到了谷中。等他们出去之后，一路向前进发，很快就到达了江油（今四川平武县南坝镇北旧州）。

江油的守将名叫马邈，魏军的突然出现使他大惊失色，很快就选择了开城投降。接到江油失陷的消息后，刘禅大吃一惊，赶紧派诸葛亮的儿子诸葛瞻前去抵御。只可惜比起父亲，诸葛瞻的军事才能实在是太弱了，他率军到达涪县后就不再继续前进。黄权的儿子尚书郎黄崇也在军中，他劝说道："将军请快速前进至险要地带据守，以防止敌人进入到平地，到那时我军无论如何也拦截不了敌军长驱直入，现在据守涪县又有什么用呢？"诸葛瞻考虑了几天之后，依然没有下定决心，于是拒绝了黄崇的建议。黄崇此后又多次劝说，甚至哭了出来，诸葛瞻依旧没听。

不久后，邓艾果然率军长驱直入，直达涪县城下，诸葛瞻抵挡不住，只得退守绵竹，邓艾随即也率军赶到。邓艾不愿意浪费太多的时间，便写信给诸葛瞻："你如果肯开城投降，我肯定向朝廷保奏你为琅琊王。"诸葛瞻虽然能力不行，但为人还是颇为忠孝的，他直接将邓艾的使者杀掉，然后在城外列阵准备与邓艾展开决战。邓艾一看诸葛瞻要决战，大喜过望，这正合他的心意，他立刻让儿子邓忠进攻蜀军右翼，司马师纂进攻敌人左翼。绵竹再往后就要到成都了，这一次蜀军表现出了惊人的勇气，他们在诸葛瞻的率领下，一次又一次击退了魏军的进攻。邓忠与师纂眼看没法破敌，只得带着人撤了回来，然后告诉邓艾："敌人强悍，根本无法击破。"

邓艾一听火冒三丈："我们生死存亡在此一举，有什么不能攻破的？你们两人要是再不能破敌，我就先砍了你们。"邓忠、师纂没办法，只得率军回去继续死战。双方在阵前大战了许久，终究还是蜀军先撑不住，被魏军杀得大败，诸葛瞻和黄崇两人都战死在阵中。诸葛瞻的儿子诸葛尚原本有机会逃走，但他没有选择离开，只是叹息道："我父子二人深受国家厚恩，没能早点杀死黄皓，以致国家败亡，就算活着又有什么用呢？"说完之后，他就独自骑马冲入魏军阵中，力战而死。

蜀人根本就没想到魏军会忽然到来，各城一点准备都没有，听说邓艾已经到达，百姓惊慌失措，纷纷逃往山林大泽避难，怎么管都管不住。不光是百姓慌乱，蜀国朝堂上也乱成了一片，刘禅赶紧召集大臣们商讨应对之策。结果在朝堂上大家因为意见不同吵了起来，有人认为："我们现在肯定守不住了，不如投奔吴国，蜀国和吴国本来就是同盟，他们肯定会接纳我们。"也有人认为："南中七郡山势陡峭险峻，又容易防守，我们可以先到南中，再想办法反攻。"

眼见吵了半天也没能定下一个合理的办法，最后光禄大夫谯周站了出来，他认为："自古以来，从来没有寄居别国的天子，如果我们到了吴国，肯定是要臣服于吴国的。再说了，治国之道从来没有什么不同的，古往今来，大国吞并小国是常有之事，这符合事情发展的自然规律。从这一点上来说，魏国能吞并吴国，但吴国不能吞并魏国，对小国称臣还不如对大国称臣，我们反正都要受投降之辱，受一次辱总比受两次辱强。如果要去南中，我们得提前做好相应的计划才能够成功。现在敌人已经近在眼前了，再想去南中也有些晚了，只怕我们出发之后，路上还会遇到各种突发事件，又怎么能平安到达南中呢？依我之见，我们不如直接投降邓艾。"

谯周话音刚落，立刻有人站出来质疑："邓艾距离成都已经不远了，只怕他未必会接受我们的投降，他如果不接受，我们应该怎么办？"谯周对此也早已胸有成竹："吴国还没有灭亡，现在的形势由不得他不接受，接受了也不得不以礼相待。如果陛下投降了魏国，魏国不划分土地给陛下的话，我愿意孤身前往洛阳，用古代的大义与他们争辩。"众臣听后，也都觉得可以投降邓艾。

不过到底要不要投降，也不是他们说了算，关键还得看刘禅。刘禅依旧想去南中，谯周便再次劝道："南中路途偏远而且是蛮夷之地，平常就不缴纳赋税，还曾多次反叛。当初是诸葛丞相用武力征服了他们，他们在走投无路之下才不得不选择归服。我们如果去了南中，对外需要抵御魏军，对内则需要供应日常的粮食物品，这些都需要大量的费用，我们又没有其他地方可以收取赋税，只能够找各个夷人部落要钱，他们只怕会再次反叛。"听谯周这么一说，刘禅也不敢去南中了，便接受了谯周的主张，派侍中张绍等人带着玉玺去向邓艾投降。

也不是所有人都愿意投降，刘禅的第五子北地王刘谌就是其中之一，他得知父亲想要投降后，在朝堂上愤怒地喊道："如果我们理穷力屈，家破人亡的日子将要到来，就应该父子君臣一起背城而战，共同为社稷而死，这样在地下见到先帝也能有所交代，为什么要选择投降？"刘禅理都不理，坚持要投降邓艾。刘谌没有办法，只好跑到祖父刘备的昭烈庙中哭泣，随后杀掉自己的妻子儿女，然后自杀殉国。

邓艾接到刘禅愿意投降的消息后，大喜过望，果然立刻就接受了蜀国的投降。不久后，邓艾率军进入成都，他严格约束士卒，大军入城后秋毫不犯，蜀国就此灭亡。邓艾灭蜀之后，查看蜀国士民簿，登记在册的户口有二十八万，百姓九十四万，军队十万两千人，官吏四万人。邓艾进入成都的同时，刘禅也派太仆蒋显赶往剑阁，让姜维向钟会投降。

绵竹之战后，姜维等人听说诸葛瞻战败，不知道刘禅作何打算，便率军向东进入了巴中。钟会也随即进驻到涪县，并派胡烈等人率军追击姜维。姜维走到郪县（今四川三台县郪江镇）时，终于见到了蒋显，方才知道刘禅已经投降了。无奈之下他只得下令让全军放下兵器，又将军队的符节交给胡烈，自己则带着廖化、张翼、董厥等人前往钟会处投降。很多蜀军将士得知投降的消息后都愤怒不已，气得用刀砍石头。各个郡县也接到了刘禅的命令，纷纷选择了向魏国投降。此时原本吴国已经派出军队沿着长江西进前来救援，然而听说蜀国投降的消息后，只得将军队撤回。

到了这个地步，依然有人没有放弃，想复兴蜀国，这个人不是别人，正是姜维。姜维所倚仗的，就是钟会对他的信任，况且他已经察觉到了钟会的野心。姜维投降以后，钟会就把他当成了好朋友，两人之间无话不谈，姜维便乘机劝钟会据蜀割据。钟会心里也早就有了这种想法，与姜维一拍即合。不过两人面临的最大问题是邓艾还在成都，有他在，两人就算想闹事也闹不起来。巧的是，邓艾偏偏开始自己作死了。

灭掉蜀国后，邓艾便居功自傲，他甚至写信给司马昭，表示自己要带着陇右的部队和蜀国的降兵顺江而下去灭了吴国。这件事原本也没什么错，问题是做出决断的人应该是司马昭而不是邓艾。司马昭接到信后，就让监军卫瓘前去敲打一下邓艾。没想到邓艾不但不听，反而将卫瓘骂了一顿，觉得灭吴这种事有利于国家，自己作为将领应该主动去做，而不是向朝廷上报。这下邓艾算是彻底踩到了司马昭的底线，在他看来，邓艾只怕是要叛乱了。

钟会得到消息后大喜，他仗着自己擅长模仿他人的字迹，就将邓艾的奏章拦了下来，在里面加了很多狂妄傲慢的话。不仅如此，钟会还拉上了卫瓘一起，向朝廷报信，说邓艾有要谋反的迹象。就这样，邓艾被直接打成了反贼，司马昭立刻让钟会将邓艾拿下。为了防止邓艾抗命，司马昭甚至让贾充率军进入斜谷，自己也赶来长安坐镇。

事实上"反贼"邓艾还不知道自己已经摊上了谋反的罪名，等卫瓘进入军营抓人时，他竟然还在睡觉。卫瓘便将邓艾父子抓起来，然后押送去洛阳。邓艾手下的将士原本想救出邓艾，但卫瓘声称他知道邓艾没有谋反，自己要写奏章为邓艾辩护。众将相信了卫瓘的话，便没有再阻拦。只可惜邓艾到不了洛阳了，押送他的人名叫田续，这个人此前在江油之战中作战不力，差点被邓艾砍了，因此心中对邓艾一直都非常怨恨。卫瓘派田续押送邓艾，大概也是想送邓艾上路。田续到达后，果然将邓艾父子一起砍了，邓艾的其余儿子也在洛阳被杀，妻子和孙子则被流放到了西域。

解决掉邓艾之后，原本按照钟会的计划，是由姜维率领五万人作为先锋出斜谷，自己则率领大军跟随在后面，等拿下长安之后，再派骑兵走陆路，步兵走水路，顺着渭水进入黄河，五天之内就能到达孟津，然后步兵再与骑兵在洛阳会师，如此就可以一举平定天下。然而现在这个计划却行不通了，不光贾充已经率军从斜谷进入了汉中，就连司马昭自己也带着十万大军驻扎在长安。钟会接到消息后的第一反应就是："如果只是抓邓艾一个人，我自己就可以办到，现在相国率领大军前来，只怕是知道我要造反了。"

事到如今，钟会也只能硬着头皮造反了。因为当时魏明帝的妻子明元皇后郭氏刚刚去世，钟会就借口为郭太后致哀，将护军、郡守、牙门骑督以上的官员和蜀国原来的官员全部召来。这原本是正常的事情，众人没有丝毫防备就来了，结果刚一到场钟会便宣布郭太后的"遗诏"，表示太后让自己讨伐司马昭。

众人听完后大惊失色，钟会也不理他们，直接就开始任命官职，让自己的亲信代替众将统率军队，所有请来的官员都被关入了宫城。只有卫瓘自称有疾，要求住在宫城外面，钟会对他比较信任，也没有起疑，就让他出去住了。

原本按照姜维的计划，他是想让钟会先杀掉魏军众将，自己再杀掉钟会，然后坑杀魏国士兵，最后他再把刘禅接回来复位。可没想到的是，钟会对于杀死众将犹豫不决。这一犹豫，就将钟会和姜维送上了不归路。

钟会手下的帐下督丘建原本是胡烈的手下，钟会也非常信任他。丘建因为同情胡烈一个人被囚禁，就请求钟会允许一个胡烈的亲兵负责为胡烈传递饮食。钟会没有多想，就答应了下来。此例一开，其他将领也都同样要求让一个亲兵进去侍奉。胡烈便找了机会，让侍奉的亲兵转告儿子胡渊："丘建秘密透露消息给我，说钟会已经挖好了大坑，制作了数百根白色的大棒，准备以给士兵们升官为借口，将士兵全部坑杀。"这个亲兵得到消息后大吃一惊，他不光告诉了胡渊，还告诉了其他侍奉众将的亲兵。一夜之间，魏军都知道了消息。胡渊首先带着胡烈所部将士擂鼓出营，其余各军也不约而同地呐喊而出，他们一齐向着成都城内杀去。

当时钟会正在给姜维盔甲和兵器，只听到外面一片混乱，似乎是失了火。等了一会才有人报告说城外军队作乱，正向着城中杀来。钟会这时候才反应过来，想派人去杀掉魏军众将。然而已经来不及了，魏军众将都拿椅子、桌子之类的东西顶着门，根本就杀不进去。等到城外的士兵杀入城时，众将方才从房顶上翻出去，然后和手下的士兵们会合一处，一起去找钟会的麻烦。钟会和姜维先后被来势汹汹的魏军当场斩杀。到最后，还是卫瓘出面，才让众军安定了下来。

姜维的死，意味着蜀国的彻底灭亡。蜀国自刘备于章武元年称帝算起，国祚共四十三年。短短两年后，魏国也灭亡了，司马昭的儿子司马炎逼迫曹奂让位，正式取代了曹氏。从黄初元年曹丕代汉算起，魏国国祚总共四十六年，如果从建安十二年曹操统一北方算起，曹氏一族总共统治北方五十九年。

司马炎即位以后，改国号为晋，改元泰始，他就是西晋的开国皇帝晋武帝。西晋建立之后，吴国距离灭亡也不远了。

双璧争锋，西陵之战

吴凤凰元年，也即晋泰始八年（272年），晋武帝司马炎忽然接到一个天大的好消息，吴国坐镇西陵的昭武将军、西陵督步阐竟然派人前来送信，表示自己愿意带着西陵投降晋国。

要知道西陵算得上是吴国在西面的重要门户，位于长江上游，其安危直接关系到吴国的生死存亡，所以吴国一直在这里安排了重兵把守，一旦有敌人来犯，都必定先保证西陵的安全。名将陆逊就曾经坐镇西陵多年，他将这里比喻成"国之藩表"，以此来表明西陵的重要性。现在西陵居然主动归降，司马炎简直欣喜若狂。

此时坐镇西陵的步阐并非普通人，他是东吴名臣步骘的儿子，他父亲当年为吴国立下了赫赫武功，而他之所以要选择背叛吴国，实在是形势所逼。所谓的形势，其实只是一道诏书，主要内容就是吴主孙皓要将步阐调去建业任职。步阐接到诏书后被吓了一跳，步氏一族从他父亲步骘开始，已经在西陵驻守很多年了，在当地早已是根深蒂固，现在忽然被调任，最大的可能就是自己犯了错误。也不怪步阐胆小，实在是孙皓自己闹得太不像话了。

孙皓本是吴景帝孙休的侄子，他的父亲孙和是孙权的第三子，曾经甚至当上了太子，但后面南鲁党争时被废掉。孙皓原本没机会当皇帝的，但命运突然为他打开了一扇门。因为孙休早死，他的儿子都还年幼，当时又正好赶上蜀国灭亡，大臣们都觉得立一个年长的君主更合理。正好当时的左典军万彧以前担任过乌程县令，跟乌程侯孙皓的关系比较好，就对着丞相濮阳兴、左将军张布大力吹嘘孙皓能力出众，是孙策一类的人物。濮阳兴和张布二人被说动了，就劝说朱太后，将孙皓迎为了皇帝。

事实证明濮阳兴、张布等人纯粹是瞎了眼，这哪是迎回了一个孙策，简直是迎来了一个败坏吴国江山社稷的魔星。孙皓刚即位时，对百姓大加抚恤，又开仓赈济灾民，还减少宫中的宫女，放生宫中的珍禽异兽，大家都以为是真的迎来了明主。过了一段时间，孙皓的位置稳固后，真面目就暴露出来了，他暴虐骄横，又贪杯好色，对待臣子极为凶残。这时濮阳兴和张布才发现引进来的"明主"是这样的人，他们内心好不后悔，便想找机会将孙皓废了，另立其他人为帝。只可惜濮阳兴和张布还没来得及行动就被万彧报告给了孙皓。在万彧的陷害下，两人都很快被杀。因为听说张布的两个女儿都很漂亮，孙皓很不客气地一起带回了皇宫。灭掉濮阳兴等人后，孙皓更加猖獗了，他只要稍微看不顺眼就会随意诛杀大臣，很多大臣都因为一点小事情被杀了。

正是因为孙皓的暴虐，吴国大臣人人自危，有一点风吹草动就觉得自己小命不保。当时吴国的前将军、夏口督孙秀是孙坚第四子孙匡的孙子，因为他是宗室，又手握重兵，所以孙皓对他十分忌惮。孙秀自己也知道这一点，所以平时一直小心翼翼，生怕把孙皓得罪了。后来孙皓派何定带着五千人去夏口打猎，有传言说他要去对付孙秀。想着孙皓的残忍，孙秀本着宁可信其有不可信其无的态度，立刻带着妻儿和几百名部将投奔了北面的晋国。

这种情况下，步阐哪敢去建业和孙皓赌命，他干脆派侄子步玑、步璿（xuán）两人前往洛阳当人质，请求司马炎快点发兵前来救援。司马炎接到消息后，立刻将步阐任命为都督西陵诸事、卫将军、开府仪同三司、侍中、宜都公兼任交州牧，并让荆州刺史杨肇率军到西陵迎接步阐，又让车骑将军羊祜（hù）率领步兵进攻江陵，巴东监军徐胤率领水军进攻建平，以牵制吴国大军，让他们无法集中全力进攻西陵。眼看西陵就要完了，孙皓当然也不能置之不理，他赶紧派陆抗前去增援。

陆抗，字幼节，他的父亲就是昔日的东吴名将陆逊，外祖父是威震江东的孙策。陆逊死的时候，陆抗还只有二十岁，他当时作为建武校尉，率领父亲留下的五千部下护丧返回了建业。孙权见到陆抗以后，拿出了以前杨竺告发陆逊的二十条罪状，让陆抗核实。陆抗虽然年轻，但毫无惧色，逐条为父亲辩白，使得孙权哑口无言。此后陆抗也进入了吴国军界，为国家屡立战功。曾经有一次他与诸葛恪换防驻地，结果他的驻地完好无损，而诸葛恪的驻地却有很多毁坏，让诸葛恪惭愧不已。随着吴国名将的凋零，陆抗越来越受重用，到孙皓即位时，他已经官至镇军大将军兼益州牧。建衡二年（270年），吴国大司马施绩病死以后，孙皓又加封他为都督，总督信陵、西陵、夷道、乐乡（今湖北松滋市东北、长江南岸）、公安等地的军事，率领大军驻扎在乐乡。

陆抗是陆逊的儿子，自然知道西陵的重要性，他接到命令后不敢怠慢，立刻率领将军左奕、吾彦、蔡贡等人奔赴西陵。到达西陵后，陆抗做的第一件事就是命令西陵各军开始建造高大牢固的围墙，围墙从赤谿（今湖北宜昌市西北）一直建到了故市（一作步骘故城，在今湖北宜昌市郊）。在陆抗看来，修建围墙对内可以用来围困步阐，让他在西陵城里跑不掉，对外也可以抵御即将到来的晋军。由于时间紧迫，陆抗只能不分白天黑夜地督促各军拼命建造围墙，吴军众将士都因此疲惫不堪。最初吴军众将还能勉强忍受，到后面越来越累，很多人都不堪重负，抱怨的声音也越来越大。很多将领纷纷跳出来，劝说道："我军刚刚到达西陵，正应该趁着三军士气正盛，凭借刚到达时的锐气快速向步阐发起猛攻，必定可以一举将之击破。等晋军到达时，我们早已经攻下了西陵，何必费力去建造围城工事呢？这只是白费力气罢了。一旦士兵们都疲惫了，还怎么去抵挡晋军呢？"

陆抗听了也只能苦笑，他又何尝不想快点攻克西陵呢？但众将终究是小看了西陵的防守。西陵自从夷陵之战后就一直在吴国手里，已经几十年了，很多将领都不知道西陵的防守强到了什么地步。陆抗却是知道的，他少年时代就曾跟随父亲长期居住在西陵，后来自己又做过西陵督，对西陵的防御可谓是异常熟悉。正因为如此，陆抗才会坚持要求各军修筑围墙，想困死步阐。陆抗眼看众将不理解，便解释道："西陵城所处的地势非常稳固，要攻下来极为困难，城里粮草又非常充足。更何况城里所有守城用的设施、器具都是我当初在西陵任职时准备的，现在要反过来攻打西陵，我知道不可能很快取胜，一旦晋军到达，我们没有防御工事，内外受敌，拿什么来抵挡他们呢？"

众将听完还是不大相信："将军未免有些长他人志气灭自己威风，我等就不信全力进攻还拿不下西陵城。"陆抗一看说服不了他们，只好说道："你们既然不信，那就去攻城试试好了。"陆抗看了一圈，发现宜都太守雷谭闹得最厉害，便指着他说道："全军进攻要是吃了大亏也不好，就让雷将军带人去试试吧。"众将大喜，立刻让雷谭率军对西陵发起了进攻。结果攻打了一轮下来，众将都不说话了，因为他们发现西陵果然难以攻克，只好按照陆抗所说，开始齐心协力修筑围墙。

就在这时，羊祜率领的五万大军也已经到达了江陵城下。原本陆抗已经打算亲自前往西陵督战了，一看到这种情况，众将都劝说道："一旦羊祜攻下了江陵，只怕整个荆州都保不住了，还请将军速速率军前往江陵督战。"陆抗不同意，他认为："江陵城池坚固，兵员充足，羊祜就算到了江陵，一时半会也不可能攻下，根本没有什么可担忧的。更何况就算敌人攻下了江陵，也肯定守不住，我们的损失也比较小。如果晋军占据了西陵，那南山依附于我们的众多夷人部落必定会发生骚乱，那样的话，祸患就不可估量了。眼下最要紧的还是先保住西陵，江陵可以放在后面。"陆抗解释完之后就率领大军赶到西陵前线督战去了。

虽说江陵是不如西陵重要，但实际上陆抗早已经在江陵做好了安排。原本江陵北面的道路平坦开阔，敌人很容易前来攻打，陆抗便让江陵督张咸建造了一个大坝用来阻断水流，希望用水来断绝敌人的侵犯和内部的叛乱。羊祜出发之前也打上了这个大坝的主意，他打算利用大坝里面的水，用船来运送粮食物资，所以故意对外宣称自己要破坏大坝让步兵过去。

原本按羊祜的想法，他是希望让吴军以为自己要破坏大坝，这样一来吴军不但不会破坏反而会加以保护。只可惜羊祜没想到，陆抗接到消息后，二话不说就让张咸将大坝毁了。吴军众将得到消息后都吓了一大跳，纷纷劝阻道："现在魏军想来拆我们的大坝让步兵通过，我们应该阻拦才对，怎么能自己先把大坝拆了？如此岂不是遂了羊祜的意吗？"陆抗也不解释，只是笑道："羊祜大肆宣扬的目的可不在此，以后你们就知道了。"等羊祜赶到当阳时，看到大坝已经毁了，气得大骂陆抗，然而也没有办法，他只好改用车子来运粮。这么一来，羊祜把人力和时间都浪费在运粮上面了。

这时候杨肇终于率军赶到了西陵外围，陆抗便下令让公安督孙遵率军驻守在长江南岸，防止羊祜渡江南下；又让水军督留虑率领水军驻扎在长江上游，以阻挡徐胤沿江东下；他自己则率领大军依靠西陵外围的长围墙与杨肇对峙。没想到晋军刚赶到，吴军这边朱乔手下一个叫俞赞的都督就偷偷跑到了杨肇那里，投降了晋军。这下吴军众将都慌了神，生怕俞赞将吴军的情况全部泄露了出去。陆抗毫不担心，他告诉众将："俞赞是我军之中的老将，深悉我军虚实。我军之中我最担心的就是夷人士兵平时的训练程度不够，最容易出事。俞赞肯定也知道这一点，他必定会将之告诉杨肇。你们等着看吧，明天敌人不攻则已，一旦进攻必定是攻打夷人士兵防守的地方。"于是当天晚上陆抗就连夜将夷人士兵和其他士兵进行了换防。

第二天一大早，杨肇果然率领大军来犯，进攻的地方正是陆抗猜测的夷人士兵防守的地段。只可惜杨肇不知道吴军早已经进行了换防，久攻不下，他只得率军撤退。这一撤就给了陆抗机会，陆抗立刻下令反击，在吴军的猛攻之下，早已经疲惫不堪的晋军根本抵挡不住，很快就被杀得大败。此后杨肇屡次率军攻打，都被陆抗击败，不光没有任何进展，自己的部下还死伤无数。到了十二月时，杨肇已经无计可施了，无奈之下他只得放弃救援步阐，连夜带着人逃跑了。

杨肇刚一跑路，吴军众将就建议道："杨肇势穷力竭，现在已经率军撤退，此时晋军士气低落，如果我们率军追击，一定可以大破敌军，请将军下令。"陆抗摇了摇头，拒绝了诸将追击的提议。其实他又何尝不想追击杨肇呢？只不过西陵城里还有步阐，如果吴军前去追击杨肇时，步阐乘机出城反扑，那后果就不堪设想了。以吴军现在的能力，可以对付杨肇或者步阐任何一方，但如果兵分两处分别对付两头，那兵力就有些不足了，所以陆抗才放弃了追击的想法。虽然吴军没有追击，但陆抗依然不会让杨肇好过，他下令让军中将士擂鼓呐喊，佯装要追击，又派出一些小部队在后面跟着前进。此时天黑根本看不清楚状况，杨肇所部不知道身后有多少敌人，他们听到擂鼓声之后就以为吴军已经追过来了，只得丢盔弃甲仓皇逃跑。这下可便宜了陆抗派去追的人马，他们轻轻松松就打败了杨肇。

羊祜这时候还带着人在江陵城外转悠呢，听说杨肇大败以后，吓得他赶紧带着人从江陵撤了回去。没有了晋军的支援，步阐的末日也很快就到了。在吴军的猛攻之下，西陵很快就陷落了，陆抗杀死步阐以及和他同谋的将领官吏几十人，又夷灭这些人的三族，然后便请求孙皓赦免了城中余下的几万人。随后陆抗便率军返回了乐乡，他虽然刚刚平定了叛乱，但依然如往常一样谦逊，脸上没有任何骄傲自负的神色。因为西陵之战的功劳，孙皓随后加封陆抗为都护。另一边的司马炎可就要罚人了，杨肇直接被贬为平民，羊祜也被贬为平南将军。

虽然晋军在西陵之战吃了败仗，但也还是有一定收获的，羊祜意识到吴国还有很强大的战斗力，而且前线依旧有如同陆抗一般优秀的将领，短时间内想灭掉吴国根本不现实。于是羊祜便转而开始致力于通过展示道德信义收买吴国的人心。从那以后，每次与吴国交战之时，羊祜总是会提前约定好开战的时间，到了那天才会出战，不会做出任何攻其不备之类的安排。晋军将领之中一旦有人献上一些诡诈的计谋，羊祜便会赐给他美酒，让他喝醉不能再说。羊祜的军队在吴国境内行军时，要是割了谷子之类的东西作为口粮，羊祜还会记下割去的数量，等回去之后再按照市场价格送去绢帛作为偿还。不光是这样，羊祜就算和手下人在长江、沔水一带打猎时，也只是在晋国的土地内活动，绝不会跑到吴国的国境内。要是有野兽被吴人射伤后跑到晋国这边，他也会一一送还。

在羊祜的努力下，吴国边境的百姓对他可谓是心悦诚服。羊祜与陆抗在边境对峙之时，双方也经常派遣使者互相往来。陆抗对这个对手也非常尊重，总是派人给羊祜送一些美酒。羊祜从来没有怀疑，对陆抗的酒照喝不误。后来有一次，陆抗生病了，刚好他需要的药在吴国这边没有，只有北方的晋国才有。于是他便派人去找羊祜，希望羊祜能够帮自己弄点药来。羊祜二话不说，立刻就让人找到药给陆抗送了过去。拿到药后，陆抗立马就要服下。这可吓坏了吴军众将，他们赶紧劝道："将军还是让别人先试一试药比较好，万一羊祜在药里下了毒怎么办？"陆抗不以为意，只是笑了笑："你们听说过用毒药害人的羊叔子吗？"想到这些年来羊祜的仁义之举，众将顿时无话可说。

陆抗作为东吴后期最优秀的统帅，他自然明白羊祜一直施行仁义的原因，他便告诉边境的吴国士兵："别人专门行恩惠，如果我们专门作恶，不用作战就等于让自己屈服于对方了。现在你们只要保住疆界不受侵犯就行了，不要老想着占一些小便宜。"

只可惜虽然双方的统帅都同样优秀，但两边的皇帝却高下立判。晋武帝司马炎将羊祜调到荆州，原本就是想让他谋划灭吴方略，对羊祜的所作所为，他也比较支持。孙皓这边可不一样了，他听说双方居然在边境和谐交往，愤怒异常，直接就将陆抗叫来，狠狠地责备了一番。陆抗解释道："一邑一乡都不可以不讲信义，更何况是大国呢？现在如果我不这么做，只会彰显羊祜的道德信义，不会给他造成任何损失。"孙皓这辈子只会杀人，可不懂陆抗这一套，他不管陆抗如何劝说，直接就下令让吴军众将去晋国境内劫掠。这样一来，边境的百姓都越来越心向晋国了。

吴凤凰三年，也即晋泰始十年（274 年），名将陆抗终于一病不起，他临死前依然顾念着西面的防务，上书请求孙皓往西面增加兵力，只可惜孙皓根本听不进去。随着陆抗的去世，吴国灭亡的日子也不远了。

势如破竹，灭吴之战

晋咸宁五年，也即吴天纪三年（279 年），晋武帝司马炎终于下定决心，要派遣大军灭掉吴国，重新统一南北。他等待这一天已经很久了，早在司马昭时代就曾经定下过灭蜀三年后伐吴的计划，只可惜因为一系列变故，拖到了现在。

其实晋国早就已经做好了伐吴的准备，这些年来，吴国在吴主孙皓的统治之下，可以说得上是每况愈下，他荒淫无道，残杀了许多大臣，对内又横征暴敛，臣民与他早已是离心离德。晋国这些年却是蒸蒸日上，国力大大超过了吴国，就连原本是短板的水军，司马炎也早就让益州刺史王濬在巴蜀地区建造战船，编练水军好几年了。

早在咸宁二年（276 年）时，坐镇襄阳的征南将军羊祜就曾经上书请求过伐吴。在他看来，名将陆抗已经去世，吴国根本无力再阻挡晋军。只可惜当时正赶上鲜卑首领突发数起叛乱，晋军在秦州、凉州一线屡屡失败，根本无暇讨伐吴国。在贾充等人的反对下，司马炎最终没听从羊祜的建议，打消了伐吴的念头。只可怜羊祜一生为伐吴做准备，却终究没能看到那一天。两年之后，羊祜因病去世，他临死前推荐杜预接替自己，希望晋军能在杜预的率领下灭掉吴国。

杜预，字元凯，是魏国名臣杜畿的孙子，本人更是娶了司马懿的女儿高陆公主为妻。随着司马氏的掌权，杜预的身份也越来越高，他虽然是文人出身，但极富军事谋略，曾多次在军中担任幕僚，司马炎对他也是极为信任。他接替羊祜之后，做的第一件事就是除掉吴国名将张政。当时张政正担任西陵督，负责驻守西陵。因为羊祜坐镇期间，从来没玩过偷袭，所以张政没有丝毫防备，杜预便挑选了一支精锐，前往西陵偷袭张政所部。

张政没料到杜预刚上任就搞偷袭，猝不及防被杀得大败。张政因为被偷袭才吃了败仗，心里觉得没面子，就没有上报给孙皓。杜预知道后，抓准了孙皓猜忌的心理，派人将从张政那里抓来的俘虏，缴获的军械和物资等全部送到了建业交给孙皓。孙皓看到后果然大吃一惊，他根本就不知道张政吃过败仗，心里不由得怀疑张政对自己不忠，就将他调走，改换武昌监留宪担任西陵督。杜预心心念念的伐吴的时机终于来了。

咸宁五年，王濬首先向司马炎上书请战："孙皓这个人荒淫暴虐，反复无常，我们应该迅速讨伐他才对。万一孙皓哪一天死了，吴国重新立一个贤能的君主，那肯定会成为我们的强敌，再想灭吴就困难了。我在益州已经造船七年了，每天都有船只因为腐烂而毁坏，我已经七十岁了，大概也没活不了多久了，也许过几年就死了，这些都是可能发生的变数，一旦出现变故，那么伐吴的大事就非常难实现了，还请陛下抓住机会，赶快下令讨伐吴国。"晋武帝心里早就想伐吴了，接到王濬的奏章后，立刻下定决心马上行动。

偏偏关键时刻安东将军王浑出来搞事了，他告诉晋武帝："我听说孙皓最近打算北伐，吴国北面的边境已经加强了戒备，今年肯定不适合出兵了，再出兵也不会有结果。"晋武帝听说以后大失所望，但也没有其他办法，只得准备明年再出兵伐吴。幸好当时王濬的参军何攀正在洛阳，他得知消息后，赶紧上奏道："陛下别听王浑瞎说，孙皓就是装装样子，现在吴国那样，他肯定不敢出兵北伐，吴国人肯定也以为他们戒备森严，觉得我们不会出兵，我们正好可以打他们一个措手不及，这样更加容易获取胜利。"

随后杜预也从荆州上书证明吴国只是加强了防备，并没有出兵的打算，建议晋武帝赶快抓住机会讨伐吴国，以免时间拖久了会发生变故。杜预的奏章送到的时候，晋武帝正在和张华下棋。张华一贯主张伐吴，他抓住机会，推开棋盘劝道："陛下英明神武，晋国国富民强，吴主孙皓邪恶凶残，诛杀了很多贤良有才之人。我们现在去讨伐他简直是轻而易举，请陛下不要再犹豫了。"

晋武帝听后觉得张华说得很对，就同意了伐吴，而且还任命张华为度支尚书，负责伐吴的运粮事宜。一贯反对伐吴的贾充、荀勖等人接到消息后，果然又再次跳出来反对伐吴。贾充他们知道是张华出的主意，甚至叫嚣道："要是不能平定吴地，请将张华腰斩以谢天下。"晋武帝对此毫不理会，他直接将责任揽了下来："这是我的主意，跟张华有什么关系？你不要再多说了。"吓得贾充立刻脱帽谢罪。这之后，伐吴便成了定局，再也没人敢多说什么了。

这一年十一月，晋武帝正式下令大举讨伐吴国，他总共派出了六路大军：镇东大将军、琅琊王司马伷率军向涂中（指今江苏、安徽境内长江支流涂河流域）进发；安东将军王浑率军向江西（泛指长江下游北岸淮水以南地区）进发；建威将军王戎率军向武昌（今湖北鄂州市）进发；平南将军胡奋率军向夏口进发；镇南大将军杜预率军向江陵进发；龙骧将军王濬和巴东监军唐彬率领水军从巴蜀出发，顺江而下。一时间从东到西三千多里的战线上，集结了二十多万的晋军。更有意思的是，晋武帝还把贾充拉了出来，让他担任使持节、假黄钺、大都督，作为伐吴的最高统帅，又让冠军将军杨济协助他。比较尴尬的是，贾充本就不赞成伐吴，结果居然要做伐吴的主帅。贾充自然不愿意，他不断上书陈述伐吴的不利之处，又表示自己年老多病，没法担任主帅。司马炎听完不高兴了，直接说道："如果你不肯去的话，我也不勉强你，我只能亲自率军出征了。"话都说到这个地步了，贾充还能再说什么？他只得硬着头皮接下主帅的重任，率领大军南下驻扎到襄阳，负责其他各路军队的统筹、调度和节制。

第二年二月，王濬和唐彬率领水军沿着长江，一路顺流而下，很快就攻破了丹阳，生擒了吴国的丹阳监盛纪，然后继续东进。再往东就是三峡的峡口了，吴军在这里早就搞好了工程建设，他们把江边浅滩附近的要害位置，用铁锁加以拦截，又打造了一丈多长的大铁锥放到了长江里面，用以阻挡战船经过。

然而这一切却有一个很大的问题，那就是吴国自以为没有战船可以经过，便没有放置一个守军，结果反而给了王濬从容解决阻碍的机会。王濬望着眼前布置严密的吴国防线，很快就有了应对之策。他派人制造了几十个大木筏，每一个木筏长宽都有一百多步。大木筏造好以后，王濬又在上面扎了很多草人，草人们身披盔甲，手持武器。做好这一切之后，王濬就将这些木筏全部放到水里，让它们顺流而下，同时让水性好的士兵乘木筏走在前面。遇到长江里的铁锥之后，铁锥就扎到木筏上被木筏带走了。王濬又让人做了很多大火把，火把长十几丈，有几十围粗，上面浇上麻油。王濬将火把放在战船前面，遇到铁锁之后就点燃火把，没用多长时间，铁锁就被火烧断了。自此吴军在峡口布置的防御工事完全失效，再也没有东西能够阻挡晋军的战船了。

不久后王濬就率领水军一路东下，到达了西陵。这座吴国西线的重镇，在变换主帅之后防守极为薄弱，根本就无力阻挡晋军。很快西陵就被晋军攻下了，西陵督留宪不敌之下力战而亡。随后王濬又继续东进，先后攻下了荆门（今湖北宜都市西北）、夷道两城。陆抗的儿子陆晏此时正担任夷道监，面对来势汹汹的晋军，他因不敌也壮烈殉国。

攻下夷道之后，王濬继续向东，不久后与从陆路向江陵进军的杜预相遇，两军遂合兵一处，直指吴国在荆州的重镇乐乡。杜预首先派牙门将管定、周旨、伍巢等人率领八百名精兵作为奇兵，连夜乘舟渡过了长江，直接杀奔乐乡城下。周旨等人手里兵少，正面攻城肯定没什么胜算，他们便在城外竖起了很多旗帜，又在巴山（今湖北松滋市西北）上点起了很多火把。坐镇乐乡的吴国都督孙歆看了还以为晋军主力已经渡江了，大吃一惊，连浮桥都没看到一座，不知道晋军怎么就过来了，他忍不住写信给江陵督伍延："从北面来的军队太可怕了，他们是直接飞渡长江的。"

就在孙歆疑神疑鬼的时候，王濬率领的水军也到达了城下，孙歆率军出城迎战。结果自然没有任何悬念，大战一场之后，孙歆大败而回。比较搞笑的是，周旨等人原本埋伏在城外，他们看到吴军大败之后，就跟在败军后面进入了乐乡城。大概因为败得太惨，吴军竟然没有一个人察觉到有一支晋军跟在自己屁股后面。当天夜里，周旨等人就摸到了孙歆帐内，生擒了孙歆。

没了主帅的乐乡自然无力抵挡晋军，只好选择了开城投降。随后杜预继续南下，率领大军进攻江陵。早已经孤立无援的江陵自然无力抵挡晋军的猛攻，很快就被晋军攻陷，伍延当场战死。几乎同一时间，王濬也在长江上与吴国的水军相遇了，双方自然又是一场酣战，以水师称雄天下的吴国竟然被杀得大败，陆抗的儿子水军都督陆景也当场阵亡。

与此同时，晋军其余各路也有收获。胡奋率领所部人马已经攻下了江安（今湖北公安县）。王戎率领参军罗尚、刘乔等人南下后，很快就到了武昌城下。相比上游各位力战殉国的将领，武昌守军丢人简直丢到了姥姥家，他们看到晋军到城下后，便在江夏太守刘朗和武昌诸军督军虞昺（bǐng）的率领下，直接开城投降了王戎。

王浑这一路战果则更为丰富，他率领大军出发以后，首先派参军陈慎、都尉张乔攻破了寻阳濑乡（治今湖北黄梅县西南），接着又击败了吴国的牙门将孔忠，顺利向东面推进。他沿途还击破了吴军很多营垒，先后俘虏了吴国将领周兴等五人。不久后，王浑又再度派遣殄吴护军李纯进攻高望城（今江苏浦口区高旺村），大破吴将俞恭所部，吓得吴国厉武将军陈代、平虏将军朱明等人赶紧率领所部人马前去投降。就这样，荆州几乎全部落入晋国手里，沅水、湘水以南地区和交州、广州的很多州郡闻风而动，也纷纷派遣使者向晋军投降。

伐吴到了此时，晋国可谓是大获全胜，晋军总共俘虏、斩杀了吴国都督、监军十四人，牙门、郡守一百二十多人。其间还闹出了一个笑话。王濬先上表给皇帝，声称已将吴将孙歆斩杀，并列入功劳簿，但随后杜预便将生擒的孙歆送到洛阳。王濬一时间非常尴尬，成了洛阳人口中的笑谈。针对下一步的行动计划，杜预召集众将进行商讨。不少将领都认为："像吴国这种盘踞差不多百年的贼寇，不可能一下子全部消灭掉。现在正是春季，雨水非常多，大军难以长时间驻扎，不如先暂时停止进攻，等到冬天的时候，再大举发兵。"杜预不同意，他认为："春秋时期乐毅之所以能够几乎灭掉强大的齐国，就是因为济西一战将齐国人吓破了胆。现在我军军威已立，就好比用刀子破开竹子一样，只要破开竹节，其他一切都会迎刃而解，不会有任何吃力的地方。"随后杜预便给众将指点传授计策，然后下令让各路大军分别从不同方向杀奔建业。

到了这时，孙皓总算是反应过来了。当时对建业威胁最大的就是北面的王浑所部，孙皓便派丞相张悌与丹阳太守沈莹、护军孙震、副军师诸葛靓等人率领三万大军渡过长江，进攻驻扎北岸的王浑所部。众人虽然领命出征，但其实心里都知道此行只怕是凶多吉少，走到牛渚（今安徽马鞍山市西南长江边牛渚矶）时，沈莹对目前的局势做出了分析："晋国在巴蜀地区已经编练水军很多年了，这次出兵肯定会从上游顺江东下，而我国上游的各路部队，历来没有什么戒备，以前负责上游的名将也都死了，现在只有一些年轻人担当重任，依靠他们只怕抵挡不住晋军。晋军的水军最后肯定会到这里，我觉得我们不如集中兵力在这里等待他们的到来，然后大家打一场决战，假如侥幸获胜了，那长江以北的地方自然就太平了。如果我们现在渡江去与晋军交手，一旦战败了，那么也就大事去矣。"

张悌不同意沈莹的建议，他叹息道："吴国已经快完了，恐怕无论是聪明人还是蠢人都可以看出来，也不是今天才发生的事情。按照你的意思，将大军集中在这里，只怕蜀地的士兵一到，大军会立刻慌乱不安，想安抚他们都很困难，更别提决战了。不如趁现在渡过长江，我们还能与晋军决一死战。如果败了，我们就一同为国家而死，也没有什么可遗憾的了；如果能够获胜，我军必然声势大振，那时候我们再乘胜进军，在半路上迎击敌人，还怕不能破敌吗？如果按照你的计策，恐怕军队都四散而逃了，那时就只能坐等敌人前来，然后君臣一起投降。一个国家灭亡却没有一个人为国死难，这难道不是耻辱吗？"众人见张悌都这么说了，只好继续按照原计划行事。

晋军根本就没有料到吴军会主动渡江决战，张悌等人渡过长江以后，很快就在杨荷桥（今安徽和县北）将王浑的部将城阳都尉张乔重重围困起来。张乔手下当时只有七千人，根本不是吴军的对手，他无奈之下只得请求投降。

按照诸葛靓的意思，是要把张乔所部七千人全部杀掉，但是张悌不同意，他认为："我们的强敌还在前面，现在先不要做这种无关紧要的事情，更何况杀死投降的人本来就不吉利，会遭到报应的。"诸葛靓听后赶紧劝道："这些人是因为救兵还没到，抵挡不住我们，才暂时向我们投降，想拖延时间。如果现在放过他们，将来必成大患。"张悌怎么也不肯听从，他只抚慰了张乔等人一番，就继续率军前进了。

不久后张悌等人就遇到了严阵以待的扬州刺史周浚所部晋军，沈莹一马当先，带着五千精锐的丹阳兵杀奔晋军。晋军果然不是吴军轻易能够击败的，沈莹连续冲击了好几次，都无法击破晋军的阵形，只得率军向后撤退。没想到沈莹这一撤，吴军竟然开始乱了。晋将薛胜、蒋班一看有机可乘，立刻带着军队追击而来。这下吴军就更乱了，甚至开始四散奔逃，沈莹等人无论如何也制止不住。

就在这时，诸葛靓最担心的事情终于发生了，张乔带着人马从吴军后面杀奔而来。前有饿狼后有猛虎，吴军再也抵挡不住，被杀得大败。混战之中，诸葛靓带着所部几百人杀出了重围，他眼看张悌还没脱险，就派人去救他一起离开，没想到张悌死活都不肯走。无奈之下诸葛靓只得亲自过去劝张悌："存亡是有定数的，并不是你一个人能够支撑的，你为什么一定要自己求死呢？"张悌一听竟然哭了出来："仲思啊，今天是我的死期了。我年幼的时候，因为被你家诸葛丞相赏识才得到提拔。我常常害怕自己死得没有意义而辜负了诸葛丞相当初对我的了解和照顾，今天以身殉国，还有什么可说的呢？"诸葛靓还是坚持要拉他走，张悌还是怎么也不肯走。无奈之下诸葛靓只好自己放手离开，等他走出一百多步远时再回头去看，张悌已经被晋军杀了。此战中战死的还有孙震、沈莹等七千八百人，吴国损失极其严重。

就在张悌等人败死的时候，王濬也在从水路拼命赶往建业，他非常渴望能就此成就不朽的功劳。而另一边，距离建业近在咫尺的王浑却没有渡江进攻，他之所以这么做，一方面是因为司马炎没有下达过让他渡江作战的命令，另外一方面则是因为他觉得王濬是自己的部下，到时候可以借助王濬的力量渡江。原本在出师之时，司马炎曾经有过命令，让王濬攻下建平之后就归属杜预指挥，到了建业之后归属王浑指挥。杜预率领大军出发时告诉众将："如果王濬能够攻下建平，肯定会顺着长江长驱直入，到那时他威名已经立下，就不适合再让他受我节制了。如果他不能获胜，那就是我没有缘分指挥他了。"等王濬到达西陵之后，杜预写信给他："你已经摧毁了敌人在西面的屏障，应该立即直取建业，讨伐贼寇，解救吴人于水深火热之中，然后再整顿部队，班师而回，这也是前所未有的事业。"王濬看到信后大喜，立刻兼程赶往建业。至于王浑，早就被他抛到九霄云外了。

王浑所部获胜之后，扬州别驾何恽就曾建议过周浚："张悌带着吴国的精兵已经全军覆没，吴国必定上下震动。眼下王濬已经攻下了武昌，必定会顺流而下，所过之处敌人肯定是土崩瓦解。我认为我军应该立刻渡过长江，兵锋直指建业。敌人看到我军到达后，必定会胆战心惊，丧失对抗的勇气，我军就可以不战而胜了。"周浚听后大喜："你说得非常对，不如亲自去跟王将军说吧。"何恽听后赶紧拒绝："王将军这个人不懂得把握时机，他只想着凡事小心谨慎，不让自己有任何过失，所以他肯定不会听我的意见率军渡江。"

周浚不信，坚持让何恽去劝说王浑。结果果然如何恽所料，王浑直接就拒绝了，他认为："陛下的命令只是让我驻扎在长江以北，以便对抗南面的吴军，没有让我率军渡江。你们扬州的军队虽然骁勇善战，但又怎么可能独自平定江东之地呢？如果现在违背诏书渡江的话，如果获胜了倒还好，肯定能得到奖赏，但万一失败了，那犯下的罪过就很大了。再说了，陛下早就有过命令，让王濬接受我的节制，我们等他到达后一起渡江不就好了。你们现在应该做的，就是先准备好船只，等王濬一起渡江。"

何恽听后赶紧劝道："王濬现在一路大获全胜，他立功之后怎么可能还会接受您的调遣呢？恐怕他会独自求取灭国的功劳。更何况将军您身为国家上将，更应该把握适当的时机采取行动，怎么能事事都等陛下的命令呢？如果现在渡过长江，我们完全有把握获胜，您还一直犹豫，不肯率军前进，这才是我们抱恨不已的原因。还请将军多加考虑，眼下的时机实在是不容错过。"无论何恽怎么劝说，王浑就是听不进去，只想着坐看王濬破敌。

王濬离开武昌以后，一路顺江而下，很快就到了建业附近。孙皓听到消息后大吃一惊，赶紧让游击将军张象率领一万水军前往抵抗。没想到张象所部看到王濬的大军后被吓得不行，根本不敢交战，直接就选择了投降。从江岸上看去，只见江中全是全副武装的晋军士兵，旌旗映衬着天空，威猛的气势极其盛大，两岸的吴国人看到了都十分惧怕。

孙皓这时可没想着如何抵御晋军，而是在想救自己的宠臣呢。孙皓有一个叫作岑昏的宠臣，一贯阴险狡诈，又喜欢搞工程建设，所以吴国人都非常讨厌他。张象所部投降以后，吴国的士兵却不愿意拿起武器抵挡敌人，孙皓得知是因为岑昏后，不由得怒从心起，下令拿他去向百姓谢罪。众人听后大喜，立刻就将岑昏拖下去砍了。可没过多久孙皓这边就反悔了，当他派人去救岑昏时已经来不及了。

虽然没能救下岑昏，但还是需要人率军去击退敌人，而这个时候孙皓手下已经无将可用了。恰巧在这时，徐陵督陶濬回来了，他原本是奉命去讨伐占据广州叛乱的郭马，结果走到武昌时发现晋军已经来了，便又率军撤往东面，这会儿刚好到达建业。孙皓得知后赶紧派人去召他前来相见，询问他水军的情况如何。陶濬睁眼说瞎话："蜀地的船只都非常小，只要给我两万士兵，乘坐大船去与他们交战，肯定可以打败敌人。"孙皓大喜，立刻给了陶濬两万士兵，让他第二天前去破敌。结果当天夜里，吴军士兵就跑得一干二净。

既然打不了，就只能投降了，当时王浑、王濬、司马伷三路大军都在建业附近，吴国的司徒何植、建威将军孙晏首先跑到王浑军中投降。孙皓也没有别的办法，在光禄勋薛莹、中书令胡冲的建议下，分别派遣使者向王浑、王濬、司马伷奉上降表请求投降。不久后，王濬的水军经过三山直奔建业而去。王浑这时候还做着王濬听从自己指挥的美梦，便派人去叫王濬到岸上来一起议事。王濬对此毫不理会，只回了一句："现在正顺风行船，没办法停下来。"因为这句话，后来王浑和王濬为了争功竟大打出手，这就是后话了。

三月十五日，王濬带着八万士兵，乘坐战船，直接开入了石头城（今江苏南京清凉山），吴主孙皓被迫出城投降。唐代诗人刘禹锡曾写下《西塞山怀古》一诗："王濬楼船下益州，金陵王气黯然收。千寻铁锁沈江底，一片降幡出石头。"说的就是王濬破吴让孙皓投降的事。

孙皓的投降，意味着吴国的灭亡。晋国接收了吴国四个州、四十三个郡、三百一十三个县、五十二万三千户、三万两千名官吏、二十三万名士兵，男女人口二百三十万。从黄龙元年起，到最终灭亡，吴国国祚总共五十二年。如果从孙权在黄初三年受封吴王开始，总共五十八年。如果从兴平元年孙策渡江平定江东开始，总共八十七年。吴国的最终灭亡，也意味着西晋重新统一了天下，一个短暂的大一统时期就此到来。

参考文献

[1]（西晋）陈寿撰，卢弼集解.三国志集解 [M].北京：中华书局，2012.

[2]（南朝宋）范晔等.后汉书 [M].北京：中华书局，1965.

[3]（唐）房玄龄等.晋书 [M].北京：中华书局，1974.

[4]（北宋）司马光撰，胡三省注.资治通鉴 [M].北京：中华书局，2011.

[5] 台湾三军大学编.中国历代战争史 [M].北京：中信出版社，2013.

[6]（晋）常璩.华阳国志译注 [M].四川：四川大学出版社，2007.

[7] 罗琨、张永山.中国军事通史 [M].北京：军事科学出版社，2005.

[8] 谭其骧.中国历史地图集 [M].北京：中国地图出版社，1982.

[9] 马植杰.三国史 [M].北京：人民出版社，1993.

[10] 何兹全.三国史 [M].北京：人民出版社，2011.

[11] 张大可.三国史 [M].北京：华文出版社，2003.

[12] 吕思勉.三国史话 [M].北京：中华书局，2009.

[13] 柳春藩.三国史话 [M].北京：北京出版社，1981.

[14] 田余庆.秦汉魏晋史探微 [M].北京：中华书局，2011.

[15] 田余庆.东晋门阀政治 [M].北京：北京大学出版社，2012.

[16] 柏杨.柏杨品三国 [M].北京：中信出版社，2006.

[17] 黎东方.细说三国 [M].北京：商务印书馆，2015.

[18] 罗肇前.三国征战史 [M].湖南：岳麓书社，2009.

[19] 王前程.夷陵之战研究 [M].河南：中州古籍出版社，2013.

[20] 张旭华.九品中正制研究 [M].北京：中华书局，2015.

[21]（北魏）郦道元著、陈桥驿译注.水经注校证 [M].北京：中华书局，2013.

[22] 高凯.汉魏史探微 [M].河南：大象出版社，2014.

[23] 张国芝 . 汉代巡视制度研究 [M]. 河南: 大象出版社, 2014.

[24] 翦伯赞 . 中国史纲要 [M]. 北京: 人民出版社, 1979.

[25] 钱穆 . 国史大纲 [M]. 北京: 商务印书馆, 2011.

大事记

公元 189 年，汉灵帝中平六年

四月，汉灵帝驾崩。

九月，董卓废少帝刘辩，立陈留王刘协为帝，改元永汉。

公元 190 年，汉献帝初平元年

正月，桥瑁假托三公名义移书各州郡，希望起兵伐董；山东州郡起兵讨伐董卓。

六月，曹操西进荥阳，在汴水被徐荣大败。

公元 191 年，汉献帝初平二年

三月，孙坚击败胡轸、吕布，斩杀华雄，进入洛阳。

四月，董卓入长安。

冬，公孙瓒屯兵磐河。

公元 192 年，汉献帝初平三年

正月，袁绍与公孙瓒界桥会战正式开战。

夏，青州黄巾进攻兖州，刘岱迎战被杀，鲍信等人迎立曹操为兖州刺史。

公元 193 年，汉献帝初平四年

正月，袁绍公孙瓒接受天子使者赵岐的和解，罢兵。袁术屯兵封丘，被曹操击败。

三月，魏郡兵勾结黑山于毒等人，杀太守，袁绍亲自率兵攻破。

秋，张闿袭杀曹嵩，曹操为父报仇，进攻徐州，屠城数十座。

十月，幽州刺史刘虞进攻公孙瓒，反被击败。

公元 194 年，汉献帝兴平元年

春，陶谦向田楷求救，田楷与刘备出兵支援徐州。

九月，张邈、陈宫叛乱，引吕布攻占兖州，曹操回军。

十月，陶谦病故，刘备领徐州。

冬，孙策渡江南下，击败刘繇。

公元 195 年，汉献帝兴平二年

夏，曹操于兖州激战吕布，吕布东奔刘备。

八月，曹操围雍丘。

十月，汉献帝逃出长安。

冬，袁术出兵徐州，与刘备对峙。

十二月，曹操攻破雍丘，擒杀张超。

公元 196 年，汉献帝建安元年

春，吕布袭击攻占下邳，自称徐州牧。刘备回军争夺，败走，屯兵小沛。

八月，汉献帝迁都许昌。孙策取会稽。

九月，袁术进攻刘备，吕布调停，辕门射戟。

公元 197 年，汉献帝建安二年

正月，曹操进攻宛城，张绣投降。曹操纳张济妻，张绣叛乱，曹昂、典韦战死。袁术称帝，孙策脱离袁术。

九月，曹操进攻袁术，袁术败走淮南。

十一月，曹操进攻湖阳，生擒刘表大将邓济，由于天气寒冷，回军许昌。

公元 198 年，汉献帝建安三年

三月，曹操征讨张绣，击败张绣与刘表联军。

五月，曹操派夏侯惇救援小沛，失利。高顺等击破小沛，刘备投奔曹操。

十月，曹操征讨吕布。

十二月，曹操攻破下邳，诛杀吕布、陈宫、高顺等人。

公元 199 年，汉献帝建安四年

三月，袁绍击败公孙瓒，公孙瓒于易京自焚。

四月，曹仁、史涣于射犬击败眭固。

六月，刘备、朱灵等人截杀袁术，袁术于途中病死。

八月，曹操进军黎阳。

十二月，孙策在沙羡之战中大破黄祖。

公元 200 年，汉献帝建安五年

正月，"衣带诏"泄露，董承等人被诛杀。曹操亲征刘备，攻破徐州，关羽投降，刘备败投袁绍。

二月，袁绍进驻黎阳。

四月，曹军斩杀颜良、文丑。孙策打猎遇刺，回城后重伤而死。孙权即位。

七月，汝南黄巾叛曹，袁绍派刘备骚扰曹操后方，曹操派曹仁平定汝南。

十月，曹操火烧乌巢，大败袁绍于官渡。

公元 201 年，汉献帝建安六年

四月，曹操于仓亭击败袁绍。

九月，曹操派张辽等人在东海劝降昌豨。曹操亲自击败刘备，刘备逃往荆州，依附刘表，驻扎新野。

公元 202 年，汉献帝建安七年

五月，袁绍病死，袁氏内乱。

九月，曹操进攻黎阳。

公元 203 年，汉献帝建安八年

二月，曹操击败袁谭、袁尚联军于黎阳，二袁退守邺城。

四月，曹操围困邺城，郭嘉献计等二子互争。

五月，曹操还军许昌。

八月，袁尚出击南皮，大败袁谭，袁谭向曹操求助。

十月，曹操进军黎阳。

公元 204 年，汉献帝建安九年

二月，袁尚进攻袁谭于平原。

四月，曹操进攻邺城。

八月，曹操大破袁尚，攻下邺城。

十月，高干投降曹操。袁谭进攻袁尚于中山，袁尚败投幽州依附袁熙。

十二月，曹操攻破平原。孙翊被部将妫览、戴员杀害，徐氏忍辱报仇。

公元 205 年，汉献帝建安十年

正月，曹操追击袁谭，斩之。袁熙与袁尚投奔辽西乌桓。

四月，黑山张燕投靠曹操。

八月，曹操出兵幽州，逐乌桓。

十一月，并州刺史高干叛乱，曹操派人平定。

公元 206 年，汉献帝建安十一年

正月，曹操亲自率军追击高干。

四月，曹操击破壶关，高干只身逃至上洛，被都尉斩杀。

八月，昌豨叛乱，管承攻陷城池，于禁追讨平定。孙权攻取江夏，太史慈病故。

公元 207 年，汉献帝建安十二年

二月，曹操准备北征乌桓。

七月，曹操出兵卢龙，大破乌桓于白狼山，斩单于蹋顿。

九月，曹操自柳城回军，东临碣石以观沧海。

十一月，辽东太守公孙康杀袁熙、袁尚和速仆丸，送首给曹操。

公元 208 年，汉献帝建安十三年

八月，曹操杀孔融。刘表病逝，刘琮继位。

九月，曹操亲征荆州，刘琮投降。诸葛亮入江东，联合孙权，共抗曹操。

十月，曹纯率虎豹骑大破刘备。黄盖火攻曹军战船，周瑜大破曹操于乌林赤壁。曹操败走南郡，回军许昌。

十二月，刘备攻占武陵、长沙、桂阳、零陵诸郡。

公元 209 年，汉献帝建安十四年

三月，孙权久攻合肥不下，曹操派张喜解围，援军未至，蒋济诈称张喜援军书信，骗孙权班师，解合肥之围。

十二月，周瑜攻破江陵。

公元 210 年，汉献帝建安十五年

春，刘备到京口，借江陵。刘备娶孙权之妹，回公安。

冬，曹操建铜雀台于邺城。周瑜病逝于巴丘，孙权以鲁肃代周瑜。

公元 211 年，汉献帝建安十六年

三月，曹操派钟繇进攻张鲁，韩遂、马超起兵拒曹军于潼关。

七月，曹操亲自率军进攻凉州诸将。

九月，曹操于渭南大破马超、韩遂联军。刘璋迎刘备入蜀，防御张鲁。

十二月，曹操率军回许昌，留夏侯渊屯兵长安。

公元 212 年，汉献帝建安十七年

五月，曹操杀马腾，夷其三族。

十二月，刘备采用庞统计策，杀杨怀、高沛，自葭萌关起兵攻击刘璋。

公元 213 年，汉献帝建安十八年

正月，曹操进攻濡须口，攻破孙权江西营，擒获都督公孙阳。

五月，曹操称魏公，加九锡。

八月，马超杀凉州刺史韦康，氐王千万响应。

九月，杨阜、姜叙等围攻马超，马超败投张鲁。

公元 214 年，汉献帝建安十九年

春，马超围攻祁山，夏侯渊援军击败马超。夏侯渊乘机平定诸氐族。

五月，刘备逐刘璋，自领益州牧。枹罕宋建趁凉州大乱，称河首平汉王。

十月，夏侯渊平定宋建。

十一月，曹操杀伏皇后。

公元 215 年，汉献帝建安二十年

三月，曹操亲自率军进攻张鲁。

五月，刘备亲自率军入荆州，争夺荆州三郡。关羽、鲁肃单刀赴会，共同约定以湘水为界，平分荆州。

七月，曹操攻破汉中。

八月，孙权亲征合肥，张辽威震逍遥津。

九月，曹操派徐晃、张郃进攻巴西。

十一月，张鲁投降，曹操占领汉中，统一北方。

公元 216 年，汉献帝建安二十一年

四月，曹操称魏王。

夏，刘备亲率大军出兵葭萌关，攻夏侯渊等人。张飞与张郃相拒，张郃大败。刘

备尽得巴西。

公元 217 年，汉献帝建安二十二年

正月，曹操亲征孙权。

二月，曹操进攻濡须口，孙权亲自率兵对阵，甘宁百骑劫营。

三月，孙权请降，曹操回军。

夏，刘备亲率兵进攻阳平关。张飞、马超汇合，吴兰、雷铜进攻下辩。

公元 218 年，汉献帝建安二十三年

正月，金祎、耿纪等人谋反，夜攻许昌，被王必平定。

春，曹洪、曹休在下辩击败吴兰。张飞、马超退兵。

四月，代郡、上谷乌桓谋反。

九月，曹彰平定乌桓。

十月，南阳太守侯音谋反。

公元 219 年，汉献帝建安二十四年

正月，侯音败亡，刘备部将黄忠阵斩夏侯渊于定军山。

三月，曹操亲征汉中，与刘备相持。

五月，曹操退兵。刘备占领汉中，攻取上庸、房陵。

七月，刘备称汉中王，关羽进攻襄阳、樊城，大破曹军。

八月，关羽水淹七军，擒于禁，斩庞德，威震华夏。

九月，魏讽谋反，被诛杀，连坐数千人。

十月，曹操与孙权联合，吕蒙白衣渡江，袭击荆州。

十一月，关羽败走麦城。

十二月，潘璋部下司马马忠擒获关羽，孙权杀关羽及其子关平。孙权向曹操称臣。

公元 220 年，汉献帝延康元年 / 魏黄初元年

正月，曹操病死，曹丕即位魏王，汉改元延康。

五月，西平麹演叛乱，张掖、酒泉响应，曹军平定。

七月，刘备部将孟达投降曹丕。

十月，曹丕称帝，废汉献帝为山阳公，改元黄初。

公元 221 年，魏黄初二年 / 汉章武元年

四月，刘备称帝，改元章武。孙权定都鄂，改称武昌。

七月，刘备亲自进攻孙权。孙权派陆逊等相距。

八月，孙权向曹丕称臣，曹丕封其为吴王，加九锡。

公元 222 年，魏黄初三年 / 汉章武二年 / 吴黄武元年

正月，陆逊部下宋谦攻破吴班屯营。

二月，刘备兵至秭归，击破李异、刘阿，进军夷道、猇亭。

六月，陆逊火攻大败刘备于猇亭，刘备遁走白帝城。

八月，陆逊大破陈式水军，黄权投降魏国。

九月，曹丕亲自率军伐吴。孙权改元黄武。

十一月，徐盛守江，击败曹休。吴国与蜀汉重新建交，共同对抗魏国。

公元 223 年，魏黄初四年 / 汉章武三年 / 汉后主建兴元年 / 吴黄武二年

正月，张部击败徐盛，占据百里洲，围攻江陵。

二月，魏军进攻不利。

三月，曹丕回军洛阳。

四月，刘备病逝白帝城，托孤诸葛亮与李严。刘禅即位，改元建兴。

秋，雍闿杀太守正昂，勾结朱褒、高定、孟获等叛乱。

公元 224 年，魏黄初五年 / 汉建兴二年 / 吴黄武三年

七月，曹丕起兵攻吴。

八月，曹丕兵至寿春。

九月，曹丕兵至广陵，见徐盛军连绵数千里，班师回军。

公元 225 年，魏黄初六年 / 汉建兴三年 / 吴黄武四年

三月，曹丕亲率水军征吴。

五月，魏利成郡蔡方叛乱，推唐咨为帅。被魏军平定，唐咨奔走入吴。

七月，诸葛亮征讨南中，平定南蛮。

十月，曹丕兵至广陵，因天寒，舟师无法入江，临江而还。

公元 226 年，魏黄初七年 / 汉建兴四年 / 吴黄武五年

五月，曹丕病死，曹睿即位。

八月，孙权进攻江夏，文聘坚守。诸葛瑾进攻襄阳，被司马懿击退。孙权退兵。

公元 227 年，魏太和元年 / 汉建兴五年 / 吴黄武六年

三月，诸葛亮上书出师表。

十二月，魏孟达与诸葛亮私通书信，司马懿率军攻之。

公元 228 年，魏太和二年 / 汉建兴六年 / 吴黄武七年

正月，司马懿、徐晃奇兵击杀孟达。诸葛亮兵出祁山。姜维降蜀，张郃大败马谡于街亭。

八月，周鲂诈降，陆逊大败曹休于石亭。

十二月，诸葛亮兵出散关，围攻陈仓，郝昭坚守。诸葛亮粮尽退兵，斩杀王双。

公元 229 年，魏太和三年 / 汉建兴七年 / 吴黄龙元年

春，诸葛亮出兵拔魏武都、阴平。

四月，孙权称帝，改元黄龙。

九月，孙权迁都建业。

公元 230 年，魏太和四年 / 汉建兴八年 / 吴黄龙二年

正月，孙权派卫温、诸葛直率水军求夷州、亶州。

七月，曹真、司马懿率军攻蜀汉，诸葛亮相拒子午谷。

九月，魏军退兵。

十二月，孙权进攻合肥新城。

公元 231 年，魏太和五年 / 汉建兴九年 / 吴黄龙三年

二月，吕岱进攻五溪蛮。诸葛亮兵出祁山，以木牛运粮。

六月，诸葛亮粮尽退兵，张郃追击至木门道，被射杀。

公元 232 年，魏太和六年 / 汉建兴十年 / 吴嘉禾元年

三月，孙权与辽东公孙渊勾结。

九月，田豫截杀出使辽东的吴国使者。

公元 233 年，魏青龙元年 / 汉建兴十一年 / 吴嘉禾二年

二月，魏改元青龙。

三月，吴国派使者封辽东公孙渊为燕王。

十二月，公孙渊杀吴使者，献首于魏。

公元 234 年，魏青龙二年 / 汉建兴十二年 / 吴嘉禾三年

二月，诸葛亮兵出斜谷，以流马运粮。

四月，诸葛亮驻扎渭水南侧五丈原。司马懿引军渡渭水，背水立营，两军相拒。

五月，孙权发兵三路攻魏。

七月，曹睿亲征防御，吴军退兵。

八月，诸葛亮病逝五丈原，汉兵退军。

公元 237 年，魏景初元年 / 汉建兴十五年 / 吴嘉禾六年

三月，魏国改元景初。

六月，毌丘俭讨伐公孙渊，不利，回军。

公元 238 年，魏景初二年 / 汉延熙元年 / 吴赤乌元年

正月，蜀汉改元延熙。

八月，司马懿平定辽东，斩杀公孙渊。

九月，吴国改元赤乌。

公元 241 年，魏正始二年 / 汉延熙四年 / 吴赤乌四年

四月，吴国四路伐魏。

六月，司马懿出兵樊城，吴国退兵。

公元 244 年，魏正始五年 / 汉延熙七年 / 吴赤乌七年

二月，曹爽出兵进攻汉中，王平拒守，费祎出兵支援。

五月，曹爽退兵，姜维截杀，曹爽败退。

九月，毌丘俭出兵高句丽，占领丸都，高句丽王位宫逃走。

公元 247 年，魏正始八年 / 汉延熙十年 / 吴赤乌十年

五月，司马懿称病。

是岁，雍、凉羌胡叛魏投蜀汉，姜维兵出陇右，与郭淮、夏侯霸大战于洮西。胡王白虎文、治无戴等归降入蜀。

公元 249 年，魏嘉平元年 / 汉延熙十二年 / 吴赤乌十二年

正月，司马懿发动高平陵之变，杀曹爽等人。

秋，姜维出兵雍州，与郭淮、邓艾大战，无功而还。

公元 250 年，魏嘉平二年 / 汉延熙十三年 / 吴赤乌十三年

十月，魏文钦诈降，引诱吴军。吴军识破计策，与文钦相拒。文钦不敢进。

十二月，姜维出兵北伐，袭击西平，俘虏郭循，占据洮西之地。

公元 251 年，魏嘉平三年 / 汉延熙十四年 / 吴赤乌十四年 / 吴太元元年

四月，王凌谋立楚王曹彪，司马懿征讨，王凌投降自杀。

八月，司马懿死，司马师即位大将军。

公元 253 年，魏嘉平五年 / 汉延熙十六年 / 吴建兴二年

正月，魏降将郭循刺杀费祎。

三月，诸葛恪出兵伐魏。

四月，姜维出兵围南安、狄道，粮尽撤退。

七月，诸葛恪无功而返。

十月，孙峻等人杀诸葛恪。

公元 254 年，魏嘉平六年 / 魏正元元年 / 汉延熙十七年 / 吴五凤元年

二月，魏国诛杀夏侯玄、张缉等人，夷灭三族。

六月，姜维出兵陇西。张嶷战死，姜维大破徐质。

七月，姜维粮尽，拔狄道、河关、临洮三县民还。

九月，司马师废皇帝曹芳。

十月，司马师立曹髦为皇帝，改元正元。

公元 255 年，魏正元二年 / 汉延熙十八年 / 吴五凤二年

正月，文钦、毌丘俭矫诏起兵于寿春。司马师亲征，击溃寿春叛军，毌丘俭被杀，文钦、文鸯父子投奔吴国。司马师回军，病逝许昌。

二月，吴国孙峻趁乱攻打寿春，败还。

八月，姜维伐魏，出兵枹罕，大破王经，姜维围攻狄道。陈泰救援，姜维粮尽退兵。

公元 256 年，魏正元三年 / 魏甘露元年 / 汉延熙十九年 / 吴五凤三年 / 吴太平元年

七月，姜维出兵祁山，于段谷被邓艾大败。

公元 257 年，魏甘露二年 / 汉延熙二十年 / 吴太平二年

五月，诸葛诞于寿春发动叛乱，司马昭与曹髦亲征。

六月，吴国出兵寿春伐魏，救援诸葛诞。姜维出兵骆谷伐魏，被司马望、邓艾所拒。

公元 258 年，魏甘露三年 / 汉景耀元年 / 吴太平三年 / 吴永安元年

二月，司马昭攻破寿春，杀诸葛诞，并击败吴军援军。姜维听闻寿春城破，也引兵退还。

公元 262 年，魏景元三年 / 汉景耀五年 / 吴永安五年

十月，姜维出兵伐魏，攻打洮阳，被邓艾所破，姜维败走沓中。

公元 263 年，魏景元四年 / 汉景耀六年 / 汉炎兴元年 / 吴永安六年

八月，魏国钟会、邓艾分兵攻打蜀汉。

十月，吴国丁奉支援蜀汉，出兵寿春。

十一月，邓艾偷渡阴平，攻至成都，汉帝刘禅投降，蜀汉亡国。

公元 264 年，魏景元五年 / 魏咸熙元年 / 吴永安七年 / 吴元兴元年

正月，钟会上书邓艾谋反，以槛车囚邓艾。钟会起兵反司马昭，被乱军所杀，姜维也死于乱军中。监军卫瓘趁乱在途中击杀邓艾。

三月，司马昭迁汉帝刘禅于洛阳，封为安乐公。

公元 265 年，晋泰始元年 / 魏咸熙二年 / 吴元兴二年 / 吴甘露元年

八月，司马昭病死，司马炎继晋王。

十二月，魏后主曹奂禅位于司马炎，曹魏亡国。司马炎称帝，国号晋，改元泰始。

公元 272 年，晋泰始八年 / 吴凤凰元年

八月，吴步阐以西陵叛吴归晋，吴陆抗出兵三万征讨。晋杨肇、羊祜出兵救援。

十二月，杨肇援军大败，羊祜等人也退兵。陆抗平定西陵，擒杀步阐。

公元 279 年，晋咸宁五年 / 吴天纪三年

十一月，晋以贾充为大都督，起兵水陆六路大举伐吴。

公元 280 年，晋咸宁六年 / 晋太康元年 / 吴天纪四年

二月，王濬、唐彬攻克西陵，直取夏口。杜预攻克江陵，直取长沙。吴丞相张悌与晋军决战，战败而亡。

三月，孙皓请降，孙吴亡国。

四月，司马炎封孙皓为归命侯，改元太康。

中国甲胄史图鉴

一场有关甲胄的视觉指南，多方位展现中国甲胄发展史

战争事典

◎高清的陶俑、壁画、出土甲胄图片
◎刘永华教授、复原甲胄画师刘诗巍的精美手绘图
◎函人堂甲胄复原工作室、中式甲胄艺术家李辉提供的精美复原甲图片

战争事典

中国甲胄史图鉴

中国甲胄史图鉴
一部见证朝代兴亡的武备史记

周渝 著

比小说好看
比剧本精彩

铁胆神侯夏侯杰 著

傅斯鸿 著

你一定爱读的
中国战争史

中国战争史 ⑦ 两晋

你一定爱读的
中国战争史

（系列丛书）

通俗、有趣、有料、有新 | 比小说还好看的战争史

有史可证，有迹可循
从春秋到元朝，2000多年的战争故事，让你一读就上瘾

通俗易懂，有趣有料

插科打诨也好，正色直言也罢，说的是古往今来战场风云，塑的是家国内外忠奸百态。场场大戏，英雄、奸雄与"狗熊"，人人都是角儿；篇篇传奇，妙招、奇招和险招，处处有谋略。

中国历史新演绎

用人物刻画战争，用战争串联历史。每一场战争都有典籍支撑。14位新锐作者联袂执笔，精选经典战役铺陈，涉及战略、战术、战法、武器、兵力、布阵、战场展开……

情节紧张，行文爽快

跌宕起伏的王朝命运，两军交戈的剑拔弩张，千钧一发的安危瞬间，惊心动魄的逃亡旅程，风林火山的用兵之法，三十六计的多方施展，卧薪尝胆的多年隐忍，柳暗花明的意外展开……古人的故事，今人读来依然扣人心弦。